BAEDEKER

SÜDENGLAND

www.baedeker.com

Verlag Karl Baedeker

Top-Reiseziele

Ländliche Idylle und wilde Steilküsten, einsame Hochmoore und bezaubernde Gärten, prächtige Schlösser und mystische Kultstätten – wir haben für Sie zusammengestellt, was Sie auf keinen Fall versäumen dürfen!

❶ ✱✱ London
Eine echte Weltstadt
Seite 258

❷ ✱✱ Windsor Castle
Residenz der Royals
Seite 302

❸ ✱✱ Canterbury Cathedral
Zentrum der Anglikaner
Seite 188

❹ ✱✱ Bath
Architektonisches Juwel
Seite 152

❺ ✱✱ Leeds Castle
Englands schönste Burg
Seite 327

❻ ✱✱ Wells Cathedral
Gotik in höchster Vollendung
Seite 375

❼ ✱✱ Longleat House
Landschloss mit Safaripark
Seite 160

❽ ✱✱ Stonehenge
Berühmtester Steinkreis der Vorzeit
Seite 348

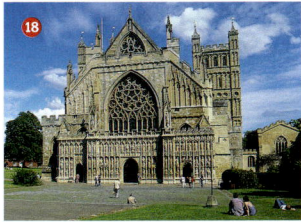

Lust auf …

… besondere Orte in Südengland für Panoramablicke, Gartenträume oder wehrhafte Wasserschlösser? Auf Picknick, Küstenwandern oder Seafood satt? Entdecken Sie Südengland ganz nach Ihren persönlichen Interessen.

SCHLÖSSER & BURGEN

GARTENTRÄUME

TASTE OF BRITAIN

Südenglands Gärten überwältigen
mit üppiger Blütenpracht.

Normannisches Bollwerk und Burgfeste Heinrichs VIII.: Leeds Castle

TOUREN

REISEZIELE VON A BIS Z

PREISKATEGORIEN

Restaurants
(Hauptgericht ohne Getränke)
€€€€ über £ 50
€€€   £ 25 – 50
€€   £ 12 – 25
€   bis £ 12

Hotels
(DZ mit Frühstück)
€€€€ über £ 240
€€€   £ 160 – 240
€€   £ 75 – 160
€   bis £ 75

Hinweis
Gebührenpflichtige Service-
nummern sind mit einem Stern
gekennzeichnet: *0180 …

Antike open-air: Das große Becken der römischen Bäder von Bath gibt heute ohne Überdachung den Blick auf den Himmel frei.

PRAKTISCHE INFORMATIONEN

Spektakuläres Segelevent: die alljährliche Cowes Week rund um die Isle of Wight

HINTERGRUND

Wie kamen die Kreise ins Kornfeld? Welches Genie schuf
140 Traumgärten? Warum wurde die britische Verfassung nie
schriftlich fixiert und was sind erste Folgen des Brexit? Lesen
Sie es nach – am besten schon vor der Reise!

Juwel in der Silbersee

Südengland ist das Stammland des Vereinigten Königreiches von Großbritannien, eine der schönsten Landschaften Europas und ein farbenprächtiges Kaleidoskop aus zwölf Grafschaften, die unterschiedlicher nicht sein könnten.

Nur 35 km trennen den französischen Fährhafen Calais vom englischen Dover, dessen **weiße Kreideklippen** die Besucher der Britischen Inseln begrüßen. Noch immer bewachen die Ruinen der Burg den **Ärmelkanal**, über den 1066 der letzte Eroberer kam: William the

Topziel: die vom Meer umtoste Klippenküste Cornwalls

Conqueror. Auf dem Westkliff ließ Shakespeare Richard II. von England schwärmen: »Ein Juwel in der Silbersee«. Recht hat der Barde. Zwischen Kent und Cornwall gibt es viel zu entdecken: **idyllische Fischerorte**, in denen frühmorgens Kabeljau, Hering und Hummer angelandet werden, **mondäne Seebäder** mit Pier und Patina, **mittelalterliche Kleinstädte** und Gesamtkunstwerke wie Bath. Und nirgendwo ist man mehr als 70 km vom Meer entfernt. Die 1000 km lange Küste säumen dramatische Kreidefelsen, urzeitliche Fossilienklippen, romantische Badebuchten und endlos lange **Sandstrände**. Im Hinterland lassen mythische Steinkreise, normannische Burgen, ehrwürdige Kathedralen und **prachtvolle Schlösser** erahnen, wie geschichtsträchtig die 35 000 km² große Region ist, in der gut 15 Mio. Menschen leben – knapp ein Viertel der britischen Bevölkerung.

STEINKREISE UND SEGLERPARADIESE

Im Stammland des Empire begann die Geschichte vor mehr als 8000 Jahren, und noch immer werfen die Zeugnisse der Vorzeit Fragen auf. Aus dem Grün der Kreidehügel von Wiltshire treten Giganten in riesigen Umrissen hervor, zur Sommersonnenwende staunen Tausende, wenn über dem Heel Stone von **Stonehenge** die Sonne aufgeht. Am Tag danach feiert Glastonbury zu Füßen des Grals von

König Artus sein berühmtes Folk-Festival. Im August lebt das Reich des sagenumwobenen englischen Königs mit einem großen Spektakel auf der Burg Tintagel wieder auf, die auf hohen Klippen über dem tosenden Meer thront. Im Ashdown Forest können Kinder Winnie the Poohs Spielplatz oder Eules Haus suchen. Literarische Legenden leben auch im **Dartmoor** fort, wo der Hund der Baskervilles sein Unwesen trieb. Rund um Torbay führt eine Touristenroute zu Stationen aus dem Leben der »Queen of Crime«, Agatha Christie.

Sportliche können im New Forest oder Dartmoor ausreiten, im Exmoor auf Radtouren das Rotwild beobachten oder auf alten **Zöllnerpfaden** der Küste folgen, die bei Land's End am westlichsten Punkt Englands mit gewaltigen Felsklippen dramatisch ins Meer abfällt. Rund um die **Isle of Wight** findet alljährlich im August die größte und traditionsreichste Segelregatta Englands statt.

Trendy: Musik, Mode, Mainstream – London entscheidet, was »in« ist.

GENIALE GARTENKUNST

Inmitten von Heide, sattgrünen Weiden und lichten Laubwäldern verstecken sich bezaubernde Cottage-Gärten und **Landschaftsparadiese** wie Petworth Park, der erste von mehr als 140 Gärten des grünen Genies Lancelot »Capability« Brown. Wo Tee mit Milch, Bier mit Pernod und Pommes frites mit Essig genossen werden, wundern sich nur wenige, wenn sich zwei exzentrische Schwestern für ihre Souvenirs aus aller Welt eine neue Villa bauen oder eine einsame Landratte aus Liebe zur Seefahrt das Haus mit maritimer Kunst vollstopft. Jeden Sommer bevölkern **Sprachschüler aus aller Welt** die Strände, die auch das liebste Reiseziel der Briten sind. Ihren Hunger stillen sie nicht nur in den berühmten Fish & Chip-Shops, sondern auch in erlesenen Restaurants, die mit raffinierter Regionalküche Feinschmecker begeistern. Eine Institution ist der Cream Tea mit Scones, Clotted Cream und Erdbeermarmelade – besonders stilvoll zu genießen in den traditionellen **Tea Rooms**, die zum National Trust oder English Heritage gehören. Seit mehr als zehn Jahren gehört auch die Sperrstunde in den **Pubs** der Vergangenheit an – darauf ein lauwarmes englisches Ale. Cheers!

Natur und Umwelt

Was versteht man im Dartmoor unter einem Tor? Wo können Angler ihre Haken nach Haien auswerfen? Wer gehört zu den »Right Honourables«? Wie regeln »Conventions« die Macht der Queen? Und warum besitzt die älteste Demokratie der Welt keine schriftlich fixierte Verfassung?

Da die Britischen Inseln bis zum Mesolithikum um 7000 v. Chr. durch eine Landbrücke mit dem Kontinent verbunden waren, setzt sich in Südengland der kontinental-europäische Formenschatz von der Geologie bis zur nacheiszeitlichen Vegetation fort. Zwei Großlandschaften prägen Südengland: im Südwesten die felsige, zum Plateau abgeflachte **Halbinsel von Devon und Cornwall**, aus der sich Granitmassive wie Dartmoor und Bodmin Moor hervorheben; weiter östlich erstrecken sich die Grafschaften der geologisch jüngeren **Tieflandregion**.

Großlandschaften und Hochländer

Der Südwesten wird durch sechs Hochländer, die **Uplands**, geprägt: das bis zu 700 m hohe Dartmoor, das bis zu 580 m hohe Exmoor sowie Bodmin Moor, St. Austell, Carn Brea und Land's End, dessen Granitfelsen sich 45 km westlich auf den Scilly-Inseln fortsetzen.

Die ostwärts einfallenden **Juraschichtstufen** erstrecken sich von Dorset im Süden mit seinen Kalk- und Sandsteinformationen bis nach Nordengland. Östlich davon finden sich nach Osten einfallende **Kreidestufen**, die sich von den Salisbury Plains in nordöstlicher Richtung bis zum Wash-Meerbusen ausdehnen. Im Südosten treten im High Weald die Sandsteine der Unterkreide hervor; nördlich und südlich davon schließen sich die Talweitungen des Weald Clay mit tonigem Untergrund an und formen eine fruchtbare Agrarlandschaft. Der Kreidekalk der North und South Downs begrenzt die südostenglische Schichtstufenlandschaft.

Schichtstufenlandschaft im Südosten

An Vielfalt ist die Landschaft Südenglands kaum zu überbieten: Auf die weiten Moore von Cornwall und Devon im Westen folgen das saftige Grün von Devon und Somerset, die sanft gewellte Wiesenlandschaft von Wiltshire mit ihren Zeugen der Vorzeit, die von Hecken umsäumten Wiesen und Felder in Dorset und Hampshire, die fischreichen Gewässer und bewaldeten Hügelkämme der South und North Downs von Sussex und Kent und die Blütenpracht von Kent, dem »Garten Englands«. Die abwechslungsreiche Küste zieht sich

Von rau bis romantisch

Zwischen Meer und Moorlandschaft: Steil abfallende Klippen und einsame Hochmoore gehören zum Exmoor National Park.

von den weißen Klippen von Dover bis zu den zerklüfteten Felsen von Land's End hin, unterbrochen von Sand- und Kieselstränden, Fischerdörfern und Badeorten.

Das West Country

Vom Südwestzipfel bei Land's End in Cornwall erstreckt sich das West Country mit Viehweiden, Waldflächen, vom Wind gepeitschten Mooren und Hügeln mit Monumenten der Vorzeit über die Grafschaften Cornwall, Devon und Somerset bis hin zu den westlichen Regionen der Grafschaft Dorset. **Drei große Moore** bilden den Kern des West Country: Bodmin Moor, Dartmoor und Exmoor.

Märchen-gärten und König Artus

Alte Bergbaustätten, nun wieder Jagdrevier für Füchse, Marder und Wanderfalken, zeugen mit ihren Schornsteinen von der Vergangenheit **Cornwalls** als Zinnlieferant. Neben Fels- und Sandstränden laden subtropische Parks wie die märchenhaften »verschwundenen Gärten von Heligan« bei Mevagissey an der Südküste ein. Auch die Sagenwelt von König Artus und seiner Tafelrunde (▶Baedeker Wissen S. 356/357) lässt sich in Cornwall erleben.

Bodmin Moor

Obwohl fast ausschließlich in Privatbesitz, ist das unwirtliche **Hochmoor** von Bodmin von der A 30 aus leicht zugänglich, und wenn man sich an die markierten Pfade hält, bekommt man keine Probleme. Steinkreise wie The Hurlers oder der 10 m hohe Cheesewring, dem Wind und Wetter seine typische Form gegeben haben, bieten sich dem Wanderer im Süden des Moors. Im Norden verbindet ein Wanderweg die höchsten Erhebungen, Brown Willy mit 419 und Rough Tor mit 400 Metern.

Naturräume

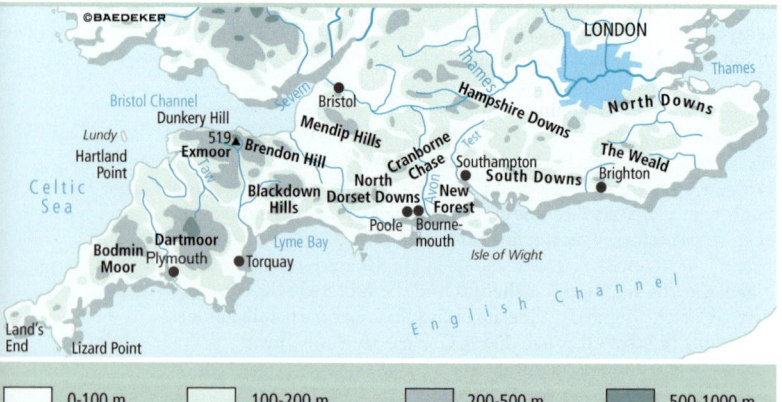

Devon ist eine idyllische **grüne Grafschaft**: sanfte Hügel, saftige Weiden, große Milchfarmen und vereinzelte Herrenhäuser in Parkanlagen. Im Süden und Norden von Devon könnten sich Dartmoor und Exmoor nicht kontrastreicher präsentieren. Im Süden das oft von Nebeln umhüllte, mit Granitbrocken und imposanten Steinkreisen übersäte **Dartmoor**, in dem Schafe und wilde Ponys zu regieren scheinen. Im Norden Devons lockt das in warmen Sandstein getauchte, kleinere **Exmoor**. Seine Flüsse sind reich an Forellen und Lachsen. Bewaldete, tiefe Täler laden zum Wandern ein, der 510 m hohe Dunkery Hill zur Gipfelbesteigung mit Fernsicht.

Das grüne Devon

Östlich der Moore beherrschen in **Somerset** die Milchfarmer und Cider-Produzenten die Landschaft. Zwischen den Quantock und Mendip Hills erstreckt sich flaches ehemaliges Marschland, mit Weiden und Torfabbau, das meist mittelalterliche Mönche dem Meer abgerungen haben. Vereinzelt ragen kleine Hügel wie der Glastonbury Tor auf. Um das »Avalon« der Kelten ranken sich die Legenden von König Artus.

Milch und Cider

Noch legendärer wird es Richtung Westen. **Wiltshire** ist reich an prähistorischen Denkmälern: Stonehenge, Avebury und Silbury Hill. Hier finden sich auch die meisten der berühmten Kornkreise (▶Baedeker Wissen S. 52). Die landschaftlichen Höhepunkte der Grafschaft reichen vom Themsetal über die sanften Buckel der North Downs hin zu Bächen und Seen, kleinen Marktflecken und idyllischen Dörfern. In **Dorset** setzt sich südlich die sanfte Hügellandschaft fort. Im Hinterland von Dorchester findet man steinzeitliche und römische Siedlungsreste. In den Heidelandschaften wie Winfrith Heath wachsen seltene Pflanzen wie der Zwergstechginster.

Mystische Landschaft

?

BAEDEKER WISSEN

Wussten Sie schon, ...

... dass Dorset mit dem 5 km langen Piddlebrenthide nicht nur das längste Straßendorf, sondern mit dem auf dem Reißbrett entworfenen Poundbury auch das jüngste Dorf Englands besitzt? Es entstand 2000 unter der Schirmherrschaft von Prince Charles.

Weiter gen Westen beginnt Jane Austens **Hampshire**. Forellenreiche Bäche wie Itchen und Test sind ein Paradies für Fliegenfischer –, fruchtbare Täler, enge Straßen und die hügeligen Downs mit ihren Buchenwäldern ergeben ein abwechslungsreiches Bild.

Forellenbäche und Buchenwälder

In West und East **Sussex** ziehen sich die South und North Downs parallel zur Küste hin. Weideland für Schafe wechselt mit Äckern, Heide mit Mischwald. Viele dieser Gebiete sind wie The Weald als »Areas of Outstanding Natural Beauty« ausgewiesen, so auch mehr als die Hälfte der Fläche von West Sussex.

South Downs

Die Liebe zur kunstvoll ungezähmten Natur

Der englische Park hat seinen Ursprung in einem Protest: Die künstliche Strenge französischer Prunkgärten passte nicht mehr zum britischen Freiheitsdenken des 18. Jh.s. Stattdessen kam scheinbar natürlich gewachsene Natur in Mode: freie Landschaften für aufgeklärte Bürger.

Während man im 17. Jh. den Barockgarten in ganz Europa kopierte, wurden die streng symmetrischen Parkanlagen 100 Jahre später als **Abbilder des kontinentalen Absolutismus** verdammt. Alexander Pope mahnte 1711 in Versform, sich in ästhetischen wie in moralischen Fragen an der Natur zu orientieren – eine klare Absage an den Lebenswandel und die Gartenkultur des Adels. Die englischen Parks spiegelten daher ein anderes Weltbild wider. Hatte man zuvor die noch als bedrohlich empfundene Natur aus den Gärten gesperrt, so wurde nun eine **unverfälschte Landschaft** Ziel der Bemühungen. Künstlich angelegte Seen, wirkungsvoll platzierte Baumgruppen und ein ruhiger, natürlich-elegan-

Kunstvoll oder scheinbar natürlich, Südenglands Gärten überwältigen in ihrer Üppigkeit und Fülle.

ter Gesamteindruck charakterisieren den **»Landscape Garden«**. Parks und Gärten wurden kunstvoll zu einer überschäumenden Natur stilisiert – ganz nach der Devise des Autors Horace Walpole: »Der neue Gärtner zeigt seine Fähigkeiten, indem er seine Kunst verbirgt.« So wurden zwar Blumenbeete aus dem Garten verbannt, Pyramiden, Grotten, Triumphbögen und andere architektonische Elemente dagegen gerne »geklaut«, um die Fantasie der Spaziergänger anzuregen. Der geistige Kopf der neuen Landschaftsgestaltung war **William Kent**, ihr Star wurde **Lancelot Brown**. 1740 legte Kent den wegweisenden Stourhead Garden an. Brown, der für die Gestaltung von mehr als 140 Parks mit dem Beinamen »Capability« geadelt wurde, schuf in Sussex unter anderem den Landschaftspark von Petsworth und Sheffield Park Garden, eine blumenlose Idylle um fünf Seen.

Landschaftspark contra Blumengarten

Modetrends relativieren sich, und so erlebte der Blumenpark im 19. Jh. sein Comeback. **Humphrey Rempton** führte schmückende Elemente wie Blumenrabatte, Laubengänge und Terrassen wieder ein. Trotzdem: Die von Kent und Brown geforderten und geschaffenen »natürlichen« Parklandschaften mit ihren raspelkurzen, teppichgleichen Rasenflächen sind bis heute ein Merkmal des typisch englischen Gartens geblieben. Der englische Park hat im Laufe der Jahrhunderte sein Gesicht immer wieder verändert – durch den wechselnden **Zeitgeschmack** und neue Vordenker in der Landschaftsarchitektur. Außer der Persönlichkeit des Gärtners spiegeln sich auch die **Geschicke Englands** und des Empire in den Parks wider. Kolonialismus, auch die britische Steuerpolitik und die Entwicklung des Transportwesens wirkten sich auf den Gartenbau aus. Viele der heute in England kultivierten Pflanzen stammen von anderen Kontinenten – Forschungsreisende, Kaufleute und Kolonialbeamte brachten sie aus den entlegendsten Winkeln des Weltreiches mit. Das milde südenglische Klima lässt auch **Exoten** gedeihen. Die gartenbegeisterten Viktorianer konnten so auf Pflanzen aus allen Teilen des Empire zurückgreifen. Die Eisenbahn machte es Gärtnern leichter, schnell in den Besitz neuer Setzlinge und Zwiebeln zu gelangen. Als Mitte des 19. Jh.s die Besteuerung von Glas wegfiel, wurden **Gewächshäuser** Mode. Außer exotischen Blumen und Sträuchern schätzte man jetzt auch schmückendes Beiwerk. Die Gärten wurden ähnlich schwelgerisch wie die überladenen Salons der Zeit – mit Sonnenuhren, Lauben, schmiedeeisernen Gittern und Unmengen ver-

zierter Töpfe und Vasen. Nur bei der Bepflanzung siegte die berüchtigte viktorianische Ordnungsliebe. Erst **William Robinson** setzte sich wieder für mehr Natur im Garten ein und forderte 1870 die Einfachheit bei Zierrat und weniger Strenge bei der Gestaltung der Beete.

Gartenkunst für alle

Und wie sieht es heute mit der viel gerühmten englischen Gartenkunst aus? Sie ist beileibe nicht mehr nur die Domäne visionärer Gartenkünstler, denn hinter ihrem Reihenhaus teilen die meisten Engländer dieses Hobby. Deshalb zieht es sie etwa in den Wisley Garden in Surrey, der unter den Fittichen der 1804 gegründeten »Royal Horticultural Society« gedeiht. Hier geben Muster vom Steingarten bis zur Alpenwiese Anregungen, wie das heimische Stück Grün zu gestalten sei. Die Leidenschaft wird ernst genommen, vom Kleingärtner wie vom Großgrundbesitzer. Daher wird wohl auch nirgends so viel wie in England dafür getan, die Gärten vergangener Epochen zu erhalten.

Der Garten Englands

Im äußersten Osten Südenglands liegt **Kent**, der »Garten Englands« und das Tor zu den Britischen Inseln – und das nicht erst seit Eröffnung des Eurotunnels zwischen Calais und Folkestone 1994. Westlich von Folkestone erinnert die von Entwässerungsgräben durchzogene Romney Marsh mit ihren Deichen und farbenprächtiger Blumenzucht an Holland während der Tulpenblüte. Für Jane Austens Lydia in »Pride and Prejudice« (1813) war Brighton, Kents berühmtestes Seebad, »every possibility of earthly happiness«. Die flache Marsch nördlich von Rochester hatte es Charles Dickens angetan. Hopfen- und Obstplantagen bestimmen das Bild – und Festungen: Nur Northumberland übertrifft Kent an Schlössern und Burgen.

Südenglands Küsten

Die Nordküste Cornwalls ist zerklüftet und bietet spektakuläre Ansichten. Die Cornish Riviera hingegen prägen **Sandstrände** und bewaldete Hügel, die mit blumengesäumten Tälern an die Küste grenzen. Die weiten Flussmündungen von Tamar, Fowey und Fal ähneln den nordspanischen Rias.

Malerische Fischerhäfen, **kleine Buchten und Höhlen**, die einst Schmugglern Zuflucht boten, säumen die Küste, die längst vom Tourismus entdeckt worden ist. Viele Küstenabschnitte befinden sich im Besitz des National Trust. Die geologisch noch jungen Landzungen, Nehrungen und Haken an der Südküste entstanden durch die von Nordostwinden ausgelösten Strandversetzungen gen Süden. Allein auf einem Küstenstreifen von 200 km zwischen Chichester und Ramsgate versandeten zwölf noch im Mittelalter funktionsfähige Häfen. Im Kreidekalk der South Downs ist an der Straße von Dover durch Abtragung der Brandung, eine markante **Kliffküste** entstanden, die noch heute stetig zurückverlegt wird, besonders bei Selsey in West Sussex. 1999 brachen 200 m des Kreidefelsens von Beachy Head bei Eastbourne in East Sussex weg.

PFLANZEN UND TIERE

Schlüsselblumen und Feuernelken

Die relativ dichte Besiedlung seit prähistorischer Zeit hat die ursprüngliche Vegetation zurückgedrängt. Die Eichen- und Buchenwälder der Tieflandregion sind seit dem frühen Mittelalter verschwunden. Selbst in einst großräumigen Waldgebieten wie dem New Forest haben sie der typisch englischen Parklandschaft und landwirtschaftlich genutzten Flächen Platz gemacht. Obgleich mehr als 80 % der Hecken, Wiesenblumen und Feuchtgebiete durch die industrielle Landwirtschaft verloren gegangen sind, gedeihen in Südengland noch immer **seltene Arten**: Schlüsselblumen (primrose) und kleine Hyazinthen (bluebell woods), Feuernelken (campions) und Storchschnabel (cranesbill), Myrrhe (sweet cicely), Kornblumen (cornflower), Klatschmohn (corn poppy) und Meerkohl (sea kale),

Überall an der Küste sind sie zu sehen: Silber- und Heringsmöwen

der im Strandkies von Kent im Frühjahr seine purpurfarbenen Blätter treibt und im Mai in weißer Blütenpracht erstrahlt.

In Cornwall und auf den Scilly-Inseln gedeihen durch den Einfluss des Golfstroms mediterrane Pflanzen und subtropische Gewächse: Gummibäume, Kakteen, Mimosen, Agaven, Orchideen und Palmen. Viele Bewohner der Scilly-Inseln leben von der Blumenzucht. Vor allem im Frühjahr bietet sich hier ein farbenprächtiges Bild blühender Blumenbeete, Narzissenfelder und Fuchsien.

Mediterrane Pflanzen

Auf den raueren Hochebenen des Südwestens sind das Schwingelgras (creeping fescue), Disteln (thistles), Kleesorten wie Hornklee (birdsfoot trifoil) und die Moorpimpernelle (bog pimpernel) zu Hause. Exmoor und Dartmoor im Südwesten sind Heidemoore mit Heidekraut und feuchtigkeitsliebenden Pflanzen auf sauren Torfböden. Auch im Südosten sind auf ehemals bewaldeten Flächen Kalk-Grasländer mit Schwingelarten und anderen Kalk liebenden Gräsern weit verbreitet. In den Downs sieht man Augentrost (eyebright), Glockenblumen (harebells), Zistrosen (rock rose), den früh blühenden Enzian (early gentian) und die Kreuzblume (milkwort).

Gräser und Heidekräuter

Vögel   Bemerkenswert ist der **Reichtum an Vogelarten.** In den Downs und über den Mooren kreisen Bussarde (buzzards), Sperber (sparrow hawks), Turmfalken (kestrels) und Wildgänse (brent gooses). Auch Bachstelzen (grey wagtails) und Waldkäuze (tawny owls), Schleiereulen (barn owls), Rotschwänzchen (redstarts), Nachtigallen (nightingales), Dohlen (jackdaws), Weidenlaubsänger (chiffchaffs), Braunkehlchen (whinchats) und Buntspechte (spotted woodpeckers) kann man hier beobachten. An den Küsten des Südwestens übertönt das Kreischen der Möwen (sea gulls) fast alle anderen Vögel wie Seeschwalben (common terns), Uferschnepfen (blacktailed godwits), Tauchvögel (dippers) und Strandläufer (common sandpipers). **Lundy Island** vor der Nordküste Devons verdankt den auf seinen Granitfelsen lebenden Papageientauchern (puffins) seinen Beinamen Puffin Island. Im Herbst belagern die Vogelfreunde die **Scilly Isles**, wo sie die Zugvögel des Atlantiks, Kormorane (cormorant), Eissturmvögel (fulmars), Krähenscharben (shag) und Sturmtaucher (shearwaters) beobachten. Die Beobachtungsstation von **Portland**, eine von rund einem Dutzend in Südengland, gilt bei »birdwatchers« als beste Englands; vor allem im Herbst lohnt es sich, wegen der Seevögel hierher zu kommen.

Rinder und Schafe   Der Südwesten mit Devon und Somerset ist reiches, saftiges Weideland, Grundlage für Rinderzucht und Milchwirtschaft. Auf den raueren Heiden und Mooren sowie den Hügelketten der North und South Downs grasen Schafe.

Wilde Ponys, Rotwild und Füchse   Im Dartmoor und Exmoor gibt es noch frei lebende Ponys. Exmoor birgt den größten Rotwildbestand Englands. Die Nordküste Devons, vor allem Barnstaple Bay, ist Ottergebiet, die Isles of Scilly sind bekannt für ihre Seehundkolonien. Kontroversen entzünden sich immer wieder um die **Fuchsjagd**. Während die Jagdlobby darauf hinweist, dass erst durch die Jagd die Fuchsbestände gepflegt und zahlenmäßig aufgestockt worden seien, formiert sich sich immer stärkerer Widerstand gegen solche »bloodsports«. Die Flüsse und Seen des Südens sind ein **Paradies für Angler**: Avon, Itchen, Kennet und Test sind reich an Lachs (salmon), Meerforellen (sea trout), Bachforellen (brown trout) und Äschen (grayling). Wer nicht selbst angeln will, sollte aber unbedingt den fangfrischen Fisch probieren – ob an der Fish & Chips-Bude oder im Fischrestaurant!

BAEDEKER TIPP !

Den Hai am Haken

Mit Shark Fishing lockt Looe in Cornwall die Hochseeangler. Wer keinen Adrenalinkick beim Angeln braucht, kann bei den »Fishing Trips« vom Kutter aus seinen Angelhaken auch nach Kabeljau, Scholle, Schellfisch, Hering und Makrele auswerfen (www.sharkanglingclubofgreat britain.org.uk).

Bevölkerung · Politik · Wirtschaft

Laut Volkszählung 2011 ist die Bevölkerung des Vereinigten Königreiches in der letzten Dekade so rasch gewachsen wie nirgendwo sonst in Europa. Dank Zuwanderung und Babyboom wuchs die Bevölkerung im Vereinigten Königreich seit 2001 um 13,1 Prozent – heute beträgt sie 64,8 Mio. Menschen.

Bis 2027 soll Großbritannien 70 Mio. Einwohner haben und ist damit nach Malta das dichtbesiedelteste Land der EU. Besonders London boomt: Von 2004 bis 2016 zogen 5 Mio. Menschen in die Megacity, die 2018 erstmals mehr als 10 Mio. Einwohner zählen wird, so die Schätzung des nationalen Statistikamtes. Besonders die östlichen Stadtviertel wachsen rasant. Dort ist die Bevölkerungsdichte mit 5177 Einw./km² zehn Mal höher als im restlichen Königreich. 2016 schaffte London es erneut auf den weltweiten Spitzenplatz der Superreichen – mit 77 Milliardären, die in der Hauptstadt leben. Rund um London erstrecken sich die Grafschaften der Home Counties. Einige Orte sind Schlafstädte für Pendler in die Metropole, andere – wie Guildford, Woking oder Reading – haben sich als Industrie- und Dienstleistungszentren profiliert. Nach Westen nimmt die Bevölkerungsdichte ab; die Besiedlung konzentriert sich an der Küste – das milde Klima verlockt viele Pensionäre, ihren Altersruhesitz dorthin zu verlegen.

Cornwall

Großbritannien ist ein Nationalitätenstaat. So beginnt auch für die etwas mehr als eine halbe Million Bewohner von Cornwall England erst am Grenzfluss Tamar. Im **Refugium der Kelten** vor dem Ansturm der Römer, Angeln und Sachsen sind die Bewohner stolz auf ihr kulturelles Erbe. Cornwall ist eines der ältesten Herzogtümer (Duchy) der Insel und wird von seinen Bewohnern eher als eine der »keltischen Nationen« verstanden, nicht als englische Grafschaft. 1998 wurde Cornwall eine **eigene regionale Identität** zugestanden – vor allem, um den strukturschwächsten Landstrich Englands in den Genuss von EU-Strukturfonds kommen zu lassen.

Die Briten und Europa

Für das britische Bewusstsein war und ist die **Distanz zum Kontinent** prägend, was noch verstärkt wurde durch die Orientierung auf das britische Weltreich. Bei einer Kanalüberquerung sprechen noch immer viele Briten von einer »Reise nach Europa«, auch wenn der Beitritt zur Europäischen Gemeinschaft (1973), die Inbetriebnahme des Eurotunnels (1994) und die grenzüberschreitende Zusammenarbeit mit Frankreich Großbritannien de facto enger an das europäische Festland gekoppelt hat.

Südengland auf einen Blick

Bevölkerung:
Greater London: **9,1 Mio.**
City of London **(8021)**
Südostengland: bevölkerungsreichste
britische Region mit **8,9 Mio. Einw.**
Südwestengland: **5,5 Mio. Einw.**
19,6 % älter als **65** (Spitzenplatz im UK,
sonst durchschnittlich **16,5 %**)

Bevölkerungsdichte:
Südwestengland: **228 Einw pro km²**
Südostengland: **465 Einw pro km²**

Edinburgh

535 km

London   Berlin
933 km

▶ Wappen/Flagge

Der Union Jack verbindet die
Kreuze der Schutzheiligen
Englands (St. George),
Schottlands (St. Andrew) und
Irlands (St. Patrick). Das britische Königs- und
Staatswappen zeigt im Schild die drei englischen
Löwen, den schottischen Löwen und die irische
Harfe, umschlungen vom Band des Hosenband-
ordens mit dessen Wahlspruch »Honi soit qui mal y pense« –
»Verachtet sei, wer schlechtes dabei denkt«. Der Schild wird
gehalten vom englischen Löwen und dem schottischen Einhorn,
die auf einer Wiese mit den Zeichen Englands (Rose), Schott-
lands (Distel) und Irlands (Klee) stehen; darunter das königliche
Motto »dieu et mon droit« (»Gott und mein Recht«).

▶ Grafschaften

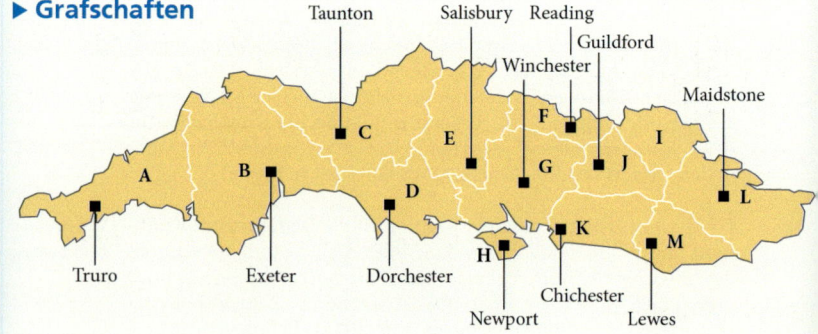

Taunton   Salisbury   Reading
Guildford
Winchester
Maidstone
C   E   F
I
A   B   G   J
D   L
H   K
Newport   M
Truro   Exeter   Dorchester   Chichester   Lewes

Grafschaften	**D:** Dorset	**H:** Isle of Wight	
A: Cornwall	**E:** Wiltshire	**I:** Greater London	
B: Devon	**F:** Berkshire	**J:** Surrey	**L:** Kent
C: Somerset	**G:** Hampshire	**K:** West Sussex	**M:** East Sussex

©BAEDEKER

▶ Wirtschaft

Bruttoinlandsprodukt:
2455 Mrd € (2015).
Großbritannien ist die fünft-
größte Volkswirtschaft der Welt
hinter den USA (1.), China (2.),
Japan (3.) und Deutschland (4.).

Exporte Großbritannien:
442 Mrd. € (2015)

Pro-Kopf-Einkommen:
36 603 € (2015)
Arbeitslosenquote: Südwestengland: 4,1%, Südostengland:
3,9%, London: 5,8%
Großbritannien: 4,5% (2015)

▶ Verwaltung

Südengland umfasst drei Regio-
nen: **Greater London, South-
west** (Grafschaften Cornwall
mit den Scilly-Inseln, Devon,
Somerset, Dorset, Wiltshire) und
Region Southeast (Grafschaften
Berkshire, Hampshire mit der
Isle of Wight, Kent, Surrey, East
Sussex, West Sussex)

▶ Klimastation Plymouth

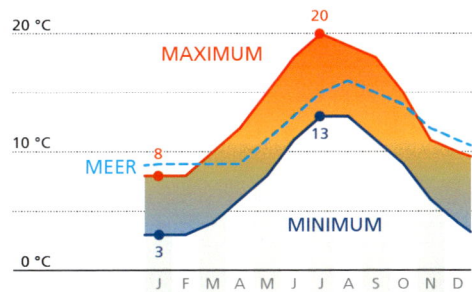

Niederschlag

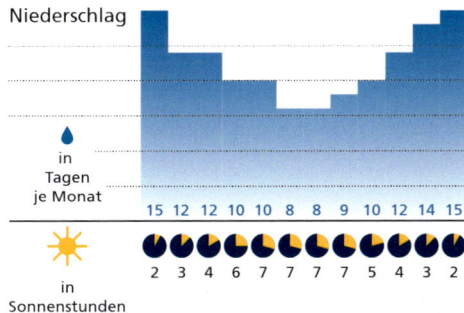

in Tagen je Monat

15 12 12 10 10 8 8 9 10 12 14 15

in Sonnenstunden je Tag

2 3 4 6 7 7 7 7 5 4 3 2

J F M A M J J A S O N D

▶ Schlösserland Südengland

Englische und deutsche Schlösser im Vergleich

Arundel Castle

Schloss
Neuschwanstein

Anzahl der Schlösser

158	Südengland
503	Bayern
3200	Großbritannien
10 000	Deutschland

Im Schatten des Brexit Am 23. Juni **2016** entschied sich das Gründungsmitglied der EU für den **Brexit**, stimmen 51,9 Prozent der Briten für den Austritt aus der EU. Am Tage der Ergebnisverkündung des Referendums kündigte Premier **David Cameron** seinen Rücktritt an. Seit Juli 2016 ist die Konservative **Theresa May** neue Premierministerin des Vereinigten Königreiches. Schottland hatte bei der Wahl mehrheitlich für den Verbleib in der EU gestimmt. Im März 2017 nehmen der neue Brexit-Minister David Davis und EU-Gegner Boris Johnson die **Austritts-verhandlungen** gemäß Art. 50 des Vertrags über die Europäische Union auf. Ziel ist ein Austritt zum 1. Januar 2019.

2017 will Schottland daher ein zweites Referendum zur Unabhängigkeit von Großbritannien starten. Unmittelbar nach Bekanntgabe des Abstimmungsergebnisses verlor das Pfund massiv an Wert, teilweise bis zu 20 Prozent. Internationale Rating-Agenturen stuften die Kreditwürdigkeit Großbritannien auf »AA« ab. Zu den Gewinnern des Brexit der ersten Stunde gehören die Finanzplätze Paris und Frankfurt, das besonders kräftig zulegte. Selbstbewusst buhlt Frankreichs Finanzzentrum mit Steuervorteilen um britische Banker. Bereits überzeugt wurde die HSBC, die das Gros ihrer Londoner Mitarbeiter nach Paris verlegt.

! BAEDEKER TIPP

Die Royals bei der Arbeit

Fast täglich hat ein Mitglied der königlichen Familie einen öffentlichen Auftritt, weiht ein Gebäude ein, verleiht Preise, ehrt verdiente Bürger, besucht Krankenhäuser oder eine Premiere im Theater. Einblicke in den Tagesablauf Ihrer Hoheiten gewährt der Court Circulator, den die großen Tageszeitungen veröffentlichen – auch als Service für alle Fans, die hoffen, wenigstens einmal einen Blick auf Kate, William & Co. zu erhaschen, online unter www.royal.gov.uk.

Die Mehrheit der Engländer ist anglikanisch und gehört zur **Church of England**. Methodisten, Quäker und Katholiken bilden eine Minderheit. Im Großraum London spielen auch Islam und Hinduismus eine Rolle. Hier leben außerdem zwei Drittel der 266 000 britischen Juden.

Das **Vereinigte Königreich** von Großbritannien und Nordirland (United Kingdom of Great Britain and Northern Ireland; UK) ist eine parlamentarisch-demokratische Erbmonarchie des Hauses Windsor. Der Souverän, seit 1952 Königin Elisabeth II., muss der anglikanischen Kirche angehören und darf keinen katholischen Ehepartner wählen. Thronfolger ist der älteste Sohn, derzeit Prince Charles; fehlen männliche Nachkommen, ist die weibliche Thronfolge möglich.

Englische Verfassung Großbritannien besitzt als **älteste neuzeitliche Demokratie** keine in einem Dokument niedergelegte Verfassung – die Briten begreifen ihre Verfassung als geschichtlichen Prozess, der bis in die angelsäch-

Jede neue Legislaturperiode wird von der Queen mit dem
»State Opening of the Parliament« feierlich eröffnet.

sische Zeit zurückreicht. Kein britisches Parlament hat je eine Verfassung beschlossen, doch kann das Parlament sie per Gesetz mit
einfacher Mehrheit verändern; es gibt auch keine Instanz, die wie das
Bundesverfassungsgericht die Verfassungskonformität von Regie-
rungsakten oder die Einhaltung der Grundrechte überwacht. Die
grundlegenden Dokumente der britischen Verfassung, die v. a. die
Rule of Law festschreibt, sind allesamt aus dem Konflikt zwischen
Krone und Parlament und dessen Vorgängern entstanden. Zu ihnen
gehören die Magna Charta von 1215, die Petition of Right von 1628,
die Habeas-Corpus-Akte von 1679 und die Bill of Rights von 1689.

Der **Monarch** ist Staatsoberhaupt und zugleich Haupt des Common-   **Die Krone**
wealth of Nations sowie Staatsoberhaupt von 17 der 51 unabhängi-
gen Commonwealth-Staaten. Theoretisch mit großer Macht ausgestattet, ist die Teilnahme an der Regierung aufgrund von »Conventions« weitgehend formal: Eröffnung, Auflösung und Schließung
des Parlaments, formelle Ernennung des Premiers und der Minister
sowie Genehmigung verabschiedeter Gesetze. **Königin Elizabeth II.**
(geb. 21. 4. 1926) wurde am 2. Juni 1952 in Westminster Abbey
offiziell gekrönt. Am 20. Dezember 2007 übertraf sie den von Viktoria I. aufgestellten Altersrekord von 81 Jahren und 243 Tagen – sie ist
damit die älteste britische Monarchin auf dem Thron. Victorias
Regierungsrekord von 63 Jahren, sieben Monaten und zwei Tagen hat
ihre Urenkelin Elizabeth II. am 9. September 2015 um 18.30 Uhr
Ortszeit gebrochen.

Willkommen im Alltag!

Wer Südengland einmal abseits der üblichen Touristenströme erleben möchte, mit ehrenamtlichen Gästeführern, hinter den Kulissen einer Mälzerei, beim Freiwilligendienst in historischen Stätten oder bei einem Sprachkurs in einer englischen Familie, dem seien die folgenden Tipps ans Herz gelegt.

STADTSPAZIERGANG MIT DEM GREETER

Fast 200 Gruppen gehören mittlerweile zum Global Greeter Network, und auch in Südengland sind drei Initiativen mit dabei: In London, Brighton und der Graftschaft Kent zeigen ehrenamtliche Gästeführer den Besuchern auf ganz persönliche Weise ihre liebsten Orte und Geheimtipps. Damit die kostenlose Führung auf die individuellen Interessen maßgeschneidert werden kann, muss die Anmeldung mindestens fünf Tage, in London zwei Wochen im Voraus erfolgen. Kinder sind herzlich willkommen, solange ein Erwachsener mit dabei ist. Die Gruppengröße ist auf maximal sechs Personen beschränkt.
www.visitkent.co.uk/kent-greeters
www.globalgreeternetwork.info
www.londongreeters.org

FREIWILLIGENDIENST

In England ist es weitaus verbreiteter als in Deutschland, sich im Urlaub ehrenamtlich zu engagieren und freiwillig bei Naturschutzverbänden oder Kulturorganisationen zu arbeiten. »Volunteering« bzw. »working holidays« sind dort auch ein Beleg für die soziale Kompetenz eines Arbeitnehmers, und durchaus ein Baustein im Karriereplan. Zu den Organisationen, die sehr professionell die Freiwilligenarbeit im Urlaub betreuen, gehören die Royal Society for the Protection of Birds, die Verwaltungen der englischen Nationalparks sowie der National Trust. Über Freiwillige freut sich auch der English Heritage, der sie als Führer in den historischen Stätten oder in der Denkmalpflege einsetzt.
Informationen und Anmeldung:
www.rspb.org.uk/joinandhelp/
volunteering, www.nationaltrust.org.uk/
volunteer, www.english-heritage.org.uk/
support-us/volunteer

ARBEITSWELTEN

Englands einzige noch traditionell arbeitende Mälzerei, Tuckers Malting, verrät auf Führungen, wie der Rohstoff entsteht, den die benachbarte Teignworthy Brewery bei der Bierherstellung verarbeitet. Ebenfalls in Devon hat die britische Glasfabrik Dartington Crystal ihre Tore für Besucher geöffnet, wo seit 1967 Jahren Glas nach schwedischem Vorbild mundgeblasen wird. Hinter die Kulissen der Glockenherstellung, in der einst auch Big Ben entstand, führt eine 90-minütige Factory Tour durch die Whitechapel Bell Foundry.

Tuckers Malting: Teign Road, Osborne Park, Newton Abbot, South Devon TQ12 4AA, Tel. 01626 33 47 34 1-Std. Führung Ostern – Sept. Mi. 11.00, 14.00 Uhr n. V., Tel. 016 26 33 47 34 Erw. £ 9.50, unter 18 Jahren £ 5.50 http://edwintucker.co.uk

Dartington Crystal: Linden Close, Torrington, Devon EX38 7AN Tel. 018 05 62 62 62 Führungen: Mo. – Fr. 9.30 – 16.00 Uhr, letzter Zutritt 15.15 Uhr Erw. £ 8.50, Kinder unter 16 Jahren frei www.dartington.co.uk

Whitechapel Bell Foundry: 32/34 Whitechapel Road, London E 1 Tel. 020 72 47 25 99 Ab 14 Jahren, ausgewählte Sa., s. Online-Kalender, um 10.00, 13.15 und 16.00 Uhr, £ 15.00 pro Person www.whitechapelbellfoundry.co.uk

SPRACHKURSE

Bournemouth, Brighton, Bristol, Hastings, Isle of Wight, Plymouth, Southampton, Torquay, Weymouth und Winchester: Generationen von Schülern haben hier in den Sommerferien bei Gastfamilien und Ferienkursen ihr Englisch aufpoliert, und bis heute ist der Boom der Sprachreisen zu Englands Südküste, der Mitte der 1960er-Jahre begann, ungebrochen. Neben Schülerreisen ab acht Jahren gibt es längst auch University Placement Programmes für Studenten und Business-Programme für Berufstätige. International anerkannte Englisch-Zertifikate wie TOEFL oder TOEIC werden von fast allen Schulen abgenommen.

Seriöse Anbieter hat die British Council zusammengestellt unter www.educationuk.org.

Kabinett und Premierminister
Die 20 Kabinettsmitglieder werden vom Premierminister bestimmt, doch gehören immer der Schatzkanzler, Außen-, Innen- und Verteidigungsminister sowie der Lordkanzler dazu. Die eigentliche Regierung hat 80 bis 100 Mitglieder. Der vom König ernannte Premierminister (**Prime Minister**; seit Juli 2016 die Konservative Theresa May) muss Mitglied des Unterhauses sein und ist in der Regel der Führer der bei den Wahlen siegreichen Partei. Er kann Minister ernennen und entlassen, beim Monarchen um Auflösung des Parlaments zum Zweck von Neuwahlen nachsuchen und sogar wichtige Entscheidungen ohne seine Minister oder das Unterhaus fällen. Premierminister John Major z. B. schickte die britische Armee in den Golfkrieg, ohne das Unterhaus vorher zu befragen.

Geheimer Kronrat
Durch den Geheimen Kronrat (**Privy Council**) kann die Regierung die Gesetzgebung abkürzen und Königliche Verordnungen (**Orders in Council**) erlassen. Ihm gehören 350 vom Premierminister bestimmte Mitglieder als »The Right Honourables« an: Kabinettsminister, Mitglieder des Klerus und hohe Richter.

Parlament
Das Parlament besteht aus dem auf fünf Jahre gewählten Unterhaus mit derzeit 646 Mitgliedern (**House of Commons**) und dem Oberhaus (**House of Lords**) mit geringer politischer Bedeutung. Das Parlament hat sich seine Rechte, insbesondere das Budgetrecht, die Legislative und die Kontrolle der königlichen Macht, in jahrhundertelangen Auseinandersetzungen mit der Krone erstritten. Heute beschneidet das Kabinett immer mehr seine Macht, das über die Unterhausmehrheit die Abläufe im Parlament beherrscht. Bei der Unterhauswahl am 7. Mai 2015 erhielten die Konservativen 36,9 % der Stimmen und damit knapp die absolute Mehrheit der Parlamentssitze. Die Labour Party unter Ed Miliband kam auf 30,5 %. Die UK Independence Party, die den Austritt aus der EU anstrebte, stieg mit Nigel Farage zur drittstärksten Partei auf. Nach dem Brexit verließ Farage seine Partei mit den Worten, er habe sein Ziel erreicht. Seit dem plötzlichen Rücktritt seiner Nachfolgerin Diane James im Oktober 2016 führt wieder Nigel Farage die rechtspopulistische Ukip.

BILDUNG UND WISSENSCHAFT

Schulsystem
Vom fünften bis zum 16. Lebensjahr besteht Schulpflicht. In England gibt es die First School für die 5- bis 8-Jährigen und als wahlweisen Übergang zur Sekundarstufe die Middle School. In der Regel aber besuchen die 5- bis 11-Jährigen die Primary School, die sich in Vorschule (Preschool) und Grundschule (Junior School) unterteilt. Die Sekundarstufe wird überwiegend in Gesamtschulen (Comprehensive Schools) unterrichtet; es gibt jedoch auch Grammar Schools (Gym-

nasien) und Secondary Modern Schools (Hauptschulen). Eine herausragende Bedeutung haben in England die Privatschulen, die von rund 8 % aller Kinder besucht werden – sie sind die Kaderschmieden für Karrieren in Politik, Justiz, Wirtschaft und Verwaltung.

In Südengland gibt es 30 Universitäten und Hochschulen sowie 22 Universitäten in London. Erster Abschluss nach drei Jahren ist der Bachelor of Arts (BA) oder Bachelor of Science (BSC). Postgraduate studies führen zum Master of Arts (MA) oder Master of Science (MSC) und, darauf aufbauend, zum Doctor of Philosophy (PhD).   Universitäten, Hochschulen

WIRTSCHAFT

Bis zum ausgehenden 19. Jh. waren die Zinn- und Kupferminen Cornwalls Garant für viele Arbeitsplätze, in denen Mitte des 19. Jh.s allein in Cornwall mehr als 50 000 Menschen beschäftigt waren. Nachdem die Vorkommen erschöpft waren, blieben lange Zeit Landwirtschaft und Fischerei die wichtigsten Arbeitgeber. Je mehr man sich London nähert, desto größer wird der Industrialisierungsgrad. Inzwischen dominiert hier aber, mehr noch als in Großbritannien insgesamt, der **Dienstleistungssektor**. In manchen Regionen hat der Tourismus die Landwirtschaft überholt.   Erwerbs-struktur

Wichtig für die britische Landwirtschaft: die Schafzucht

Europas Weltfinanzzentrum

1571 eröffnete Königin Elisabeth I. feierlich die »Royal Exchange«, die heute als »London Stock Exchange (LSE)« zu den wichtigsten Börsenplätzen der Welt gehört. An der »London Metal Exchange« in der City wird seit 1919 der Weltmarktpreis für Gold festgestellt. Die großen Investmentbanken sind meist aber nach Canary Wharf abgewandert. Mehr als 300 000 Menschen arbeiten im Finanzsektor, beinahe so viele wie in New York und fast fünf Mal mehr als in Frankfurt.

größte Börsen
nach Handelsvolumen
(2015, in Mrd. US-Dollar)

NYSE Euronext US (New York)
13 700

NASDAQ (New York)
OMX US
9585

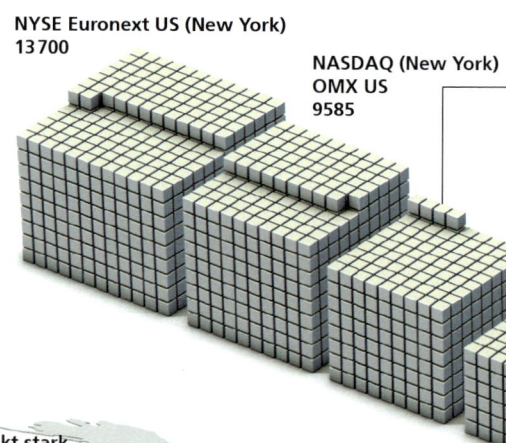

entspricht
einem Handels-
volumen von
10 Mrd. $

▶ **Handelsvolumen schwankt stark**
Die Grafik zeigt die Handelsvolumina,
die sehr starken Schwankungen
unterliegen. Zum Verständnis:
Wird ein Wertpapier mehrmals
ge- und verkauft, fließt der
Kaufpreis ebenso häufig in
das Handelsvolumen ein.

Toronto, Kanada

New York, USA

London, Großbritannien

Frankfurt

**Handelsvolumen der wichtigsten
internationalen Handelsplätze**
in Billionen Dollar

©BAEDEKER

Das GFCI-Ranking
Der Global Financial Centres Index ist ein wichtiges Bewertungskriterium für Börsenprofis. Er vergleicht die Wettbewerbsfähigkeit der wichtigsten Handelsplätze der Welt. Neben wirtschaftlichen Daten des Landes fließen Ausbildungsstandards, Verfügbarkeit von Arbeitsplätzen und politische Kriterien in die Bewertung ein. Diese Rangfolge sieht anders aus als die Listung nach Handelsvolumen.

▶ **Wichtige Finanzplätze nach GFCI-Rang (Punkte, 2015)**

1 London	800
2 New York	792
3 Singapur	755
4 Hongkong	753
5 Tokio	728
6 Zürich	714
7 Washington D.C.	712
8 San Francisco	711
9 Boston	709
14 Luxemburg	698
18 Frankfurt am Main	689

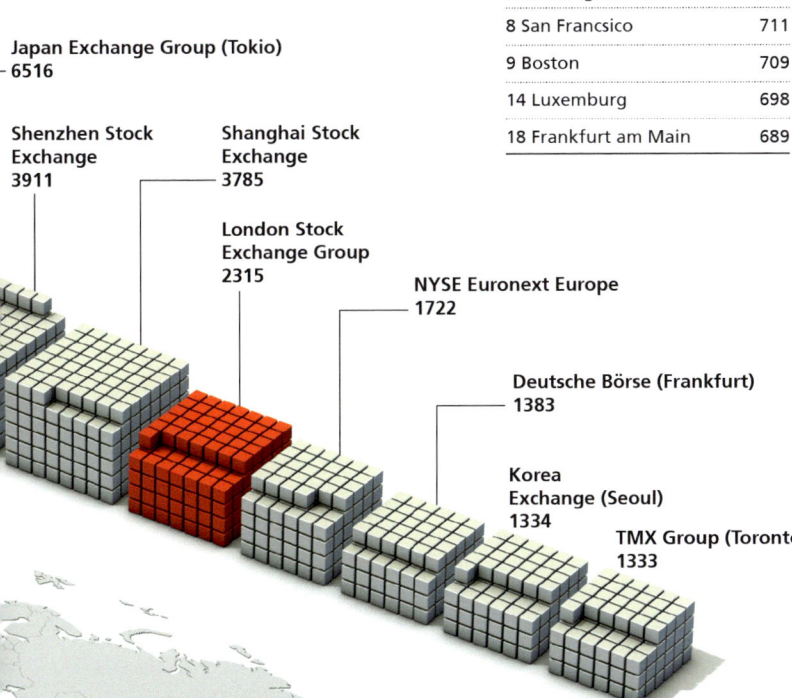

Japan Exchange Group (Tokio) 6516

Shenzhen Stock Exchange 3911

Shanghai Stock Exchange 3785

London Stock Exchange Group 2315

NYSE Euronext Europe 1722

Deutsche Börse (Frankfurt) 1383

Korea Exchange (Seoul) 1334

TMX Group (Toronto) 1333

Shanghai, China
Seoul, Südkorea
Hongkong/Shenzhen, China
Tokio, Japan
Singapur

▶ **Starke Konzentration**
Die wichtigsten Handelsplätze der Welt befinden sich in Europa, Nordamerika und in Asien. Weder der arabische Raum noch Afrika oder Südamerika verfügen über einen Handelsplatz von globaler Bedeutung.

Scotney Castle lässt im Sommer die Tradition hochleben.

**Beschäftigungs-
situation**

Die **Arbeitslosenquote** lag im dritten Quartal 2016 landesweit bei 4,5 %, in London erreichte sie mit 5,8 % den besten Wert seit der Jahrtausendwende. Aber in Südengland gibt es starke regionale Unterschiede. Während Barking & Dagenham mit 9,8 % die höchste Arbeitslosenrate von Greater London verzeichnete, besitzt West-Dorset seit Jahren mit konstant 3 % die niedrigste Arbeitslosenquote des gesamten Landes. Allerdings sind ein Viertel der Stellen keine Vollzeitbeschäftigungen. Hinzu kommen niedrige Löhne sowie stark eingeschränkte Arbeitnehmerrechte. Stark verbessert hat sich die Arbeitslosenquote in Cornwall, wo sie bis Ende 2016 auf 5,1 % sank. Auffällig ist die hohe Jugendarbeitslosigkeit (2016: 13,6 %), die nicht nur in den ländlichen Regionen für wachsende Probleme sorgt.

**Landwirt-
schaft und
Fischerei**

Trotz der geringen Zahl an Arbeitsplätzen sorgen beispielsweise Molkereiprodukte (Devonshire »Clotted Cream«, Cheddar usw.), Hopfen und Gerste für die Brauereien, Getreide, Apfelplantagen zur Herstellung von Cider (Somerset und Devon), Gemüseanbau sowie die Viehzucht dafür, dass die Landwirtschaft nahezu zwei Drittel der im Vereinigten Königreich benötigten Lebensmittel produziert. Die britische Fischereiindustrie liefert rund zwei Drittel aller im Land ver-

brauchten Fische. Fast 75 % des Fangertrags stammen aus küsten-
nahen Gewässern. Die Hochseeflotte wurde wegen wachsender internationaler Konkurrenz, der Ausdehnung der Hoheitsgewässer anderer Länder und wegen Überfischung merklich reduziert.

Der Südosten hat sich zur führenden Industrieregion Englands entwickelt. Allein Hampshire, wo British Aerospace und die Defence
Evaluation Research Agency, DERA, ansässig sind, bietet über 30 000
Arbeitsplätze in der **Luft- und Raumfahrtindustrie**. 44 % aller Arbeitsplätze in Hampshire stellen die Elektronikindustrie und die neu-
en Informations- und **Kommunikationstechnologien**, darunter
Samsung in Yateley und Philips Semiconductors in Southampton –
durchaus repräsentativ für die südlichen und südöstlichen Grafschaften. Während auf nationaler Ebene die verarbeitende Industrie noch
einen Anteil von 18 % verzeichnet, liegt er in Südengland nur zwischen 10 und 14 %. Bristol, die Heimat von Rolls Royce und British
Aerospace, ist längst ein Zentrum des Dienstleistungssektors geworden mit Versicherungsgesellschaften wie Sun Alliance, Sun Life oder
Lloyds. Aber auch IBM und und Hewlett Packard haben sich hier
angesiedelt. Die Telefongesellschaft Oracle (UK) mit rund 4500 Beschäftigten hat ihren Firmensitz in Reading und eine ihrer Filialen in
Bristol; der Handy-Anbieter Orange mit mehr als 6000 Beschäftigten
hat sein Hauptquartier in Bristol. Von der Nähe Londons haben vor
allem die Grafschaften Berkshire, Surrey, Hampshire, East und West
Sussex sowie Kent profitiert, wo sich viele Firmen des Dienstleistungssektors und der **Informationstechnologien** niedergelassen
haben. Der Hafen von London ist noch immer der wichtigste See-
hafen der Insel. Mit seinen vier internationalen Flughäfen – Heathrow, Gatwick, Stansted, Luton – und seiner Funktion als Dreh- und
Angelpunkt des britischen Eisenbahnnetzes ist **London** Verkehrs-
knotenpunkt Nr. 1 im Vereinigten Königreich. In Kent haben der
Eurotunnel sowie neue Trassen für Bahn und Autoverkehr einen
neuen Wirtschaftskorridor entstehen lassen mit Industrieparks,
Wohnanlagen und Einkaufszentren.

Industrie und Dienst-leistungen

Großbritanniens Tourismusindustrie stellt mit 3,1 Mio. Beschäftigten **9,1 % aller Jobs** im Land. Beliebtestes Reiseziel ist London, das
innerhalb von fünf Jahren sein Besucherzahlen bis 2016 um 20 % auf
31,5 Mio. Gäste steigern konnte – fast zwei Drittel der Gäste kamen
aus dem Ausland. Besuchermagnet außerhalb Londons ist an erster
Stelle Stonehenge mit über 1,4 Mio. Besuchern vor den Roman Baths
& Pump Room von Bath (1,1 Mio.). Hoch in der Besuchergunst stehen auch Polesden Lacy, das Mary Rose Museum in Portsmouth und
Dover Castle mit jeweils mehr als 330 000 Besuchern. Deutsche stellen nach Frankreich mit 3,3 Mio. Gästen die zweitgrößte Besucher-
gruppe – die meisten kommen für ein langes Wochenende.

Tourismus

Geschichte

Von Stonehenge zum Empire

Mit dem Ende der Eiszeit beginnt die eigentliche Geschichte Südenglands, das jahrhundertelang durch Invasionen von Kelten, Gälen, Belgern und Normannen geprägt wurde – bis Britannia von England aus selbst nach fernen Ländern greift und zur größten Handels- und Kolonialmacht der Welt aufsteigt.

KELTEN UND PAX ROMANA

ab 4000 v. Chr.	Erste Siedlungen mit Landwirtschaft und Viehzucht
ab 600 v. Chr.	Beginn der keltischen Einwanderung
43 v. – 410 n. Chr.	Römische Herrschaft

Das Ende der Eiszeit macht England, das während der Altsteinzeit noch durch eine Landbrücke mit dem Kontinent verbunden war, um 7000 v. Chr. zur Insel, die Hirten und Bauern aus West- und Nordeuropa besiedeln. Die Völker pflegen einen ausgeprägten Totenkult und hinterlassen Hügelanlagen, Grabstätten, Dolmen und Menhire. Silbury Hill und Windmill Hill in Wiltshire, Maiden Castle in Dorset und Cissbury Hill in Sussex gehören zu den größten Anlagen jener **Megalithkultur**, die nach dem Fundort bei Avebury auch als Windmill-Hill-Kultur bezeichnet wird. In jener Zeit entstehen neben Steinsetzungen und Langgräbern auch die Steinkreise von **Avebury** und **Stonehenge** (▶Baedeker Wissen S. 52), die bis heute der Landschaft Südenglands ihren mystischen Reiz verleihen. **Steinzeit**

Mit der Einwanderung der **Kelten** bildet sich gegen 1800 – 1500 v. Chr. die **Wessexkultur** heraus, die bereits Handel mit Zinn bis in den Mittelmeerraum betreibt. Ab etwa 1400 v. Chr. entwickelt sich die Getreide anbauende Urnenfelderkultur. Zur Mitte des 1. Jt.s v. Chr. kommen die Goidelen (Gälen), dann die Brythonen (Briten). Die Einwanderung der **Belger** markiert den Beginn der Eisenzeit. Die Belger leben in Stammesverbänden, in denen nur die Druiden eine Machtstellung einnehmen, und errichten um 75 v. Chr. ein staatsähnliches Gebilde in Südengland. **Bronze- und Eisenzeit**

Unter **Julius Cäsar** setzen die Römer 55 und 54 v. Chr. in zwei Expeditionen über den Ärmelkanal und landen nahe des heutigen Dover, ziehen sich jedoch vor dem Widerstand der Kelten wieder zurück. **Römische Invasion**

Weltkulturerbe: der mystische Steinkreis von Stonehenge. Erich von Däniken war überzeugt, Außeridische hätten ihn errichtet.

Unter Kaiser Claudius gelingt 43 n. Chr. die Eroberung, Südostengland wird römische Provinz. Auch der Aufstand der Ostangeln oder
Iceni unter ihrer Königin Boadicea im Jahr 61 kann ihr Vordringen
nach Westen und Norden nicht aufhalten. Die **Pax Romana** währt
rund 400 Jahre. Ab 350 sehen sich die Römer zunehmend den Über-
fällen der Pikten und Scoten (Iren) im Norden und Nordwesten sowie der Angeln und Sachsen im Süden ausgesetzt. 410 verlassen alle
römischen Legionen Britannien.

SÜDENGLAND IM MITTELALTER

597	Der hl. Augustinus christianisiert die Angelsachsen.
ab 800	Überfälle der Wikinger
1066	Normannische Invasion: Wilhelm der Eroberer siegt in der Schlacht von Hastings.
1215	Magna Charta: Die Macht der Krone wird eingeschränkt.
1337 – 1453	Hundertjähriger Krieg mit Frankreich

Angeln und Sachsen (449 – 1066) Nach 449 flüchten die gälischen Briten vor den Angeln, Sachsen und
Jüten in die Waliser Berge, nach Cornwall und in die heutige Breta-
gne. Mehr als 100 Jahre hält der Widerstand gegen die Invasoren an,
die im Süden Englands die Königreiche Kent, Sussex und Wessex
gründen. Der Sieg des keltischen Feldherrn Artus in der Schlacht von
Badon Hill begründet um 516 den Mythos von **König Artus** (▶Bae-
deker Wissen S. 356) und den Rittern der Tafelrunde. 596 entsendet
Papst Gregor I. den Mönch Augustin zur Missionierung der Angelsachsen.

Königreich Wessex Nach Siegen über die plündernden Normannen vereint König Egbert
von Wessex die Angelsachsen um 800 in einem Königreich; 865 kon-
solidiert **Alfred der Große** (871 – 899) das angelsächsische Reich,
das Cornwall, Sussex und Kent einschließt. Nordöstlich der Linie
London – Chester gilt das **Danelaw** der Dänen; südlich entstehen
Grafschaften (Shires) mit »Sheriffs« als leitenden Kronbeamten.
Hauptstadt wird Winchester neben London. Nachdem Dänenkönig
Sven Gabelbart 1013 Ethelred II. (den Unentschlossenen, reg. 978 bis
1016) besiegt hat, wird das **»Danegeld«** eingeführt, die erste allgemeine Steuer eines mittelalterlichen Staates. 1016 wird Knut der Große König von England, 1042 muss sein Sohn die Herrschaft an Eduard den Bekenner (reg. 1042 – 1066) abtreten. Zu seinem Erben
bestimmt der letzte König der Angelsachsen den Herzog der Normandie, Wilhelm.

Normannen (1066 – 1138) Am 14. Oktober 1066 gelingt **Wilhelm dem Eroberer** (William the
Conqueror, reg. 1066 – 1087) die letzte Invasion Englands: In der

Schlacht von Hastings, die tatsächlich in Battle stattfand, schlägt er die Angelsachsen unter Harald II. Als Wilhelm I. regiert er beiderseits des Ärmelkanals und unterdrückt mit seiner normannischen Herrschaftskaste die einheimische Bevölkerung. Hof und Klerus sprechen Französisch und schreiben Latein, das Angelsächsische wird zur Sprache der Ungebildeten. Im **Domesday Book** (1085 bis 1087) lässt Wilhelm den Zustand der Land- und Besitzverhältnisse erfassen. Zur gleichen Zeit schließen sich fünf Hafenstädte des Südens – Sandwich, Dover, Romney, Hythe und Hastings – zu den **»Cinque Ports«** zusammen. Später stoßen Rye und Winchelsea zur englischen »Hanse«. Unter Heinrich I. (reg. 1101 – 1135) wird das erste Schatzamt Europas eingerichtet, London einzige Hauptstadt.

Unter Heinrich II. (reg. 1154 – 1189), der durch die Heirat seiner Mutter Mathilde mit Gottfried von Anjou auch über die Hälfte Frankreichs herrscht, beginnt sich das **»Common Law«**, das allgemeine englische Recht, herauszubilden. Nach einem Streit über die Grenzen zwischen weltlicher und kirchlicher Macht lässt Heinrich II. seinen einstigen Freund und Erzbischof von Canterbury, **Thomas Becket**, von königlichen Rittern in dessen Kathedrale ermorden. Als Heinrichs Sohn, Johann Ohneland (Lackland, reg. 1199 – 1216), seine Besitzungen in Frankreich verliert, zwingen ihn englische Barone am 15. Juni 1215, ihre Rechte in der **»Magna Charta«** zu verbriefen. Unter Heinrich III. (reg. 1216 – 1272) verliert der Hof weiter an Macht. 1265 muss der König erstmals ein Parlament einberufen. **Das Haus Plantagenet (1138 – 1399)**

1337 beginnt unter Eduard III. (reg. 1327 – 1377) der bis 1453 andauernde Hundertjährige Krieg mit Frankreich, ausgelöst durch Eduards Anspruch auf den französischen Thron. Nach ersten Erfolgen – Seesieg bei Sluys, Schlachten von Crécy 1346 und Poitiers 1356 – bleiben von den Eroberungen nach dem Tod von Eduards Sohn, dem **Schwarzen Prinzen**, nur Calais und die Gascogne. 1349/1350 halbiert die Pest die Bevölkerung auf vier Millionen. Innenpolitisch trennen sich Unter- und Oberhaus, das Parlament erhält das volle Steuerbewilligungsrecht, Englisch wird Hof- und Amtssprache. **Hundertjähriger Krieg**

Unmittelbar nach Kriegsende mit Frankreich tobt 1455 – 1485 der »War of Roses«, benannt nach dem Emblem der sich den Thron streitig machenden Herrschaftshäuser **York** (weiße Rose) und **Lancaster** (rote Rose), deren Dynastie Heinrich IV. (reg. 1399 – 1413) begründet hatte. In der Schlacht von Bosworth siegt Henry Tudor, Earl of Richmond und letzter lebender Lancaster, 1485 über Richard III., der als letzter König des Hauses York auf dem Schlachtfeld stirbt. Mit der Heirat von Elisabeth, Tochter Eduards IV. aus dem verfeindeten Hause York, beendet er die Fehden und begründet als Heinrich VII. (reg. 1485 – 1509) die Dynastie der Tudors. **Rosenkriege**

DER WEG IN DIE NEUZEIT

1536 – 1539	Auflösung der Klöster unter Heinrich VIII.
1588	Sieg über die spanische Armada im Ärmelkanal
1666	Großer Brand von London
1688 / 1689	Glorious Revolution, Bill of Rights

Heinrich VIII.

In der **Tudor-Dynastie** (1485 bis 1603) folgt auf Heinrich VII. die schillernde Figur **Heinrichs VIII.** (reg. 1509 – 1547, ▶Berühmte Persönlichkeiten), der nicht nur wegen seines Lebensstils, sondern auch als Begründer der von Rom losgelösten Anglikanischen Staatskirche in die Geschichtsbücher eingeht. Da der Papst die Scheidung Heinrichs von Katharina von Aragón verweigert, erklärt Heinrich sich selbst in der **Suprematsakte** von 1542 zum weltlichen Oberhaupt der Anglikanischen Kirche; geistliches Oberhaupt wird der Erzbischof von Canterbury. In den Jahren 1536 bis 1539 löst Heinrich VIII. alle Klöster auf, beschlagnahmt deren Besitz für die Krone und investiert in Englands erste Flotte. Während Eduard VI. (reg. 1547 bis 1553) die Reformation fördert und das Common Prayer Book einführt, rekatholisiert die mit Philipp II. von Spanien verheiratete **Maria I. die Katholische** (reg. 1553 – 1558) mit Hinrichtungen und Protestantenverfolgungen das Land. Unter ihrer anglikanischen Halbschwester, der zeitlebens unverheirateten »Virgin Queen« **Elisabeth I.** (reg. 1558 – 1603), erlebt das Königreich im Elisabethanischen Zeitalter eine wirtschaftliche, kulturelle und wissenschaftliche Blüte und legt den Grundstein für das spätere Kolonialreich. »I know I have the body but of a weak and faible woman« musste Elisabeth I. einräumen, ergänzte aber sogleich »but I have the heart and stomach of a king, and of a king of England, too.« – und sie sollte Recht behalten. 1577–1580 umsegelt **Sir Francis Drake** (▶Berühmte Persönlichkeiten) nach Magellan als Zweiter die Welt, 1584 gründet **Sir Walter Raleigh** mit Virginia die erste englische Kolonie in Nordamerika, 1588 vernichtet England die spanische Armada, 1600 beginnt mit der Gründung der **Ostindiengesellschaft** (British East India Company) der Aufstieg zur Kolonialmacht. London und Bristol werden Zentren des Sklavenhandels. Kulturell gipfelt das Golden Age im literarischen Werk **William Shakespeares** (1564 – 1616), der seine weltberühmten Dramen im eigenen Theater in London, »The Globe«, aufführt.

Das Haus Stuart (1603 – 1714)

Der absolutistisch gesinnte Jakob I. (reg. 1603 – 1625), Sohn der 1587 von Elisabeth I. hingerichteten Rivalin Maria Stuart und König von Schottland, vereint 1603 England, Schottland und Irland. Er lässt die Puritaner verfolgen und, nach dem **»Gunpowder Plot«** vom 5. November 1605, bei dem Guy Fawkes das Parlament in die Luft zu sprengen versuchte, auch die Katholiken. Während der Regentschaft Karls I. (reg. 1625 – 1649) spaltet im Jahr 1642 ein Bürgerkrieg das Land in königstreue **Cavaliers** aus dem niedrigen Landadel, den späteren Tories, und republikanische **Roundheads**, Grundbesitzer und Kaufleute, die sich als Vorläufer der Whigs um Oliver Cromwell sammeln.

Bürgerkrieg und Republik

1644 schlägt das Parlamentsheer unter **Oliver Cromwell** mit der ihm treu ergebenen Reitertruppe der Ironsides das königliche Heer bei Marston Moor, 1645 erneut bei Naseby. Das von Cromwell von Presbyterianern bereinigte Parlament verurteilt Karl I. zum Tode, 1649 stirbt er auf dem Schafott in Whitehall. 1653 zum **Lord Protector** ernannt, regiert Cromwell die Republik England 1649 bis 1658 als harter Diktator, der jedes Amüsement verbietet.

Restauration

Nach dem Rücktritt von Oliver Cromwells Sohn Richard, seit 1658 Lord Protector, restauriert **Stuart-König Karl II.** (reg. 1660 – 1685) die anglikanische Staatskirche und bringt Glanz und Luxus zurück an den Hof. 1673 beschließt das Parlament die **Testakte**, die Nichtanglikaner von öffentlichen Ämtern ausschließt und viele Puritaner zur Auswanderung nach Amerika veranlasst, 1679 die **Habeas-Corpus-Akte**, die die individuelle Freiheit schützt.

Glorious Revolution

Karls Bruder, Jakob II. (reg. 1685 – 1688), bevorzugt Katholiken – und verliert das Vertrauen des Parlaments, das Jakobs Neffen und Schwiegersohn ruft: **Wilhelm von Oranien**. Jakob flieht und wird in der Glorious Revolution 1688 unblutig abgesetzt. Wilhelm III. (reg. 1688 – 1702) regiert mit seiner Gattin Maria II. und erkennt in der **Bill of Rights** die Rechte des Parlaments an. Königin Anna (reg. 1702 – 1714), die jüngere Tochter Jakobs II., vereint mit der **Union of Parliaments** die Parlamente von England und Schottland im Vereinigten Königreich.

AUFSTIEG ZUR WELTMACHT

1805	Nelson gewinnt die Seeschlacht von Trafalgar und stirbt.
1815	Wellington siegt über Napoleon bei Waterloo.
1851	Weltausstellung in London
1939 – 1945	Zweiter Weltkrieg; die Alliierten starten von den Häfen Südenglands aus die Invasion in der Normandie.

Das Haus Hannover / Windsor Um die protestantische Thronfolge zu gewährleisten, geht nach dem Tod von Anna die englische Krone auf die Kurfürsten von Hannover über. Unter Georg I. (reg. 1714 – 1727) nimmt Schatz-kanzler **Sir Horace Walpole**, gestützt auf die Parlamentsmehrheit und das Vertrauen des Königs, erstmals das Amt des Premierministers wahr. Unter seinen Nachfolgern, Georg II. (reg. 1727 – 1760) und Georg III. (reg. 1760 – 1820) steigt England zur größten Handels- und Kolonialmacht der Welt auf. Hauptgegner im Kampf um die Vorherrschaft, vor allem in Indien und Nordamerika, ist Frankreich. 1798 schlägt **Admiral Nelson** (▶Berühmte Persönlichkeiten) die französische Flotte bei Abukir, 1805 siegt er bei Kap Trafalgar über die spanisch-französische Flotte. 1806 verhängt Napoleon die **Kontinentalsperre** gegen England; 1815 schlagen in der Schlacht von Waterloo die vereinigten britischen, holländischen und preußischen Truppen unter Wellington und Blücher die Franzosen entscheidend.

Industrielle Revolution Im georgianischen Jahrhundert wird England das Mutterland der Industriellen Revolution, die mit **James Watts** Dampfmaschine (1769) und der Erfindung des mechanischen Webstuhles (1790) vor allem im Norden an Fahrt gewinnt. Im Süden führen die Mechanisierung der Landwirtschaft und die Einteilung in kleine Parzellen durch den **»Enclosure Act«** zur Landflucht. Bauten wie der Royal Pavilion von 1822 und die 1823 eröffnete erste Pier in Brighton zeugen von der steigenden Bedeutung der Badeorte.

Viktorianisches Zeitalter Im Viktorianischen Zeitalter während der Regierungszeit **Königin Viktorias** (reg. 1837 – 1901) wandelt sich Großbritannien als führende Handelsmacht der Welt in einen modernen Staat. Die Wahlreform von 1832 vergrößert die Wählerschaft um die – männliche – »middle class«; im Parlament bildet sich das Gegenspiel von Regierung und Opposition heraus. Die Proteste der ausgebeuteten Arbeiterschaft bündelt 1838 die **Chartistenbewegung**; langsam setzen sich Regelungen zur Einschränkung der Kinderarbeit durch. Genialer Ingenieur und Baumeister des imperialen England ist **Isambard Kingdom Brunel**. Er plant die 1841 eröffnete, 190 km lange Eisenbahnstrecke von London nach Bristol, gründet 1840 die Eisenbahnwerke von Great Western – und damit die Stadt Swindon – und baut mit der »Great Britain« 1843 auch den ersten Ozeandampfer mit Schrauben-

Zum 900. Jahrestag der Schlacht von Hastings stickte die Royal School of Needlework 1966 die Fortsetzung des berühmten Teppichs von Bayeux: ein 74 m langes Wandbild der englischen Geschichte von 1066 bis heute.

antrieb. Zur Londoner **Weltausstellung** »The Great Exhibition« strömen 1851 fünf Mio. Besucher in die Hauptstadt. Den technologisch-wissenschaftlichen Erfolgen und der Ausweitung des Empire um Hongkong, Burma, Zypern, Sudan, Ostafrika, Südafrika und Rhodesien stehen die »viktorianische« Klassengesellschaft und die Prüderie der Mittelklasse gegenüber, die im Skandal um **Oscar Wilde** in den 1890er-Jahren ihren Höhepunkt erlebt.

Nach dem deutschen Einmarsch in das neutrale Belgien erklärt Großbritannien unter König Georg V. (reg. 1910 – 1936) am 4. August 1914 Deutschland den Krieg. 1915 wird ein Kriegskabinett aus Konservativen, Liberalen und Labour unter Premierminister Asquith gebildet, 1916 die allgemeine Wehrpflicht eingeführt. Britische Truppen kämpfen in Belgien, Frankreich, Palästina und am Bosporus. Am Ende des »Great War« ist Großbritannien wirtschaftlich angeschlagen, mehr als zwei Mio. Briten werden durch die **Weltwirtschaftskrise** arbeitslos.

Ab 1924 regiert erstmals ein Labour-Kabinett unter James Ramsay MacDonald. Das Streben der Kolonien nach Unabhängigkeit führt 1931 zur Gründung des **»Commonwealth of Nations«**. Neville Chamberlains Friedenspolitik des **Appeasement** scheitert an Hitlers Entschlossenheit zum Krieg. Nach dem deutschen Überfall auf Polen tritt Großbritannien am 3. September 1939 in den **Zweiten Weltkrieg** ein. Winston Churchill (►Berühmte Persönlichkeiten)

Erster und Zweiter Weltkrieg

wird als Erster Lord der Admiralität in das Kriegskabinett aufgenommen. Nach Beginn des deutschen Westfeldzugs bildet er am 10. Mai 1940 eine Allparteienregierung und hält vor dem Unterhaus seine berühmte **»Blut-Schweiß-und-Tränen«-Rede**. Von September 1940 bis Mai 1941 bombardiert die deutsche Luftwaffe beim »Blitz«, der **»Luftschlacht um England«**, in Südengland vor allem Ziele im Großraum London, Dover, Plymouth, Southampton und Portsmouth. Am frühen Morgen des 6. Juni 1944 beginnt von den Häfen Südenglands die alliierte Invasion der Normandie.

VOM KALTEN KRIEG ZUR JAHRTAUSENDWENDE

1952	Krönung Elisabeths II.
1973	Großbritannien tritt der EG bei.
1979	Margaret Thatcher wird als erste Frau Premierministerin.
1997	Erdrutschsieg von Tony Blair

Nach dem Zweiten Weltkrieg Nach Kriegsende hat die Siegermacht Großbritannien ihre Weltgeltung eingebüßt. Winston Churchill verliert 1945 wegen der schwierigen Wirtschaftslage die Wahlen gegen Labour unter **Clement Attlee**, der den britischen Wohlfahrtsstaat ausbaut. Am 6. Februar 1952 wird **Königin Elisabeth II.** gekrönt. Im selben Jahr zündet Großbritannien im Pazifik seine erste **Atombombe** und wird Nuklearmacht.

1950er- und 1960er-Jahre Mitte der 1950er- bis Mitte der 1960er-Jahre strömen Hunderttausende **Immigranten** aus den ehemaligen Kolonien, vor allem Indien, Pakistan und der Karibik, ins Mutterland. 1965 findet im Londoner Stadtteil Notting Hill erstmals ein schwarzer Karneval statt. Veraltete Industrien, mangelnde Modernisierungen und endlose Streikwellen kennzeichnen die strukturelle **Wirtschaftskrise**, der die Regierungen unter Wilson (Labour), Heath (Konservative) und Callaghan (Labour) nicht Herr werden können. Trotzdem wird Großbritannien 1973 **Mitglied der EG**.

Ära Thatcher Im Frühjahr 1979 wird die Konservative Margaret Thatcher erste britische Premierministerin. Unter der Hand der **»Eisernen Lady«** verstärken radikale Wirtschaftsreformen die Kluft zwischen Arm und Reich: Staatliche Unternehmen werden privatisiert, Sozialleistungen drastisch gekürzt, die Rechte der Gewerkschaften beschnitten, private Investitionen gefördert und kommunaler Wohnraum in Privateigentum umgewandelt. 1983 und 1987 wieder gewählt, wird die wegen ihrer Anti-Europapolitik und der von ihr eingeführten Kopfsteuer **»Poll Tax«** immer unpopulärer gewordene Politikerin von ihrer eigenen Partei gestürzt. Ihr Nachfolger wird der blasse **John Major**, dessen Regierung durch Korruptions- und Sexskandale nach 1992 das Vertrauen der Bevölkerung, sämtliche Unterhaus-Nachwahlen und damit ihre parlamentarische Mehrheit verliert. Zwei Jahre später ist es mit der »Splendid Isolation« der Insel vorbei: Seit 6. Mai 1994 verbindet der **Eurotunnel** unter dem Ärmelkanal das Königreich mit dem Kontinent. Mit der Einweihung der schnellen Bahnverbindung mit Autotransport beginnt ein langsames, aber unaufhörliches Sterben der Fährverbindungen. Berühmtestes Opfer sind die Hovercraft-Luftkissenfähren, die im Herbst 2000 ihren Dienst zwischen Dover und Calais einstellen.

Am 1. Mai 1997 erzielt Tony Blairs **New Labour** einen Erdrutschsieg. Selbst der traditionell in sicheren Tory-Händen geglaubte Süden, der in den konservativen Regierungsjahren unter Thatcher und Major am meisten profitiert hatte, wird von Labour erobert. Mit einer konstitutionellen Reform bringt Blair Parlamente und Volksversammlungen für Schottland, Nordirland und Wales auf den Weg; Cornwall steigt zur eigenständigen Region auf, um in den Genuss von EU-Strukturfördergeldern zu kommen. **Labour-Sieg unter Tony Blair**

Abseits der großen Politik erregen vor allem die Geschicke der Royals die Gemüter. 1981 heiratet Prince Charles in einer Märchenhochzeit **Lady Diana Spencer**, 1992 verkündigt Premierminister John Major ihre Trennung im Unterhaus. Am 31. August 1997 stirbt Diana bei einem Autounfall in Paris.

DAS NEUE MILLENNIUM

2000	Millennium Wheel (heute: London Eye) wird als Londoner Wahrzeichen zum neuen Jahrtausend eingeweiht.
2005	Terror-Anschläge in der Londoner U-Bahn
2007	Gordon Brown (Labour) wird neuer Premier.
2011	London Riots (August)
2012	Hochzeit von William & Kate (29. April)
	XXX. Olympische Spiele & Paralympic Games
	Brian Johnson wird als Bürgermeister von London bestätigt.
2013 und 2015	Nachwuchs für Prinz William und Kate
2014	Referendum zur Unabhängigkeit Schottlands
2016	Die Briten stimmen für den Brexit/EU-Austritt.
	Premierminister David Cameron tritt zurück.
	Neuer Premier wird die Konservative Theresa May.

Mit spektakulären Feiern, eindrucksvollen Neubauten wie der Londoner Millennium Bridge und das London Eye begrüßt Südengland das neue Jahrtausend. Trotz innenpolitischer Krisen wird **Tony Blair** 2001 und 2005 wiedergewählt. Zum Wahlsieg verhalf ihm eine Kampagne, die Blair bereits 1997 initiiert und bis 2005 erfolgreich vollen- **Aufbruchstimmung und Trauer** dete: die Olympischen Spiele nach London zu holen – als Bühne für das New Britain, selbstbewusst und führungsstark auf der Weltbühne, ein junges »Cool Britannia«, das er durch Einladung von Designern und Popstars in die Downing Street Number 10 gefördert hatte. 2005 verkündet das IOC: Die Themsemetropole wird nach 1908 und 1948 im Sommer 2012 zum dritten Mal **Gastgeber der Olympischen Sommerspiele** sein. Doch schon am nächsten Morgen weicht der Freudentaumel Trauer und Entsetzen. Mitten im Berufsverkehr lassen Rucksackbomben vier Sprengsätze in U-Bahn-Zügen und in einem Doppeldeckerbus explodieren. 79 Menschen sterben bei den Londoner Terroranschlägen, 700 werden schwer verletzt. Entschlossen ist kurz darauf auf den Plakatwänden der Kapitale zu lesen: »We stand united« – vereint im Kampf gegen den Terror.

Die Tories übernehmen Zehn Jahre nach seinem Erdrutschsieg tritt Blair am 27. Juni 2007 zurück und übergibt die Amtsgeschäfte an seinen Schatzkanzler **Gordon Brown**. Nach den Unterhauswahlen im Mai 2010 übernehmen die Konservativen die Macht. Mit den Worten »I am the heir of Blair« tritt **David Cameron** sein Amt an: frisch, modern, konservativ im Kern – und mit 43 Jahren der jüngste Premier, der seit 200 Jahren ins Amt gewählt wurde. Anders als Blair, der England näher an Europa rücken wollte, sagt Cameron offen, es gebe »nicht zu wenig Europa, sondern zu viel davon.« Nach Englands Nein zum Euro (2002) verweigert Cameron als einziger Staatschef der EU seine Zustimmung zum Euro-Fiskalpaket. Sein Veto spiegelt die Stimmung im Land: 71 % der Briten, so ergab eine Umfrage der Times 2012, sind gegen den Euro, 52 % würden am liebsten sofort die EU verlassen, 82 % wünschten sich darüber einen Volksentscheid. Mit ihrer Forderung nach Austritt aus der EU stieg die UK Independence Party (UKIP) bei den Unterhauswahlen 2015 sogar zur drittstärksten Kraft auf. Während die Anti-Europa-Stimmung das Land eint, driften der arme Norden und der reiche Süden immer stärker auseinander. 2011 entluden sich die sozialen Spannungen in den **London Riots**, gewalttätigen Ausschreitungen von Jugendlichen im Londoner Stadtteil Camden, die bald auf andere Städte übergriffen. Auslöser war, wie zuvor in Paris, die Erschießung eines jungen Mannes (Mark Duggan) durch die Polizei, die ihn als Dealer verdächtigt hatte. Beim Referendum im September 2014 sprechen sich 55,3 % der **Schotten** für ihren Verbleib im Vereinigten Königreich aus. Am 23. Juni **2016** stimmen 51,9 % der Briten für den **Brexit**, den Austritt aus der EU. Premier David Cameron tritt daraufhin zurück. Seit Juli 2016 ist die Konservative **Theresa May** neue Premierministerin.

Königliche Feiern Bei den Royals hingegen begann nach den Turbulenzen der 1990er-Jahre mit dem neuen Millennium eine neue Blüte der Monarchie. Statt Skandalen prägten spektakuläre Feiern die erste Dekade. Den

Traumhochzeit von William und Kate: Auf dem Balkon des Buckingham Palace gaben sich die Frischvermählten den Hochzeitskuss.

Auftakt machte der Sohn der Queen. Am 9. April 2005 darf Charles
auf Schloss Windsor seine wahre Liebe heiraten: **Camilla Parker-
Bowles**. Sieben Jahre später ehelichte am 29. April 2012 sein Sohn
William die bürgerliche **Kate Middleton**, mit der er bereits seit 2002
in einer Studenten-WG zusammengelebt hat. Auch nach der Hochzeit versuchen der Herzog und die neue Herzogin von Cambridge,
ihren Alltag so normal wie möglich zu gestalten – was die Sympa-
thiewerte der jungen Royals in die Höhe katapultiert.
Kate & William sind in den Medien fast präsenter als eine Dame, die
im Juli 2015 als Europas dienstälteste Monarchin den Dauerregen bei
ihrem Kronjubiläum schlichtweg ignorierte: Queen Elizabeth II. Am
20. Dezember übertraf sie den 1901 von Victoria aufgestellten Altersrekord von 81 Jahren und 243 Tagen – und bis heute ist sie noch kein
bisschen amtsmüde. Im Juni 2012 feiert die Regentin ihr **»Diamond
Jubilee«**, ihr 60-jähriges Thronjubiläum. Am 22. Juli bringt Kate
Middleton ihren ersten Sohn zur Welt: **Prinz George Alexander
Louis** – am 23. Oktober 2013 wird der Thronfolger in der königlichen Kapelle des St. James' Palace getauft. Im Mai 2015 erhält Prinz
George eine kleine Schwester – **Prinzessin Charlotte Elizabeth
Diana** von Cambridge.

Reiten in Greenwich, Triathlon im Hyde Park, Beachvolleyball auf
der Horse Guards Parade – am 27. Juli 2012 werden in London die
XXX. Olympischen Spiele eröffnet. Die Planer setzen auf einen Mix
aus bestehenden und neuen Wettkampfstätten **im Herzen der Weltstadt** – und haben einen überwältigenden Erfolg.

Olympische
Spiele 2012

Kunst und Kultur

Kunstgeschichte

Mystische Steinkreise und römische Mosaiken, gotische Kathedralen und prachtvolle Schlösser, kopfsteingepflasterte Bilderbuchdörfchen und spektakuläre Neubauten – Südengland fasziniert allerorten!

FRÜHZEIT

Steingeräte und Tonwaren zeugen von der Bauernkultur, die während der Jungsteinzeit im 4. Jt. v. Chr. vom westeuropäischen Festland her nach Südengland einwanderte. In der Zeit nach 3000 v. Chr. entstanden auf Anhöhen in Dover und Henbury »Causeway Camps«, kreisförmige Sammellager mit Wall und Graben. In der Nähe dieser Camps finden sich häufig 30 bis 100 m lange und etwa 3 m hohe »Long Barrows« (Langhügel), Kollektivgräber für eine Sippschaft oder Herrenschicht. Mehr als ein Jahrtausend bauten verschiedene Stämme ab 2800 v. Chr. an **Stonehenge**. Knochenfunde deuten darauf hin, dass die weltberühmten Steinkreise rund 1700 Jahre als Zeremonienstätte und Heiligtum dienten – doch für wen? Noch immer gibt das Weltkulturerbe bei Salisbury viele Rätsel auf.

Jungsteinzeit

In Südwestengland entstanden einige Jahrhunderte später die ersten Großsteingräber. Besonders eindrucksvoll ist das Megalithgrab von **West Kennet** (ca. 2500 v. Chr.) bei Avebury in Wiltshire. Vereinzelt gesetzte, hoch aufragende Steine – Menhire – und Steinkreise – Cromlechs – hatten ebenfalls kultische Bedeutung.

Megalith-kultur

Mit der Becherkultur begann ab ca. 2200 v. Chr. die **Bronzezeit**, von der kostbare Grabbeigaben wie der gehämmerte Goldbecher von Rillaton im Britischen Museum zeugen. Um 600 v. Chr. begann unter dem Einfluss der Hallstattkultur die **Eisenzeit** in England. Eine gut erhaltene Eisenzeitsiedlung ist in **Chysauster** im Westen Cornwalls zu besichtigen. In Südengland entwickelte sich ein eigenständiger Zweig der La-Tène-Kultur. Um 75 v. Chr. führten

> **!** BAEDEKER TIPP
>
> *Keltisches Kunsthandwerk*
>
> Aus der Stein-, Bronze- und Eisenzeit sind Schmuck und Keramik aus Grabbeigaben erhalten, frühes keltisches Kunsthandwerk mit Flechtarbeiten, Bronzespiegel und Schwertscheiden mit stilisierter Kreisornamentik sowie Hals- und Armreifen aus tordiertem Gold – die schönsten Stücke zeigt das Britische Museum in London.

Ein Hörgenuss: Konzert des Boys Choir vor der Kathedrale von Wells

die Belger die teilweise städtisch geprägte Oppidum-Zivilisation Galliens ein. Das mächtige **Maiden Castle** in Dorset zeugt von Abwehrversuchen gegen die römische Invasion.

RÖMERZEIT

Albion – Roms Britannien Cäsar kam 55 v. Chr., Kaiser Claudius stieß 43 n. Chr. nach Norden vor, sein Feldherr Vespian unterwarf den Süden. Um ihre Macht zu sichern, schufen die Römer Strukturen, deren Spuren bis heute erhalten sind: **Londinium** (London) wurde Zentrum der Macht und wichtigster Handelsplatz, Isca Dumnoniorum (Exeter) als Grenzfeste zum keltischen Cornwall errichtet. Ehemalige Garnisonsstädte lassen sich am Suffix -chester erkennen: Rochester (Kent), Chichester (West Sussex), Winchester (Hampshire), Dorchester (Dorset), Ilchester (Somerset). Noch heute beherrscht eindrucksvoll das Römerkastell von Portchester aus dem 3. Jh. mit 6 m hohen Mauern die Hafenbucht von Portsmouth. Die Ruinen der römischen Bäder und der Tempel der Sulis Minerva sind in **Aquae Sulis** (Bath) zu sehen. Entlang der klimatisch milden Südküste wurden herrschaftliche Landsitze angelegt, darunter Lullingstone in Kent und **Fishbourne** in West Sussex, wo der Roman Palace bedeutende Mosaiken enthält.

FRÜHMITTELALTER

The Dark Ages Zwischen 410, dem Abzug der Römer, und 1066, der Schlacht von Hastings, liegen die Dark Ages – die historisch bislang kaum aufgehellten Jahrhunderte, in denen die **Angeln und Sachsen** germanische Kultur in England verbreiteten. Ihre Siedlungen lassen sich an den Namensendungen erkennen: »-ham« deutet auf eine flache Weidensiedlung hin; »-ton« auf eine Flusssiedlung; »-ley« auf eine Rodung und »-wick« auf ein Bauerndorf mit Tierbestand.

Architektur In der Architektur der Angelsachsen verbanden sich keltische mit römischen Bauweisen. Ihre anfangs reinen Holzbauten sind längst zerstört; erhaltene Steinbauten sächsischen Ursprungs sind die St. Lawrence-Kirche in Bradford-on-Avon / Wiltshire aus dem 7. Jh., St-Mary-in-Castro in der Burg von Dover sowie der Helm des Kirchturms von Sompting in Sussex.

Buchmalerei Beeinflusst von der hohen Kunst der irischen Mönche und Buchillustratoren entwickelte sich in den Buchmalereien vor allem aus Winchester und Canterbury im 9. Jh. ein eigener Stil. In Canterbury entstanden im 8. Jh. u. a. der Vespasian Psalter (British Museum, London) und der Codex Aureus (Königliche Bibliothek, Stockholm).

Die Dombibliothek von Winchester dokumentiert die reiche Produktion der **School of Illumination**. Die auf 975 datierte Aethelwold-Benediktionale gehört zu den wertvollsten Handschriften Englands (British Museum, London). Ebenfalls in der zweiten Hälfte des 10. Jh.s schrieben und verzierten die Mönche von Glastonbury Werke wie Dunstan's Classbook (Bodleian Library, Oxford).

ROMANIK

Die einzige erfolgreiche Invasion Englands durch die Normannen im Jahr 1066 löste eine Neuordnung der Diözesen und die Verlagerung der Bischofssitze in die Städte aus, wo eine rege Bautätigkeit einsetzte: Zahlreiche **Kathedralen** und Abteikirchen wurden im Norman Style, der anglo-normannischen Variante der Romanik, verändert oder neu errichtet. Großzügig bemessene Domfreiheiten (Cathedral Close) mit Grünflächen fassten die meist frei stehenden Kathedralen ein, die sich statt in die Höhe eher in die Länge streckten. Die enorme Dichte an Burgen, Schlössern und Kirchen im englischen Mittelalter sind auch äußeres Zeichen des vor allem auf dem Wollhandel basierenden Reichtums der Insel.

Norman Style

Bei der normannischen **Sakralarchitektur** dominierte die dreischiffige Basilika auf lateinischem Kreuzgrundriss, an der Westfassade mit doppeltürmigem Abschluss, mit markanten Querhäusern, mächtigem Vierungsturm und rechteckigem Chor. Charakteristisch ist die extreme Längsausrichtung, wobei Pfeiler und Säulen mit kräftigen Rundbögen die Schiffe unterteilen. Die frühromanischen Tonnengewölbe wichen Kreuzgratgewölben. Bauliche Vorbilder wurden die in der zweiten Hälfte des 11. Jh.s entstandenen Kathedralen von Canterbury, Winchester und Chichester. Um den normannischen Machtanspruch abzusichern, wurden zahlreiche **Militäranlagen** errichtet wie **Malling Castle** in Kent, der White Tower in London aus dem späten 11. Jh. oder der Wehr- und Wohnturm (Tower Keep) von Rochester in Kent aus der Mitte des 12. Jh.s. Heinrich II. (reg. 1154 – 1189) ließ die **Festung von Dover** ab 1168 mit mehr als 6 m dicken Mauern anlegen. Byzantinischen Einfluss verrät die in Winchester Mitte des 12. Jh.s entstandene, unvollendete **Winchester-Bibel**, deren Initialen in ihrer Farbigkeit

Architektur und Buchkunst

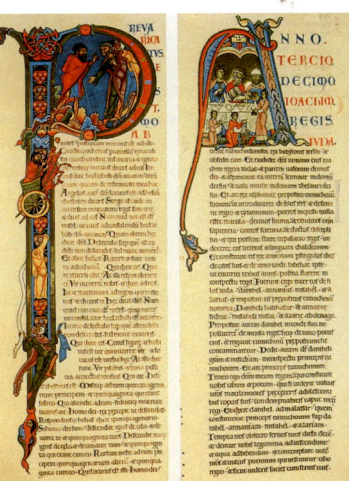

Hohe Buchkunst: illuminierte Initialen der Winchester-Bibel

Mystisches im Land der Druiden

*Kontaktversuche von Außerirdischen oder profane Umweltschäden –
für die über Nacht auftretenden Kreise in südenglischen Getreidefeldern wurden die unterschiedlichsten Ursachen gefunden. Übermäßig
überrascht war dort aber niemand. Denn schließlich erinnern Monumente wie Stonehenge die Bewohner Südenglands stets an die Existenz
des Unerklärlichen.*

Im August 1980 hatte Schottlands Nessie-Dino als Titelheldin von Sommerloch-Stories ausgedient. Über Nacht fand der Blätterwald auf den Britischen Inseln sein neues Top-Thema: **Kornkreise**. Die perfekt gezirkelten Formen bildeten sich wie von Geisterhand in Getreidefeldern bei Westbury in Wiltshire.

Geheimnisvolle Kreise

In den folgenden Jahren tauchten die mysteriösen Kreise und Figuren auch in anderen Feldern der Grafschaften Wiltshire und Hampshire auf. So makellos waren sie geformt, dass sie unmöglich von Menschen stammen konnten. Bauern zeigten gegen Entgelt die geheimnisvollen Kreise auf ihrem Grund und Boden, und die **Spekulationen über ihre Ursprünge** wurden bald höher als das Sommerkorn. Ob im Pub am Ort oder auf nationalen **Konferenzen von Ufologen** – überall wurde über die Herkunft der Kreise diskutiert. Grenzwissenschaftler mischten sich ein. Handelte es sich um lokale Auswirkungen klimatischer Veränderungen – oder waren übernatürliche Kräfte am Werk?

Erst 1992 bekannten sich zwei unbescholtene **Rentner aus Southampton** dazu, zumindest für einen Teil der Kreise und Symbole im Getreide verantwortlich zu sein und demonstrierten, wie man Getreide gleichmäßig niederdrückt, ohne Spuren zu hinterlassen. Aber Südengland wäre nicht **New-Age-Land**, wenn sich jeder mit dieser profanen Erklärung zufrieden gäbe. Und deshalb haben hier noch immer einige Leute ihre eigene Theorie zu den Kreisen im Korn.

Prähistorische Rätsel

Wenig erstaunlich ist es, dass die Getreidekreis-Epidemie der 1980er ausgerechnet hier ausbrach. Im Süden Englands ist man in besonderem Maße an die Existenz des Unerklärlichen gewöhnt. Keine andere englische Grafschaft besitzt so viele geheimnisumwitterte Stätten wie **Wiltshire**. Wie Zeugen einer längst versunkenen Welt schweigen sie auf Reisebusse und Menschenmengen hinab – unverrückbar, scheinbar unempfindlich gegen den rasanten Lauf der Jahrhunderte, umweht von einem Hauch Ewigkeit. Wer in dieser Gegend lebt, ist von Kindesbeinen an mit mystischen Geschichten und magischen Begebenheiten vertraut. **Stonehenge** ist die berühmteste, **Avebury** die größte prähistorische Stätte Englands. Und dann sind da noch die Pferde und archa-

Ansturm auf Stonehenge: Zur Sommersonnenwende treffen sich alljährlich New-Age-Druiden am magischen Steinkreis.

ischen **Riesen aus Kalk**, die in die Grashügel von Wiltshire geprägt wurden – einige vor 2000 Jahren (Uffington White Horse), andere vor 200 Jahren (Cherhill und Westbury White Horses). Auch die **längste Steinreihe der Welt** im Süden des Dartmoors gibt zu denken: Markiert sie einen Prozessionsweg oder diente sie der Astronomie? Niemand weiß es. Auch die Megalithgräber, Menhire und Steinkreise von Devon und Cornwall geben Rätsel auf und verleiten zu manch eigenwilliger Deutung – wie bei den **»Merry Maidens«**. Die 19 Steine, die bei Land's End einen perfekten Kreis bilden, waren einst 19 Mädchen, die am heiligen Sonntag tanzten – und zur Strafe für diese sündige Tat zu Stein erstarrten.

Erklärungsversuche

Aber auch für die fröhlichen Fräulein gilt: Genaues weiß man nicht. Sicher ist nur bei allen prähistorischen Monumenten die **Aura des Geheimnisvollen** – ihr Zweck ist bis heute ungeklärt. An Hypothesen mangelt es indes nicht. Früher bemühte man gerne die keltischen Druiden als Erstnutzer von Stonehenge – doch als diese zur Römerzeit ihre Rituale hier vollzogen, hatte die Anlage bereits drei Jahrtausende auf dem Buckel. Zwischen den Gesteinsbrocken wurden ursprünglich Gottheiten verehrt, denen man im Tempel auch Opfer darbrachte, lautet eine Theorie. Andere meinen, die Steine dienten als Versammlungsort und zur Sonnenanbetung. Oder viel-

Kreise im Kornfeld – wirklich nur ein Rentnerscherz?

leicht wurden sie auch als Kalender genutzt oder markieren Stellen mit starker Bodenstrahlung. Möglicherweise treffen alle Vermutungen zu, in unterschiedlichem Maß oder zu unterschiedlichen Zeiten.

Stonehenge

Die Frage, was in den Menschen vorging, die beträchtliche Mühen auf sich nahmen, um die tonnenschweren Steine von Stonehenge herbeizuschaffen und exakt auf die aufgehende Sonne zur Sommersonnenwende am 21. Juni auszurichten, hat gerade deshalb nichts von ihrer Faszination verloren. Erstaunlich ist nicht nur die Steinsetzung, sondern auch das **astronomische Wissen** der Erbauer. Obwohl niemand genau weiß, wofür die Felsbrocken gut sein sollten, üben sie bis heute eine enorme **Anziehungskraft** aus. In Avebury ist es sogar möglich, anders als im abgeriegelten Stonehenge, mit den Steinen auf Tuchfühlung zu gehen.

Neuzeit-Druiden

Zur Sommersonnenwende müssen die rituellen Stätten oft von der Polizei abgesperrt werden, um sie vor dem Ansturm selbst ernannter **Neuzeit-Druiden** zu schützen. Die Barden und Bannerträger sind überzeugt, dass man in Stonehenge und Avebury **starke Schwingungen** wahrnehmen kann. Und ziehen dann nach Glastonbury, einem weiteren wichtigen Punkt auf Südenglands mystischer Landkarte. Alt-Hippies und Jung-Freaks verbinden dort am mutmaßlichen Grab von König Artus alljährlich beim **New-Age-Festival** Mystik und Musik. Dass ungeklärt ist, ob der sagenhafte König Artus überhaupt existiert hat, spielt weder für Touristen noch Esoterik-Fans eine Rolle. Und die Einheimischen halten sich schon gar nicht mit solchen Überlegungen auf. Denn: Ob historisch verbrieft oder nicht – die Heldentaten König Artus' bieten immer wieder Stoff für exzellente Geschichten.

und Detailfülle sie zu einem Prachtexemplar mittelalterlicher Buchkunst machen. Auch in der Schreibschule von Canterbury wurden
byzantinische Impulse aufgenommen, beispielsweise in der Lam-
beth-Bibel aus dem 12. Jahrhundert.

LICHTE GOTIK

Die englische Gotik wird in drei Abschnitte aufgeteilt, die in etwa
unseren Epochen entspricht: Early English Style (1180 – 1250, **Frühgotik**), Decorated Style (1250 – 1350, Hochgotik), Perpendicular Style, (1350 – 1530, Spätgotik). Zu den schönsten Zeugnissen des Early
English Style, der zwar die gotische Gliederbauweise übernahm, aber
die normannische Raumaufteilung mit breit angelegter Westfassade,
gestrecktem Langhaus, markantem westlichen Hauptquerschiff,
Langchor, kürzerem östlichen Chorquerschiff und Retrochor mit
Lady Chapel (Marienkapelle) aufweist, sind die Kathedrale von Salisbury, der Chor-Neubau der Kathedrale von Canterbury und die
Westfassade der Kathedrale von Wells (▸Abb. S. 48).

Early English Style

Wie der Name verrät, glänzt der Decorated Style (**Hochgotik**) durch
reichhaltige Ausschmückungen, die die Grundstrukturen und ihre
Funktionen im Bauwerk überdecken. Zu studieren ist dies am 1245

Decorated Style

**Perpendicular Style in Reinkultur: die prunkvolle Grabkapelle
Heinrichs VII. in der Westminster Abbey von London**

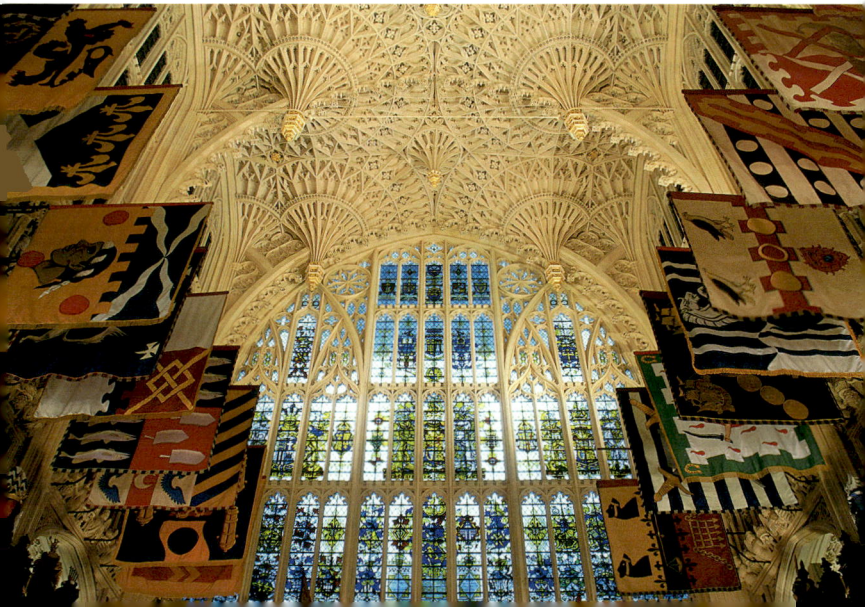

begonnenen Chor der Westminster Abbey in London oder an der Fassade (ab 1230) und dem Chorneubau (frühes 14. Jh.) der Kathedrale von Wells. Weitere herausragende Beispiele bieten der Neubau der um 1270 begonnenen Kathedrale von Exeter und der 1332 vollendete Chor der Kathedrale von Bristol.

Perpendicular Style

Als Gegenreaktion bildete sich der Perpendicular Style (**Spätgotik**) heraus, der in strenger Linienführung die Vertikale betont – vor allem an den Fensterstäben setzt sich die neue Klarheit an der Fassade durch. Meisterhafte Deckengewölbe entstanden, so im Langhausgewölbe der Kathedrale von Winchester (begonnen 1394) und in der Henry VII. Chapel der Westminster Abbey (1519). Weitere gute Beispiele des Perpendicular Style sind das Langhaus der Sherborne Abbey, das im 15. Jh. wieder aufgebaut wurde, und die Pfarrkirche St. Mary Redcliffe in Bristol.

In den Städten entstanden öffentliche Versammlungshallen wie die Westminster Hall in London, die Guildhall in Faversham (Kent) sowie zahlreiche Rathäuser wie in Exeter (1466–1484 umgebaut).

Bauplastik und Holzschnitzereien

Die schönsten Schöpfungen der Bildhauerkunst schmücken **Kathedralen**: 300 Figuren, in Nischen eingestellt, zieren seit 1239 die Westfassade der Kathedrale von Wells, in Blendarkaden aufgereihte Gewandfiguren schmücken seit 1260 die Kathedrale von Salisbury. In Stein gehauene Apostel, Engel, Propheten und Richter aus dem 14. Jh. sind an der Westfassade der Kathedrale von Exeter zu bewundern. Ein hervorragendes Beispiel **gotischer Grabplastik** ist das Grab Heinrichs III. in der Londoner Westminster Abbey (um 1291). Die Chorgestühle der Kathedralen belegen die Kunstfertigkeit der Holzschnitzmeister. Exeter zum Beispiel hat skurrile Miserikordien aus dem 13. Jh. sowie einen geschnitzten Bischofsthron aus Eiche vorzuweisen. Auch das auf die Mitte des 14. Jh.s datierte Chorgestühl von Winchester und Wells ist durch Schnitzwerk reich verziert.

TUDOR-DYNASTIE, ELISABETH I. UND JAKOB I.

Stilpluralismus

Im 16. und frühen 17. Jh. gingen von der flämischen, deutschen und italienischen Renaissance starke Impulse nach Südengland aus. Resultat war bis zum Beginn des Klassizismus um 1620 ein stark vom Geschmack der jungen Tudor-Könige sowie von Elisabeth I. und Jakob I. beeinflusster Stilpluralismus.

Blütezeit des Profanbaus

Durch die Auflösung der Klöster unter Heinrich VIII. wurden für fast 100 Jahre während der Reformationszeit keine Kirchenbauten mehr errichtet; dagegen sorgte der neue Hofadel für eine Blütezeit im Profanbau. Nach dem Vorbild der französischen Loire-Schlösser

setzten sie Dreiflügelbauten in die Landschaft, um einen Hof gruppiert oder auf E-förmigem Grundriss. Fensterreiche, klar gegliederte
Fassaden, markante Torhäuser und kamingeschmückte Flachdächer
gehören neben langen, symmetrisch angelegten Hauptachsen zu den
Merkmalen der »Big Houses« wie dem 1579 vollendeten **Longleat
House** und dem 1588 begonnenen
Montacute House. Eine der eindrucksvollsten Tudor-Anlagen Südenglands ist der elisabethanische
Landsitz **Hampton Court Palace**
am Themseufer, 1520 für Kardinal
Wolsey errichtet, von Heinrich VIII.
umgebaut und Königin Elisabeths I.
Lieblingsresidenz. Die wohlhabenden Kaufleute errichteten schmuck-
volle Fachwerkbauten, oft in Kom-
bination mit Stein. Eindrucksvolle
Fachwerkensembles sind in Arundel, Lewes und Salisbury erhalten,
prächtig ist auch das Tudor House
in Southampton.

> **? Neue Impulse ...**
>
> **BAEDEKER WISSEN**
>
> ... erhielt die englische Porträt-
> malerei von Hans Holbein d. J.
> (1497 – 1543). Der Augsburger
> malte von 1526 bis 1528 sowie
> von 1532 bis zu seinem Tod am
> Hof Heinrichs VIII. Holbeins na-
> turalistische Gesichter vor neu-
> tralem Hintergrund und Minia-
> turen inspirierten vor allem den
> Porträtmaler Nicholas Hilliard
> (1574 – 1619).

17. UND 18. JAHRHUNDERT

Manierismus, Barock und Rokoko fanden in der englischen Baukunst keinen Niederschlag; hier herrschte von 1620 bis etwa 1750 der
Klassizismus vor, stark beeinflusst durch den oberitalienischen Re-
naissance-Baumeister Andrea Palladio (1500 – 1580). Nach den re-
gierenden Herrschern wird die Spätphase des englischen Klassizismus im 18. Jahrhundert als **Georgian Style** bezeichnet. Die wieder
belebte Gotik erlebte als **Gothic Revival** Style im 19. Jh. ihre Blüte.
Der nach der Regentschaft des späteren Königs Georg IV. benannte
Regency Style im späten 18. und frühen 19. Jh. kann in seiner eleganten Zurückhaltung und Betonung klassischer Bauelemente noch
in Badeorten wie Brighton, im Bristoler Vorort Clifton oder in der
Umbauung des Londoner Regent's Park bewundert werden.

Architektur in Klassizismus und Neugotik

Der palladianisch geprägte Klassizismus begann mit **Inigo Jones**
(1573–1652) und seinem Entwurf für die Residenz der Königin in
Greenwich, Queen's House, im Jahr 1616. Von ihm stammt auch eines der Meisterwerke der englischen Renaissance, das 1622 eingeweihte Banqueting House in Whitehall. **Wilton House** bei Salisbury
ist ein Juwel der Schlossarchitektur: Die strenge, klassische Außen-
fassade birgt ein prunkvolles Inneres, das an die barocken Interieurs
französischer Schlösser erinnert. Hervorzuheben sind der Double

**Palladia-
nischer
Klassizismus**

So sinnlich wie berauschend: das Blütenmeer von Hever Castle

Cube Room aus der Mitte des 17. Jh.s von Inigo Jones und John Webb mit der Porträtmalerei von van Dyck. Webb (1611–1672), ein Schüler von Jones, entwarf 1669 auch den Haupttrakt des Palastes von Greenwich, heute das Royal Naval College. Ein Höhepunkt des barocken Klassizismus ist das Landhaus **Kingston Lacy** bei Wimborne in Dorset, das Sir Roger Pratt 1665 erbaute.

Christopher Wren

Den **Wiederaufbau Londons** nach dem Great Fire von 1666 dominierte Christopher Wren (1632 – 1723): Mehr als 50 Kirchen und unzählige Profanbauten machen ihn zum bedeutendsten Architekten des Klassizismus. Herausragend sind die nach der Peterskirche in Rom 1675 – 1711 wieder aufgebaute St. Paul's Cathedral in London – hier wurde Wren 1723 auch begraben –, die Londoner Pfarrkirchen

St. Bride's (1678), St. Stephen Walbrook (1679) und St. Clement Danes (1682), der Fountain's Court (1694) von Hampton Court Palace sowie das Hospital für Seeleute in Greenwich (1716).

William Chambers (1732 – 1796), Architekt der Kew Gardens in London, **Lancelot »Capability« Brown** (1715 – 1783), Schöpfer der Parkanlagen von Highclere Castle in Hampshire, Sheffield Park in Sussex und Sherborne Castle in Dorset und **William Kent** (1685 bis 1748) gehören zu den Begründern des englischen Landschaftsgartens (►BaedekerWissen S. 18).

Landschafts-gärten

Die Neugotik trat in der zweiten Hälfte des 18. Jh.s mit schlankeren, zierlichen Formen hervor. Ein frühes Beispiel ist die 1755 vollendete Halle in **Lacock Abbey** in Wiltshire. Horace Walpole (1717 – 1797) erbaute 1790 die gotische Villa von Strawberry Hill (heute St. Mary's College), James Wyatt (1746 – 1813) errichtete den unvollendeten Herrensitz Fonthill Abbey, ebenfalls in Wiltshire.

Neugotische Architektur

Der Beginn des 17. Jh.s sah eine Renaissance der Bildhauerei, für die Epiphanius Evesham und Nicholas Stone stehen. Ein englisches Beispiel der Rokoko-Bildhauerei, von Louis Francois Roubiliac (1702 bis 1762) eingeführt, ist das 1750 gefertigte Sausmarez Monument von Henri Chere (1703 – 1781). Mit seinen Entwürfen für Wedgewood-Steinzeug und dem Grabmonument für Lord Nelson verewigte sich John Flaxman (1755 – 1826) als Vertreter des Neoklassizismus.

Skulptur

Die Flamen sorgten auch in der Malerei für neuen Auftrieb. **Peter Paul Rubens** (1577 – 1640), von 1629 bis 1630 am Hof Karls I. diplomatisch akkreditiert, malte die Decke der Banqueting Hall in London. Sein einstiger Assistent, **Anthony van Dyck** (1599 – 1641), wurde 1632 Hofmaler König Karls und verhalf der **Porträtmalerei** zu neuer Blüte. Andere Porträtisten von Rang waren Samuel Cooper (1608 – 1672), William Dobson (1610 – 1646), Peter Lely (1618 bis 1680) aus Holland und der aus Lübeck gebürtige Godfrey Kneller (1646 – 1723). Durch sie etablierte sich die Porträtkunst als eine spezifisch englische Kunstform, die durch Thomas Hudson (1701 – 1779) und **Joshua Reynolds** (1723 – 1792) in der zweiten Hälfte des 18. Jh.s neue Höhen erklomm.

Malerei

Die Sitten der Zeit hat kein zweiter so bissig und satirisch festgehalten wie **William Hogarth** (1697 – 1764). Nach einer Lehre als Kupferstecher entwickelte der gebürtige Londoner seinen eigenen Stil als Graveur und Maler von Szenen mit moralischem Unterton.
Der hoch geschätzte Porträtist **Thomas Gainsborough** (1727 – 1788) wohnte ab 1760 in Bath und malte Gesellschaftsporträts. Nachdem er 1774 nach London umgesiedelt war, gehörten Persönlichkeiten

Hogarth und Gains-borough

wie der Politiker Edmund Burke zu den von ihm Porträtierten. Gainsborough war auch einer der ersten Engländer, der dem holländischen Beispiel folgte und realistische, lichtdurchflutete Landschaften statt idealisierter italienischer Szenerien malte.

Politische Karikatur

In der Nachfolge von Hogarth gelangte die politische Karikatur mit James Gillray und George Cruikshank zu ungeahnter Entfaltung. Gillray zeichnete zwischen 1779 und 1811 über 1500 »Cartoons«, die vor allem die Franzosen, König Georg III. und die Politiker seiner Zeit aufs Korn nahmen. **George Cruikshank** lebte in erster Linie in seinen Illustrationen zu den Werken von Charles Dickens (»Oliver Twist«) und Daniel Defoe (»Robinson Crusoe«) weiter.

Buchillustration

Thomas Rowlandson (1756 – 1827) war ursprünglich Porträtmaler, bevor er sich aus Geldnot auf Karikaturen und Buchillustrationen verlegte. Berühmt sind seine Illustrationen zu den Werken von Tobias Smollett, Oliver Goldsmith und Laurence Sterne.

Kunsthandwerk

Für die angemessene Einrichtung der Wohnung, im 18. Jh. ein zentrales Thema des Bürgertums, sorgten **Thomas Chippendale** (um 1718 – 1779) mit seinen berühmten Mahagoni-Stühlen aus seinem Workshop in der St. Martin's Lane in London, aber auch George Hepplethwaite (1727 – 1786) und Thomas Sheraton (ca. 1751 – 1806) mit seiner Inlay-Technik. Standesgemäßes Porzellan kreierte **Josiah**

»Robert Andrews und seine Frau Mary« (1749) – Gainsborough malte seine Porträts bevorzugt in typisch englischen Landschaften.

Wedgewood (1730 – 1795). Er entwickelte eigene Pigmentierungen für seine gelbliche »Queensware« sowie durch Metalloxide gefärbte »Jasperware« – für Keramikreliefs, Medaillons und Vasen. Berühmt für feines Porzellan wurde die Manufaktur von Chelsea.

19. JAHRHUNDERT

Als bestes Beispiel der neogotischen Kirchenbaukunst gilt **Truro Cathedral**, ab 1880 im anglo-französischen Gotikstil des 13. Jh.s von J. L. Pearson (1817 – 1897) in Cornwall errichtet. W. N. Pugin schuf 1850 mit St. Augustine in Ramsgate / Kent eine seiner schönsten neugotischen Kirchen. Im italo-byzantinischen Stil erbaute John Francis Bentley (1839 – 1902) die monumentale katholische Kathedrale von Westminster, die 1903 vollendet wurde.

Neugotische Sakralbauten

Herausragende Bauten des Klassizismus sind die **Bank of England** von John Soane (1753 – 1837) und das 1823 begonnene British Museum von Robert Smirke (1781 – 1864), beide in London. In den ab 1837 erbauten **Houses of Parliament** in London begegnet einem der Gothic Revival Style. John Nash (1752 – 1835), der auch die Entwürfe für die klassizistische Londoner Regent Street zeichnete, ließ sich beim exotischen **Royal Pavilion** in Brighton von fernöstlichen Einflüssen inspirieren.

Profanarchitektur

Herausragender Architekt der Industriellen Revolution ist der Ingenieur **Isambard Kingdom Brunel** (1806 – 1859), der 1840 mit der Bristol Old Railway Station und 1864 der Clifton Suspension Bridge, dem Wahrzeichen Bristols, eindrucksvolle Denkmäler geschaffen hat. Joseph Paxton (1803 – 1865) entwarf aus Glas und Gusseisen zur Weltausstellung 1851 in London den Crystal Palace.

Ingenieurbauten der Industriellen Revolution

Zu den bedeutenden Architekten des viktorianischen Zeitalters gehören auch Sir Gilbert Scott, der in London u. a. 1872 das **Albert Memorial** entwarf, Philipp S. Webb (1831 – 1915) mit Landsitzen wie dem 1879 begonnenen Clouds in Wiltshire und Richard Norman Shaw (1831 – 1912), der sich im Siedlungsbau engagierte wie beispielsweise 1875 bei der Einzelwohnhaus-Siedlung **Bedford Park** in London. Aston Webb (1849 – 1930) baute 1913 die Fassade von Buckingham Palace.

Viktorianisches Zeitalter

Einer der größten Landschaftsmaler des 19. Jh.s war **John Constable** (1776 – 1837), der mit seinem atmosphärisch dichten, an den holländischen Meistern orientierten Malstil versuchte, den Wechsel von Natur, Wetter und Wolken ebenso einzufangen wie das Monumentale von englischen Landschaftsszenen. Landschaftliche Impressio-

Landschaftsmalerei

nen waren das Markenzeichen der **Bristol School** unter Francis Danby (1793 – 1861). **Joseph Mallord William Turner** (1775 – 1851) entwickelte die Landschaftsmalerei zu einer Apotheose von Licht und Fantasie. Von seinen zahlreichen Europareisen legen viele Aquarelle beredtes Zeugnis ab. Seine frühen Ölgemälde zeigen noch holländische Einflüsse, später orientierte Turner sich an Claude Lorrain und Richard Wilson, bevor er seinen eigenen Stil entwickelte. Zu den **Shoreham Painters**, die zwischen 1820 und 1830 in Kent arbeiteten und stark von William Blake beeinflusst waren, gehörte Samuel Palmer (1805 – 1881) mit seinen pastoralen Landschaftsbildern. Den Gechmack der Viktorianer traf besonders gut der englische Maler und Bildhauer **Edwin Henry Landseer** (1802 bis 1873) mit seinen sentimental-moralischen Gemälden und Tierdarstellungen.

> **!** BAEDEKER TIPP
>
> *Turner-Nachlass*
>
> Bei seinem Tod hinterließ William Turner der Nation mehr als 300 Gemälde, 20 000 Aquarelle und über 19 000 Zeichnungen. Die besten Werke aus seinem Nachlass werden in der Clore Gallery des Tate Britain Museum in London gezeigt.

Präraffaeliten Zu den Gründern und wichtigsten Vertretern der Pre-Raphaelite Brotherhood (1848 – 1853), die ihre Inspiration in den einfachen, sittlich ernsten Bildern des Spätmittelalters suchten, gehörten Dante Gabriel Rossetti (1828 – 1882), John Everett Millais (1829 – 1896), William Holman Hunt (1827 – 1910), Ford Madox Brown (1821 bis 1893) und **Edward Burne-Jones** (1833 – 1898).

Aubrey Beardsley Mit seinen von japanischer Druckkunst und dem Rokoko inspirierten Schwarz-Weiß-Zeichnungen in der Linienführung des Jugendstils wurde Aubrey Beardsley (1872 – 1898) der leitende Exponent des **Ästhetizismus**.

James McNeill Whistler Der Amerikaner James Abbott McNeill Whistler (1834 – 1903) malte ab 1859 in London feinfühlige, farbharmonische Szenen an der Themse wie die »Old Battersea Bridge«, die heute in der Londoner Tate Gallery zu bewundern ist.

Kunsthandwerk **William Morris** (1834 – 1896), der Begründer der Arts-and-Crafts-Bewegung, teilte die Begeisterung der Präraffaeliten für spätmittelalterliche Kunst. Viele seiner Designs, die er ab 1861 in seiner Firma für selbst entworfene Möbel, Teppiche und dekorative Tapeten produzierte, werden heute noch nachgedruckt. Von Morris inspiriert war Arthur H. Mackmurdo (1851 – 1942), dessen Designs Vorläufer des Art nouveau (Jugendstils) waren. Bunte Glasfenster von William Morris und Edward Burne-Jones im präraffelitischen Stil schmücken auch zahlreiche Kirchen in Südengland.

»Die letzte Fahrt der Téméraire« (1838): Turners Gemälde zeigt, wie ein Symbol der britischen Seeherrschaft zum Abwracken geschleppt wird.

VOM 20. INS 21. JAHRHUNDERT

Nachdem die ersten Jahrzehnte des 20. Jh.s noch am historischen Zitat klebten, beispielsweise in den Bauten von Edwin Lutyens (1896 bis 1944) wie Britannica House (1920 – 1924) oder die London Midland Bank (1924), machten sich in den zwanziger und dreißiger Jahren in Stadtsiedlungen sowie im Schul- und Universitätsbau auch zunehmend Einflüsse des französischen **Art déco**, des deutschen **Expressionismus** sowie des funktionalen, niederländischen **Funktionalismus** (De Stijl) bemerkbar. Nach dem Zweiten Weltkrieg fand der **Brutalismus** mit Bauten aus Sichtbeton Eingang in die englische Architektur, u. a. am Economist Building (1964) und den Robin Hood Gardens (1968 – 1972), beide in London.

Vom Art déco bis zum Brutalismus

In den 1960er-Jahren trat die Gruppe **Archigram** mit futuristisch-technischen Projekten hervor. Ihre Formensprache fand u. a. ein Echo in Richard Rogers' formenreich-spektakulärem Lloyd's Building (1986) in London, im preisgekrönten Reuters Building (1992) in Londons Blackwell Yard und bei Norman Foster mit den Sackler Galleries (1992) in London, der Schule für Beschäftigungstherapie (1995) in Southampton und in dem an eine Spinne erinnernden Renault-Vertriebszentrum (1982/1983) in Swindon.

High Tech

Gemischte Kritiken ernteten die Neubauten der Londoner **Docklands**: der Büroblock One Canada Square von Cesar Pelli oder das postmoderne Wohnsilo The Cascades von Piers Gough. Richard Rogers **Millennium Dome** in Greenwich sollte zur Jahrtausendwende die Schaubühne der selbstbewussten Nation werden, doch erst nach

Londoner Skyline

Neue Londoner Landmarken am südlichen Themseufer: die City Hall und The Shard, seit 2012 das höchste Bürogebäude der EU

Umbau zur Mega-Bühne bis 2007 wurde die größte Zeltkuppel der Welt ein Erfolg. 2004 mit dem Stirling-Preis ausgezeichnet wurde Norman Fosters 180 m hoher, verglaster **Swiss Re Tower** an der St. Mary Axe, von den Londonern gern »Gurke« genannt. Zu den architektonischen Highlights der neuen Londoner Skyline gehören auch das von Richard Rogers 1984 an der Lime Street errichtete **Lloyd's Building** und die von Norman Forster bis 2003 erbaute **City Hall** am südlichen Themse-Ufer. Sie alle überragt seit 2012 im London Bridge Quarter die 500 t schwere, stählerne Spitze von **The Shard.** Entworfen wurde der mit 310 m höchste Wolkenkratzer der EU (das höchste in Europa ist seit November 2012 der Moskauer Mercury City Tower) von Renzo Piano. 2014 eröffnete in der Fenchurch Street eine aussichtsreiche Konkurrenz: der Sky Garden in den Stockwerken 35 bis 37 im 160 m hohen, voll verglasten »**Walkie Talkie**« von Rafael Viñoly – mit Open-Air-Terrasse, Restaurant, Eventfläche und frischem Grün in luftiger Höhe. Doch London wächst rasant weiter. Mindestens 236 Hochhaustürme, so die Architektur-Denkfabrik NLA (New London Architecture), kommen in den nächsten Jahren hinzu: Londons Skyline wird zum **europäischen Manhattan**. 89 Wolkenkratzer sind im Bau, weitere 119 Gebäude mit mehr als 20 Stockwerken genehmigt. Und das zu 80 Prozent nicht als Büros, sondern als Wohnungen. Bürgermeister Sadiq Khan rechnet schon für Ende 2017 mit einer Bevölkerung von zehn Millionen Menschen – 2016 hatte London bereits New York City eingeholt.

Ein scharfer Kritiker moderner Architektur ist **Prinz Charles**. Seinen **Poundbury**
Gegenentwurf realisiert er seit den 1990er-Jahren in Dorchester mit
dem **Modelldorf Poundbury**, klassisch-ländlich aus Purbeck-Marmor und Portland-Stein erbaut. Trotz einiger Kritik wird Poundbury
nachgeahmt, etwa bei Shepton Mallet in Somerset, aber auch in
Hampshire und Cornwall.

Abstrakt-archaische Figuren und Figurengruppen sind das Marken- **Moderne**
zeichen von **Henry Moore** (1898 – 1986), der aus Castleford stamm- **Skulptur**
te. Er griff Anregungen aus der »primitiven« Kunst Süd- und Mittel-
amerikas ebenso auf wie Impulse aus dem Werk Picassos. Seine
abstrakt-monumentalen Werke sind oft in die Landschaft integriert
und haben viel dazu beigetragen, radikale moderne Kunst in England
zu popularisieren. International bekannt ist auch der 1945 in Bristol
geborene **Richard Long**, der mit Steinkreisen, Wegmarkierungen
und Materialsammlungen aus der Natur die Land-Art vertritt.

2003 war der Graffiti sprayende Mann aus Bristol nur Insidern be- **Street Art**
kannt, zehn Jahre später ist er der Star der äußerst lebendigen und
spannenden südenglischen Street Art Szene: **Banksy**. Seit den
1990ern verziert er in Britannien heimlich Hauswände mit Ratten,
knutschenden Polizisten, Waffen und Überwachungskameras, heute
ist seine illegale Kunst selbst auf der Mauer zwischen Israel und dem
Westjordanland zu sehen. Zu den bekanntesten Motiven von Banksy
gehört das Mädchen mit dem Herzluftballon. Dank Sammlern wie
Brad Pitt und Jude Law erzielen Banksys Bilder, von Sotheby's bereits
zur »modernen Klassik« erklärt, Spitzenpreise. 2007 wechselte Banksys Selbstportrait als Affe bei einer Auktion in London für £ 198 000
seinen Besitzer, und für das Titelbild ihres Think Tank-Albums legten Blur sogar £ 288 000 hin – ein bis dato unerreichter Preisrekord
für Street Art. Wer sich hinter Banksy verbirgt, ist bis heute ein Geheimnis. Und auch Banksys Film »Exit Through the Gift Shop«, der
2010 das Leben eines Sprayers präsentierte, gab keinerlei Aufschluss
über den Menschen hinter den Schablonenfiguren. 2013 hinterließ
Banksy einen Monat lang in New York City seine Spuren, 2015 wies
er in einem Video auf die Zerstörungen im Gazastreifen hin.
Als kleinen Bruder von Banksy sehen viele **Stik**, den Sprayer der
Strichmännchen von Ost-London. Vor Kurzem lebte der junge Mann
in den Dreißigern dort noch als Obdachloser auf der Straße, 2012
entdeckte ihn die Imitate Modern Gallery und zeigte ihn in Belgra-
via. Zu den Ersten, die Stiks freundlich dreinschauende Männchen
kauften, gehörte Elton John – bei der Vernissage waren Stiks Werke
innerhalb von fünf Minuten verkauft. Auch Brian May, Tinie Tem-
pah, Goldie, Chris Martin, Ed Sheeran und Bono besitzen Bilder von
Stik, der vom plötzlichen Ruhm überrascht wurde, ihn aber in vollen Zügen genießt.

JANE AUSTEN (1775 – 1817)

»Drei oder vier Familien in einem Dorf«, sagte sie einmal, reichten   **Schrift-**
ihr als Stoff für ihre Romane. Jane Austens Vater war Rektor an der   **stellerin**
Dorfkirche von Steventon bei Basingstoke in Hampshire, wo sie am
16. Dezember 1775 als siebtes von acht Kindern geboren wurde. Jane
fing früh mit dem Schreiben an, der Zeit entsprechend anonym, nur
mit dem Hinweis **»By a Lady«.** Ihre Romane, darunter »Sense and
Sensibility«, 1811, »Pride and Prejudice«, 1813 und »Emma«, 1816,
spiegeln Sprache und Sitten der englischen Gesellschaft im 18.
und 19. Jh. wider und sind voller Lokalkolorit, verknüpft mit dem
Lebensweg der Autorin. 1801 bezog die Familie eine Wohnung im
mondänen, von Jane Austen aber gehassten Bath in Somerset. 1807,
nach dem Tod des Vaters, lebte sie zunächst in Southampton, kehrte
dann aber nach Hampshire zurück, wo sie ab 1809 bei ihrem Bruder
Edward in Chawton bei Alton die meisten ihrer Bücher schrieb. Kurz
vor ihrem Tod zog Jane Austen nach Winchester, um ärztliche Hilfe
zu suchen, wo sie bald verstarb und in der Kathedrale begraben wurde. Ihr Haus in Chawton ist heute Museum.

AGATHA CHRISTIE (1890 – 1976)

Als 1947 der 80. Geburtstag Queen Marys von England bevorstand,   **Krimiautorin**
fragte die BBC bei ihr nach, was sie sich als Festprogramm wünsche.
»Ein neues Stück von Agatha Christie«, verlautete es aus dem Buck-
ingham-Palast. Noch heute erfreut das auf königlichen Wunsch entstandene Theaterstück **»Die Mausefalle«,** 1952 am St. Martin's Theatre uraufgeführt, das Londoner
Publikum – als längstes ununterbro-
chen gespieltes Bühnenstück der
Welt! Agatha Christie wurde in Torquay geboren. Als Rot-Kreuz-
Schwester im Ersten Weltkrieg heiratete sie 1914 ihren ersten Pa-
tienten, Colonel Christie. Ein Gift-
diebstahl im Lazarett gab den An-
stoß für den ersten Krimi der späteren »Queen of Crime«. Die berühmtesten Fälle ihres exzentrischen belgischen Meisterdetektivs
Hercule Poirot – »Mord im Orient-
express« (1934) und »Tod auf dem

> **!** **BAEDEKER TIPP**
>
> *Auf den Spuren der Queen of Crime*
>
> Für Krimifans wurde in Torbay die
> »Agatha Christie Mile« angelegt.
> Der markierte Touristenpfad führt
> zu 15 Stationen aus dem Leben
> und Werk der englischen Krimikö-
> nigin. Mit dabei: die Badebucht
> Anstey Cove – hier traf sich die
> Dichterin mit ihren Freunden zu
> Mondschein-Picknicks (www.
> englishriviera.co.uk/things-to-do/
> agatha-christie-mile-p1291663).

**Jubelnd stand Ellen MacArthur am 8. Februar 2005 auf ihrem Trimaran,
mit dem die Einhand-Seglerin in Rekordzeit nonstop die Welt umrundete.**

Nil« (1937) – wurden in den 1980ern erfolgreich mit Peter Ustinov in der Hauptrolle verfilmt. Die resolute Margret Rutherford machte die scharfsinnige, schrullig-liebenswerte Hobbykriminalistin **Miss Marple** 1961 in der Verfilmung von »16.50 Uhr ab Paddington« unsterblich.

SIR WINSTON CHURCHILL (1874 – 1965)

Politiker Keiner hat die britische Politik in der ersten Hälfte des 20. Jh.s so geprägt wie Winston Leonard Spencer Churchill. Als Erster Lord der Admiralität führte er von 1911 bis 1915 die Royal Navy, 1917 bis 1929 bekleidete er mehrere Ministerposten. Im Zweiten Weltkrieg wurde Churchill 1938 wieder Oberbefehlshaber der britischen Marine,

1940 zog er als **Premierminister** einer Allparteienregierung in Downing Street No. 10 ein. Bei den Konferenzen der USA, UdSSR und Großbritanniens prägte er entscheidend die Nachkriegsordnung Europas. Obwohl er sein Land siegreich durch den Krieg geführt hatte, verlor seine Regierung 1945 die Unterhauswahlen wegen ihrer Wirtschafts- und Finanzpolitik. 1951 – 1955 bekleidete er noch einmal das Amt des Premierministers. Der auch als Maler geschätzte Churchill erhielt 1953 für seine Darstellung des Zweiten Weltkrieges den Literaturnobelpreis. Sein Wohnhaus Chartwell, das er mit seiner Familie von 1924 bis zu seinem Tod 1965 in Kent bewohnte, ist heute zu besichtigen.

CHARLES DICKENS (1812 – 1870)

Bestsellerautor Als Charles Dickens in Westminster Abbey beigesetzt wurde, zeigte die weltweite Anteilnahme, dass mit ihm ein Volksschriftsteller zu Grabe getragen wurde. In Portsmouth geboren, aufgewachsen im Hafenviertel von London, wurde er Anwaltsgehilfe, Parlamentsreporter und Journalist, bevor er sich der Schriftstellerei widmete. 1837 trat er mit den **»Pickwick Papers«** an die Öffentlichkeit, Welterfolge wie **»David Copperfield«** oder **»Oliver Twist«** folgten. Schauplätze seiner Erzählungen und Romane sind neben London vor allem Bath, Kent und Rochester in den »Pickwick Papers« und »Great Expectations« sowie Salisbury in »Martin Chuzzlewit«. In Broadstairs, Heimat des Dickens House Museum, spielten Szenen von »David Copperfield« und arbeitete Dickens an »Nicholas Nickleby«, »The Old Curiosity Shop«, »Barnaby Rudge« und »Bleak House«.

SIR FRANCIS DRAKE (ca. 1540 – 1596)

Der berühmteste Seeheld des Elisabethanischen Zeitalters wurde in **Seefahrer** Crowndals bei Plymouth geboren. Als **Freibeuter** unternahm Drake mit mehreren ihm anvertrauten Fregatten Angriffe gegen spanisch-amerikanische Handelsplätze. Mit einem Geschwader von fünf Schiffen stach er im Dezember 1577 in See, umrundete Kap Horn und folgte der Küste, vorbei an Chile und Peru, bis nach Kalifornien, wo die Drake Bay nördlich von San Francisco heute seinen Namen trägt. Von dort segelte er nach Westen und erreichte über Java und das Kap der Guten Hoffnung nach fast dreijähriger Abwesenheit wieder englischen Boden. 1581 wurde er von Elisabeth I. zum Ritter geschlagen. Als der Seekrieg gegen Spanien ausbrach, erhielt Sir Francis Drake 1585 den Oberbefehl über 20 Schiffe, mit denen er Kaperfahrten auf den Kapverdischen Inseln und in Westindien durchführte. 1587 fügte seine Flotte den Spaniern vor Cádiz erhebliche Verluste zu, 1588 trug Sir Francis Drake als Vizeadmiral zum **Sieg über die spanische Armada** im Ärmelkanal bei. 1595 erlag er vor Portobelo einem schleichenden Fieber.

THOMAS HARDY (1840 – 1928)

Durch sein literarisches Werk wurde Thomas Hardy, 1840 in Higher **Schriftsteller** Bockhampton bei Dorchester geboren, zum **Chronisten des ländlichen Südwestengland**, das er 1874 in seinem Roman »Far from the Madding Crowd« Wessex taufte. Hier war der Schauplatz für Hunderte seiner Geschichten und Gedichte, in denen sich Szenen seiner Kindheit, Erzählungen seiner Großmutter und alte ländliche Bräuche widerspiegeln. Seine Romane »Tess of the d'Urbervilles« (1891) und »Jude the Obscure« (1895) führten wegen ihrer naturalistischen Schilderungen zu wüsten öffentlichen Attacken im prüden viktorianischen England, sodass Hardy 1895 das Bücherschreiben aufgab. Seine besondere Liebe galt der Nordküste von Cornwall, wo er als junger Architekt für den Wiederaufbau der Kirche von St. Juliot bei Boscastle verantwortlich war und 1870 seine spätere Frau Emma Gifford traf. Die Szenerie um Boscastle, »Castle Boterel«, und die glücklichen Tage mit Emma dramatisierte er im Roman »A Pair of Blue Eyes«, 1873. Thomas Hardy starb am 11. Januar 1928 in Dorchester.

HEINRICH VIII. (1491 – 1547)

Von 1509 bis 1547 regierte Heinrich VIII. (►Abb. S. 40) aus dem **Englischer** Hause Tudor über England. Der **Begründer der anglikanischen König Kirche**, in Greenwich geboren, ging wegen seines ausschweifenden

Lebens und seiner **sechs Ehefrauen** in die Geschichte ein. In Anerkennung einer von Heinrich, in den Hauptzügen jedoch von Thomas More verfassten Streitschrift gegen Luther verlieh ihm Papst Leo X. den Titel eines »Verteidigers des Glaubens«. Mit Dispens des Papstes heiratete Heinrich zunächst die Witwe seines Bruders, Katharina von Aragón. Da die Ehe jedoch nicht den erwünschten männlichen Erben brachte, wollte Heinrich sich scheiden lassen, was der Papst ablehnte. Der Streit endete 1533 mit der Loslösung von Rom und der Gründung der anglikanischen Kirche mit dem König als Oberhaupt. Heinrich heiratete nun Anne Boleyn, die er 1536 hinrichten ließ, danach Jane Seymour, die 1537 starb, dann Anna von Cleve, von der er sich scheiden ließ, Catherine Howard, 1542 hingerichtet, und Catherine Parr, die ihn überlebte. In seinen letzten Lebensjahren war Heinrich VIII., nachdem er die Kanzler Thomas More und Thomas Cromwell hatte hinrichten lassen, ein von Misstrauen erfüllter Alleinherrscher, der Gegner aufs Härteste verfolgte.

ALFRED HITCHCOCK (1899 – 1980)

Er war Hollywoods unumstrittener »Master of Suspense«. Generationen von Kinogängern lehrte Hitchcock das Gruseln in Meisterwerken wie »Psycho«, »Das Fenster zum Hof«, »Die Vögel« oder »Der unsichtbare Dritte«. Hitchcock definierte das Genre neu: Er wusste, dass der Schlüssel zu »Suspense« darin lag, normale Menschen in alltägliche Situationen zu bringen und die Vorstellungskraft des Zuschauers durch perfekte Montage und subtile Kameraperspektiven anzukurbeln. Der **Meister der Spannung** wurde im Londoner Osten geboren, besuchte eine Jesuitenschule und arbeitete zunächst in der Werbebranche, bevor er 1926 mit »The Pleasure Garden«
und »The Mountain Eagle« seine beiden ersten Filme drehte – in München! In den 1930ern entstanden in England die Klassiker »Die 39 Stufen« und »Eine Dame verschwindet«. 1939 zog es »Hitch« nach Hollywood, wo er in Filmen wie »Rebecca«, »Bei Anruf Mord!« oder »Familiengrab« mit den bedeutendsten Stars jener Jahre arbeitete.

SHERLOCK HOLMES (1854 – 1957)

Meister-
detektiv

Das Leben des größten Detektivs aller Zeiten, der als fiktive Romanfigur der Fantasie und Feder von Sir Arthur Conan Doyle entsprungen ist, lässt sich nur nach seinen eigenen Aussagen und Aufzeichnungen seines Gefährten, des Arztes Dr. John H. Watson, rekonstruieren. Sherlock Holmes, 1854 in Sussex geboren, besuchte eine Universität und begegnete 1881 Dr. Watson, mit dem er eine Londoner Wohnung in der 221 B Baker Street bezog. Watson schildert Holmes als hageren, durchtrainierten Menschen von ungeheuer scharfem Verstand, der mit einer Monografie über »140 Arten von Zigarrenasche« brillierte. Zum Nachdenken spielte er Geige und rauchte billigen Tabak. Mit Dr. Watson klärte Holmes so berühmt gewordene Verbrechen wie den **»Hund der Baskervilles«** und »Eine Studie in Scharlachrot« auf. Viele Fälle trugen sich in London zu, so auch das Geheimnis um das »Zeichen der Vier«, das Holmes nach einer Dampfboot-Verfolgungsjagd auf der Themse löste. 1891 war Holmes Prof. Moriarty, dem »Napoleon des Verbrechens«, auf der Spur. Nach drei Jahren auf Reisen – Eingeweihte wollen jedoch wissen, er habe sich in Wien bei Sigmund Freud von seiner Morphiumsucht heilen lassen – tauchte er 1894 wieder in der Baker Street auf, um erneut auf Verbrecherjagd zu gehen. Im Oktober 1903 zog er aus der Baker Street nach Sussex, um dort Bienen zu züchten und über Gelée Royale zu forschen. Von hier aus löste er auch seinen letzten Fall, als er den deutschen Meisterspion von Bork zur Strecke brachte und damit das Empire rettete. Holmes starb am 6. Januar 1957. Die hochgelobte BBC-Krimireihe »Sherlock« mit Benedict Cumberbatch und Martin Freeman versetzt den genialen Ermittler spannend und sehr britisch ins heutige London: Arrogant, exzentrisch und mit hellsichtiger Kombinationsgabe löst er mit Watson seine kniffligen Fälle.

ELLEN MACARTHUR (GEB. 1976)

Mit 20 Knoten preschte Ellen MacArthur mit ihrem Trimaran B & Q   **Seglerin**
Castorama durch die Biskaya im Nordwesten Frankreichs. Um halb elf nachts kreuzte die 28-Jährige aus Derbyshire die imaginäre Ziellinie bei der Île d' Ouessant. Mit 71 Tagen, 14 Stunden und 18 Minuten schrieb die Soloseglerin am 8. Februar 2005 mit der bis dahin **schnellsten Einhandfahrt nonstop** Sportgeschichte (▶Abb. S. 66). Mehr als anderthalb Tage war sie schneller gewesen als der französische Weltrekordhalter Francis Joyon, der jedoch 2008 den Rekord mit 57 Tagen, 13 Stunden, und 34 Minuten zurückholte. Im Alter von vier Jahren entdeckte Ellen auf einem Segeltörn mit ihrer Tante ihre Leidenschaft fürs Meer. Vom gesparten Geld für Pausenbrote kaufte sie sich

> **! BAEDEKER TIPP**
>
> *Einhand um den Globus*
>
> Wie sie 71 Tage allein auf hoher See verbrachte, Eisstürmen und riesigen Wellen trotzte und eine Kollision mit einem Container überlebte, erzählt Ellen Mac Arthur, gespickt mit E-Mails und Logbucheinträgen, in ihrer Biografie »Ich wollte das Unmögliche – Wie ich allein die Welt umsegelte« (Piper, 2008).

als Elfjährige ihr erstes eigenes Boot, einen Acht-Fuß-Dingy. Mit 17 Jahren umsegelte sie als jüngste Kapitänin Englands nonstop Großbritannien, mit 24 Jahren machte sie das härteste Rennen der Welt – die Vendée Globe, die Weltumseglung im Alleingang – zum Star unter den Seglern. 2005 wurde sie zur Weltseglerin des Jahres gewählt und von der Queen zur Dame ernannt, 2008 zum Ritter der Ehrenlegion. Wenn sie nicht auf hoher See ist, lebt Ellen MacArthur in Cowes auf der Isle of Wight. Segeln als Krebshilfe für Jugendliche und Ideen für umweltverträglichere Lebensweisen sind Anliegen ihrer Stiftung (www.ellenmacarthur.com).

DAPHNE DU MAURIER (1907–1989)

Schriftstellerin

Das Werk Daphne du Mauriers (Abb. S. 236) ist untrennbar mit Cornwall verbunden. Zwar wurde sie in London geboren, doch ihre Eltern erwarben ein Haus in Cornwall. In ihrem ersten Roman, »The Loving Spirit« (1931), verarbeitete sie von einem Nachbarn aufgeschnappte Familiengeschichten aus vier Generationen. Ihr erzählerisches Talent fand Ausdruck in 23 spannenden Geschichten wie der Roman **»Jamaica Inn«**, der 1936 eine romantische Liebesgeschichte mit dem Seemannsgarn der Schmuggler und Fischer verknüpfte. Den 1938 verlegten Bestseller **»Rebecca«** verfilmte Alfred Hitchcock ebenso wie ihre 1940 erschienene Kurzgeschichte »The Birds«. Michael Kunze und Sylvester Levay machten aus dem Rebecca-Stoff 2011 ein grandioses Musical, das in Stuttgart Premiere hatte.

LORD NELSON (1758–1805)

Oberbefehlshaber der britischen Flotte

Horatio Nelson, Sohn eines Dorfpfarrers in Norfolk, heuerte nach dem Tod seiner Mutter als Zwölfjähriger bei der Marine an, wo er mit 20 Jahren bereits das Kapitänspatent und das Kommando über eine Fregatte im amerikanischen Unabhängigkeitskrieg erhielt. Im Kampf gegen das revolutionäre Frankreich zeichnete er sich bei der Beschießung von Toulon und in der Seeschlacht von Kap St. Vincent aus. 1798 erhielt er den Oberbefehl über die britische Flotte im Mittelmeer und schlug die Franzosen vernichtend in der Seeschlacht von Abukir. Damit war er zum britischen Kriegshelden geworden. Wegen einer Befehlsverweigerung wurde er abberufen, in der Heimat aber mit Jubel empfangen. Als 1803 der Krieg erneut ausbrach, wurde Nelson wieder Oberbefehlshaber der Mittelmeerflotte. 1805 stellte Admiral Nelson vor der andalusischen Küste eine französisch-spanische Flotte, die sich zur Invasion in England zusammenzog. Vor der **Schlacht von Trafalgar** richtete er an seine Mannschaft die berühmten Worte: »England expects every man will do his duty« – »England erwartet von jedem Mann, dass er seine Pflicht tue«. Trotz ihrer Überlegenheit konnten die Franzosen vernichtend geschlagen werden, der nur 1,60 m große Nelson jedoch wurde auf seinem Flaggschiff »Victory« von einer Kugel tödlich verwundet – den sorgsam restaurierten Dreimaster kann man heute in den historischen Dockanlagen von Portsmouth besichtigen. Stürmisch wie seine Schlachten war auch Nelsons Liebesleben. Obgleich verheiratet, liebte er öffentlich und leidenschaftlich Lady Emma Hamilton, die Frau des britischen Gesandten in Neapel. Noch im Sterben diktierte er einen Abschiedsbrief an die Geliebte, der heute im Handschriftensaal der British Library in London ausgestellt ist.

SIR LAURENCE OLIVIER (1907 – 1989)

Er galt als der Shakespeare-Mime schlechthin. In London, wo Laurence Olivier die Schauspielschule absolvierte, hatte er auch seine größten Erfolge. 1944 – 1949 war er Direktor des Old Vic Theatre, 1965 – 1973 leitete er dessen Nachfolger, das National Theatre. Auch als Filmschauspieler und -regisseur reüssierte Olivier, so 1945 in »Henry V.«, 1948 in »Hamlet«, für den er den Oscar als bester Schauspieler erhielt, oder 1976 in »Marathon Man«. 1970 erhob ihn die Queen als ersten britischen Schauspieler in den Peers-Stand.

Schauspieler

VIRGINIA WOOLF (1882 – 1941)

Adeline Virginia Stephen wurde in die intellektuellen Kreise des spätviktorianischen Zeitalters hineingeboren. Sie wuchs am Hyde Park Gate in London auf, verbrachte aber die glücklichsten Stunden ihrer Kindheit in St. Ives in Cornwall. Mit Freunden und Geschwistern bildete sie die »Bloomsbury Group«, die sich in ihrem Haus im Londoner Stadtteil Bloomsbury traf und der sich auch der Schriftsteller und Verleger Leonard Woolf anschloss. Nach ihrer Heirat 1912 gründeten beide die Hogarth Press, auch als Therapie, denn Virginia hatte nach familiären Rückschlägen und sexuellem Missbrauch durch ihren Halbbruder schon früh mit mentalen Problemen zu kämpfen. Sie arbeitete als Literaturkritikerin für die Times und wurde als Essayistin und Romanautorin bekannt. Nach dem Tod ihrer Freundin Katherine Mansfield erschienen ihre Romane »Jacob's Room«, »Mrs. Dalloway«, »Orlando«. Ihr Essay **»A Room of One's Own«** gehört zu den bedeutendsten Manifesten des 20. Jh.s. Auf ihrem Landsitz in Rodmell in Sussex beging Virginia Woolf Selbstmord – offensichtlich aus Furcht vor dem Wahnsinn ertränkte sie sich in der Ouse.

Schriftstellerin

ERLEBEN UND GENIESSEN

Der Süden Englands hat einen ganz eigenen Zauber. Stürzen Sie sich in den Trubel der Weltmetropole London oder wandern Sie auf einsamen Klippenwegen aussichtsreich die Küste entlang. Schippern Sie im Hausboot auf der Themse, erleben Sie im Schein der Fackel eine Geisternacht auf einer Burg oder logieren Sie wie Ihre Lordschaft. Wo man am schönsten schlemmen, shoppen und relaxen kann? Informieren Sie sich – am besten schon vor der Reise!

Essen und Trinken

Besser als ihr Ruf

»Die Engländer haben die Tischreden erfunden, damit man ihr Essen vergisst«, meinte der französische Journalist Pierre Daninos. Noch vor 20 Jahren sorgte englisches Essen für innere Abwehr. Gemüse wurde in salzlosem Wasser weich gekocht, das Rindfleisch unter brauner Bratensoße versteckt. Solche Vorurteile gegenüber der britischen Küche halten sich hartnäckig, auch wenn die Wirklichkeit längst anders aussieht.

Besonders Südengland bietet eine Fülle von **Gaumenfreuden**: Austern aus Whitstable und Falmouth, Seezunge aus Dover, Wild aus New Forest, Erdbeeren aus Hampshire, Salzlamm aus dem Marschen vom Romney, Cheddar-Käse und Dorset Blue Vinney, Kea-Pflaumen, Kentish Cobnuts (Haselnuss-Art) und knackige Saltcote Pippin Äpfel – eine ganze Arche köstlicher Genüsse, fest verhaftet im Boden und der Geschichte der jeweiligen Region.

Die englische Küche

Im Zuge der Uniformisierung des Geschmacks durch die industrielle Lebensmittelproduktion hat sich auch in England seit gut zwei Dekaden das Bewusstsein geändert. **Promiköche** wie Jamie Oliver bewiesen im TV, dass Kochen keine Kunst ist, lecker und preiswert keine Gegensätze. **Bauernmärkte**, um 1980 fast völlig verschwunden, werden heute von Ostern bis Oktober in vielen Orten abgehalten, **Food Festivals** feiern die regionalen Genüsse und ihre Erzeuger. »Real British Food« ist en vogue und inzwischen so mainstream, dass auch Supermärkte auf den Zug gesprungen sind und regionale Erzeugnisse propagieren.

Bodenständig, schmackhaft, selbstbewusst

Die neue **Lust auf heimische Genüsse** hat auch die Restaurantlandschaft verändert: Besonders an der Küste hat der Kochnachwuchs mit neuen Konzepten den Sprung in die Selbstständigkeit gewagt, alte Bootsschuppen in sympathische Bistros verwandelt, mal durchgestylt, mal shabby chic, kleine Oasen für ein Mahl am Meer, das mit mediterranem Erbe flirtet, orientalische Einflüsse aufnimmt oder ganz puristisch daherkommt: sechs Austern, Essig, Zwiebel, Seeblick.

> **!** **BAEDEKER TIPP**
>
> ## *Toast*
>
> Nigel Slater gehört neben Jamie Oliver zu den Stars der britischen Gourmetszene. Wie der Londoner Sternekoch zum Kochen kam, erzählt die Filmadaption von Slaters Biografie »Halbe Portion« (Piper, 2005): »Toast« (2011), eine Story zwischen Tragik und Komödie, mit leichtfüßigem Humor und einer brillanten Helena Bonham Carter als Slaters Stiefmutter.

Fangfrischer Hummer – unbedingt probieren!

Sternstunden für Leib und Seele

Das Gros der fast 200 Sterne, die Michelin im Jahr 2015 an britische Restaurants vergab, konzentriert sich auf Südengland. Und seine »celebrity chefs« sind nicht nur Meister am Herd, sondern auch sexy.

Umschwärmt wie Popstars werden besonders zwei Cracks in der Küche, die unterschiedlicher nicht sein können: Jamie Oliver, ein blonder Sunnyboy aus Südengland, und **Gordon Ramsay**, dunkel, bissig – und ebenso erfolgreich. Seine Shows »Hell's Kitchen« und »Ramsay's Kitchen Nightmare« haben alle bisherigen Einschaltquoten der BBC geschlagen. Ebenso dramatisch ist sein Gebrauch eines Schimpfwortes, in England als »fword« tabuisiert. Spitze ist auch Ramsays Restaurant-Imperium mit 18 Lokalen in Großbritannien, den USA und Dubai. Wer die Küche des »Chefs ohne Gnade« kosten will, der zeitweise 15 Michelinsterne auf sich vereinen konnte, muss jedoch tief in die Tasche greifen.

Kultkoch Jamie Oliver

Als jüngster TV-Koch der BBC und Autor des Begleitbuchs zur Kultserie »The Naked Chef«, das über Nacht die internationalen Bestsellerlisten stürmte, wurde Jamie Oliver zum **Idol aller Hobbyköche** – und heiß begehrten Frauenschwarm. Im Jahr 2000 heiratete er jedoch seine langjährige Freundin Juliette »Jools« Norton – inzwischen hat er mit ihr vier Kinder. Oliver wurde 1975 in Südengland geboren. Den größten Teil seiner Kindheit verbrachte er über und im Pub »The Cricketers« in Clavering. Mit acht Jahren half Oliver hier seinem Vater in der Küche, mit elf bereitete er die ersten Speisen zu. Berühmt wurde Oliver nicht nur für seine Kochkunst, sondern auch für sein soziales Engagement. Seit 2002 bildet seine Stiftung Jamie Oliver Foundation (www.jamieoliver.com) arbeitslose Jugendliche in seinen **»Fifteen«-Restaurants** in London, Newquay und Amsterdam zu Profiköchen aus. In seiner Kampagne »Feed me better« kochte Oliver für den Behördensatz von 39 Pence Schülern ein Mittagessen. Im »Ministry of Food« versuchte er, die Einwohner von Rotherham für das Kochen mit frischen Zutaten zu begeistern. 2012 engagierte er sich für die Einführung von Küchengärten in Schulen wie daheim und rief den 19. Mai als weltweiten **Food Revolution Day** aus – 2015 komponierte der britische Sänger und Songwriter Ed Sheeran für Jamie den Food-Revolution-Song.

Künstler am Herd

Mitten im Dartmoor, wo Sir Conan Doyles »Hound of the Baskervilles« sein Unwesen trieb, füllt **Michael Caines** Tauben mit Foie Gras, Trüffeln und Steinpilzen – und so gekonnt, dass Michelin den Chef des **Gidleigh Park** mit zwei Sternen dekoriert (Chagford/Devon, www.gidleigh.co.uk). Mit Eröffnung von Lympstone Manor in Exmouth hat Caines sich 2017, wie er sagt, „schönsten Lebenstraum" erfüllt.

Idol aller Hobbyköche: Jamie Oliver mit seinem Team des »Fifteen«

Ebenfalls zwei Sterne funkeln über der Kochkunst von **Martin Blunos** (http://blunos.com). Der lettische Hüne wuchs in Bath auf, wo sein Restaurant **Lettonie** einst als erstes außerhalb von London zwei Michelinsterne erhielt. Schlagzeilen machte der Brite mit dem teuersten Käsebrot der Welt: Zutaten für die 134-Euro-Stulle: weiße Trüffel, Ceddar-Käse und Goldstaub.

Die einzigen Dreisterneköche Londons sind **Clare Smyth,** die das Chelsea Gordon Ramsay Flagship-Restaurant führt, und **Jocelyn Herland** im Alain-Ducasse-Restaurant des Hotels The Dorchester. Im Themsedorf Bray zaubern mit **Alain Roux** vom Waterside Inn und **Heston Blumenthal** von The Fat Duck ebenfalls zwei Dreisterneköche kulinarische Köstlichkeiten.

Wer ländlichen Lifestyle liebt, kann in Shepton Mallet (Somerset) darin schwelgen. Hier haben Roger und Monty Saul, die Gründer des Luxuslabels »Mulberry«, das **Charlton House** (www.charltonhouse.com) aus dem 17. Jh. in ein kleines, feines Hotel verwandelt. Hier serviert Dean Drewe, der zuvor im Londoner Kensington Hotel am Herd stand, gehobene Küche aus besten Zutaten der Region.

Zum besten »Country Inn 2017« wählte der Good Pub Guide den 300 Jahre alten Gasthof **Horse Guards** in Tillington – ausschlaggebend waren nicht nur die gemütlichen Zimmer, sondern auch die innovative Küche und der üppige Garten. Im Sommer kommen hier eine erfrischende Gazpacho aus alten, selbst gezogenen Tomatensorten, ein mit Champignon gefülltes Kalbsfilet an Trüffel-Kartoffel-Gratin und ein kühles Prosecco-Sorbet mit frischen Beeren auf den Tisch (www.thehorseguardsinn.co.uk).

Wer den »Taste of the South« beim **Picknick** genießen oder mit nach Hause nehmen möchte, findet unterwegs kleine Läden wie **The Pantry von Newquay**, der von regionalen Erzeugern mit Hausgemachtem beliefert wird – Chutneys, Jam und Marmelade, Senf und Fudge (www.thepantrynewquay.co.uk).

Very british

Großbritannien gilt als klassische Teetrinkernation. Der Nachmittagstee ist ein fester Bestandteil der britischen Lebensart. Scones, Sandwiches, Crumbles und Trifles machen den Afternoon Tea perfekt.

Tee ist nach Wasser das Getränk, das weltweit am meisten getrunken wird. Seine Wurzeln sind in China zu suchen. Glaubt man der Legende, trank der chinesische Kaiser Shen Nung vor gut 4700 Jahren den ersten Tee. Bei einem Spaziergang durch den Palastgarten wehte ein Windstoß dem Kaiser ein paar Blätter eines wild wachsenden Teestrauches in seine Trinkschale. Sie verliehen dem Wasser eine erfrischende Note, die den Kaiser begeisterte – und der Tee war erfunden.

Erst Jahrtausende später kam Europa auf den Geschmack. England begann im 17. Jh., Tee aus China zu importieren. Mitte des 18. Jh.s ersetzte Tee Bier und Gin als Lieblingsgetränk. Vermutlich war es ein schottischer Major, der um 1820 im Brahmaputra-Tal von Assam wilde Teesträucher entdeckte. Wenig später wurden die ersten Kisten mit Tee von Indien nach England verschifft und gewinnbringend an der Londoner Teebörse versteigert. Am 31. Dezember 1600 gewährte ein Freibrief von Queen Elizabeth I der britischen Ostindien-Kompanie ein Monopol auf sämtliche Handelsaktivitäten östlich des Kaps der Guten Hoffnung bis zur Magellanstraße – der Startschuss für ein Weltreich. Durch dieses Handelsmonopol, das bis 1833 bestand, diktierten die Engländer auch die Preise im Teegeschäft. Allerdings

dauerte es Monate, bis die begehrte Ware aus den Anbaugebieten am Zielort eintraf. Das machte Tee so rar wie kostspielig. Mitte des 19. Jh.s lieferten sich die legendären Teeklipper wie die Londoner »Cutty Sark« im Kampf um hohe Frachtraten und Siegesprämien waghalsige Wettfahrten über die Weltmeere, um den Tee möglichst schnell nach England zu bringen. Während London zum Zentrum des Welthandels aufstieg, wimmelte es an den Küsten zwischen Kent und Cornwall von Schmugglern. Wegen der hohen Teesteuer bezogen findige Händler die begehrte Ware lieber zollfrei von holländischen Schiffen im Ärmelkanal. Nach der Eröffnung des Suezkanals 1868 übernahmen Frachtdampfer den Transport, die schneller als jeder Segler die Terminfracht Tee in Londons Lagerhäuser brachten. Heute kommt der meiste Tee aus Indien, Sri Lanka, China und Kenia, ist Tee ein Kultgetränk – und der Afternoon Tea ein Event, das gemütliche Teestuben, vornehme Adelssitze und Nobelherbergen mit Stil und Ideen zelebrieren.

A cup of tea, please!

»Es gibt wenige Stunden im Leben, die angenehmer sind als die der Zeremonie des Afternoon Tea«, schrieb Henry James 1881 in »A Portrait of a Lady«. Die Einführung des Afternoon Tea verdanken die

Engländer ebenfalls einer Lady, der 7. Duchess of Bedford. Da man zu Beginn des 19. Jh.s in Adelskreisen eher spät zu Abend aß, die Herzogin aber häufig vorher Hunger verspürte, ließ sie sich mit ihren Freundinnen nachmittags einen kleinen Imbiss aus Tee, Gebäck und Sandwiches zubereiten. Für Queen Victoria war Tee zeitlebens das Lieblingsgetränk – neben Whisky. Mit ihr wurde Tee zum Traditionsgetränk und im ganzen Empire zelebriert. Der berühmte Fünfuhrtee kam in den 1930er-Jahren auf, als Cafés und Salons der großen Hotels Tanztees mit Gebäck gaben. Die Erfindung des Teebeutels geht allerdings auf einen New Yorker Teehändler zurück: Thomas Sullivan verschickte als Erster Teeproben in kleinen Seidensäckchen an seine Kunden.

Hauptsache homemade

Stilecht kommt der Tee – of course – im blitzblank polierten Silbergeschirr mit Zuckerdose, Milchkännchen und zwei schweren Kannen voll heißem Wasser. In einer von beiden duften lose Teeblätter, vielleicht mit dem zarten Aroma frischer Primeln, das einen Frühlings-Darjeeling auszeichnet. Der First Flush dieses Hochlandtees gilt in Kennerkreisen als Nonplusultra. Als Beilage zum Cream Tea werden auf einer festlichen Etagere **haus-**

British Sweets – Engländer wissen einfach am besten, wie man sich jede Jahreszeit mit Tee und leckerem Gebäck versüßen kann!

Tea Time wie 1690 im Old Thatch Teashop auf der Isle of Wight

gemachte **Scones** mit eingedickter Schlagsahne und Erdbeermarmelade, Ingwerkekse und gehaltvolle **Sandwiches** gereicht. Die noch warmen Mürbeteig-Scones werden dick mit Marmelade und »Clotted Cream« bestrichen – ihr Fettgehalt liegt bei mindestens 55 Prozent. Zum Afternoon Tea, High Tea, Devonshire Tea oder Five o'clock Tea gehören auch Fruchttörtchen, Lemon-Curd- und Fudge-Kuchen, Biskuit-Trifles oder Rhabarber-Crumbles mit knusprigen Streuseln – alles natürlich selbst gemacht. Dazu kommen leckere Sandwiches mit Räucherlachs, Roastbeef und Shrimps.

Das richtige Timing

Ob grüner, schwarzer oder gar weißer Tee, in jedem Fall stammt er vom Teestrauch **Camellia Sinensis**. Tee ist der heiße Aufguss aus den gerollten, fermentierten und getrockneten Blättern und Blatt-

knospen dieses Teestrauches. So wie Wein besser in einem Glas schmeckt, kann sich das Teearoma besser in einer feinen Porzellantasse entfalten. Auch Härtegrad und Temperatur des Wassers, die Menge der Teeblätter und die Ziehdauer bestimmen das Brühergebnis. Für jede Tasse kommen ein Teelöffel Tee sowie ein Löffel »for the pot« in die Kanne. Nach 2-3 Minuten wirkt der Teeaufguss anregend durch den überwiegenden Anteil an Koffein. Tee, der 4-5 Minuten gezogen hat, wirkt beruhigend durch einen höheren Gerbstoffanteil. Je nach Geschmack wird der Tee pur genossen oder mit Milch, Zucker, Zitrone, Rum sowie Sahne verfeinert.

Höchste Auszeichnung ist ein Top Tea Place Award der **United Kingdom Tea & Infusions Association Ltd.**, der britischen Teegilde, die das ganze Land auf der Suche nach dem besten Afternoon Tea bereist und seit 1985 alljährlich den Michelinstern der britischen Teewelt verleiht (www.tea.co.uk).

Höchste Auszeichnung für besten Tee: ein Preis der britischen Teegilde

MAHLZEITEN

In vielen Hotels wird noch immer gegen einen geringen Aufschlag die erste Tasse Tee, der »Early Morning Tea«, beim Wecken aufs Zimmer gebracht – ein starker Tee mit Keksen. Die meisten Hotels und B & Bs haben im Zimmer alle Utensilien zur Teebereitung. **Early Morning Tea**

Das traditionelle englische **Frühstück** (breakfast) besteht aus Haferbrei (porridge) oder Cornflakes mit Milch, gefolgt von Eiern mit Speck oder Schinken (bacon and eggs, ham and eggs), Würstchen (sausages), weißen Bohnen (baked beans), Grilltomate (grilled tomato) und mitunter gebratenen Champignons. An der Küste ersetzen oder ergänzen Bratfisch (fried fish) oder Bückling (kippers) mitunter das Fleisch. Toast mit Butter und Marmelade (jam) oder Bitterorangenkonfitüre (marmalade) runden das Frühstück ab, zu dem neben Tee mit Milch auch immer ein Glas Orangensaft gehört. Zum **Morning Tea** (»elevenses«) am Vormittag werden trockene Kekse, Sand- oder Früchtekuchen gereicht. Das **Mittagessen** (lunch) ist leicht: Salat, Suppe oder Sandwich. Hinter einem Ploughman's Lunch verbirgt sich ein Käseteller mit Gewürzgurke. Eine Institution ist der Nachmittagstee – **Afternoon Tea**, High Tea oder Five o'clock Tea – gegen 16.00 Uhr (▶Baedeker Wissen S. 80). **Breakfast, Lunch und Afternoon Tea**

? BAEDEKER WISSEN

Der vierte Earl of Sandwich ...

... frönte oft der Spielleidenschaft. Als er eines Abends im Jahr 1792 am Spieltisch saß und partout keine Pause einlegen wollte, ihn aber der Hunger überkam, ließ er sich kurzerhand ein Stück Fleisch zwischen zwei Weißbrotscheiben legen – das Sandwich war erfunden, eine englische Institution wie der Five o'clock Tea oder der Pub.

Das **Abendessen** ist die Hauptmahlzeit. In den Familien, wo durch das Berufsleben die Zeit zum Afternoon Tea fehlt, kommt es bereits früh, meist zwischen 17.00 und 18.00 Uhr auf den Tisch. Restaurants servieren Abendgerichte ab 18.00 Uhr. Der Dresscode zum Dinner ist, anders als beim lässigen Lunch, smart casual oder elegant. Nach 21.30 Uhr werden mit Ausnahme von London keine Bestellungen mehr angenommen. In Lokalen mit ausländischer Küche werden meist bis 22.00 Uhr warme Mahlzeiten zubereitet. **Dinner, Supper**

BIER, WEIN UND SHERRY

Im Pub bestellen die Briten kein Bier (beer), sondern »a pint of lager« (ein **Pint = 0,568 l**) oder »a half pint« (0,264 l). Britische Brauer haben überwiegend die traditionelle obergärige Brauweise beibehalten. Ihre **Ales** erinnern mit ihrem spritzig-fruchtigen, leicht süßen Ge- **Bier** schmack an ein Altbier oder Kölsch. Ohne Schaum und kaum gekühlt serviert, sind diese Biere gewöhnungsbedürftig. Klassische Sorten sind das leichte »Pale Ale« aus der Flasche, das gezapfte »Real Ale« oder »Bitter« und das dunkle »Mild« vom Fass sowie das dunkle »Brown Ale« aus der Flasche. »Strong Ales« heißen Starkbiere jenseits von 7% – 2010 brachte die schottische Brewdog Brewery mit »Sink the Bismarck« das weltweit stärkste Strong Ale auf den Markt. Sein Alkoholgehalt: 41%! Ebenfalls ein Starkbier ist der »Barley Wine« mit 8 – 12 %, der in 0,2 l großen »nip«-Gäsern nach dem Dinner oder zum Dessert genossen wird. Die obergärig gebrauten **Stouts** aus Irland sind kräftige, dunkle, malzstarke, aber bittere Biere mit meist sahnigem Schaum wie das berühmte Guinness. Ebenfalls tiefdunkel und würzig ist ein **Porter** – kosten Sie in der Hauptstadt das »London Porter« der Meantime Brewing Company mit 6,5 %.

Die untergärigen **Lager**-Biere entsprechen einem deutschen Export und stammen meist von internationalen Brauereien. Gern getrunken werden auch Biermixgetränke: ein »Shandy« als Alsterwasser bzw. Radler aus Lager und Limo, ein »Snakebite«, bei dem sich Cider und Lager paaren, und eine »Mickey Mouse«, für die Lager und Bitter halb und halb vermischt werden.

Wein, Sherry und Cider

Kaum bekannt, aber durchaus gut ist englischer **Wein**. Die Römer brachten die Kunst des Weinbaus nach Britannien. Im Mittelalter bauten vor allem Mönche Wein an und lernten dabei viel von den Winzern aus Bordeaux, das 300 Jahre lang zu England gehörte. Mit der Säkularisierung des Kirchenbesitzes unter Heinrich VIII. ging der Weinbau jedoch zugrunde. Dank des Klimawandels boomt heute die englische Weinindustrie, besonders im Hinterland der südenglischen Küste gedeihen beste Tropfen (▶Baedeker Wissen, S. 244). Traditioneller Aperitif ist ein **Sherry**, klassischer Digestif ein Portwein. Geschätzt werden aber auch Apfelwein (cider) und Birnenwein (perry). Der mittelalterliche Honigwein (mead) steht nur noch selten auf der Karte.

Restaurants

Neben Restaurants mit englischer Küche gibt es viele Lokale mit internationalen Speisen. Empfehlenswerte Restaurants sind bei den Reisezielen von A bis Z aufgeführt. Beliebte Speisestätten sind auch die **Pubs** (▶Baedeker Wissen S. 86), **Coffee Houses** (»Caffs«), **Tea Rooms** und **Sandwich Bars**. In den Tea Rooms (▶Baedeker Wissen S. 80) werden mehrere Sorten Tee serviert, außerdem Sandwiches, Gebäck, Kuchen und ein Mittagsimbiss; am späten Nachmittag wird meist geschlossen. Einfache, preiswerte Mahlzeiten bieten Snackbars, meist Filialen von Kettenrestaurants. Imbissstände locken mit asiatischen und orientalischen Speisen. Typisch britisch sind **Chippies**, in denen man »fish and chips«, frittierten Fisch mit Pommes Frites, stilecht mit Essig und Salz gewürzt aus der Papiertüte bekommt.

FOOD FESTIVALS

Exeter Food and Drink Festival of South West England
www.tasteofthewest.co.uk
(April)

Taste of London
http://london.tastefestivals.com
(Juni)

Hamble Valley Festival
www.hamblevalley.com
(Juni/Juli)

Whitstable Oyster Festival
www.whitstableoyster
festival.co.uk
(Juli)

Garlic Festival
www.garlic-festival.co.uk
Isle of Wight
(August)

Newlyn Fish Festival
www.newlynfishfestival.org.uk
(Ende August)

Surrey Food & Drink Festival
www.surreycountyshow.co.uk/
farm-food-week
(September)

Preiskategorien
der Restaurants

€€€€ über £ 50
€€€ £ 25 – 50
€€ £ 12 – 25
€ bis £ 12

für ein Hauptgericht

BAEDEKER TIPP

Die besten Fish & Chips

• **Bardsley's**, 22 Baker Street, Brighton, Tel. www.bardsleys-fishandchips.co.uk – probieren Sie auch Roys Spezialitäten wie Haisteak und frische Krabben!
• **The Blue Dolphin**, 61 High Street, Hastings – das Richtige nach einem Strandspaziergang.
• **Rock & Sole Plaice**, 47 Endell Street, London WC2 – seit 1871 eine Institution um die Ecke von Covent Garden. Cod & Chips, Lachs, Forelle und Scampi, www.rockandsoleplaice.com.
• **Harbour Fish Cafe**, 27 Victoria Parade, Torquay – preisgekrönt, an der Hafenpromenade.

Real Food Festival
www.realfoodfestival.co.uk
Southbank, London
(September)

Cornwall Food & Drink Festival
www.cornwallfoodanddrink.
co.uk, Truro
(September)

Falmouth Oyster Festival
www.falmouthoysterfestival.co.uk
(Oktober)

Devon Celebration of Food
www.celebrationoffood.co.uk
(Oktober)

Exmoor Food Fest
http://exmoorfoodfest.com
(Oktober)

Wohnzimmer außer Haus

Die ältesten und gemütlichsten Pubs der Insel sind zwischen Kent und Cornwall zu finden. Bei Kaminfeuer und Ale, Stout oder Bitter lassen sich die britische Trinkkultur und ihre Rituale studieren.

Die Teppiche sind dick, die dunkel getäfelten Wände mit Bildern und alten Stichen gepflastert, an allen Ecken und Kanten glänzt Messing, im Kamin prasselt ein Feuer. Wenn dann noch der Regen an die Fenster trommelt, möchte man diese Oase am liebsten gar nicht mehr verlassen. So einladend sind die englischen **Pubs**, dass bald auch Ungeübten das schaumlose, warme Bier wunderbar schmeckt. Trinkfreudige Nachteulen dürfen sich freuen: Rund 90 Jahre nach ihrer Einführung ist die heftig umstrittene **23.00-Uhr-Sperrstunde** in britischen Pubs Ende 2005 endgültig gefallen. Der Ausschankstopp war während des Ersten Weltkrieges eingeführt worden, um zu verhindern, dass Arbeiter in den Fabriken angetrunken zur Frühschicht erschienen. Bis nach Mitternacht dürfen die Wirte nun ausschenken, wenngleich nur wenige davon Gebrauch machen – besonders in ländlichen Gegenden oder kleineren Städten.

Im Pub trinkt man Bier, und meist als **Pint** (= 0,568 l). Wer weniger trinken möchte, bestellt half a pint (0,284 l). Klassische Sorten sind das fassvergorene, handgezapfte Bitter, das dunkle Ale, malzstarke Stout und das helle Lager. Britische Biergläser besitzen keinen Eichstrich – die kellerkühlen Gefäße werden bis zum Rand ohne Schaum gefüllt. Bedienung am Tisch ist nicht vorgesehen, Trinkgeld daher nicht üblich. Wer an der Theke Essen bestellt, erhält eine Nummer, die ausgerufen wird, oder einen Pieper, der vibriert und blinkt, sobald das Gericht abgeholt werden kann: ein Ploughman's lunch mit Cheddarkäse, Zwiebeln, Gurken und Brot, einen Shepherd's Pie mit Hack, Zwiebeln und Kartoffelbrei oder einen Steak & Kidney Pie (Verweis typ. Gerichte).

Public Houses

Britische Pubs öffnen um 11.00 Uhr, rechtzeitig zur Mittagspause. Ein Feierabendbier in der Lieblingskneipe gehört für viele ebenso zum Alltag wie der **Pub Crawl**, die Kneipentour am Freitag. Ob Banker, Student oder Schlossherr: Der **local pub**, die Stammkneipe um die Ecke, ist ihr erweitertes Wohnzimmer voller Geschichte und Geschichten. Im Londoner »George Inn« soll schon Shakes-

Endlich Feierabend: Für viele Briten ist ihr Pub ein zweites Zuhause.

peare gezecht haben, im »Anchor« beobachtete Samuel Pepys, wie 1666 das »Große Feuer« das mittelalterliche London verschlang. In der »Museum Tavern« in Bloomsbury machte sich Virginia Woolf Notizen, und Karl Marx erholte sich dort von seiner Arbeit am »Kapital«. Seit Jahrhunderten wird in den mit viel Liebe eingerichteten Pubs gegessen und getrunken, Geselligkeit gepflegt, ge-plauscht und gespielt – am liebsten Dart.

Campaign for Real Ale

Nicht nur die Aufhebung der Sperrstunde und das vor zehn Jahren eingeführte **Rauchverbot**, das ein massives Kneipensterben nach sich zog, haben die britischen Pubs verändert. Längst überholt ist auch die Unterteilung in vier Kategorien. Die rustikale Public Bar war der arbeitenden Klasse vorbehalten. Die Saloon Bar war das Reich der Bürger, die Lounge Bar frequentierten Großbürgertum und Landadel, die Private Bar war dem Hochadel und allein reisenden Damen vorbehalten. Doch zunehmend sind viele Pubs keine eigenständigen Betriebe mehr, sondern gehören großen Brauereien. Die **Brauereien** werden kritisch beobachtet, seit sie in den 1960er- und 1970er-Jahren üblen Frevel begingen: Anstelle des guten britischen Ale, das erst in den Kellern des Pubs in Fässern zur individuellen Vollendung reift, brachten sie billig gebrautes, pasteurisiertes und künstlich mit Kohlensäure versetztes Keg-Bier auf den Markt. Ihre Rechnung hatten die Bierbrauer allerdings ohne die Biertrinker und die Verbraucherverbände gemacht. Mit ihrer »Campaign for Real Ale« zwangen sie die Brauereien, wieder traditionelles **»Real Ale«** herzustellen. Zugleich entstanden viele »Microbreweries«, Kleinbrauereien wie die Londoner Kernel Brewery (www.thekernel brewery.com), die ihren eigenen Gerstensaft mit viel Liebe zum Handwerk brauen.

Typisch englische Gerichte

Unter der Woche wird das Mahl herzhaft verpackt als Pie, Pasty oder Pudding, am Sonntag kommt traditionell ein Braten auf den Tisch. Dies sind Klassiker der schmackhaften englischen Küche.

Cornish Pasty: Seit dem 13. Jh. ist sie kulinarischer Botschafter Cornwalls. Was in die handgroße Teigtasche in D-Form kommt, haben die 50 Mitglieder der Cornish Pasty Association 2002 festgelegt: eine Füllung aus mindestens 12,5 % Rindfleischstücken, Zwiebeln, Kohl oder Steckrübe und Kartoffel, leicht gewürzt mit Salz und Pfeffer. Doch nur, wenn der Teig auf der geschwungenen Seite umgeschlagen wurde, ist es eine echte Cornish Pasty. Jetzt noch mit Milch oder Eigelb glasiert, gebacken und dann warm gegessen – ein Genuss!

Fish & Chips: Winston Churchill nannte sie »the good companions«. John Lennon badete sie in Tomatenketchup, Michael Jackson liebte sie mit zerstampften Erbsen: Fish & Chips sind die Nationalspeise der englischen Küste. Als Erfinder des sättigenden Duos aus paniertem Fisch und frittierten Kartoffeln gilt der jüdische Immigrant Joseph

Malin, der um 1860 in London den ersten Fish 'n' Chips-Shop eröffnete und seine Fish & Chips in Zeitungspapier einrollte – seit 1980 ist es aus gesundheitlichen Gründen verboten. Heute nach Burgern, Chinaspeisen sowie Huhn und Pizza auf Rang fünf der beliebtesten Takeaways abgedrängt, erlebt das einstige Armeleuteessen seine Renaissance als Gourmet-Fast-Food, bei dem sich die »Chippies« längst nicht mehr nur mit Kabeljau, Heilbutt, Schellfisch und Scholle paaren, sondern auch mit Seezunge und feinstem Seafood.

Roastbeef & Yorkshire Pudding: Für viele Briten ist es der einzig wahre Sunday Roast: zartes Roastbeef mit jungen Karotten und Yorkshire Pudding. Wichtig bei der Zubereitung des urbritischen Sonntagsbratens ist die gleichzeitige Zubereitung im Aga, oder notfalls im modernen Ofen, und die richtige Position der Speisen: Oben gart bei niedriger Temperatur langsam das Roastbeef auf dem Rost, darunter der Yorkshire Pudding in einer hohen Fettpfanne. Eine gute Stunde lang tropft so der Bratensaft auf den Pudding und verleiht ihm sein typisches, unnachahmliches Aroma.

Steak & Kidney Pie: Einst wurde unter der knusprigen Blätterteighaube alles vom Rind versteckt, was nicht gebraten oder gegrillt werden konnte: Fleischreste und Innereien. In einer dunklen Bratensoße gegart, lieferten sie als Pastete dennoch ein schmackhaftes Mahl, bei dem nichts verschwendet wurde. In der Nachkriegszeit stieg das Armeleuteessen zu einem populären Mahl der gehobenen Mittelschicht auf, eroberte schließlich selbst Feinschmeckerlokale. Dazu gehören traditionell Erbsen, Kartoffelbrei und scharfer englischer Senf. Wie köstlich die Pie hausgemacht schmecken kann, zeigt Südengland alljährlich bei der British Pie Week, bei der die besten Köche um den Preis der Meat and Livestock Commission of Great Britain konkurrieren. Gewinner 2012 war zum dritten Mal Carl Smith vom Londoner Pub Guinea & the Windmill in Mayfair.

Pudding: Der englische Pudding hat nichts mit Süßspeisen zu tun, die als Nachtisch aus Schälchen gelöffelt werden. Er ist vielmehr ein gedämpfter Kuchen, der durchaus auch salzig sein kann: Ein Blackpudding ist keine Schokospeise, sondern schlichtweg nur Blutwurst. Doch kein Pudding ist so berühmt und beliebt wie der Plumpudding, der bei keinem weihnachtlichen Festmahl fehlen darf. Von den Puritanern Oliver Cromwells wurde er im 17. Jh. allerdings verboten – für sie war der Genuss des »sündig reichhaltigen« Gerichtes ein »unzüchtiger Brauch«. In den Teig kommt neben Mehl, Zucker, Fett, Rosinen, Mandeln, Eiern, Zimt, Ingwer und Nelken außerdem noch reichlich Alkohol!

Feiern Sie mit!

In Südengland ist allerhand los – besonders an der Küste und in der Kapitale London sind die Veranstaltungskalender das ganze Jahr hindurch prall gefüllt mit Festivals, Feiern und besonderen Veranstaltungen.

Event-Marketing ist längst auch in Südengland ein wichtiger Erfolgsfaktor im weltweiten Standortwettbewerb und wichtiger Wirtschaftsfaktor, der Millionen in die Kassen der Kommunen spült. Jahr für Jahr gibt es daher »das« neue Großereignis einer Stadt – mal Eintagsfliege, mal tatsächlicher Erfolg. Längst Institutionen hingegen sind **Festivals** wie das Theatertreffen von Chichester oder die Opernaufführungen von Glyndebourne, die zu den Höhepunkten im südenglischen Kulturkalender zählen und Schaufenster wie Sprungbrett internationaler Karrieren waren und sind.

In den ländlichen Regionen Südenglands freut sich die Bevölkerung auf die regionalen **»fairs« und »county shows«**, Landwirtschaftsmessen mit Volksfesttrummel. Da werden Schafe, Rinder, Kühe und Hühner fachmännisch begutachtet und ausgezeichnet, zeigen fliegende Händler Hausfrauen die neuesten »must-haves« der Küchentechnik, messen sich Jung und Alt in mitunter seltsam anmutenden Wettbewerben und genießen den Jahrmarkttrummel mit Achterbahn und Karussell. Oft gehören auch ein abendlicher Ball, Talentwettbewerbe und die Wahl einer Schönheitskönigin dazu. Die vielen Flower Shows, die zwischen Ostern und Oktober abgehalten werden, enden mit der Prämierung des schönsten Pflanzenzüchtung oder des gelungensten Vorgartens.

Großgeschrieben wird in Südengland auch **Charity**, und Wohltätigkeit bietet immer wieder Anlass für ein Fest. Kirchenvereine und Clubs wie Kiwanis, Lions und Rotary veranstalten rund ums Jahr immer wieder »bazaars« oder »jumble sales«, wo Gehäkeltes und Handgetöpfertes neben selbst gemachten Marmeladen und Chutneys sowie Second-Hand-Kleidung und Bücher nach Abnehmern suchen und sich die örtliche Bevölkerung zum Klönschnack trifft.

Very british!

Nur mit Muskelkraft dürfen die selbst gebastelten Fluggeräte beim **»Birdman«** in Bognor Regis betrieben werden – £ 15 000 winken für den weitesten Flug über 100 m (www.birdman.org.uk). Fantastische Kostüme sieht man alljährlich in West-London auf dem **Notting Hill Carnival** am Bank Holiday im August– nach Rio der zweitgrößte Karneval der Welt (www.thenottinghillcarnival.com).

Kurioses und Karneval

Bunt, schrill und laut: Mehr als 2,5 Millionen Menschen versammeln sich jedes Jahr in Notting Hill, um ausgiebig Karneval zu feiern.

SPORTVERANSTALTUNGEN

Fußball Zuschauersport Nr. 1 ist natürlich Fußball. **FC Arsenal** und **FC Chelsea** sind auch international ganz groß. In ihrem Schatten, aber ebenfalls in der Premier League, spielen die Tottenham Hotspurs, West Ham United und der FC Fulham; Charlton Athletic ist zweitklassig. Anpfiff ist immer samstags um 15.00 oder mittwochs um 19.00 Uhr. Wer ein Spiel der Premier League besuchen will, sollte sich rechtzeitig und online Tickets reservieren – für Arsenal, Chelsea und Tottenham mindestens ein Jahr im Voraus! Wer hinter die Kulissen blicken will, kann eine Führung durch das Chelsea Football Stadium machen (Tickets über www.visitbritainshop.com).

Cricket Nationalsport des Commonwealth ist Cricket. Gespielt wird im Mekka aller Cricketfans, dem Londoner **Lord's Cricket Ground** mit seinem Cricket Museum im Regent's Park, im Oval Cricket Ground in Kennington. Zeit muss man auf jeden Fall mitbringen.

Rugby Wesentlich beliebter als auf dem europäischen Kontinent – mit Ausnahme Frankreichs – ist Rugby. Die großen Londoner Clubs sind die Harlequins, die Wasps und London Irish. Saisonhöhepunkt ist der Pilkington Cup. Gespielt wird u. a. in Twickenham.

Tennis Was Lord's für die Cricketfans, ist **Wimbledon** für die Tennisanhänger. Das Ende Juni / Anfang Juli ausgetragene Turnier ist das berühmteste der Welt. An Karten kommt man auf zweierlei Art: Sich jeden Morgen (je früher, desto besser!) in die Warteschlange einreihen und auf eine der täglich 600 frei verkauften Karten hoffen, oder aber man schreibt ein Jahr vorher an den **All England Lawn Tennis Club, Church Road, Wimbledon, SW 19**, und wenn man Glück hat, bekommt man die Berechtigung zum Erwerb einer Karte zugelost (!).

Pferde- und Hunderennen Ascot und Epsom sind Synonyme für exklusive Pferderennen, bei denen sich der britische Hochadel ein Stelldichein gibt. Volkstümlicher geht es in Windsor zu. Hunderennen mit den rassigen Greyhounds sind die »Pferderennen des kleinen Mannes«. In London finden sie im Walthamstow Stadium an der Chingford Road statt.

Dart Typisches Kneipenspiel ist Dart. Es wird von Profis gespielt und im Fernsehen direkt übertragen. Aber auch ein Amateur kann sich jederzeit im Pub versuchen.

Snooker Snooker ist eine komplizierte Variante des Pool-Billards. Wie Dart ist es ein Kneipenspiel, doch werden Profiturniere ebenfalls im Fernsehen übertragen. Reinschauen und selbst spielen kann man im Centrepoint Snooker Club, 131 New Oxford St., WC 1.

Veranstaltungskalender

FEIERTAGE

1. Januar/Neujahr
   (New Year's Day)
Karfreitag (Good Friday)
Ostermontag (Easter Monday)
1. Montag im Mai (May Day
   Bank Holiday)
Letzter Montag im Mai
   (Spring Bank Holiday)
Letzter Montag im August
   (Late Summer Bank Holiday)
25. Dezember/Erster Weih-
   nachtsfeiertag (Christmas Day)
26. Dezember/Zweiter Weih-
   nachtsfeiertag (Boxing Day)

EVENTS IM JANUAR
London
LNYDP – London's New Year's Day
Parade am 1. Januar
Chinesisches Neujahr Ende
Januar In Chinatown

FEBRUAR
London
Great Spitalfields Pancake Race
Hindernisrennen mit Pfannkuchen
und Pfanne in der Hand in wilden
Kostümen am Fastnachtsdienstag

MÄRZ
Bath
http://bathfestivals.org.uk/
literature
Lit(erature) Fest

APRIL
London
Queen's Birthday, Salutschießen
zum Geburtstag der Quenn
am 21. April

Badminton (Somerset)
www.badminton-horse.co.uk
Horse Trials Militaryturnier

**Von 7.00 Uhr früh bis 17.00 Uhr nachmittags wird beim Helston Furry
Dance das Tanzbein geschwungen – aber bitte stilvoll!**

MAI
Padstow (Cornwall)
Obby' Oss am 1. Mai
eigentl. Hobby Horse, d. h.
Steckenpferd, Umzug zur Aus-
treibung des Winters, 1. Mai

Helston (Cornwall)
www.helstonfloraday.org.uk
Furry Dance am 6. Mai
Umzug in historischen Kostümen

Rochester (Kent)
www.rochesterdickens
festival.org.uk
Großes Dickens-Festival Ende Mai

London
www.rwhs.co.uk
Royal Windsor Horse Show
Pferdeschau in der 2. Maiwoche
www.rhs.org.uk
Chelsea Flower Show
Blumenschau der Royal Horti-
cultural Society Ende Mai
www.parliament.co.uk
State Opening of the Parliament
zu Beginn jeder Legislaturperiode,
seit 2012 im Mai. Feierliche
Parlamentseröffnung durch die
Queen, die dafür in der »irischen
Staatskarosse« vom Buckingham
Palace zum Parlamant fährt.

Brighton (East Sussex)
http://brightonfestival.org
450 Kunstevents an 24 Tagen

Bath (Avon)
http://bathfestivals.org.uk/music
Internationales Musikfest, bis Juni

Torquay (Devon)
www.englishriviera.co.uk
English Riviera International
Dance Festival

Glyndebourne (East Sussex)
http://glyndebourne.com
Opernfestival bis August

Salisbury (Wiltshire)
www.salisburyfestival.co.uk
Kunstfestival, bis Juni

JUNI
Broadstairs (Kent)
www.broadstairsdickens
festival.co.uk
Broadstairs Dickens Festival

Epsom (Surrey)
www.epsomderby.co.uk
Weltberühmtes Pferderennen

Glastonbury (Somerset)
www.glastonburyfestivals.co.uk
Fünftägiges Rock-Festival

London
www.trooping-the-colour.co.uk
Trooping the Colour, die Geburts-
tagsparade für Königin Elisabeth II. am zweiten Junisamstag

Stonehenge (Wiltshire)
www.stonehenge.co.uk
Mitsommernachtsfest

Bournemouth (Dorset)
www.bmcf.info
Bournemouth Music Com-
petitions Festival mit Chor,
Orchester und Bands, bis Juli

JULI
Old Sarum (Wiltshire)
www.english-heritage.org.uk
Mittelalterfest mit Markt,
Umzügen und Kunsthandwerk

London
www.wimbledon.com

All England Lawn Tennis Championships, das berühmteste Tennisturnier der Welt

www.royal.gov.uk
Swan Upping – in einer Schiffsprozession werden auf der Themse alle Schwäne gezählt, traditionsgemäß Eigentum der Königin, der Färber- und Weinhändlerzunft.

www.bbc.co.uk/proms
BBC »Proms«-Konzertreihe von Jazz bis Symphonie in der Royal Albert Hall, bis September

Winchester (Hampshire)
www.southerncathedrals
festival.org.uk
Southern Cathedrals Festival für geistliche Musik

JULI – AUGUST
Goodwood (West Sussex)
www.goodwood.co.uk
Pferderennwoche und Dressurmeisterschaften

Sidmouth (Devon)
www.sidmouthfolkweek.co.uk
Internationales Volksmusikfestival mit Musik und Tanz, bis August

Isle of Wight
www.aamcowesweek.co.uk
Vice Admiral's Cup (Segelregatta) und Cowes Week (Jachtfestival)

AUGUST
London
Notting Hill Carnival, ▶S. 91

Reading (Berkshire)
www.readingfestival.co.uk
Reading Rock Festival

Arundel (West Sussex)
www.arundelfestival.co.uk

Arundel Festival mit Oper, Tanz und Shakespeare-Freilichtaufführungen, bis September

Great Dorset Steam Fair
www.gdsf.co.uk
Auf einem Acker bei Tarrant Hinton treffen sich mehr als 150 alten Traktoren, Fahrräder, Motorräder und andere Oldtimer. Landwirtschaftliche Vorführungen: Hütehunde und Feldarbeit mit Pferd und Pflug sowie Unterhaltung mit Monster Trucks, Traktor Pulling, Fahrgeschäften und Live-Bands

SEPTEMBER
Liskeard (Cornwall)
www.gorsedhkernow.org.uk
Cornish Gorseth bzw. Gorsedd – Treffen der Barden aus Cornwall mit Musik, Tanz und Umzügen in historischen Kostümen

London
www.littlechelseafair.co.uk
www.olympiahorseshow.com
Antiquitätenmesse in der Chelsea Old Town Hall und internationales Springturnier in der Olympia Grand Hall in Hammersmith

NOVEMBER
London – Brighton
www.veterancarrun.com
London to Brighton Veteran Car Run – Oldtimerrennen mit Start an Hyde Park Corner

Guy Fawkes Night
Landesweit wird am 5. Nov. mit Feuerwerk und Freudenfeuer an den »Gunpowder Plot 1605« erinnert – damals wollten Fawkes und seine Mitverschwörer das Parlament in die Luft sprengen.

Mit Kindern unterwegs

Spannung, Spaß und Spiel

Burgen und Schlösser, Tier- und Themenparks, Besucherbauernhöfe, Erlebnismuseen, Badeorte mit täglich wechselndem Kinderprogramm und zahlreiche flache Sandstrände oder Kieselbuchten, die zum Spielen, Planschen, Bauen und Entdecken einladen: Südengland ist ideal geeignet für einen abwechslungsreichen Familienurlaub.

Die Engländer lieben Kinder – und haben im Durchschnitt zwei. Ihre Eltern sind im Durchschnitt jünger als in Deutschland, die Großeltern stärker involviert: Urlaub mit dem Enkel ist für viele Senioren selbstverständlich. Die Kinderfreundlichkeit spiegelt sich in Südengland bereits im Alltag wieder: Supermärkte haben meist Mutter-Kind-Parkplätze in der Nähe des Eingangs mit ausreichend Platz zum Ein- und Aussteigen, Einkaufswagen haben ein oder zwei Kindersitze, Spielplätze sind stets eingezäunt, gepflegt und tabu für Hunde. Und wer selbst kein Kind hat, achtet dennoch darauf, dass ihnen nichts passiert – bahnen sich bei spielenden Kinder gefährliche Situationen an, greifen Wildfremde schützend ein und helfen.

Dem Schutz des Kindes gilt schließlich auch das Pub-Verbot: Kinder dürfen englische Kneipen nur betreten, wenn es einen Family Room oder ausgewiesenen Restaurantbereich gibt. Dort sind dann auch kindgerechte Gerichte und Kindermenüs auf der Karte zu finden. Häufig gibt es auch Spielecken oder Malutensilien, um die Wartezeit bei Tisch zu verkürzen.

Kindgerecht

Groß geschrieben wird auch »A Day out for all the Family«. Damit sich die Familie ein sonntägliches »family entertainment« auch leisten kann, gibt es bei vielen touristischen Einrichtungen, Sehenswürdigkeiten oder Ferien- und Vergnügungsparks Familientickets, die billiger sind als Einzeltickets für zwei Erwachsene und zwei oder drei Kinder. Noch günstiger wird es, wenn die Tickets vorab online erworben werden. In den **32 staatlichen Museen** ist der **Eintritt für Kinder kostenlos**, dort und bei den Objekten des National Trust und des English Heritage gibt es oft extra für Kinder verfasste Führer oder anderes Anschauungsmaterial; wer bei einer »Treasury Hunt« die richtigen Lösungen ins Heft geschrieben hat, erhält zudem eine kleine Belohnung. Und selbst ein Kirchenbesuch wird für die Kids zum Erlebnis, lockt doch in vielen Kathedralen das »Brass Rubbing«, das Durchpausen von alten Messinggrabplatten.

Erlebnisse für die ganze Familie

Die Beefeater, die älteste Leibwache der Welt, wissen auf ihren Führungen durch den Tower viel Erstaunliches zu erzählen.

Baden und Burgen bauen

Die Küste ist mit flachen Sandstränden und Kieselstränden gesäumt, die zum Baden, Planschen und Burgenbauen einladen; die Steilküsten begeistern kleine Entdecker mit ihren Fossilen. Während der Sommermonate überbieten sich die Badeorte mit einem täglich wechselnden, abwechslungsreichen Kinderprogramm, und auf den Burgen entführen Ritterturniere ins Mittelalter, während Geistertouren in Schlössern für schauriges Gruseln sorgen.

HITS FÜR KIDS

Legoland Windsor

Winkfield Road, Windsor SL4 4AY
www.legoland.co.uk
März – Nov., je nach Monat und Ferienzeit 10.00 bis 17.00, 18.00 oder 19.00 Uhr, Tagesticket Erw. £ 50.40, Kinder £ 46.20 online günstiger, zahlreiche Sparangebote
Die Welt der bunten Steinchen für 3- bis 12-Jährige mit 55 Fahrgeschäften, Live-Shows und Mitmachstationen.

Thorpe Park

Staines Road
Chertsey KT18 6PN
www.thorpepark.com
März – Nov., Kernzeiten Mo. – Fr. 10.00 – 17.00, Sa./So. bis 21.00 Uhr, 12 – 65 Jahre £ 49,99 (Nebensaison) Tagesticket pro Person £ 51,20, online ab £ 27,99
Achterbahn und andere Fahrgeschäfte voller Power: Die Adrenalinkicks sind aber nichts für kleine Kinder! Freitagnacht garantieren Frightnights gruselige Erlebnisse im Gefängnis »The Penitentary«.

Chessington World of Adventures

Leatherhead Road, Chessington KT9 2NE, Tel. 08716 63 44 77
www.chessington.com
Ganzjährig, Kernzeit tgl. 10.00 bis 17.00 Uhr, Tagesticket £ 51.60, 3-11 Jahre £ 47.60, Early Bird ab £27.60
Funpark mit 40 Attraktionen in neun Themenländern, Zoo und Sea Life Centre, Erlebnisbad und zwei Resort Hotels für alle, die länger bleiben wollen.

Blue Reef Aquarium

In Portsmouth, Newquay Tynemouth, Hastings und Bristol
www.bluereefaquarium.co.uk
April – Okt. tgl. 10.00 – 18.00, Nov. – März bis 17.00 Uhr
Erw. £ 10.50, 3-12 Jahre £ 8.25 online günstiger
Highlight der 40 Themen-Habitate ist das riesige Tropenbecken, wo Rochen und Haie hautnah im gläsernen Tunnel vorbeigleiten.

BAEDEKER TIPP ●!

Harry Potter satt

Jeder Harry-Potter-Fan weiß, dass der Hogwarts-Express von **Gleis 9¾** im Bahnhof King's Cross abfährt. Aber nicht alle wissen, dass es tatsächlich zwischen Gleis 9 und 10 existiert. Auch das entsprechende Schild gibt es – natürlich ein tolles Fotomotiv. Wem das nicht reicht: Bei Watford nördlich von London kann man das »Making of...« der Filme in den **Warner Brother Studios** erleben. Alle Infos und Tickets unter www.wbstudiotour.co.uk.

Kinder sind überall willkommen.

Longleat
Warminster, Wiltshire BA12 7NW
www.longleat.co.uk
März – Nov., Weihnachten; Kern-
zeit tgl. 10.00 – 16.00, je nach
Monat und Ferien bis 20.00 Uhr
Erw. £ 33.95, 3-15 Jahre £ 24,95
online günstiger
Die Löwen im Schlosspark haben
Longleat bekannt gemacht. Zu
den Highlights des Safariparks,
der durch die BBC-Serie »Animal
Park« weltberühmt wurde, gehö-
ren auch eine Gorilla-Kolonie und
der Jungle Kingdom, ein richtiger
Urwald mit Affen und Papageien.

Fort Amherst, Ghost Tours
Chatham, Kent
www.fortamherst.com
Okt. – März 19.30, 20.30, April
bis Sept. 20.00 und 21.00 Uhr
Ghost Tours pro Person £10
Auf Geisterjagd im Tunnellaby-
rinth der Festung – zur Stärkung
gibt es ein Mitternachtsmahl.

Bygones
Fore Street, St. Marychurch
Torquay TQ1 4PR, Tel. 01803
32 61 08, www.bygones.co.uk
Nov. – März tgl. 10.00 – 16.00,
April – Sept. tgl. bis 18.00, Okt.
bis 17.00 Uhr, Kassenschluss eine
Std. vorher, Erw. £ 8,75
4 – 14 Jahre £ 6.50
Ein Kettenkarussell wie zu Groß-
mutters Zeiten, Kramläden aus
den 1940er-Jahren und nostalgische Spielsachen

Woodmill
Active Nation
Woodmill Lane, Swaythling
Southampton SO18 2JR
Tel. 03000 20 01 35
www.woodmill.co.uk
Sportlicher Freizeitpark mit täg-
lichem Erlebnisprogramm von
Klettern über Paddeln und Bo-
genschießen bis zum Hochseilgar-
ten. Preise je nach Angebot und
Zeitdauer, auch Ferienkurse!

Shopping

Shop till you drop!

»Einkaufen bis zum Umfallen« ist in Südengland kein Problem. Mode, Antiquitäten, Schnäppchen und schickes Design – schließlich ist London neben Paris das aufregendste und schönste Shoppingparadies Europas. Hier ist »Customer Service« mehr als nur ein Wort, Umtausch kein Problem, und selbst in Topboutiquen herrscht erfrischend wenig Snobismus.

Feste Ladenschlusszeiten gibt es seit 20 Jahren nicht mehr und viele Geschäfte sind daher **auch an Sonn- und Feiertagen** von 12.00 bis 18.00 Uhr entlang der großen Einkaufsstraßen geöffnet. Dennoch haben sich Kernzeiten herausgebildet: Banken sind Mo. – Fr. von 9.30 bis 16.30 Uhr offen, der Geschäftsbetrieb der Post findet werktags von 9.00 – 12.00 Uhr statt, am Sonnabend von 9.00 – 13.00 Uhr. Warenhäuser haben meist von 9.00 – 17.30 geöffnet, Do. oder Fr. locken viele Läden mit Late-Night-Shopping bis 19.00 bzw. 20.00 Uhr. Kleinere Shops und »corner stores«, die ihre Nachbarschaft mit Zeitungen, Chips, Konserven, Milch und mehr versorgen, sind meist sieben Tage die Woche geöffnet und schließen oft erst nachts. Dies gilt auch für die Off-Licence-Läden, die Alkohol verkaufen dürfen und sich in ihren Öffnungszeiten an den örtlichen Pubs orientieren.

Rund um die Uhr

Auf die meisten Waren und Dienstleistungen (auch in Hotels und Restaurants) wird eine Mehrwertsteuer (**Value Added Tax** = VAT) in Höhe von 20 % (mit Ausnahme von Lebensmitteln und Kinderkleidung) berechnet. Nicht-EU-Bürger können sich die VAT bei der Ausreise erstatten lassen, wenn sie sich in Geschäften, die am Programm zur Exportförderung teilnehmen – kenntlich am »Tax Free«-Schild – eine Bescheinigung ausstellen lassen.

Mehrwertsteuer

Mit 30 000 Geschäften ist London ein **Shopping-Paradies** der Superlative, aber auch Küstenstädte wie Bristol und Brighton überraschen mit ihrer Vielfalt im Einzelhandel. Trendige Boutiquen, alteingesessene Fachgeschäfte und hier und da ein »quirky shop«, vollgestopft bis unter die Ladendecke mit Urigem und Originellem, genauso liebenswert verschroben wie der Inhaber, machen einen Einkaufsbummel in Südengland zum Erlebnis. Und nicht zuletzt auch die Museumsshops mit ihrer oft hervorragenden Auswahl an Kunsthandwerk, Spielzeug, Textilien und Büchern, allen voran das British Museum, die National Gallery und das V & A Museum in London.

Trendiges und Traditionelles

»Mode soll die Individualität unterstreichen« ist das Credo der britischen Ausnahme-Designerin und ewigen Mode-Rebellin Vivienne Westwood.

Pop, Punk und Pomp

Großbritannien ist das Mutterland des Designs. Hier begann im 18. Jh. die Industrialisierung, legte James Watt 1765 mit der Erfindung der Dampfmaschine die Grundlage für die industrielle Fertigung, und damit auch für das Industrial Design, das bis heute den exzellenten Ruf von Designern aus England begründet.

Ende des 19. Jh.s formierte sich mit der **Arts and Crafts**-Bewegung, die vehement die industrielle Massenproduktion ablehnte und die Qualitäten des Handwerks propagierte, die zweite wichtige Wurzel des **britischen Designs**, die bis heute nachhaltig prägend ist. Ihre Blütezeit hatte die Arts and Crafts-Bewegung zwischen 1870 und 1920 im südlichen England, wo der Sozialkritiker **William Morris** die schlechte Massenware als »teuflisches kapitalistisches Machwerk« anprangerte und Materialien und Ornamente der Natur sowie klar gegliederte Formen entgegenstellte. Weitere prominente Vertreter waren der Schotte **Charles Rennie Mackintosh**, dessen berühmtestes Werk ein heute noch hergestellter Stuhl mit hoher Lehne ist, sowie **Elbert Hubbard**, der in den USA mit der Roycroft-Bewegung Morris' Ideen propagierte.

1915 setzte bei der britischen Industrie ein Bewusstseinswandel ein. Statt viktorianischem Kitsch war jetzt eine qualitative wie nützliche Formgebung gefragt. Ausgelöst wurde das Umdenken durch die **Design and Industries Association**, die – inspiriert vom Erfolg des Deutschen Werkbundes – britische Gestalter, Industrielle und Geschäftsleute gegründet hatten, um die Lebensqualität der Allgemein-

heit und jedes Einzelnen nachhaltig zu verbessern. Und so widmete sich die erste Ausstellung auch dem Lebensalltag: 1920 zeigte die »Hausrat«-Ausstellung in London neben Musterzimmern auch Beispiele für ein »arbeitssparendes Haus«.

Nach dem Zweiten Weltkrieg entwarf Douglas Scott 1952 den legendären roten Doppeldeckerbus **»Routemaster«**, der fast 50 Jahre das Stadtbild prägte und bis heute ein Wahrzeichen Londons ist. Sieben Jahre später begeisterte der knuffige **Austin Mini**, den Sir Alec Issigonis 1959 auf die Straße brachte, Britannien und die Welt. 1962 schreckte der **Minirock** von Mary Quant die Modewelt auf – für die einen eine unzüchtige Provokation, für die anderen Zeichen der Emanzipierung der Frau. Und »shocking« blieb das Design der nächsten Jahrzehnte. Seit den Tagen der **Swinging Sixties** beeinflusst die **Popkultur** maßgeblich das britische Design. Zum Markenzeichen für das Aufbegehren gegen den Konservatismus wurde ein Plattencover der **Rolling Stones** mit Mick Jaggers ausgestreckter Zunge in XXL. In den 1970ern sorgten plakative Cover wie Jamie Reids Poster für die Punkband der Sex Pistols ebenso für Furore wie das für ihren Frontman John Lydon entworfene

Das Wahrzeichen ist zurück: die neuen Londoner Routemaster

»Anarchy in the U.K.-T-Shirt« von Vivienne Westwood. Ohne jede professionelle Ausbildung gehört **Vivienne Westwood**, die gerne historische Vorbilder zitiert und bei ihren Kreationen Stoff geradezu verschwenderisch verwendet, zu den bedeutendsten Modemachern des Königreichs. Wie breit aufgestellt die britische Modeszene ist, zeigen die opulenten Abendroben des 2010 verstorbenen **Alexander McQueen**, der eigenwillige Chic von **Stella McCartney** und der nostalgische Landhausstil von **Laura Ashley.** Burberry-Mäntel, Barbour-Jacken und Kangol-Mützen stehen bis heute für Britishness.

Unterstützung erfahren die britischen Designer vom **Design Council**, der 1944 von Hugh Dalton gegründet wurde, um die Formgebung in der Industrieproduktion zu verbessern (www.design coucil. org.uk). Seit 2008 fördert das Creative Economy Programme (CEP) mit 70 Mio. Pfund im Jahr junge Talente – schließlich trägt die Designindustrie jährlich mehr als 12 Mrd. Pfund zur Wirtschaft bei. Das her-

vorragende Image als innovativer Designstandort spiegeln internationale Wettbewerbe wie der »Brit Insurance Design of the Year Award«, der im Design Museum an 100 Bewerber in den Kategorien Architektur, Mode, Möbel, Grafik, Interaktiv, Produkt und Transport vergeben wird. Welches Design 2012 gewann? Schwer zu raten ist dies nicht: die **London Olympic Torch**, die von Edward Barber und Jay Osgerby für die Olympischen Spiele entworfene Flamme.

2012 kehrte ein wichtiges Wahrzeichen auf die Straßen der Hauptstadt zurück: Die neuen Londoner **Routemaster** sind umweltfreundliche, emissions- und geräuscharme Hybriddoppeldecker. Auch sie sind rot und haben die traditionelle Heckplattform zum Auf- und Abspringen. Für den Designwettbewerb der neuen Busse gingen mehr als 700 Vorschläge ein. Gewinner war das Team Foster und Partners in Zusammenarbeit mit Aston Martin. Umgesetzt wurde dann allerdings der Entwurf des Londoner Designstudios Heatherwick.

»Diamonds are a girl's best friends« – die elegante Burlington
Shopping Arcade verbindet in London die Bond Street mit Piccadilly.

**Made in
Britain**

Berühmt sind **britische Textilien:** Pringle of Scotland (http://brand.
pringlescotland.com) hat heute nicht mehr nur golfgrüne oder
marineblaue Wollpullover im Angebot, sondern Kaschmir- und
Merinostrick in frischen Farben und Schnitten. Das berühmte Bur-
burry-Karo (www.burberry.com) gibt es inzwischen sogar für Kids.
Smart, maßgeschneidert und modern ist die Herrenmode von Paul
Smith (www.paulsmith.co.uk) und Joseph (www.joseph-fashion.
com), die schönsten Herrenhemden hat Thomas Pink (www.thomas
pink.com). Vivienne Westwood (www.viviennewestwood.com) und
Stella McCartney (www.stellamccartney.com) begeistern mit ausgefallenen Schnitten und Mut zum Design.
Der Erfolg von Agent Provokateur (www.agentprovocateur.com), mit
dem Joseph Corré und Serena Rees 1994 der britischen Prüderie etwas entgegensetzen wollten, löste in London einen Lingerie-Boom
aus. Zu den Topadressen, bei denen auch Filmstars wie Nicole Kid-
man edle Unterwäsche einkaufen, gehören Tallulah Lingerie (www.
tallulah-lingerie.co.uk), Myla London (www.myla.com) und Coco de
Mer (www.coco-de-mer.com). Schutz vor Regenschauern bieten seit
180 Jahren die von Hand hergestellten Schirme von James Smith &
Sons (www.james-smith.co.uk) in der New Oxford Street. Für alle,
die gern selber nähen, sind die kultigen Stoffe von Cath Kidson

(www.cathkidston.co.uk) und Nähpackungen für die trendigen Abbygale-Taschen (www.cardcraft-uk.co.uk) im englischen Country Style ein schönes Mitbringsel.

Im 1706 eröffneten Twinings-Shop (http://twinings.com) am Strand haben Sie die Qual der Wahl unter mehr als 200 Teesorten. Nicht minder edel ist der lose Tee von Taylors of Harrogate – der passende Begleiter ein Teegeschirr von Wedgwood. Die meisten Briten hingegen werfen meist ganz schnöde einen P&G-Teebeutel in den Becher. Dazu passen buttriges Shortbread von Walker und Scones – Backmischungen für die klassischen Begleiter des Afternoon Tea gibt es in jedem Supermarkt. Seit 2012 gehören auch Cake Pops dazu, kleine, saftige Kuchen am Stil, umhüllt von Schokolade, Zuckerguss oder Streuseln. Köstlich sind die süßen Aufstriche: Jams (Marmelade) von Robertson's (www.robertsons.co.uk), Hartley's (www.hartleysfruit.co.uk) oder Wilkin & Sons (www.tiptree.com), Marmalade (Orangenkonfitüre) von Frank Cooper's (www.frankcoopers.co.uk), die Elizabeth II. am liebsten isst und in allen Botschaften servieren lässt, sowie Lemon Curd von Hogan's –die Zitronen-Ei-Creme passt gut zum morgendlichen Butter-Toast.

Kulinarische Spezialitäten

Last but not least lohnt sich in England auch das Kultur-Shopping. Platten, CDs und DVDs sind meist günstiger als daheim, und zu den lohnenswertesten Sachfilmen gehören die hervorragenden Dokumentationen der **BBC** zu südenglischen Themen wie die Staffel »Coast«, die 2012 die englische Küste als spannendes Abenteuer präsentierte.

Wer gerne liest, wird in London die Buchhandlung **Foyles** (www.foyles.co.uk) lieben, in dessen Räumen sich an der Charing Cross Road die Bücher auf 6,5 km Regallänge bis unter die Decke stapeln – und das Jazzcafé serviert einen ausgezeichneten Monmouth-Kaffee. Bristol hingegen rühmt sich des größten Secondhand-Buchgeschäftes in UK: In der Bookbarn International (www.bookbarninternational.com) findet man über 5 Mio. Bücher – und einen guten Coffee Shop für den erschöpften Bücherwurm.

> **BAEDEKER TIPP** ！
>
> *Only the best will do!*
>
> Natürliche Essenzen aus Lavendel, Sandelholz, Ambra und Bergamotte – Düfte englischer Hoflieferanten, die seit Generationen das Königshaus versorgen und so wohlklingende Namen tragen wie **Woods of Windsor, J. Floris** und **Truefitt & Hill**, das mit seinem Zitrus-Zedern-Duft »Trafalgar« auch den Herzog von Edinburgh beliefert. **Penhaligon's** hat seit 1870 mehr als 34 Düfte entwickelt, darunter das zeitlose »Blenheim Bouquet«, das Winston Churchill liebte. Aus besten ätherischen Ölen lancierte Michael Boadi 2011 seine **Illuminum**-Duftlinie – das blumige »White Gardenia Petals« war Hochzeitsparfum von Kate Middleton. Wer nicht in England fündig wird, bekommt die Düfte auch unter www.english-scent.de, www.thedifferentscent.de und www.duftcontor.de.

Good night!

Luxushotel oder Landhaus? Burgromantik oder stylisches Stadtdomizil? Kuscheliges B & B oder komfortables Kuppelzelt? In Südengland gibt es für jeden Geldbeutel und Geschmack eine passende Unterkunft.

Die **Preise** liegen allerdings deutlich über deutschen Vergleichspreisen, zur Hauptsaison und zu Messezeiten klettern sie in London oder Bristol in astronomische Höhen – Londoner Hotels gehören zu den teuersten der Welt. Ähnlich wie auf dem Kontinent ist die Hotellerie im Umbruch: Ausgebaut werden vor allem Luxus- und Budgetangebote, nahezu unverändert präsentiert sich die Mittelklasse – an der Küste teilweise mit Modernisierungsstau. Investiert wird überall in Wellnessangebote und moderne Medien, in der Küche wird verstärkt auf regionale Produkte und gesunde Zubereitung gesetzt. Die im Reiseteil aufgeführten Preise sind Durchschnittswerte für ein Doppelzimmer mit kontinentalem Frühstück, für ein English Breakfast wird mitunter ein Aufpreis erhoben. Ausgezeichnet sind britische Hotels mit einem bis fünf Sternen, Bed & Breakfast oder Pensionen erhalten einen bis fünf Diamanten. **Hotels**

Das **Angebot** reicht von originellen Hostels und klassischen Jugendherbergen über verträumte Cottages und familiäre Bed & Breakfasts bis zu historischen Häusern mit besonderem Charme, stylischen Boutiquehotels und Nobelherbergen, die Hotelgeschichte geschrieben haben. Besonders der Londoner Hotelmarkt boomt. Im Vorfeld zu Olympia 2012 wurden Hotelpaläste wie das Savoy und St. Pancras wieder eröffnet. Seit 2013 residiert das luxuriöse Shangri-La im neuen Londoner Wahrzeichen »The Shard«.

Wer sparen will, sollte **online vorab** buchen. **Wohnungsportale** wie www.wimdu.de, www.fewo-direct.de oder www.airbnb.com bieten eine große Zahl an günstigen Zimmern und Wohnungen in Südengland und London an. Auch VisitBritain hat ein Online-Buchungsportal (▶S. 397). Am Wochenende sind die Preise oft günstiger oder es gibt **Package-Angebote** mit Extras: eine Flasche Champagner, Spa-Nutzung oder Musicalkarte. Bei den Preisen der Hotels muss man darauf achten, dass die Mehrwertsteuer von 20 % meist nicht ausgewiesen ist – so werden aus £ 99 pro Nacht schnell £ 120. Wer aufs Geratewohl losfahren möchte, kann direkt in Hotels und B & B-Unterkünften nachfragen. Etwas länger suchen muss man in der Hauptreisezeit im Juli und August, vielerorts sind während der Schulferien die Unterkünfte schon Monate im Voraus ausgebucht.

Willkommen im viktorianischen Grand Hotel von Brighton!

Logieren wie Ihre Lordschaft

Die historischen Burgen und Schlösser gehören zu den Highlights einer Reise durch Südengland – doch haben Sie schon einmal daran gedacht, in einem Castle zu übernachten oder dort vorzüglich zu tafeln?

Eine Nacht in einer trutzigen Burg, einem prunkvollen Schloss oder einem stattlichen Manor House ist ein Erlebnis, das man nicht vergisst. Unzählige Landsitze, einst dem Adel vorbehalten, verwöhnen heute auch bürgerliche Gäste mit exquisitem Service, erlesener Küche, gut bestücktem Weinkeller und luxuriösen Zimmern. Deren aufwendige Einrichtung vereint Antiquitäten und Erbstücke adliger Familien mit höchstem Komfort. Im Salon prasselt das Kaminfeuer, eine Bibliothek lädt zu Mußestunden, Mylord begrüßt zum Welcome Drink an der Bar.

Jedes Anwesen, meist in ausgedehnten Parks oder liebevoll gestalteten Gärten gelegen, besitzt seine ganz eigene Note, geprägt von der jahrhundertelangen Familiengeschichte und dem Stil der heutigen Hausherren.

Um London

Zwar ist Gatwick Airport nur zehn Autominuten entfernt, doch wer etwas auf sich hält, fliegt mit dem Hubschrauber zum **Langshott Manor**. Ein Helipad gehört so selbstverständlich zum Tudor-Anwesen von 1580 wie die ägyptische Leinenwäsche der Himmelbetten, Marmorbäder und die raffinierte Regionalküche, die von Phil Dixon im 2012 neu gestylten Mulberry Restaurant zu ausgesuchten Weinen serviert wird (©©©©Langshott,

Horley/bei Gatwick, Surrey RH6 9LN, Tel. 01293 78 66 80, www.alexanderhotels.co.uk).

Kinofreunde kennen das prachtvolle **Cliveden** aus dem Beatles-Film Help! (1965) und der Sherlock-Holmes-Verfilmung aus dem Jahr 2009. Charles Berry ließ den Landsitz der Familie Astor 1851 direkt an der Themse erbauen. Wo Henry James, Rudyard Kipling, Charlie Chaplin und Winston Churchill einst gesellige Abende verbrachten, begann 1961 die skandalumwitterte Affäre zwischen Kriegsminister John Profumo und Christine Keeler – politisch äußerst brisant, da das Fotomodell auch eine Liaison mit dem russischen Militärattaché hatte. Dieser wurde wenig später als Spion enttarnt, Profumo trat 1963 zurück, Keeler kam für neun Monate ins Gefangnis – und Hollywood verewigte die »Profumo-Affäre« 1989 im Film »Scandal« mit Bridget Fonda. Heute verwöhnt die preisgekrönte Nobelherberge mit erlesener Kochkunst im Terrace Dining Room mit Blick auf die vom National Trust gepflegten Gärten und ganzheitlicher Wellness im Pavilion Spa. Jedes der 38 Zimmer ist nach einem prominenten Gast benannt wie die Lady Astor Suite – Nancy Astor war das erste weibliche Mitglied im britischen Parlament (©©©©Cliveden, Taplow, Berkshire SL6 OJF, Tel. 01628 66 85 61, www.clivedenhouse.co.uk).

Stilvoll entspannen in der Bibliothek von Hartwell House, das seine Gäste auch mit kulinarischen Höhenflügen und erlesenen Weinen verwöhnt.

Eine Autostunde trennt London vom hochherrschaftlichen **Hartwell House & Spa** aus dem 17. Jh., das vom National Trust verwaltet wird. Kein Geringerer als Frankreichs König Ludwig XVIII. residierte in dem denkmalgeschützten Bau während seines Exils von 1809 bis 1814. Eine kunstvoll geschnitzte Treppe im Renaissancestil führt hinauf zu 30 eleganten Zimmern und Suiten mit kostbaren Antiquitäten. Jakobsmuscheln, Entenleber und zarte Rinderfilets gehören zum sechsgängigen Tasting-Menü von Küchenchef Daniel Richardson, das kulinarische Höhenflüge verspricht. Im preisgekrönten Spa garantieren Hydrotherapie, Massagen und Dampfbad wohltuende Entspannung (€€€€Hartwell House & Spa, Oxford Rd bei Aylesbury, Buckinghamshire HP17 8NR, Tel. 01296 74 74 44, www.hartwell-house.com).

Eastwell Manor verwöhnt alle Sinne: mit Wellness pur, Massagen und Aromatherapie im traumhaften Spa, moderner britischer und französischer Küche unter der Ägide von Neil Wiggins im holzgetäfelten Manor Restaurant oder der charmanten Pavilion Brasserie & Bar. Erholsame Nächte garantieren 23 klassisch-edel gestylte Zimmer mit Blick in den herrlichen Park (€€€€/€€€ Eastwell Manor, Eastwell Park, Boughton Lees, Ashford TN25 4HR, Tel. 01233 21 30 00, www.eastwellmanor.co.uk; Sonntag auf Montag in jeder Kategorie rund 80 € günstiger, ▶Abb. S. 110).

Um Chichester und Brighton

Mitten in den South Downs lockt mittelalterliche Romantik: **Amberley Castle**. Das alte Jagdschloss der Bischöfe von Chester kam Ende des 16. Jh.s in den Besitz von Königin Elisabeth I. und blieb bis 1749 Eigentum der Krone. Unter dem 15. Duke of Normandy begannen 1893 erste Restaurierungen. Nach 900 Jahren in Privatbesitz öffnete Amberley 1989 seine Tore für Besucher, die heute im Manor und Tower House in 19 Luxuszimmern mit

Himmelbett und Jacuzzi logieren. Mittelalterliche Eichenpaneele, Wandteppiche und Waffen schmücken die drei Speisesäle. Außerhalb der Burg liegen die fünf »Bishopric Suites« in zwei Gebäuden des 17. Jh.s und die Mistletoe Lodge, ein Baumhaus neben dem Haupteingang (❸❸❸❸Amberley Castle, nahe Arundel, BN18 9ND, Tel. 01798 83 19 92, www.amberley castle.co.uk).

Das elisabethanische **Ockenden Manor** ist stilvoller Ausgangspunkt für Touren durch Kent und Sussex. Seine 28 zauberhaften Zimmer mit knarrenden Dielen und erlesenen Antiquitäten erinnern mit ihren Namen an die beiden Familien, die seit 1520 das Anwesen besaßen. Im michelinbesternten holzgetäfelten Restaurant serviert Stephen Crane französisch inspirierte Gerichte aus besten Zutaten der Region (❸❸❸❸ Ockenden Manor, Ockenden Lane, Cuckfield RH17 5LD, Tel. 014 44 41 61 11, www.hshotels.co.uk).

New Forest

Am Rande des New Forst verwöhnen Brigitte und Martin Skan ihre Gäste im Relais & Chateaux Hotel **Chewton Glen**. Zum palladianischen Herrenhaus gehören 58 zauberhafte Zimmer mit Balkon, Terrasse oder Privatgarten wie die Jacob Faithful Suite im luxuriösen Landhaustil. Seit 2012 verteilen sich zwölf »Tree House Suites« auf sechs Baumhaus-Plattformen inmitten der Wipfel eines Tales. Beim Gourmet-Menü im Vetiver Restaurant mit Meeresfrüchten aus Christchurch, Wild vom New Forest und schottischem Rinderfilet empfiehlt Chefkoch Luke Matthews zu jedem Gang den passenden Wein. Das Spa mit Sauna und ozonisiertem 17-m-Pool erhielt den Condé Nast Traveller Reader Spa Award 2011 – buchen Sie eine Manipura-Ganzkörpermassage (❸❸❸❸ Chewton Glen, Christchurch Road, New Milton BH25 6QS, Tel. 014 25 27 53 41, www.chewtonglen.com).

Hiergeblieben: Im Eastwell Manor bei Ashford werden Urlaubsträume wahr.

Um Bristol und Bath

Wellnessoase ersten Ranges ist auch das efeuumrankte **Bishopstrow House** im idyllischen Wyle-Tal. Bis 2012 erhielt das Anwesen einen neuen, modernen Look, der trendy mit der Tradition flirtet. Sensationell sind sowohl das Spa wie das Gourmetrestaurant Mulberry von Andy Britton (⊙⊙⊙⊙ Bishopstrow House, Warminster, Wiltshire BA12 9HH, Tel. 01985 21 23 12, www.bishopstrow.co.uk).

Englands einziges Tudorschloss, das zum Hotel wurde, ist **Thornbury Castle** nördlich von Bristol. Nicht nur Hochzeitsgäste buchen gern das Duke's Bedchamber, in dem 1535 König Heinrich VIII. und seine zweite Frau Anne Boleyn logierten. Zur mächtigen Trutzburg mit den ältesten Tudor-Gärten des Landes gehören außerdem Weinberge – edle Tropfen aus eigenen Müller-Thurgau oder Phönix-Reben sowie manch Rarität werden zum Dinner serviert. Speisen Sie lieber im sechseckigen Tower Dining Room oder in der Tudor-Halle aus dem 16. Jh.? Probieren Sie in jedem Fall die geschmorte Kalbsschulter mit Mangopüree und die weiße Mousse au Chocolat mit Erdbeeren an Minzsoße (⊙⊙⊙⊙ Thornbury Castle, Thornbury BS35 IHH, Tel. 01454 28 11 82, www.thornburycastle.co.uk).

Zarte Beige- und Gelbtöne, weich fallende Stoffe und Stuckrelief verleihen dem palladianischen **Ston Easton Park Hotel** Eleganz und Stil. Schönstes Zimmer: der Master Bedroom mit einem riesigen Chippendale-Himmelbett und Panoramablick ins Narr-Tal. Im Cedar Tree Restaurant serviert Tom Bally beste englische Regionalküche mit einer besonderen Note (⊙⊙⊙⊙/⊙⊙⊙ Ston Easton Park, Ston Easton, nahe Bath, Somerset BA3 4DF, Tel. 01761 24 16 31, www.stoneaston.co.uk).

Am Rand von Dartmoor

Nach ausgedehnten Wanderungen durch das Hochmoor empfängt das etwas versteckt gelegene **Lewtrenchard Manor**, dessen Wurzeln bis ins frühe 16. Jh. zurückreichen, den Gast mit besonderer Eleganz. Dunkle, holzgetäfelte Zimmer mit floral gemusterten Textilien, prasselndes Kaminfeuer in der Bibliothek und John Hookers preisgekrönte West-Country-Küche. Probieren Sie die Devon-Wachtel mit Pilz-Pithivier-Törtchen oder Schweinebauch mit wildem Knoblauch (⊙⊙⊙⊙/⊙⊙⊙ Lewtrenchard Manor Lewdon, Okehampton, EX20 4 PN, Tel. 01566 7 81 32 22, www.lewtrenchard.co.uk).

Reservierungszentralen

Small Luxury Hotels of the World
2nd Floor, Grantham House
North Street
Leatherhead KT22 7 AX
kostenfreie Servicenummer:
Tel. 0800 723 47 38
www.slh.com
Pride of Britain Hotels
Cowage Farm, Foxley SN16 OJH
Tel. 01666 82 46 66
kostenfreie Servicenummer:
Tel. 0808 163 90 85
www.prideofbritainhotels.com
Relais & Châteaux
10 Beauchamp Place, Knightsbridge, London SW3 1NQ
Tel. 084 56 01 99 37, Reservierung
in D: Tel. 069 96 75 91 17
www.relaischateaux.com

Bed & Breakfast Bed and Breakfast (B & B) ist eine preiswerte Alternative zum Hotel. Man wohnt bei einer britischen Familie, wobei man ein gemütliches **Zimmer und das berühmte »English Breakfast«** erhält. Die Unterkunft kann in einem Privathaus, einem Farmhaus, einem Landgasthof oder einem luxuriösen Landhaus sein, je nachdem, wer anbietet. Die Häuser sind durch Schilder (»Bed and Breakfast«, »B & B« oder »vacancies«) gekennzeichnet. Eine vorherige Reservierung ist nicht Pflicht, aber möglich, direkt beim Anbieter oder einer Agentur. B & B-Übernachtungen kosten pro Person ab £ 70, in London ab £ 80.

Inns Sehr verbreitet sind Inns, **Gasthöfe** aus der Zeit der Postkutschen. Viele der meist kleinen Häuser sind daher von beträchtlichem Alter, oft mit von Kletterpflanzen bedeckten Fassaden und Strohdächern. Ein Inn ist bequem ausgestattet, ohne luxuriös zu sein, und besitzt nur wenige Gästezimmer. Die Küche bietet mitunter hervorragende regionale Speisen.

Lodges und Motels Lodges können motelartige Unterkünfte oder handverlesene Kleinode auf dem Land sein wie die Classic Lodges und Wolsey Lodges. Motels liegen meist an Haupteinfahrtsstraßen der Städte oder der Autobahn und bieten Durchreisenden Zimmer mit Einheitspreisen für ein bis vier Personen – das Fahrzeug wird meist direkt vor der Zimmertür geparkt.

Self-Catering Von einfachen Cottages auf dem Land oder an der Küste bis hin zu Stadt-Apartments reicht die Auswahl der **Ferienhäuser** und Apartments. Der Landmark Trust, 1965 vom Londoner Bankier Sir John Smith zum Schutz historischer Stätten gegründet, bietet von der Mietwohnung bis zum Schloss originelle Feriendomizile, ebenso der National Trust for England.

Camping & Caravaning Mehr als 1000 Campingplätze gibt es in Südengland, die meisten von ihnen liegen an oder nahe der Küste. Und dank der Modewelle »Glamping« (glamourous camping) müssen vielerorts nicht mehr Heringe in den Boden geschlagen werden, sondern man kann ohne Aufbau gleich ein komfortables »Zelt« beziehen und beim Gläschen Wein das populäre Luxuscamping genießen.
Dazu gehören auch die Holzhütten von The POD für bis zu fünf Personen, die mit großen Glastüren und meist Veranda ausgestattet sind, und manchmal sogar mit richtigen Betten! Inmitten einer Blumenwiese am Bodmin Moor erhebt sich das außergewöhnliche **Ekopod**: ein traumhaft schönes Kuppelzelt mit breitem Doppelbett, Holzofen und durchsichtiger Wand, die vom Bett aus Panoramablicke auf die umliegenden Hügel eröffnet. Küche und Bad mit holzbefeuerter Badewanne sind in einem separaten Würfelzelt untergebracht (www.canopyandstars.co.uk/britain/england/cornwall/eko

Bezaubernde Domizile: die reetgedeckten englischen Cottages

pod). Sie wohnen lieber in einer Jurte? Ganz in der Nähe gibt es auch drei dieser mongolischen Zelte für 2 – 6 Personen mit dicken Teppichen, Kissenbergen auf den Betten, Holzöfen und Solarleuchte (www.yurtworks.co.uk/holidays).

Viele Höfe bieten **Urlaub auf dem Bauernhof** an, meist als Farm Holidays mit Übernachtung inklusive Frühstück, gelegentlich auch mit Halbpension. Oft sind Reitzentren und Angelreviere in der Nähe. Farm Holidays

In Südengland liegen rund 60 **Jugendherbergen**, davon acht gut verteilt in London. Viele wurden in den letzten Jahren modernisiert. Nicht nur Jugendliche, auch Erwachsene und Familien können hier preiswert übernachten – London: Bett ab £ 17, Zimmer ab £ 65. Südengland (Canterbury) Bett ab £ 13, Zimmer ab £35. Zugang gewährt der Internationale Jugendherbergsausweis, der in England – und nicht schon in Deutschland – erworben werden sollte. Sonst wird pro Übernachtung ein Zuschlag für einen »welcome stamp« (£ 3,50) erhoben. Online kostet der Mitgliedsausweis bei Direktabbuchung vom Konto bis 26 Jahre £ 5, ab 27 Jahre £ 15, bei Zahlung mit Kreditkarte £ 10/20. Der Aufenthalt ist auf drei Tage, in London auf vier Tage begrenzt. Voranmeldung ist ratsam. In der Nebensaison haben einige Herbergen Ruhetage, im Winter bleiben viele geschlossen. Günstige Unterkünfte sind in London auch die beiden trendig gestylten Clink Hostels am King's Cross, die vier Häuser von Smart Backpackers, die erste Londoner Dependance der Kette Generator Hostels am Russell Square und das schicke Piccadilly Backpackers Hostel. Youth Hostels

Summer in the City: Setzen Sie sich zum britischen Premier in die Churchill Bar & Terrace des Hyatt Regency London.

HOTELS ONLINE
www.visitbritain.com
www.londonhotels.com
www.prideofbritain
  hotels.com

B & B ONLINE
www.bedandbreakfasts-uk.co.uk
www.bedandbreakfast.eu
www.bedandbreakfast
  nationwide.com
www.devonfarms.co.uk

Preiskategorien
der Hotels

☺☺☺☺ über £ 240
☺☺☺ £ 160 – 240
☺☺ £ 75 – 160
☺ bis £ 75

für ein DZ
mit Frühstück

SELF-CATERING
British Cottages
Curt-Beckmannstr. 3a
40474 Düsseldorf
Tel. 0211 23 98 13 00
www.british-cottages.com

England to Runaways
Tempelhofer Straße 28
63179 Obertshausen
Tel. 06104 78 96 80
www.britain.de/ferienhaeuser

Landmark Trust
Shottesbrooke Maidenhead
Berkshire SL6 3SW
Tel. 01628 82 59 25
www.landmarktrust.org.uk
Urlaub in historischen Häusern

JUGENDHERBERGEN
Youth Hostel Association
Trevelyan House Dimple Road
Matlock, Derbyshire DE43YH
Tel. 01629 59 27 01
www.yha.org.uk

UNABHÄNGIGE JUGENDHERBERGEN
Clink Hostels
Clink 78, 78 King's Cross Road
London WC1X 9QG
Tel. 02071 83 94 00

Clink261
261-265 Gray's Inn Road
London WC1X 8QT
Tel. 02078 33 94 00
www.clinkhostels.com

Generator Hostel
37 Tavistock Place, Russell Square
London WC1H 9SE
Tel. 02073 88 76 66
www.generatorhostels.com

Piccadilly Backpackers Hostel
2 Sherwood Street, Piccadilly
London W1F 7BR
Tel. 02074 34 90 09
www.piccadillyhotel.net/de

Smart Hostels
93-95 Gloucester Place
London W1U 6JQ
Tel. 02074 86 24 20
https://smarthostels.com

http://independenthostels.co.uk
Unabhängige Hostels

LODGES
Classic Lodges
Conway House, Foxhole Road
Ackhurst Park, Chorley PR7 1NY
Tel. 01257 23 87 54
www.classiclodges.co.uk

Wolsey Lodges
9 Market Place, Hadleigh, Ips-
wich, Suffolk IP7 5DL Tel. 01473
82 20 58, www.wolseylodges.com

STUDENTENWOHNHEIME & COLLEGEZIMMER
Venuemasters
The Workstation, Paternoster
Row Sheffield SI 2 BX
Tel. 01142 49 30 90
www.venuemasters.com

CAMPING
The Camping and Caravanning Club
Greenfields House
Westwood Way
Coventry CV4 8JH
Tel. 02476 47 54 48
www.caravanclub.co.uk

Ekopod
The Old Farmyard, Yanley Lane
Long Ashton, Bristol BS41 9LR
Tel. 01275 39 54 47
www.canopyandstars.co.uk

Yurtworks
Greyhayes St Breward, Bodmin
Cornwall PL30 4LP
Tel. 01208 85 06 70
www.yurtworks.co.uk

Camping online
www.visitengland.com
www.eurocampings.de
www.camping.info
www.touringtheuk.co.uk
www.thepod.info

UNGEWÖHNLICHE UNTERKÜNFTE
National Trust
www.nationaltrustcottages.co.uk

Landmark Trust
www.landmarktrust.org.uk

Distinctly Different
www.distinctlydifferent.co.uk

Sport & Fun

»No sports« hatte der britische Premier Winston Churchill einem Reporter einmal geantwortet, als er nach seinem persönlichen Rezept zum Altwerden gefragt worden war. Was nur wenige wissen: Der passionierte Zigarrenraucher, der im hohen Alter Whisky und Champagner in vollen Zügen genoss, war als Kind und junger Mann dem Sport sehr zugetan – als Fechter, Reiter und Polospieler, und aus seiner Militärzeit in Sandhurst ist ein nicht minder legendäres Zitat erhalten: »Jede Stunde, die man nicht im Sattel verbringt, ist verloren.«

In der Heimat des Fair Play und Wiege von Sportarten wie Fußball, Tennis, Golf, Boxen, Rugby, Cricket, Wasserball und Polo ist Sport bis heute auch immer ein geselliges und gesellschaftliches Ereignis – und Spiegelbild der Zugehörigkeit einer Schicht. **Fußball** ist in England bis heute das Spiel der Arbeiterklasse – Mittelschicht und Upper Middle Class gehen zu Spielen der Rugby Union. Und während die Ausschreitungen der Fans bei Fußballspielen immer wieder für Schlagzeilen sorgen, gab es bei Rugby noch nie Randale. Warum Rugby nie die Unterschicht eroberte, liegt an seiner Geschichte: Zum Kicken mit dem Fußball genügte in den Arbeiterorten und Großstädten ein Hinterhof, für Rugby indes benötigt man ein Green, eine große Rasenfläche. Als Sportarten der Oberschicht gelten bis heute **Cricket** und **Polo**, dessen bekannteste Spieler drei Royals sind: Prince Charles und seine beiden Söhne Prince William und Prince Harry. Golf, das einst ebenfalls zu den elitären Sportarten zählte, ist heute in England ein Breitensport mit teilweise kostenlosen Greens in Wohnsiedlungen und Sportanlagen der Schulen.

Segeln steht in der alten Seefahrernation bis heute hoch im Kurs, der Norden Cornwalls gilt als Hotspot der **Surfer**. Beliebteste Sportart ist das **Schwimmen** – jeder vierte Bewohner zieht regelmäßig seine Bahnen im Meer oder den vielen Pools und Schwimmhallen, zu denen sich in den letzten Jahren auch zahlreiche Erlebnisbäder gesellt haben. Wachsender Beliebtheit erfreuen sich auch Joggen, Radfahren und Netball als britische Antwort auf Prellball, während Fußball und andere Mannschaftssportarten laut Today's Active People Survey 2012 nicht mehr so angesagt sind wie einst. Sportarten, die jederzeit und überall ausgeübt werden können und **Outdooraktivitäten** wie Nordic Walking oder Wandern boomen im südlichen Britannien und werden von Gemeinden und Städten kontinuierlich ausgebaut.

Eine sportliche Nation

Südengland ist ein Segelrevier par excellence – Liegeplätze gibt es in dichtem Abstand an der gesamten Küste.

Angeln Dank seiner Seen, Flüsse und Küsten besitzt Südengland ausgezeichnete Angelreviere. Die entsprechende Ausrüstung wird in den örtlichen Angelzentren vermietet. Angler über 12 Jahre benötigen eine **NRA Rod Licence** (Angellizenz), die online erhältlich ist unter www.gov.uk/fishing-licences/buy-a-fishing-licence sowie bei Postämtern, in Geschäften für Angelbedarf und Hotels. Die Preise für die Lizenz betragen für Wanderfische wie Lachs und Meeresforellen £ 8 am Tag, pro Woche £ 23, eine Saison £ 72. Die Forellensaison beginnt Ende März und endet im späten September. Die Lachssaison startet im Januar und dauert bis Oktober. Weitere wichtige Fangfische sind Hecht (pike), Brasse (bream), Schleie (tench), Stint (smelt), Rotfeder (rudd), Rotauge (roach), Flussbarsch (perch), Karpfen (carp) und Aal (eel). Fangsaison ist Mitte Juni bis Mitte März. Vor der Westküste finden Hochseeangler hervorragende Fanggründe für Deep Sea Fishing auf Hai, Rochen, Dorsch, Schellfisch, Seehecht, Seebarsch, Seekarpfen, Meeräsche und Meerbrasse. Saison ist das ganze Jahr.

Golf Mehr als **3000 Plätze** warten in England auf Golfer. Sie werden unterteilt in »Link Courses«, Anlagen, die überwiegend dem natürlichen Landschaftsverlauf folgen, und »Parkland Courses«, die von Landschaftsarchitekten entworfen wurden. Die meisten Plätze stehen nach Zahlung der Greenfee auch Gästen offen. Da Golf Volkssport ist, sind die Gebühren in der Regel erschwinglich, eine Runde auf öffentlichen Plätzen kostet ab £ 30, auf Klubanlagen ab £ 45. Besonders schöne Golfplätze befinden sich in Burnham und Berrow (Somerset) sowie in Moretonhampstead (Dartmoor). Der Freshwater Bay Golf Club auf der Isle of Wight verspricht atemberaubende Ausblicke auf den Ärmelkanal. Auf dem Royal St. George Golf Club in Sandwich wurden bereits 15 Open Championships ausgetragen. Bekannt sind auch Old Thorns in Hampshire, der Parklandcourse in Falmouth, der St. Mellion Golf and Country Club in Cornwall und der St. Enodoc Golf Club im Norden Cornwalls.

Hausboote An vielen Orten können Hausboote ohne Bootsführerschein gemietet werden. Attraktive südenglische Reviere sind die Themse und der 140 km lange **Kennet & Avon Canal**, auf dem man von Reading über Padworth, Newbury, Devizes und Bath in zwei Wochen gemütlich bis nach Bristol schippern kann. In der Hauptsaison ist eine frühzeitige Buchung ratsam (http://canalrivertrust.org.uk).

Jagd Für die Niederwildjagd (Game Shooting) benötigt man eine Game Licence – und ein gut gefülltes Portemonnaie. Jagen in England ist deutlich teurer als in Deutschland. Wer seine eigenen Waffen mitnehmen möchte, benötigt für die Waffeneinfuhrgenehmigung »Visitors Firearms Certificate« seinen Jagdschein, seine Waffenbesitzkarte und den Europäischen Feuerwaffenpass. In vielen südenglischen

Sein Handicap verbessern: Golf ist Volkssport in Großbritannien.

Grafschaften veranstalten Landgüter professionelle Fasanenjagden, die stets schnell ausgebucht sind. Beim Grouse Shooting werden Fasan (pheasant), Birkhuhn (black grouse), Rebhuhn (grey partridge), Schnepfe (snipe) und Wildente (mallard) gejagt. Wichtig ist in England bei der Jagd der stillvolle Look mit Barbour-Jacke, Hemd, Krawatte und Cord- oder Deminhose. Wer im Bundeswehr-Parka auftaucht, wie in Deutschland durchaus üblich, verliert sein Gesicht.

Südengland lässt sich hervorragend mit dem Rad entdecken. Leihräder gibt es vielerorts, kostengünstige Transporte bietet die Bahn. Wunderschöne Radrouten sind der **South Downs Way** zwischen Eastbourne und Winchester und **Devon Coast2Coast**.   **Radfahren**

Außer Reitstunden werden von verschiedenen Veranstaltern und Reiterhöfen auch mehrtägige Überlandritte (Pony Trekking) angeboten und Unterricht in Querfeldein- und Springreiten erteilt.   **Reiten**

Lange Sandstrände, Steilküsten, malerische Buchten und ein milder Golfstrom bieten Surfern und Seglern an den Küsten Devons und Cornwalls optimale Bedingungen. Entsprechend gut ist die Infrastruktur von modernen Jachthäfen über den Verleih von Wasser-   **Segeln und Surfen** sportausrüstungen bis hin zu Klubs und Segelschulen. Wegen seines großen Tidenhubs und der oft kräftig vom Atlantik blasenden Winde ist der Ärmelkanal zwar nicht das populärste Segelrevier, aber ein Törn mit der Charterjacht im Solent vor der Isle of Wight und Zwischenstopps auf den Kanalinseln ist mit Sicherheit ein Erlebnis. Hoch im Kurs stehen die Cowes-Week-Segelregatta und die Torquay-Royal-Regatta. An den elf Stränden von Newquay werden internationale Surfmeisterschaften ausgetragen.

Tauchen Tide, Weltkriege und Kollisionen haben vor der Südküste Englands viele Schiffe stranden lassen, die heute beliebtes Tauchrevier sind. Vor der cornischen Küste liegen über 1500 Wracks.

ALLGEMEINE AUSKÜNFTE
Sport England
3rd Floor, Victoria House, Bloomsbury Square, London WC1B 4SE
Tel. 08458 50 85 08
www.sportengland.org

ACTION AND FUN
British Travel Company
Hedderichstr. 120
60596 Frankfurt, Tel. 069
66 37 99 60, www.btco.de

Rafting, Canyoning, Bergsteigen und Mountainbike-Touren

GOLF
www.englishgolf-courses.co.uk
Golfplätze in ganz Südengland

The English Golf Union
The National Golf Centre
Woodhall Spa LNI0 6PU
Tel. 01526 35 45 00

Auch traditionelle Narrowboats können für einen Hausbooturlaub auf dem Kennet & Avon Canal gemietet werden.

www.englandgolf.org
www.ukgolfguide.com

HAUSBOOTE
Hoseasons Holidays Ltd.
Lowestoft Suffolk NR32 2LW
Tel. 01502 50 05 05
www.hoseasons.co.uk
Hausboote auf dem Kennet &
Avon Canal, der Themse und Wy

Le Boat
c/o Crown Blue Line GmbH Theo-
dor-Heuss-Str. 53-63, Eingang B
61118 Bad Vilbel, Tel. 06101
5 57 91 75 www.leboat.de
Hausboote auf der Themse

JAGD
Department for Environ-
ment, Food & Rural Affairs
Tel. 08459 33 55 77
www.defra.gov.uk
Lizenzbestimmungen, Saisonzeit,
Jagdklubs und Veranstalter von
Pauschalreisen

RADFAHREN
www.amphitrek.de
www.cornishcycletours.
co.uk
www.radreisen-england.de
Radreisen durch Cornwall zu
den Scilly Islands und zum
Eden Project

www.sustrans.org.uk
Alles rund ums Radfahren in
Großbritannien

REITEN
▶Dartmoor National Park
Auf dem Rücken der Pferde
S. 206
▶Exmoor National Park
Reiten S. 232

EQUITOUR - PEGASUS
Internationale Reiterreisen
Herrenweg 60
CH – 4123 Basel
Kostenlose Infohotline:
Tel. 0800 5 05 18 01
www.reiterreisen.com
Reiterferien auf einer
kleinen Farm im Exmoor

SEGELN
Royal Yachting
Association
RYA House, Ensign Way
Hamble, Hants SO31 4YA
Tel. 02380 60 41 00
www.rya.org.uk
Auskunft über Segelklubs,
-scheine und -kurse

Hamble Point
Yacht Charter
Hamble Point Marina, School
Lane, Hamble SO31 4JD
Tel. 023 80 45 71 10
www.yacht-charter.co.uk
Segeljachten mit und ohne
Skipper von 32 bis 46 Fuß

Freewinds
Yacht Charter
49 Permarin Road, Penryn
nahe Falmouth, Cornwall TR10
8BU, www.freewinds.co.uk
Segeljachten mit und ohne
Skipper von 33 bis 46 Fuß

SURFEN
www.surfline.com
Infos zu Surf-Spots, Wetter-
bedingungen und Karten

TAUCHEN
www.ukdiving.co.uk
Infos über Tauchscheine, -vereine
und gute Unterwasserreviere

Von Küste zu Küste

Zerklüftete Felsen, einsame Buchten, Sandstrände, Badeorte und Fischerdörfer: Bei einer Wanderung auf den einstigen Klippenpfaden der Schmuggler, Zöllner und Soldaten zeigt sich die südenglische Küste von ihrer schönsten Seite.

Der 630 mi / 1020 km lange **South West Coast Path** von Minehead bis Poole ist die Königsstrecke der südenglischen Küste. Sieben bis acht Wochen braucht der Durchschnittswanderer für die Strecke durch Cornwall, Devon, Somerset und Dorset, Sportliche schaffen ihre 52 Sektionen in 30 Tagen. Doch nur stramm Kilometer abzulaufen wäre schade: Überall entlang des Pfades, der den Spuren von Schmugglern und Soldaten folgt, lohnt es sich, innezuhalten, locken ein charmantes B & B, eine urige Kneipe, malerische Häfen, Surferstädtchen, Leuchttürme, Kapellen, alte Burgen – und die Begegnung mit den Menschen. Man trifft sich, plaudert ein wenig entlang des Weges, hilft sich, tauscht Tipps aus und taucht dann wieder ein in die Einsamkeit weiter Heideflächen. Man passiert Ginster, der sich gelb leuchtend bis zum Horizont erstreckt, spaziert an feudalen Badevillen, Surfern und Seglerhäfen vorbei. Dann folgt eine Wildnis aus tiefrotem Granit, an die hohe Wellen branden, marschiert man beständig hinauf und hinab und überwindet so auf der gesamten Strecke Höhendifferenzen von insgesamt 35 000 Metern. Die Beliebtheit des **South West Coast Path**, dessen 52 Sektionen leicht zu bewältigende Tagesetappen darstellen, hat die Vision von einem Küstenwanderweg rund um die gesamte britische Küste neu beflügelt. Treibende Kraft hinter dem **»England Coast Path«** ist der Umweltverband Natural England. Bereits 1972 legten seine Aktivisten den **South Downs Way** von Eastbourne nach Winchester an, damals der längste Reit-, Rad- und Wanderweg der Britischen Inseln. Der 100 mi / 160 km lange Weg führt abseits von Lärm und Getümmel über die Bergkette und die Tallandschaft der Sussex Downs bis nach East Hampshire, überquert kleine Flüsse wie Meon, Arun, Adur, Ouse und Cuckmere, läuft duch alte Dörfer und weite Landschaften mit Wild und belohnt den Wanderschweiß mit weiten Ausblicken über die Wealds.

Die beiden mit einer Eichel markierten **National Trails** – South West Coast Path und South Downs Way – decken jedoch erst den mittleren und westlichen Teil der englische Südküste ab. Besonders im östlichen Bereich gibt es nur vereinzelt einige markierte Kurzwanderstrecken. Dazu gehört eine herrliche Strecke, die zu den markanten Kalkfelsen Beachy Head bei Eastbourne führt: Die 8 mi / 14 km lange Klippenwanderung verläuft vom Parkplatz bei den Seven Sisters hinauf zu den Klippen – die richtige Erfrischung danach bietet ein Bad im Cuckmere Haven.

An der Nordküste Cornwalls führt der South West Coast Path
zur Burgruine von König Artus, Tintagel Castle.

Die Vision ist jedoch, alle Küsten-
strecken des Königreichs mit einem
»English Coast Path« bis 2020 frei
zugänglich zu machen. In Südengland sind bereits große Teilstücke
fertiggestellt, bis 2018 soll auch die
Küste der Isle of Wight integriert
werden.

Wandern ohne Gepäck:
Contours Walking Holidays
Barton House, 21 North End
Wirksworth, Derbyshire DE4 4FG
Tel. 016 29 82 19 00
www.contours.co.uk
Footprints of Sussex
Pear Tree Cottage, Jarvis Lane
Steyning, West Sussex BN44 3GL
Tel. 01903 81 33 81
www.footprintsofsussex.co.uk
Sherpa Expeditions
131a Heston Road, Hounslow
TW5 0RF, Tel. 020 8577 2717
www.sherpaexpeditions.com

Wandern und Radfahren:
Walk & Cycle Britain
123 The Causeway, Petersfield

Hampshire GU31 4LN
Tel. 0844 870 86 48
http://walkandcycle.co.uk
nur South Downs Way

Geführte Wanderungen:
HF Holidays Imperial House
Edgeware Road
London NW9 5AL
Tel. 020 89 05 95 56
www.hfholidays.co.uk
nur South Downs Way
Macs Adventure Limited
44 Speirs Wharf, Glasgow G4 9TH
Tel. 014 15 30 88 86
www.macsadventure.com
nur South West Coast Path
Safari Britain
Old Shepherd's Cottage
Firle, Sussex BN8 6LL
Tel. 077 80 87 19 96
http://safaribritain.wordpress.com
Gehobenes Ökocamp in den South
Downs mit Naturführungen

www.southwestcoastpath.com
www.nationaltrail.co.uk
www.gov.uk

TOUREN

An der Küste entlang oder lieber durchs Hinterland? Wir lotsen Sie durch Nationalparks und wilde Hochmoore, in mondäne Badeorte und Bilderbuchstädtchen, zu herrlichen Stränden und prachtvollen Schlössern wie Leeds Castle.

Touren durch Südengland

Zwischen Kent und Cornwall erstreckt sich das Stammland Englands: zwölf Grafschaften, die mit weißen Kreideklippen und nostalgischen Seebädern, einsamen Mooren und charmanten Hafenstädten, mystischen Steinkreisen und endlosen Sandstränden einladen, Kulturerbe aus 8000 Jahren zu entdecken.

Tour 1 **Der Garten Englands**
Schon weit über das Meer grüßen die weißen Kreideklippen von Dover mit der ältesten Festung Englands. Hinter den Kalksteinhügeln beginnt die Grafschaft Kent mit Märchenschlössern und zauberhaften Gärten.
▶Seite 130

Tour 2 **Cäsar, Drake und »Dirty Weekends«**
Prunkvolle Herrenhäuser, mittelalterliche Marktflecken und elegante Seebäder lassen in Surrey, Sussex und Hampshire die Geschichte Englands Revue passieren, verbunden mit vielen Erlebnissen für Aktive und Genießer.
▶Seite 133

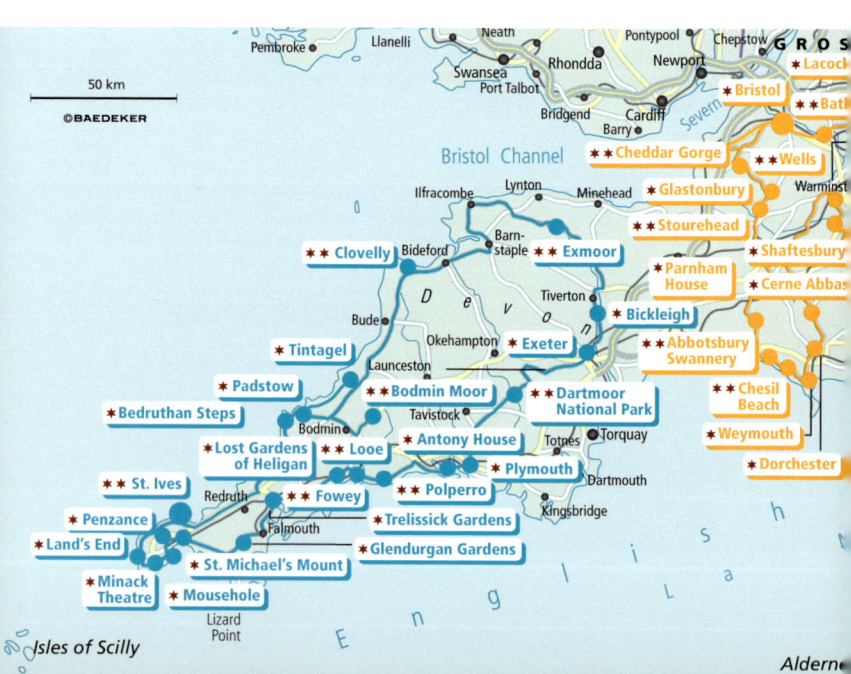

Tour 3   **Englische »Essentials«**
Von der quirligen Hafenstadt Bristol zur eleganten geor-
gianischen Bäderstadt Bath, von mystischen Steinkrei-
sen wie Stonehenge zu den Schwänen von Abbotsbury,
vom Gral König Artus' in Glastonbury nach Cheddar,
der Heimat des berühmtesten englischen Hartkäses:
Eine Rundreise durch die Grafschaften Avon, Wiltshire,
Somerset und Dorset führt zu den wahren Wurzeln von
»Englishness«.
▶Seite 136

Tour 4   **Märchen, Mythen und Legenden**
Im Norden ist die Klippenküste, von der tosenden
See attackiert, rau und romantisch. Im Süden wecken
kleine idyllische Buchten und feine Sandstrände, gesäumt von Palmen, Zedern und Mimosen, mediterrane
Feriengefühle. Im Landesinnern inspirierten die Hochmoore von Dartmoor, Exmoor und Bodmin Moor Literaten wie Sir Arthur Conan Doyle, Richard D. Blackmore und Daphne du Maurier – willkommen in Devon
und Cornwall!
▶Seite 140

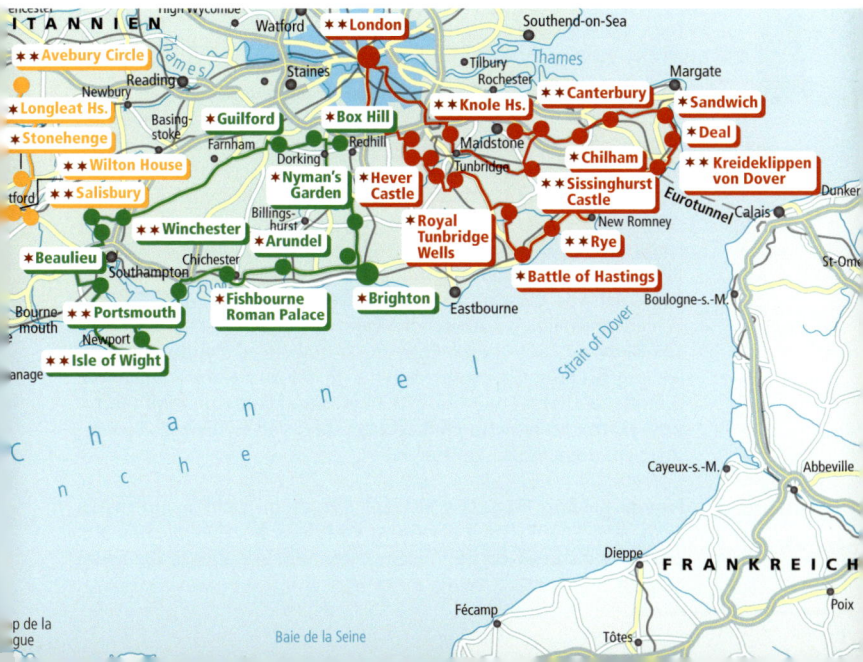

Unterwegs in Südengland

On the road »Please drive on the left« informieren Verkehrsschilder ankommende Autoreisende vom europäischen Festland, wenn sie von der Fähre hinabrollen: In England herrscht **Linksverkehr**. Im Leihwagen fällt die Umstellung nicht schwer: Wo der Fahrer sitzt, ist stets der Fahrbahnrand. Im eigenen Wagen können Probleme auftreten: Die Sicht ist schlechter und die Macht der Gewohnheit – besonders auf freien Strecken – oft stärker, rechts zu fahren. Je weiter man nach Westen gelangt, desto mehr weichen breite, doppelt angelegte »Dual Carriageways« einspurigen, engen Straßen, die in vielen Kurven und Kehren durch das Land mäandern. Lange Baumreihen oder hohe Hecken bilden grüne »Tunnel«, die schlecht einzusehen sind. Gut ausgebaute Hauptstraßen enden mitunter unerwartet in einer Sackgasse, so manches Sträßchen mitten auf einem Acker. Statt Ampeln lieben die Engländer die »Roundabouts«, Kreisverkehre, die auch dicht hintereinander gekoppelt werden. Vorfahrt hat immer das Fahrzeug im Kreis.

Bus oder Bahn? Gut ausgebaut ist das Busnetz in Südengland; National Express bedient fast jede Stadt, kleinere Regionalbuslinien jedes noch so kleine Dorf. Weniger zu empfehlen ist die Bahn: Die Fahrpreise sind höher, die Verbindungen schlechter, die Bahnhöfe nicht immer im Zentrum. Freie Fahrt zu allen Zielen in Südostengland, einschließlich der Städte London, Cambridge und Oxford, gewährt der **South East Pass**, der vor Reiseantritt im Heimatland gekauft werden muss. Schienennostalgie wird wach bei Fahrten mit der **Kent & East Sussex Railway**, die von Tenterden nach Bodiam schnauft – die Wasserburg Bodium Castle aus dem 14. Jh. ist fünf Gehminuten vom Bahnhof entfernt. Die 14 mi / 22,4 km lange Schmalspurbahn **Romney, Hythe & Dymchurch Railway** rattert von Hythe zum Leuchtturm auf der Landzunge Dungeness.

Naturnah unterwegs Fast die gesamte Küste lässt sich auf alten Zöllnerpfaden umrunden. Je nach Region wechselt der **Coast Path** jedoch seinen Namen (▶S. 120). Ein dichtes Netz an Wanderwegen durchzieht auch die South

Downs und North Downs, die Mendips, die Quantock Hills, den New Forest und die Hochmoore Dartmoor, Exmoor und Bodmin Moor. Exmoor und Dartmoor verbindet der **Two Moors Way**, der **Tarka-Trail** führt durch die Moore Ost-Devons. Ausgebaut wurde auch das Radwegenetz. Zu den schönsten Routen gehört der **South Downs Way** zwischen Eastbourne und Winchester. Deutlich hügeliger wird es gen Westen. In Devon und Cornwall geht es beständig bergauf und bergab. Wachsender Beliebtheit erfreuen sich mehrtägige Überlandritte und Pony-Trekkings mit oder ohne Führer.

Geruhsam und idyllisch wie das Land ist ein Hausbooturlaub. Attraktive Reviere sind vor allem die **Themse** und der 140 km lange **Kennet & Avon Canal**, der von Reading via Padstow und Devizes nach Bath und weiter nach Bristol führt.

Hausboot-Urlaub

Auf den Spuren von Agatha Christie, Daphne du Maurier, Charles Dickens, Thomas Hardy oder Rosamunde Pilcher – Südengland hat die Literaten wie kaum eine zweite Region inspiriert. Themenspaziergänge und Touristenrouten laden ein, Stationen aus dem Leben und Werk der berühmten Autoren zu entdecken, Auskünfte erteilen die örtlichen Touristeninformationen.

Themen-reisen

Von Mai bis Oktober verwandelt sich Südengland in eine riesige Bühne, die allerorten mit Konzerten, Open-Air-Aufführungen und Festivals lockt – vom alternativ angehauchten Folk Festival in **Glastonbury**, den Opernfestspielen in **Glyndebourne**, dem Theaterfestival in **Chichester** und dem Freilichttheater im **Minack Theatre** bis zu Orgelkonzerten in den **Kathedralen** von Canterbury, Winchester und Salisbury.

Kultur-Sommer

Ein echter Gentleman liebt chromblitzende Oldtimer.

Tour 1 # Der Garten Englands

Start: ✈ E/F 37–41
Länge der Tour: 260 mi / 430 km
Dauer: 3 – 4 Tage

Kent ist das Tor zu England. Schon weit über das Meer grüßen die weißen Klippen von Dover mit der ältesten Festung Englands. Hinter der Kalkhügelkette erstreckt sich der Garten Englands. Kent, so ließ Dickens schon Mr. Jingles in den »Pickwick Papers« sagen, ist ein Land der Äpfel, Kirschen, des Hopfens und der Frauen. Was er vergaß: 24 500 historische Bauwerke sind hier registriert, darunter auch die berühmteste Kathedrale Englands – Canterbury.

Klippen,
Burgen,
Hopfen und
Gärten

Von ❶ **London** geht es auf der A 20 und M 25 südlich nach Sevenoaks, wo das ❷ **Knole House** als Gewirr aus Giebeln, Zinnen und Türmchen den Besucher begrüßt. Das riesige Anwesen mit sieben Innenhöfen, 52 Treppen und 365 Zimmern inmitten eines Wildparks gehörte erst dem Erzbischof von Canterbury, dann Heinrich VIII. Seine Tochter Elisabeth I. überließ es Sir Thomas Sackville, einem frü-

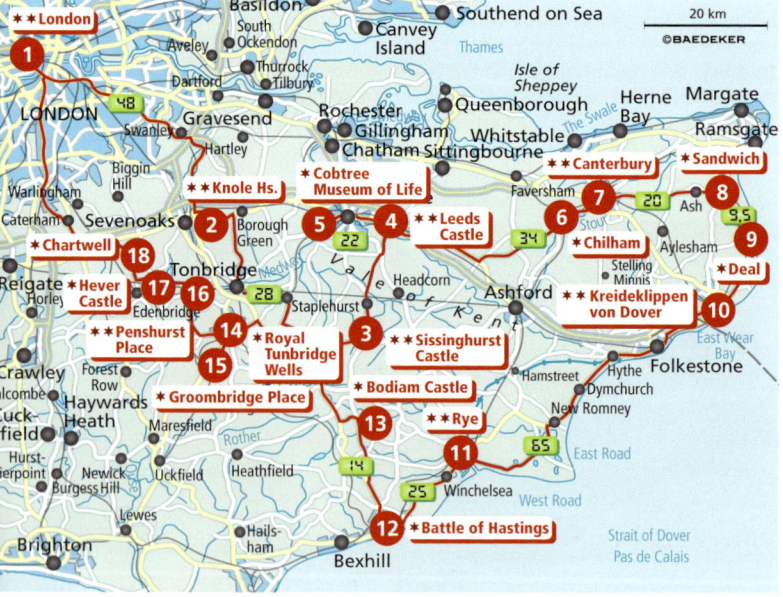

hen Vorfahren von Vita Sackville-West. Gemeinsam mit ihrem Mann Sir Harold Nicolson hat sie mit ❸****Sissinghurst Castle** zwischen den Ruinen eines elisabethanischen Herrenhauses eine Gartenanlage geschaffen, die durch ihre Raumaufteilung, Blickachsen und Farbgebung besticht – besonders schön: der »Weiße Garten«.

❹****Leeds Castle**, 12 mi/19 km nördlich, gilt als schönste Burg Englands: ein Wasserschloss in einem See mit schwarzen Schwänen, umgeben von Gärten Capability Browns. Einen Abstecher wert ist das ❺***Cobtree Museum of Kent Life** am Stadtrand von Maidstone, das mit Farmtieren, Hopfendarren und Traktorfahrten den Bauernalltag von einst aufleben lässt. Nächster Halt ist das idyllische Dörfchen ❻***Chilham** mit schwarz-weißen Fachwerkhäusern aus dem 17. Jh., dem weiß verputzten White Horse Inn und Chilham Castle, 1616 von Inigo Jones erbaut und ebenfalls von Capability Brown mit einem prachtvollen Landschaftspark umgeben. Das 6 mi / 9,6 km entfernte ❼****Canterbury** gilt als Wiege des englischen Christentums. 597 gründete hier der Mönch Augustinus im Auftrag Roms Englands erstes Kloster, 603 wurde eine Kirche, 1175 – 1498 die heutige Kathedrale erbaut, die wie die stillen Ruinen von St. Augustine's Abbey zum UNESCO-Weltkulturerbe gehört. Richard Chapman sucht sich von der Natur ringsum inspirieren – und gestaltet in der **Canterbury Pottery** aus Ton nützliche Alltagskeramik mit floralen Motiven.

Canterbury Pottery: 38a Burgate, Mo. – Sa. 10.00 – 18.00 Uhr
https://canterburypottery.com

Auf der A 257 geht es zur Küste nach ❽***Sandwich**, im Domesday Book Wilhelm des Eroberers noch die viertgrößte Stadt Englands. Ein Spaziergang auf den alten Festungswällen »Butts« oder durch die engen Kopfsteingassen führt in die Vergangenheit der denkmalgeschützten Altstadt. ❾***Deal** lockt mit Golf in den Dünen, Badestränden, einer Pier und Deal Castle, einer der drei mächtigen Burgen, die Heinrich VIII. 1539 zum Schutz der Küste anlegte. Walmer Castle wenig weiter südlich war einst die offizielle Residenz des Lord Warden der Hafenvereinigung »Cinque Ports«. Lunchtime? Dann kehren Sie bei **Dunkerley's** ein, das in Strandnähe Carlington-Austern, Schweinebauch oder Lachs mit Grünkohl und Kartoffeln serviert. **Dunkerley's Hotel & Restaurant**: ⚉⚉/⚉⚉⚉, 19 Beach Street, Deal, Tel. 013 04 37 50 16, www.dunkerleys.co.uk

»1066 Country«

Auf den 120 m hohen ❿****Kreideklippen von Dover** thront die Ruine der Normannenburg, die in vielen berühmten Filmen als dramatische Kulisse diente, darunter Franco Zefferellis »Hamlet« mit Mel Gibson und Glenn Close. 12 mi / 19 km südwestlich im Seebad Hythe beginnt der Royal Military Canal, auf dem man mit Leihbooten durch die weite Landschaft der Romney Marsh mit ihren grasenden Schafen und einsamen Kirchen schippern kann.

Film ab!

Schönste Fachwerkgasse von Rye: die Mermaid Street

⓫ ✶✶**Rye** ist eine mittelalterliche Stadt wie aus dem Bilderbuch, mit mächtigen Mauern, wuchtigen Stadttoren und engen Kopfsteingassen, deren Häuser gebeugt sind von der Last der Jahrhunderte. Besuchen Sie einen der charmanten Tea Rooms oder speisen Sie im **Landgate Bistro**, das der Good Food Guide 2016 zum sechsten Mal in Folge zum besten Restaurant des Bilderbuchstädtchens erkor!
Landgate Bistro: mittags ❻❻, abends ❻❻❻, 5 – 6 Landgate
Tel. 01797 22 28 29, www.landgatebistro.co.uk

Könige und Kurgäste

In Hastings flicken Fischer Ihre Netze am Strand. Die berühmte Battle of Hastings von 1066 fand 10 km nördlich in ⓬ ✶**Battle** statt, wo die Schlachtfelder an der Battle Abbey die Kampfeshandlungen dokumentieren. Von perfekter Symmetrie und Schönheit ist die Wasserburg ⓭ ✶**Bodiam Castle**, die 1385 bis 1388 zum Schutz vor französischen Angriffen gebaut wurde. Auf der A 21 geht es rasch nach ⓮ ✶**Royal Tunbridge Wells**. Herzstück des einstigen Modebades ist das Altstadtviertel »Pantiles«, das seinen Namen einer 200 m langen Ladenallee verdankt. Zu den besten Schlemmeradressen der Stadt gehört **Sankey's**, wo fangfrische Meeresfrüchte aufs Köstlichste zubereitet werden – probieren Sie die Colchester-Austern mit Limone und Chili und wählen Sie zum Hauptgang die Cornish Spider Crab.
Sankey's: ❻❻/❻❻❻, 39 Mount Ephraim, Tel. 01892 51 14 22
www.sankeys.co.uk

Wer Marc Chagall liebt, sollte einen Abstecher 6,5 mi / 10,5 km nach Tudeley machen – in der dortigen Dorfkirche hat kein Geringerer als Marc Chagall die Glasfenster in leuchtenden Farben gestaltet. Peter Greenaway machte **⑮*Groombridge Place**, rund 6 mi / 9,6 km westlich, mit seinem Film »Der Kontrakt des Zeichners« weltweit bekannt. Sir Conan Doyle verlegte sein Sherlock-Holmes-Abenteuer »The Valley of Fears« hierher. Doch statt Verbrechern stolzieren heute nur einige Pfauen durch die ummauerte Gartenanlage.

So wohnte der Adel

⑯*Penshurst Place von 1340 gehört zu den frühesten Herrenhäusern des Mittelalters, die ohne Wehranlagen erbaut wurden. Wunderschön sind die Stichbalkendecke der Great Hall und die formalen Gartenanlagen. Leider geschlossen wurden 2012 die Penshurst Vineyards – die letzten Flaschen des Kellers werden direkt ab Schloss verkauft (http://penshurst.homestead.com). Von hier ist es nur ein Katzensprung zum Chiddingstone Castle (http://chiddingstonecastle.org.uk), in dessen See geangelt werden darf, und dem berühmteren **⑰*Hever Castle**, auf dem Anne Boleyn ihre Kindheit verbrachte und ihren späteren Gatten Heinrich VIII. traf. 1903 erwarb William Waldorf-Astor das Schloss von 1270, restaurierte die romantische Burg und ließ die bezaubernden Gärten, den See und das Tudordorf anlegen – im Sommer lassen hier Ritter und Bogenschützen das Leben im Mittelalter wieder erstehen. Letzter Höhepunkt der Rundfahrt ist **⑱*Chartwell**. Der einstige Landsitz von Sir Winston Churchill, auf dem der Staatsmann, Dichter und Maler von 1924 bis zu seinem Tod 1965 mit seiner Familie lebte, ist heute Museum. Über Westerharn erreichen Sie wieder die Londoner Ringautobahn M 25.

Cäsar, Drake und Dirty Weekends   Tour 2

Start: ✈ J/K 38/39
Länge der Tour: 250 mi / 400 km
Dauer: 3 – 4 Tage

Römische Mosaiken, stattliche Herrenhäuser, nostalgische Seebäder und pulsierende Hafenstädte lassen bei der Rundreise durch die Grafschaften Surrey, Sussex und Hampshire die abwechslungsreiche Geschichte Englands von der Antike bis Empire Revue passieren. Auf der Isle of Wight und im idyllischen New Forest verbindet sich der Streifzug durch die Vergangenheit mit Ferienfreuden für Aktive und Genießer.

Von **❶*Brighton**, das mit seinem Palace Pier, dem Royal Pavilion und dem Altstadtviertel »The Lanes« wie kein anderer Ort die Atmosphäre englischer Seebäder verkörpert, geht es auf der gut ausgebau-

Von der Antike bis zum Empire

Ein Palast wie aus einem Märchen: der Royal Pavilion in Brighton

ten A 27 nach ❷*Arundel mit seiner viktorianischen Prunkburg. Zu ihren Füßen wird jeden dritten Sa. im Monat ein Bauernmarkt abgehalten, Ende August huldigt das Arundel Festival dem Barden Shakespeare. Eine Hochburg für Schauspiel ist auch das nahe **Chichester**, dessen schlanker Turm der Kathedrale von Weitem grüßt.

Die schnellen Segler des Solent 2 mi / 3,2 km westlich wurde die größte römische Wohnanlage Englands ausgegraben: ❸*Fishbourne Roman Palace. Einen Abstecher wert ist **Goodwood House**, 4 mi / 6,4 km nördlich, mit seiner kostbaren Sèvres-Porzellansammlung. ❹**Portsmouth ist seit 900 Jahren Englands wichtigster Marinestützpunkt. An die glorreiche Vergangenheit erinnern Lord Nelsons Flaggschiff H.M.S. »Victory«, die H.M.S. »Warrior« von 1866, einst das schnellste Kriegsschiff der Welt, und die H.M.S. »Mary Rose« von Heinrich VIII.

Mit der Autofähre geht es in 30 Minuten hinüber nach Fishbourne auf der ❺**Isle of Wight. Start der Inselrundfahrt ist im Segelparadies Cowes, Wahlheimat der Seglerin Ellen MacArthur (▸ Berühmte Persönlichkeiten) und Königin Viktorias, die an der Medina-Mündung ihren italienisch inspirierten Landsitz Osborne House erbauen ließ, wo sie 1901 verstarb. Nach Zwischenstopp in der Inselhauptstadt Newport mit dem sehenswerten Carisbrooke Castle geht es über Ventnor und St. Catherine's Point vorbei an der Freshwater Bay die herrliche Küste entlang zur Alum Bay mit den **schroffen Felsnadeln der Needles** – vom Sessellift im **Needles-Park** lassen sich herrliche Fotos von den Felsen aufnehmen! Hit für Kids: die Unterwasserwelt der Nautilus im neuen 4D-Kino. Von der kleinen Jetty starten von Ostern bis Oktober Bootsausflüge entlang der spektakulären Küste zu den Needles, bei Hunger empfiehlt sich der gemütliche Gastropub **The Taverners** an der High Street in Godshil, der sich mit Gemüse und Obst selbst versorgt.

Needles: www.needlespleasurecruises.co.uk, tgl. 10.30 Uhr, 15-min. Törn Erw. £ 5.50, Kinder £ 3.50, 20-min. Kick im Speed-Boot pro Person £ 10
The Taverners: ☻☻, Tel. 01983 84 07 07, http://thetavernersgodshill.co.uk

In Yarmouth legt die Autofähre nach Lymington ab, dem Tor zum New Forest. Am Westrand der Wald- und Heidelandschaft verbindet ❻*Beaulieu drei Attraktionen: eine alte Abtei, ein beeindruckendes Stately Home – und ein Automobilmuseum. Über Lyndhurst wird auf der A 35 die pulsierende Hafenstadt **Southampton** erreicht, von der 1912 die »Titanic« ihre einzige Fahrt antrat. Auf ❼*Broadlands House residierte Lord Mountbatten – eine Audiovisionsschau in den Stallungen dokumentiert Leben und Werk des letzten indischen Vizekönigs. Nördlich von Romsey, einer Kleinstadt am Test, die sich um ihre normannische Klosterkirche drängt, erhebt sich ❽*Mottesfont Abbey, die unter Heinrich VIII. in einen eleganten Tudorlandsitz umgewandelt wurde. Die erste Hauptstadt Englands, ❾**Winchester, besitzt mit 178 m die längste mittelalterliche Kathedrale der Welt. Die Great Hall birgt den legendären Round Table, an dem sich der Sage nach King Arthur und die Ritter der Tafelrunde versammelten. Schönster Pub des Städtchens mit toller Küche und

Wilde Ponys und idyllische Gärten

14 wunderschön nostalgischen Zimmern ist das **Wykeham Arms**, wo im Winter Küchenchef Adam Thomason Lammrücken mit Kartoffelgratin und mediterranem Gemüse am prasselnden Kaminfeuer serviert. Im Sommer lockt das **Loch Fyne** mit fangfrischem Seafood.

Wykeham Arms: ⓒⓒ, 75 Kingsgate Street, Tel. 01962 85 38 34
www.wykehamarmswinchester.co.uk
Loch Fyne: ⓒⓒ,18 Jewry Street, Tel. 01962 87 29 30
www.lochfyneseafoodandgrill.co.uk

Im Herzen der North Downs

Die A 35 führt durch die Ausläufer der North Downs nach ❿＊ **Guildford**, Hauptstadt und Herz von Surrey. Unser Tipp für den Abend: eine Vorstellung im Yvonne-Arnaud-Theater von 1958. Die Villa von ⓫＊**Polesdon Lacy**, 14 mi / 22,4 km östlich, entführt in die glanzvolle Zeit Edwards VII. In der Studierstube hängt ein Foto Kaiser Wilhelms II., der hier häufig zu Gast war. Der nahe ⓬＊**Box Hill** gehört zu den schönsten Aussichtspunkten von Surrey. Sein 8 mi / 12,8 km langer Olympic Circuit der Sommerspiele 2012 ist mit einer Steigung von 4,9 Prozent und Zickzack-Kehren eine Herausforderung für jeden Radfahrer! An der A 23 zurück nach Brighton lohnt ⓭＊**Nyman's Garden** einen Besuch, mit einem versunkenen und einem japanischen Garten eine der schönsten Anlagen des Sussex Weald. Den aussichtsreichen Abschluss der Rundtour bildet ein Stopp am ⓮＊**Devil's Dyke** – die Fernsicht ist fantastisch!

Tour 3 Englische »Essentials«

Start: ✈ F 24
Länge der Tour: 240 mi / 385 km
Dauer: 4 – 5 Tage

Von der quirligen Hafenstadt Bristol zur eleganten georgianischen Bäderstadt Bath, von mystischen Steinkreisen in Stonehenge und Avebury zu den Schwänen von Abbotsbury, vom Gral König Artus' nach Cheddar, der Heimat des berühmtesten englischen Hartkäses: Eine Rundreise durch Avon, Wiltshire, Somerset und Dorset führt zu den Wurzeln von »Englishness«.

England einst und jetzt

Von ❶＊**Bristol** geht es auf der A4 nach ❷＊＊**Bath** mit römischen Bädern und eleganter georgianischer Architektur. Wer mit gutem Gewissen echt Englisches erwerben will, sollte den OXFAM-Shop in der Argyle Street 12 aufsuchen – dort werden Hausrat, Bücher, Musik und Mode, die gespendet wurden, sehr günstig verkauft – und vom Gewinn karitative Projekte unterstützt.

OXFAM-Shop: www.oxfam.org.uk

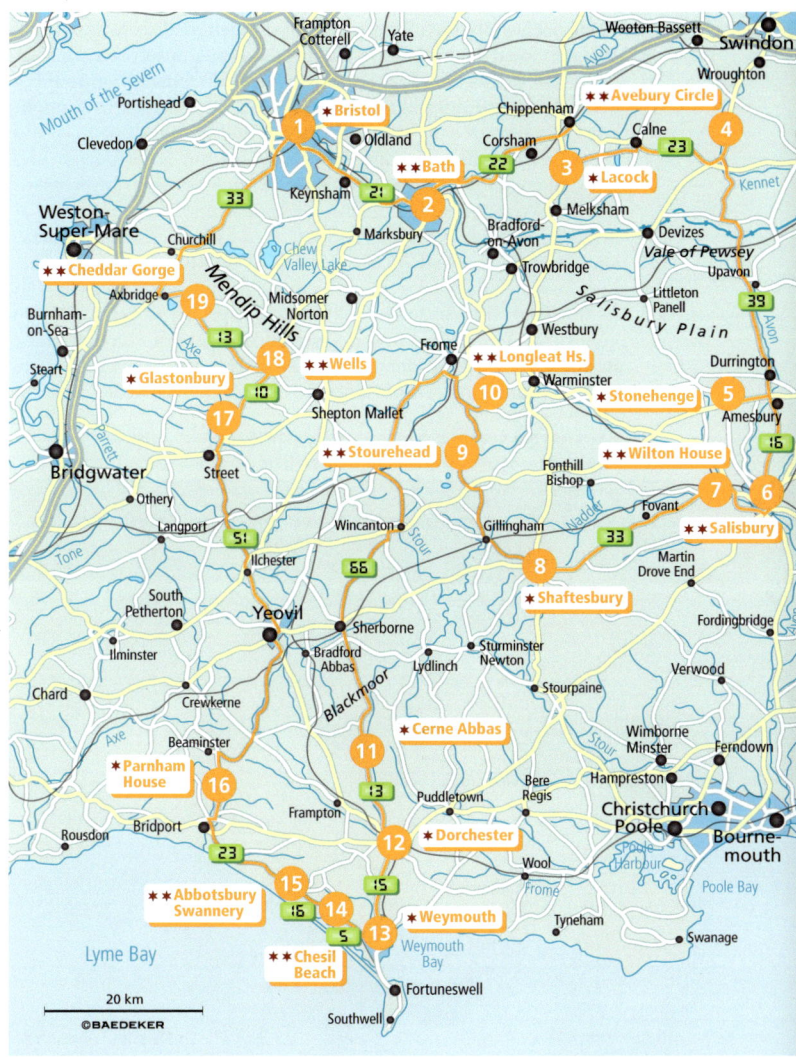

Im denkmalgeschützten Dörfchen ❸ *Lacock erinnert ein Museum an Henry Fox Talbot, einen Pionier der Fotografie. Vorbei am Cherhill White Horse von 1780 wird Avebury erreicht, dessen Steinkreisanlage ❹ **Avebury Circle nicht nur 1000 Jahre älter, sondern mit

Mystische Steinkreise

12 ha auch größer als Stonehenge ist. Unweit südlich befindet sich mit dem West Kennett Long Barrow das größte Kammergrab Englands. Die weltberühmten Steinkreise von ❺**Stonehenge** erheben sich am Schnittpunkt von A 303 und A 344. Der Turm der gotischen Kathedrale vor ❻**Salisbury**, 6 mi / 9,6 km südlich, ist mit 123 m der höchste im Königreich. Die Steinmetze logierten und speisten im bereits 1220 eröffneten **Red Lion** – heute ein ansprechendes Best Western Hotel mit lauschigem Innenhof, knisterndem Kamin, nos-talgischen Zimmern und traditionsreicher Regionalküche. **Red Lion**: ⬤⬤⬤, 4 Milford St., Tel. 0843 6 34 14 51, www.the-redlion.co.uk

Löwen und Landsitze

❼**Wilton House**, 3 mi / 4,8 km westlich, gehört zu den schönsten Landsitzen Englands – besonders eindrucksvoll: der Double Cube Room mit zehn Gemälden von van Dyck. Auf einem Hügel über dem Blackmore thront ❽**Shaftesbury**. Seine steile Gasse Gold Hill ist

Der würzige Cheddar ist ein Hartkäse aus Kuhmilch, der durch den Pflanzenfarbstoff Annatto seine goldgelbe bis orangene Farbe erhält.

die meistfotografierte Straße in Dorset. Gartenfreunde sollten von hier aus unbedingt einen Abstecher nach ❾**Stourhead** machen, dem Inbegriff eines englischen Landschaftsparks. ❿**Longleat House**, 6 mi / 9,6 km weiter nördlich, lockt mit Löwen und luxuriösen Staatsgemächern. Lust auf Landidylle? Das 8,3 mi / 12,8 km entfernte **Mells** gilt als eines der schönsten Dörfer Somersets!

In ⓫**Cerne Abbas** schwingt ein 60 m hoher Riese seine Keule – der Gigant wurde in prähistorischer Zeit in den grünen Kreidehügel eingeritzt. Europas größte Hügelfestung der Vorzeit, Maiden Castle, erhebt sich 2 mi / 3,2 km südlich von ⓬**Dorchester**, bekannt für seine Modellsiedlung Poundbury nach Plänen von Prinz Charles. Lust auf ein preiswertes, topfrisches Mahl? Dann machen Sie es wie die Einheimischen und essen Sie bei **Shelley's Plaice** in der Trinity Street – das einfache Lokal von Shelley, die beim Kochen gerne Songs aus den Swinging Sixties singt, ist eine Institution!

Stolze Schwäne und tiefe Schluchten

Georg III. machte ⓭**Weymouth** zum Modebad der oberen Zehntausend – die Bürger dankten dies dem König mit einem Denkmal an der Seepromenade. Verpassen Sie auf keinen Fall den **Fish Market** am Customs House Quay, er ist ein Erlebnis für alle Sinne und bietet tolle Fotomotive (Mo. – Sa. 9.00 – 16.30 Uhr). Auf **Portland** wird seit dem Mittelalter der gleichnamige grauweiße Stein abgebaut, aus dem auch St. Paul's Cathedral in London errichtet wurde. Die bis zu neun Meter hohe, 120 m breite und 30 km lange Kiesbank von ⓮**Chesil Beach** ist ein Paradies für Angler. In der Lagune »The Fleet« tummeln sich die mehr als 1000 Schwäne, die in der ⓯**Abbotsbury Swannery** ihre Heimat haben.

Auf dem eleganten Tudor-Landsitz ⓰**Parnham House** richtete 1976 der berühmte Designer John Makepeace seine Schule für Möbelhandwerk ein. Über Yeovil und Somerton führt die Fahrt weiter nach ⓱**Glastonbury** mit seiner berühmten Abteiruine. Im Chor markiert eine Steinplatte das Grab von König Artus und seiner Frau Guinevere. Vom Glastonbury Tor reicht der Blick bei klarer Sicht über die Quantock Hills bis zum Bristol Channel. Alternativ angehaucht wie das berühmte Glastonbury Musikfestival ist der große Farmers Market, der jeden vierten Sa. auf dem St. John's Car Park abgehalten wird. ⓲**Wells** ist die kleinste Kathedralstadt Englands. In der Kathedrale mit figurengeschmückter Westfassade führt eine wunderschöne Treppe hinauf zum Kapitelhaus mit einem einzigartigen Fächergewölbe von 1306. Bei Wookey Hole, 2 mi / 3,2 km nordwestlich, beginnen die Kalkfelsen der Mendips mit der 130 m tiefen Schlucht ⓳**Cheddar Gorge**, in der sich im Sommer eine Autoschlange staut. Im Dörfchen Cheddar stellt noch heute als einzige Käserei die ***Cheddar Gorge Cheese Company** den würzigen englischen Hartkäse nach altem Handwerk her. Zurück nach **Bristol** geleitet die A 38.

Tour 4 Märchen, Mythen und Legenden

Start: ✈ K 7
Länge der Tour: 420 mi / 672 km
Dauer: 7 – 8 Tage

**Im Norden ist die Klippenküste, von der tosenden See atta-
ckiert, rau und romantisch. Im Süden wecken kleine Buchten
und Sandstrände, gesäumt von Palmen, Zedern und blühenden Mimosen, mediterrane Feriengefühle. Im Landesinnern
inspirierten die Hochmoore von Dartmoor, Exmoor und Bodmin Moor Literaten wie Conan Doyle, Richard D. Blackmore
und Daphne du Maurier: willkommen in Devon und Cornwall!**

**Künstler &
Kelten am
Ende der
Welt**

Vom Nizza des Nordens, ❶ ****St. Ives**, führt die landschaftlich schöne B 3306 zum westlichsten Punkt Englands: ❷ ***Land's End**. Am
eindrucksvollsten sind die Granitklippen, die in den tosenden Atlantik abfallen, im Abendlicht. Ein besonderes Erlebnis ist ein Besuch
des ❸ ***Minack Theatre**, das auf den Klippen bei Porthcurno Oper
und Schauspiel open-air präsentiert. ❹ ***Mousehole** hat trotz der
Tagesausflügler den Charme eines cornischen Fischerdorfes bewahrt:
Schiefergedeckt umrahmen die granitgrauen Häuschen im Halbkreis
den Hafen. Das 2 mi / 3,2 km entfernte ❺ ***Penzance** ist der Haupt-
ferienort des südlichen Cornwall: mit der einzigen Promenade der
Duchy, dem exotischen Egyptian House und den 1814 angelegten
Trengwainton Gardens. Dass auch heute das Erbe der Künstlerkolonie Newlyn fortlebt, beweist die **Galerie Cornwall Contemporary**
in der Parade Street mit Ausstellungen zeitgenössischer Künstler.
Danach sollten Sie Ihre Schritte in die Chapel Street lenken, wo Andy
und Rachel im **bakehouse + steakhouse** saftige Steaks auftischen
und Jakobsmuscheln aus Falmouth mit Kapern und Salbei verfeinern.
bakehouse + steakhouse: ✆✆, Tel. 01736 33 13 31
www.bakehouserestaurant.co.uk

**Garten-
träume**

In der St. Michael's Bay ragt die Klosterfestung ❻ ***St. Michael's
Mount** aus dem Meer auf – bei Ebbe kann man zu Fuß um das kleine Tochterkloster des Mont St-Michel spazieren. 20 mi / 32 km östlich in den ❼ ***Glendurgan Gardens** mit einem Labyrinth aus Lorbeerhecken blüht der Tulpenbaum Liriodendron. Sieben Flüsse
münden in die weite Bucht von **Falmouth**. Magnolien, Azaleen und
130 Hortensienarten gedeihen im ❽ ***Trelissick Gardens** an der
B 3289. Zauberhaft verwunschen sind 17 mi / 27 km weiter östlich
die ❾ ***Lost Gardens of Heligan**. Rund um St. Austell erheben sich
die »cornischen Alpen«, weiße Abraumhalden, die bei der Gewin-
nung von Kaolin zurückblieben. Spielerisch und informativ präsen-

tiert der **Wheal Martyn-Themenpark** nordwestlich von St. Austell
die Tonerdegewinnung und gestattet auch einen Blick auf den heutigen Tagebau. Verladen wurde der Rohstoff zur Porzellanherstellung
seit dem Mittelalter im nahen ⑩ **✶✶Fowey**. Heute erinnern Stadt
und Umland mit einem zehntägigen Festival im Mai an ihre berühmteste Bürgerin: die Autorin Daphne du Maurier. Der Maler Oskar
Kokoschka hat die mediterrane Atmosphäre von ⑪ **✶✶Polperro** mit
seinen weißen und pastellfarbenen Häusern in unzähligen Bildern
eingefangen. Das wohl schönste Lokal am Ort ist das kleinste: Von
den wenigen Tischen im **Kitchen** können Sie Karen zuschauen, wie
sie in der winzigen Küche Jakobsmuscheln mariniert, Putenbrust mit
Wasserkresse würzt oder frisches Brot backt.
Kitchen: ⊖⊖, The Coombes, Tel. 01503 27 27 80
http://thekitchentearoom.wix.com/thekitchenpolperro

Die Mündung des gleichnamigen Flusses teilt ⑫**Looe** in Ost und West. Am Hafen und in den Gassen von East Looe lebt noch die Atmosphäre von einst. Kurz vor Torpoint, Anleger für die Autofähre nach Plymouth, lohnt ⑬*Antony House** mit Stilmöbeln, Porträts von Reynolds und einer Liliensammlung im Garten einen Besuch.

Heldentaten
und Teufels-
macht

⑭*Plymouth** schrieb Seefahrtsgeschichte. Hier wurde die spanische Armada geschlagen, begann Englands Aufstieg zum Empire. Auf dem Aussichtsplateau von The Hoe erinnern zahlreiche Monumente und ein Museum an die glorreiche Vergangenheit. Mitte August explodieren am Himmel der Hafenstadt fantastische Feuerwerke während der jährlichen Firework Championships. Für Abkühlung mit Überraschungen sorgt das **Studio 54** in der Southside Street am Barbican: Probieren Sie die hausgemachten Eissorten wie Erdbeer mit Pfefffer oder Kokos mit Ingwer und Curry (http://icecreamstudio54.com). Nur für Erwachsene ist das wirklich hochprozentige Rum & Raisin Cornet von Nick Greenwood. Die wilde Landschaft des ⑮**Dartmoor National Park** hat Legenden inspiriert: Im gewaltigen Hochmoor mit Krüppelkiefern, Heide und bizarren Granitkuppen, Thor genannt, leben nicht nur wilde Ponys und Schafe, sondern auch Riesenhunde wie Sir Conan Doyles »Hund der Baskervilles« und Tausende Teufel, so weiß es der Volksmund. Im Nordwesten vom Dartmoor erinnert Castle Drago an den Spleen des Teehändlers Julius Drewe: Er hielt sich für den Nachfahren des Normannengrafen Drago.

In ⑯*Exeter** hat das Viertel um die Kathedrale das Erbe der im Zweiten Weltkrieg zerstörten Stadt sorgsam bewahrt. Wer Märkte liebt: Donnerstags wird in der Fore Street von 9.00 bis 14.00 Uhr unter freiem Himmel verkauft, was die örtlichen Bauern ernten. Zwischen Killerton Gardens, einem Landschaftspark um ein Herrenhaus mit Kostümsammlung, und Tiverton bildet ⑰*Bickleigh** ein idyllisches Dorfensemble mit einer ursprünglich normannischen Burg, weiß getünchten Cottages, Wiesen, Weiden und einer Mühle am Fluss, in der Weber und Töpfer arbeiten und ausstellen.

Sagenhafte
Nordküste

Im Gegensatz zum wildromantischen Dartmoor präsentiert sich das ⑱**Exmoor** als liebreizende Landschaft mit sanft gewellten Wiesen, schattigen Wäldern, Wildponys und purpurner Heidepracht im Herbst. Die **Tarr Steps** wurden im Mittelalter als Brücke über den Barle aus geschichteten Steinplatten errichtet. Über **Ilfracombe**, das älteste Seebad von Nord-Devon, und die geschäftigen Marktstädtchen Barnstaple und Bidford wird Devons berühmtestes Fischerdorf erreicht: ⑲**Clovelly**, das sich mit weiß gekalkten Cottages malerisch zwischen die Klippen zwängt. Ein lohnenswerter Abstecher führt auf der B 3248 zum sturmumtosten Leuchtturm am Hartland Point. Vorbei am Seebad Bude, wo Surfer auf den Wellen reiten, geht es zum Zentrum der Artussage: ⑳*Tintagel**. Auf der gleichnamigen

Burg, die auf hohen Klippen thront, soll der legendäre Herrscher geboren worden sein. Ob es stimmt, was der Chronist Geoffrey of Monmouth in seiner »Historia Regum Britanniae« 1136 behauptet, ist bis heute nicht geklärt. Für alle, die die Kliffküste beim Picknicken genießen wollten, stellen **Charlie's Café Restaurant & Deli** an der Fore Street einen persönlichen »hamper« mit den Spezialitäten Cornwalls zusammen. Ein herrlicher Klippenweg verläuft nach Boscastle, wo sich ein Hexenmuseum der besonderen Magie und Mystik Cornwalls widmet. ㉑★★**Padstow** an der Mündung des Camel ist nicht nur ein Zentrum der Dinghi-Segler, sondern seit Rick Stein auch ein Schlemmerparadies. Zuviel gefuttert? Dann leihen Sie sich ein Fahrrad und strampeln Sie die Kalorien auf dem 18 mi / 28 km **Camel Trail** nach Poley's Bridge wieder ab!

Nur 10 mi / 16 km landeinwärts beginnt die karge Landschaft des ㉒★★**Bodmin Moor** mit zerklüfteten Hügeln, die beim Brown Willy 420 m hoch aus dem Hochmoor ragen, und einer weltberühmten Gastwirtschaft: dem Jamaica Inn, das Daphne du Maurier zu ihrem gleichnamigen Schmugglerroman inspirierte. Von der einstigen Postkutschenstation können Sie einen Spaziergang zum 2 mi / 3,6 km entfernten **Dozmary Pool** machen, wo König Artus der Legende nach sein Schwert Excalibur erhalten haben soll. Letzter landschaftlicher Höhepunkt der Rundfahrt sind die ㉓★**Bedruthan Steps**, riesige Felsbrocken, von der rauen Brandung der cornischen Küste umtost. Zurück nach **St. Ives** führt die gut ausgebaute A 30.

Heimat der Schmuggler

Schöner schlemmen am Kai von Plymouths Hafenviertel Barbican

REISEZIELE VON A BIS Z

Wilde Klippen und wunderschöne Gärten, verträumte Fischerdörfer und mystische Steinkreise, nostalgische Seebäder und spannende Städte wie Exeter mit seinem futuristischen Shoppingcenter Princesshay vor der ehrwürdigen Kathedrale – entdecken Sie Südengland!

✶✶ Avebury

✦ **F 28**

Grafschaft: Wiltshire
Einwohner: 620

Avebury gehört zu den größten neolithischen Steinkreisen im Vereinigten Königreich und seit 1986 auch zu den 25 Stätten des Weltkulturerbes der UNESCO in Großbritannien.

Mystik der Steinzeit

Während die Kultstätte von ▶Stonehenge isoliert in der Landschaft liegt, umschließt die mehr als 4000 Jahre alte Steinkreisanlage von Avebury mit Sandsteinblöcken, Erdwällen und Graben ein ganzes Dorf samt Manor House, weidenden Schafen und einer Straßenkreuzung, die die neolithische Kultstätte viertelt.

SEHENSWERTE MEGALITHKULTSTÄTTEN

✶Alexander Keiller Museum

Das nach dem Archäologen Alexander Keiller benannte Museum hinter der Pfarrkirche St. James erläutert mit Modellen, Schautafeln und Funden die Steinkreisanlage.

❶ April – Okt. tgl. 10.00 – 18.00, Nov. – März tgl. 10.00 – 16.00 Uhr
Eintritt Erw. £ 4.40, Kinder £ 2.20, www.english-heritage.org.uk

✶✶Avebury Circle

Zwischen 2500 und 2200 v. Chr. entstand der Avebury Circle. Die 11,5 ha große Anlage umgaben einst ein 15 m hoher Erdwall von 1,5 km Länge und ein Graben mit Durchlässen in den vier Himmelsrichtungen. Dahinter erhoben sich 100 **Sarsen Stones**, 20 bis 65 t schwere Sandstein-Monolithe. Zwei weitere Steinkreise umschlossen das zentrale Allerheiligste. Im nördlichen Ring bildeten gewaltige Blöcke ein U, im Süden ein Z. Nach 1000-jähriger Nutzung diente die Kultstätte späteren Generationen als Steinbruch.

✶Kennet Avenue, Overton Hill

Als 2,5 km lange und 15 m breite Prozessionsallee, die 200 Findlinge säumten, verband die Kennet Avenue den Avebury Circle mit dem Heiligtum auf dem Overton Hill, dessen Rundbau ab 3000 v. Chr. vermutlich für Begräbnisriten errichtet wurde.

✶Silbury Hill

Mit 40 m Höhe und 180 m Durchmesser ist Silbury Hill von 2600 v. Chr. der größte von Menschen geschaffene Hügel Europas. Zum Bau des Schotter-Kegels verwendeten die Steinzeitmenschen Spitzhacken aus Rentiergeweih und Schaufeln aus Schulterblättern von Ochsen.

✶W. Kennett Long Barrow

West Kennett Long Barrow, 0,6 mi / 1 km südlich von Silbury Hill, ist die **größte Grabkammer Englands**. Sie wurde von 3700 bis 2000 v.

Chr. für Begräbnisse genutzt. Hinter dem monumentalen Eingang führt ein 100 m langer Korridor zu fünf Kammern, in denen 46 Skelette und Grabbeilagen gefunden wurden.

Windmill Hill

Zeitgleich entstand 1,3 mi / 2 km nordwestlich von Avebury Windmill Hill mit drei konzentrischen Wällen und Gräben, in denen das Vieh für die Schlachtung im Herbst zusammengetrieben wurde.

UMGEBUNG VON AVEBURY

Marlborough

Die Marktstadt am Kennet-Fluss, 7 mi / 11,4 km östlich von Avebury, liegt an der alten Handelsroute zwischen ►London und ►Bath. Die platzartige High Street, im Osten vom viktorianischen Rathaus und der Kirche St. Mary's, im Westen von St. Peter and Paul aus dem 15. Jh. begrenzt, säumen georgianische Ladenkolonnaden. Die Reste der Normannenburg wurden im 16. Jh. in ein Herrenhaus integriert, in dem seit 1843 das renommierte Marlborough College residiert.

Savernake Forest

Von der Normannen- bis zur Tudorzeit jagten Englands Könige im 8 km² großen Savernake-Wald südöstlich von Marlborough. Spazieren Sie durch die 6 km lange Buchenallee **Grand Avenue**.

Avebury erleben

AUSKUNFT
Avebury Tourist Information Centre
Avebury Chapel Centre
Green Street, Avebury SN8 1RE
Tel. 01672 53 94 25
www.visitwiltshire.co.uk

SPAZIEREN IN DER STEINZEIT
Die Steinkreise und andere neolithische Monumente der Umgebung erschließen sechs markierte Wanderwege. Eine Broschüre stellt die Routen vor.

WOHNEN AUF DEM WASSER
Durch den Norden Wiltshires fließt der Kennet & Avon Canal, der zu Beginn des 19. Jh.s zwischen Reading am Kennet und Bristol am Avon als 56 mi / 90 km langer Wasserweg für den Kohletransport angelegt wurde – heute schippern hier Hausboote gemütlich dahin.

ESSEN UND ÜBERNACHTEN
The Lodge ⊙⊙/⊙⊙⊙
High Street, Avebury, Wiltshire SN8 1RF
Tel. 016 72 53 90 23
http://aveburylodge.co.uk
Mitten im Steinkreis von Avebury liegt das vegetarische Gästehaus von Andrew und Susan mit zwei Gästezimmern, die beide einen kleinen Erker besitzen – von dort schaut man direkt auf die Steine.

The Circles Café ⊙⊙
High St., Avebury, Tel. 01672 53 95 14
Vollwertküche im National-Trust-Restaurant am Steinkreis

Swindon Die mit 145 000 Einwohnern größte Stadt Wiltshires, 12 mi / 20 km nördlich von Avebury, entwickelte sich im 19. Jh. durch Eisenbahn- werkstätten zum Industriestandort. **STEAM**, das Museum der Great Western Railway, die 2010 ihre Gründung vor 175 Jahren feierte, zeigt Lokomotiven des 19. und 20. Jh.s. Im denkmalgeschützten Rail- way Village stehen ca. 300 Wohnhäuser für Eisenbahnangestellte.

Steam: März – Dez. tgl. 10.00 – 17.00, sonst bis 16.00 Uhr
Eintritt Erw. £ 8.50, www.steam-museum.org.uk

*White Horses Sechs in Kalk geritzte Pferde leuchten weiß aus dem Wiesengrün der Wiltshire Downs. Ältestes ist das **Uffington White Horse** an der B 4057 zwischen Swindon und Wantage. Der 114 m lange Pferdekör- per aus der späten Eisenzeit war Stammeszeichen der Lords von Uf- fington Castle. Das **Westbury/Bratton White Horse** südwestlich von Devizes an der B 3098 entstand 1778 auf den Umrissen eines älteren Pferdes und wurde 1873 mit Steinen gefasst. 1780 ließ ein Bürger aus Calne das weiße Pferd von **Cherhill** ausheben. Glitzernde Glasscherben zierten einst sein Auge. Ähnlich gestaltet ist das Pferd von **Alton Barnes** von 1812, 6 mi / 9,6 km südlich von Avebury. Die Kreidepferde von Marlborough und Hackpen Hill, 10 mi /16 km wei- ter nördlich, imitieren seit dem 19. Jh. das Uffington White Horse.

Barnstaple

✦ **H 15**

Grafschaft: Devon
Einwohner: 23 700

Wilde Klippen, Heide und Hochmoore: Nord-Devon bietet Natur pur – und Barnstaple ist ein idealer Ausgangspunkt für Entdeckungen.

Markt- städtchen am Taw Wahrzeichen der größten Stadt von Nord-Devon, wo sich jeden Frei- tag die Bauern zum Viehmarkt treffen, ist eine mittelalterliche Long Bridge, die den Taw mit 16 Bögen überspannt. Berühmtester Bürger ist der **Dichter John Gay** (1685 – 1732), dessen »Beggar's Opera« Bertolt Brecht als Vorlage zur »Dreigroschenoper« diente.

SEHENSWERTES IN BARNSTAPLE

Heritage Trail Ein Heritage Trail mit Begleitheft lädt ein, das historische Erbe des Handelsstädtchens zu entdecken, das seit der Fertigstellung der Um- gehungsstraße allein 2012 fast £ 300 Mio. in die Sanierung der Innen- stadt investiert hat. investiert. Dafür wurden u. a. The Square als neuer Stadtplatz fertig gestellt und The Strand zur Fußgängerzone umgewandelt. Den Samstag sollte man mit einem Besuch der Buden von Butchers Row und des **Pannier Market** beginnen – die Tragekörbe der Händler gaben der Markthalle von 1855 ihren Namen. Die 1318 geweihte St. Peter-Kirche birgt Porträts einflussreicher Kaufleute. Die benachbarte Kapelle der hl. Anna aus dem 14. Jh. diente nach der Reformation als Schule. Die Armenhäuser im Innenhof errichteten Gilbert Paige und Thomas Horwood 1659. Die 158 m lange **Steinbrücke** über den Taw wurde 1273 erbaut, 1539 um drei Bögen verlängert und im 18. Jh. erweitert. Hinter der Kolonnade des Queen Anne's Walk zeigt das **Heritage Centre**, ab 1708 Börse für Reeder

Barnstaple erleben

AUSKUNFT
Tourist Information Centre
The Square, Barnstaple EX32 8LN
Tel. 01271 37 50 00
www.staynorthdevon.co.uk

»TARKA, DER OTTER«
Auf den Spuren des Kinderbuchklassikers von Henry Williamson führt der Tarka-Trail durch Nord-Devon. Start und Ziel der 77 mi / 123-km-Strecke vorbei an Wiesen und Weiden, Heide und Hochmoor, Dünen und Klippen ist Barnstaple (www.devon.gov.uk/tarkatrail).

ESSEN UND ÜBERNACHTEN
No 2 Broadgate ❸❸❸/❸❸
Bellaire, Pilton, Barnstaple EX31 1QZ
Tel. 01271 32 72 60
www.no2broadgate.co.uk
Charmantes B & B, rund zehn Minuten zu Fuß zum Zentrum, mit drei sehr verschiedenen Zimmern. Ein Traum in weißer Nostalgie: The Provencal.

Royal & Fortescue ❸❸❸
Boutport Street, Barnstaple EX31 1HG
Tel. 01271 34 22 89
www.brend-hotels.co.uk
Ehemalige Kutschenstation im Zentrum

mit 47 schönen Zimmern. Gespeist wird im eleganten »Lord Fortescue's« oder im sympathischen Bistro »62 The Bank«.

The Old Vicarage ❸❸❸/❸❸
Barbican Terrace, Barnstaple EX32 9HQ
Tel. 01271 32 85 04
www.oldvicaragebarnstaple.co.uk
Sandi und Barry verwandelten das ehemalige Pfarrhaus (1849) der Holy Trinity Church in ein stilvolles B & B, das ein alter, gewachsener Garten umgibt.

New Inn ❸❸
High Street, Clovelly EX39 5TQ
Tel. 01237 43 13 03, www.clovelly.co.uk
27 klein-feine Zimmer, acht davon mit Bad, in zwei Häusern mit nettem Restaurant im Oberdorf

The Towers ❸
Chambercombe Park Road, Ilfracombe EX34 9QN, Tel. 01271 86 28 09
www.thetowers.co.uk
Über dem Hafen thront das viktorianische Hotel mit acht hübschen Zimmern und bodenständiger Küche.

Autofrei: Cornwalls idyllisches Hafendorf Clovelly

und Handelsleute, Ausstellungen zur Geschichte. Am Eingang illustriert das **Millennium Mosaic** in 53 Szenen die Stadtgeschichte. In die Vergangenheit entführt das **Museum of North Devon**.
Heritage Centre: April–Okt. Di.–Sa. 9.30–16.30, Nov.–März Di.–Fr. 9.30–16.00, Sa. 10.00–15.30 Uhr, Eintritt Erw. £ 4, Kinder £ 3, Familie £ 10 www.barnstapletowncouncil.co.uk. **Museum of Barnstaple and North Devon:** März–Okt. Mo.–Sa. 10.00–17.00, Nov.–Feb. bis 16.00 Uhr, Eintritt frei, www.barnstaplemuseum.org.uk

*Dinopark Mitten im Wald liegt der **Combe Matin Wildlife & Dinosaur Park** mit Wölfen, Schneeleoparden und Saurier-Repliken.
❶ Mitte März–Okt. tgl. 10.00–17.00 Uhr, www.wildlifedinosaurpark.co.uk Eintritt Erw. £ 13.99, 3–15 Jahre £ 11.99

UMGEBUNG VON BARNSTAPLE

Arlington Court Mehr als 500 Jahre residierte die Familie Chichester auf dem 2700 ha großen Anwesen von Arlington Court, 9,3 mi / 15 km nordöstlich von Barnstaple. Hinter der Regency-Fassade des Herrenhauses von 1822 lebte die exzentrische Miss **Rosalie Chichester** ihre Leidenschaft fürs Meer aus: Modellschiffe, Muscheln und Meer, wohin man blickt. Im Stall hortete sie 58 Kutschen – nur die Queen besitzt mehr.
❶ März–Okt. tgl. 11.00–17.00 (Haus), Garten ab 10.30 Uhr, Eintritt Erw. £ 11, Kinder £ 5.50, www.nationaltrust.org.uk/arlington-court

Ilfracombe Im 19. Jh. kam die High Society im Sommer nach Ilfracombe, 13 mi / 21 km nördlich von Barnstaple, heute hat das **älteste Seebad** von Nord-Devon (▶Hotel, S. 149) Patina angesetzt. Die Unterwasserwelt vor der Küste präsentiert das **Ilfracombe Aquarium**. Felstunnel

führen zu steinigen Stränden hinter hohen Klippen. Schöner ist der Sandstrand von Woolacombe. Durch die Dünen der **Braunton Burrows**, 9,3 mi/ 15 km südlich von Barnstaple, führen zwei Lehrpfade.
Ilfracombe Aquarium: März – Jan. tgl. 10.00 – 15.30, Ostern – Okt. bis 16.30, Juli/Aug. bis 17.30 Uhr, Eintritt Erw. £ 4.50, Kinder £ 3.50 www.ilfracombeaquarium.co.uk

9 mi / 14,5 km südwestlich von Barnstaple überspannt seit dem 13. Jh. die Brücke von Bideford mit 24 Bögen die Mündung des Torride. Die Burton Art Gallery, Sitz der Tourist Information, zeigt Porzellan, Gemälde und Schiffsmodelle. Eine Statue erinnert an **Charles Kingsley** (1819 – 1875), der hier den Seefahrerroman »Westward Ho!« schrieb und so dem Badeort **Westward Ho** seinen Namen gab. **Burton Art Gallery:** Mo. – Sa. 10.00 – 16.00, So. 11.00 – 16.00 Uhr Eintritt frei, www.burtonartgallery.co.uk

Bideford

Das 11 mi / 17,6 km entfernte Fischerdorf gehörte über 600 Jahre zum Clovelly Estate, der heute als Trust darüber wacht, dass keine Zeichen der Moderne das autofreie **Idyll aus dem 16. Jh.** stören. Nach Ticketkauf und Videofilm im Visitor Centre flanieren die Besucher vom Felskamm über das Kopfsteinpflaster der steilen High Street mit ihren weißen, blumengeschmückten Cottages hinab zum Pier am Hafen (Hotel, ▶S. 149). Übernachtungsgästen wird das Gepäck per Schlitten oder Esel zur Herberge gebracht. In der Töpferei von Clovelly kann man Keramik aus Devon kaufen, Töpfern bei der Arbeit zusehen oder selbst erste Versuche an der Drehscheibe wagen. **Visitor Centre:** tgl. Juli – Sept. 9.00 – 18.00, April – Juni, Okt. 9.30 – 17.30, Nov. – Feb. 10.00 – 16.00 Uhr, Eintritt Erw. £ 7, www.clovelly.co.uk

**Clovelly

Reich an ****spektakulären Ausblicken** ist das 5 mi / 8 km lange, gebührenpflichtige Teilstück des South West Path von Hartland Quay zum Leuchtturm am **Hartland Point**, dem stürmischen Westzipfel Devons. Hunderte von Schiffen sind vor seinen 112 m hohen Klippen schon zerschellt (▶Küstenwandern S. 120/121).

South West Coast Path

Die zinnenbewerte Hartland Abbey, die 1539 an William Abott überging, den Kellermeister Heinrichs VIII., ist heute Familiensitz von Sir und Lady Stucley, die nur im Sommer auf dem Herrensitz wohnen. Der Park und die viktorianischen Gärten sowie die repräsentativen Räume mit kostbaren Gemälden können besichtigt werden – 2011 feierte Prinz William hier seinen Junggesellenabschied.
❶ Ostern – Okt. So. – Do. Garten und Tea Rooms 11.30 – 17.00, House & Ausstellung 14.00 – 17.00 Uhr, Eintritt Erw. £ 12, nur Garten £ 8, www.hartlandabbey.com. Sir Hugh und Lady Angela veranstalten auch regelmäßig Theateraufführungen. Im Frühjahr gibt es eine House Party mit Dinner und Wandertouren, Infos unter www.curtisbeardwalks.com.

*Hartland Abbey

*Lundy Von Barnstaple, Ilfracombe und Bideford setzen Fähren in 2,5 Stunden zur Granitinsel Lundy über, einem **Vogelschutzgebiet** für Papageientaucher und 400 andere Vogelarten. An die Vergangenheit als Piraten- und Schmugglernest erinnern die Ruinen des markanten Marisco Castle.

✷✷ Bath

✦ F 25

Grafschaft: Avon
Einwohnerzahl: 88 900

»Von wunderbar einziger Schönheit ist der Anblick der Stadt ...« schrieb Johanna Schopenhauer 1803, und ihr Urteil über Englands einziges Mineralbad mit heißen Quellen ist bis heute gültig. Die elegante Unistadt mit goldgelben Fassaden, anheimelnden Plätzen, bezaubernden Parkanlagen, interessanten Museen und geschmackvollen Geschäften ist ein architektonisches Juwel und seit 1987 UNESCO-Weltkulturerbe.

Kurort seit Römertagen Schon die Römer errichteten zwischen den Hügeln der Cotswolds und Mendip Hills an den heißen Quellen im Avon-Tal luxuriöse Badeanlagen im späteren Bath, das im 18. Jh. als **Modebad der englischen Oberschicht** in den Romanen »Tom Jones« von Henry Fielding sowie »Northanger Abbey« und »Persuasion« von **Jane Austen** zum Spiegelbild der Gesellschaft wurde. Das Gesicht der Uni- und Einkaufsstadt, die in der Unterstadt noch Bausubstanz aus römischer und mittelalterlicher Zeit besitzt, prägte vor allem **John Wood der Ältere**, der mit The Crescent, Parades und Queen Square ganze Anlagen im georgianischen Stil des 18. Jh.s errichtete. Die einheitlichen Fassaden der meist dreigeschossigen Häuserensembles sind mit **leuchtend gelbem Bath-Stone** aus den nahen Steinbrüchen von Combe Martin verkleidet.

Stadtgeschichte Der als Schweinehirt herumziehende Prinz Bladud soll um das Jahr 500 v. Chr. die heißen Quellen entdeckt und seine Leprawunden im Thermalschlamm geheilt haben. 44 n. Chr. gründeten die Römer das Badezentrum **Aquae Sulis**, das nach ihrem Abzug verfiel. Die Sachsen errichteten im 7. Jh. innerhalb der römischen Mauern einen kleinen Ort mit einer Abtei, der im Spätmittelalter Zentrum der Tuchherstellung war. 1702 leitete ein Besuch von Queen Anne, die hier logierte, eine neue Epoche ein: Bath wurde Schauplatz der eleganten Welt. Prägend für den Geschmack der feinen Gesellschaft wurde der größte Dandy des 18. Jh.s, **Richard Nash**, »The Beau« genannt, der Etikette und Umgangsformen für Adel und Bürgertum gleicherma-

Open-Air: Mittelpunkt der Römischen Bäder von Bath ist das 24 m lange Große Bad unter freiem Himmel mit Blick auf die Abtei.

ßen festlegte. Heute werden mit Hilfe des Bath Spa Project die alten Bäder restauriert, wandeln sich industrielle Brachflächen zur schicken Bath Western Riverside, werden neue Glanzlichter gesetzt wie das Bath International Festival für Musikliebhaber.

SEHENSWERTES IN BATH

Die Römischen Bäder wurden ab 75 n. Chr. erbaut, bis ins 4. Jh. genutzt, nach der keltischen Gottheit Sulis benannt und der römischen Göttin Minerva geweiht. Ihre vergoldete Bronzebüste ist im Museum zu sehen, das auch Altarsteine, Votivgaben und Mosaike zeigt. Den Mittelpunkt der Anlage, die erst ab 1755 wiederentdeckt wurde, bildet das 1,60 m tiefe und 12 x 24 m **Große Bad** (Great Bath) mit freiem Blick zum Himmel. Das 46,5 °C warme Quellwasser aus 3000 m Tiefe enthält 43 verschiedene Mineralien – täglich sprudeln hier rund 1 250 000 Liter hervor. Um das dampfend-grüne Herz des Bades, das Statuen und Balustraden aus späterer Zeit einfassen, gruppieren sich auf mehreren Ebenen weitere Becken und Saunen.

**Roman Baths

🕐 Jul./Aug. tgl. 9.00 – 21.00, März – Juni, Sept., Okt. bis 17.00, Nov. – Feb. ab 9.30 Uhr, Erw. £ 15.00, Juli, Aug. £ 15.50, www.romanbaths.co.uk

Den Zugang zu den Bädern bildet der ❷ Pump Room, in dem bis heute das Heilwasser gekostet werden kann, das **Charles Dickens** (▶Berühmte Persönlichkeiten) in seinen »Pickwick Papers« 1836 mit einem heißen Bügeleisen verglich. In der mit Stuck verzierten Brunnenhalle musiziert Englands ältestes Ensemble zum Afternoon Tea.

Pump Room

🕐 Tel. 01225 44 44 77, www.romanbaths.co.uk

Bath erleben

AUSKUNFT
Tourist Information Centre
Abbey Chambers, Abbey Churchyard
Bath BA1 1LY, Tel. 0844 8 47 52 57
www.visitbath.co.uk

EVENTS
Im April lädt Bath zum Comedy-Festival,
im März bietet das International Music
Festival Konzerte aller Stilrichtungen,
im Sept. ist Kultautorin Jane Austen
ein eigenes Festival gewidmet,
www.janeaustenfestival.co.uk.

SHOPPING
Zu den Top-Adressen gehören »The
Corridor«, Englands erste Einkaufspas-
sage von 1825, das Traditionskaufhaus
Jolly's von 1831 und das kleine, feine
Podium Shopping Centre in der North-
gate Street. 2011 eröffnete SouthGate
mit 55 In-Labeln, wie Apple, Tommy Hil-
figer und Urban Outfitters. Schmuck von
britischen Designern wie Lola Rose, Mis-
soma and ChloBo gibt es dort bei »Fa-
bulous«. Neben London gilt Bath als
Mekka für Antiquitäten. Beim Saturday
Antique Market in der Walcot Street bieten 40 Händler jeden Sonnabend Edles
und Exquisites aus früheren Zeiten. Zu
den ersten Adressen für Kunsthandwerk
gehört die landesweit bekannte Glasblä-
serei »Bath Aqua Glass« Ecke Old Or-
chard/Walcot Street (Mo. – Sa. 11.15
und 14.15 Uhr Schauvorführungen im
Glasblasen, Glasbläser-Schnupperkurse).

Käse-Paradies
Baby Cheddar, Sharpham Brie, Stilton,
Mönchskäse und Aged Winchester: In
ihrer »Fine Cheese Company« begeistert
Anne-Marie Dyas Käsefans mit über 100

Süffig: Bath Ales wie das »Gem«

handgemachten Rohmilch-Köstlichkei-
ten. Dazu passen ihre hausgemachten
Celery oder Chili Crackers und Frucht-
Pickles (29 & 31 Walcot Street,
www.finecheese.co.uk).

AUSGEHEN
❶ *Komedia*
22-23 Westgate Street
Tel. 0845 02 93 84 80
www.komedia.co.uk
Comedy, Cabaret, Club Nights und Live-
Musik: Mit diesem Mix gewann das
Komedia den renommierten Chortle
Award als beste Ausgehlocation von
West-England und Wales.

❷ *The Porter*
2 Miles's Buildings, George Street, Tel.
01225 42 41 04, http://theporter.co.uk
Der einzige vegetarische Pub präsentiert
an vier Abenden pro Woche in seinem
»Moles Club« Live-Musik sowie allsonn-
täglich seine beliebte Comedy Cavern.

ESSEN

❶ The Olive Tree ⊜⊜⊜/⊜⊜
Russel Street, Tel. 012 25 44 79 28
http://olivetreebath.co.uk
Ausschließlich aus dem Umland von
Bath kommen die saisonalen Zutaten,
die Chris Cleghorn zur modernen Land-
küche verarbeitet. Ein Gedicht: Fasan mit
Gemüse-Popcorn und Schinkenspeck.

❷ The Pump Room ⊜⊜
▶The Roman Baths, S. 153
Abbey Church Yard
Klassische Musik erfüllt den diskret
beleuchteten Raum aus dem 18. Jh.
direkt neben den Römischen Bädern.
Nur Morning Coffee, Lunch und
Afternoon Tea, kein Dinner.

❸ The Marlborough Tavern ⊜/⊜⊜
35 Marlborough Buildings
Tel. 01225 42 37 31
www.marlborough-tavern.com
Der Gastropub ist eine Institution –
und die Küche von Richard Knightly
ein Spiegelbild der Region und ihrer
Produzenten.

❹ Sally Lunn's Buns ⊜
▶Baedeker Tipp, S. 157

❺ Jamie's Italian ⊜/⊜⊜
10 Milsom Place, Tel. 01225 43 23 40
www.jamieoliver.com
Preiswert, gesund und köstlich: italienische Hausmannskost von Kultkoch Jamie
Oliver (▶S. 78). Herrlich im Sommer:
ein Mahl auf der Dachterrasse.

❻ Cœur de Lion ⊜
17 Northumberland Place, Tel. 01225
46 35 68, www.coeur-de-lion.co.uk
Im kleinsten Pub der Stadt produziert die
einzige Brauerei aus Bath süffige Ales –
und auch das Essen mundet!

ÜBERNACHTEN

❶ The Royal Crescent ⊜⊜⊜⊜
16 Royal Crescent, Bath BA2 6FJ
Tel. 01225 82 33 33
www.royalcrescent.co.uk, 45 Z.
Diskret-geschmackvolles Luxushotel,
dessen Zimmer sich auf mehrere Gebäude um einen bezaubernden Garten
verteilen. Das Feinschmeckerrestaurant
»Pimpernel's« sorgt fürs leibliche Wohl.

❷ Apsley House ⊜⊜⊜
Newbridge Hill, Bath BA1 3PT
Tel. 01225 33 69 66
www.apsley-house.co.uk
Der Duke of Wellington gab um 1830
das georgianische Landhaus 1 mi/
1,6 km westlich vom Zentrum in Auftrag. Heute bieten hier Nicholas und
Claire Potts zehn stilvolle Zimmer und
ein fantastisches Frühstück.

❸ Dukes ⊜⊜/⊜⊜⊜
Great Pulteney Street, Bath BA2 4DN
Tel. 01225 78 79 60
www.dukesbath.co.uk
Prachtvolles palladianisches Stadthaus
mit 18 eleganten Zimmern – Buchleuch
und Athol haben Himmelbetten!

❹ The Halcyon ⊜⊜
2/3 South Parade, Bath BA2 4AA
Tel. 012 25 44 41 00
www.thehalcyon.com
Die 21 Zimmer und 7 Apartments sind
klein, aber stylisch, die Bar-Lounge Circo
ist angesagter Treff für Tapas und Weine.

❺ Old Red House ⊜/⊜⊜
37 Newbridge Road, Bath BA1 3HE
Tel. 01225 33 04 64
www.theoldredhousebath.co.uk
Hübsch eingerichtetes B & B in einem
Häuschen aus der Zeit um 1900;
1,5 km vom Stadtzentrum entfernt

*Thermae Bath Spa Herz des Kurbetriebs ist seit 2006 eine spektakuläre **Wellnessoase** von Nicholas Grimshaw mit diversen Schwimm- und Dampfbädern. Fantastisch: der Dachpool mit Blick zur Kathedrale.
New Royal Bath: 9.00 – 21.30, letzter Einlass 19.00 Uhr, **Cross Bath:** 10.00 – 20.00, letzter Einlass 18.00 Uhr, www.thermaebathspa.com

Bath Abbey Ein Traum, festgehalten an der Westfassade, veranlasste **Oliver King** zum Bau einer Kathedrale auf den Fundamenten einer sächsischen

Bath

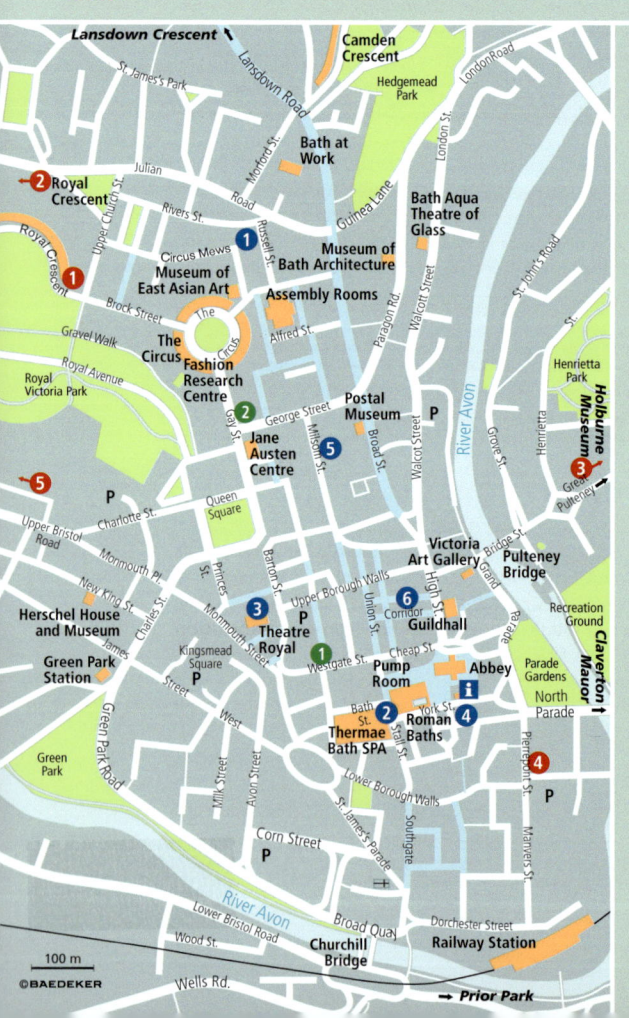

Essen
1 The Olive Tree
2 The Pump Room
3 The Marlborough Tavern
4 Sally Lunn's
5 Jamie's Italian
6 Cœur de Lion

Übernachten
1 The Royal Crescent
2 Apsley House
3 Dukes
4 The Halcyon
5 Old Red House

Ausgehen
1 Komedia
2 The Porter

Fußgängerzone

Kirche. Als er 1495 die Bischofswürde erhielt, sah er Engel eine Leiter auf- und absteigen, während eine Stimme verkündete: »Lass einen Olivenbaum die Krone errichten und einen König die Kirche erneuern.« Im Innern beeindrucken das reich geschmückte **Fächergewölbe** aus dem 19. Jh. und mehr als 400 Denkmäler und Grabtafeln.

Im Jahr 1770 errichtete Robert Adam im Auftrag von Sir William Pulteney die berühmteste Brücke über den Avon: Die **Pulteney Bridge** trägt auf ihren drei Bögen zwei schmale Ladenzeilen und führt auf die klassizistischen Gebäudefluchten der Great Pulteney Street zu.

BAEDEKER TIPP

! *Sally Lunn's Buns*

Im ältesten Haus der Stadt erfand 1680 eine junge Französin ein locker-leichtes Brötchen – die Geschichte der »Sally Lunn's Buns« erzählt ein Museum, die berühmten Rosinenbrötchen serviert der Tearoom (4 North Parade Passage, www.sallylunns.co.uk).

Queen Square

Der rechteckige Platz wurde von John Wood d. Ä. (1704 – 1754) angelegt, der Obelisk 1738 von »Beau« Nash gestiftet. Hohe Fenster, Säulen und Pilaster gliedern die einheitlichen Fassaden der Häuser. John Wood d. Ä. wohnte in Nr. 24, Jane Austen lebte 1799 in Nr. 13.

*Jane Austen Centre

In der viel befahrenen Gay Street berichtet das Jane Austen Centre vom Leben und Werk der bekanntesten Tochter Baths (▶ Berühmte Persönlichkeiten), der ein eigenes Festival gewidmet ist (▶ S. 154).

❶ Tgl. April – Juni, Sept, Okt. 9.45 – 17.30 , Juli/Aug. 9.30 – 18.00, Nov. – März 11.00 – 16.30, Sa. 9.45 – 17.30 Uhr, Eintritt Erw. £ 11 www.janeausten.co.uk

**Circus

Nach römischem Vorbild begann John Wood d. Ä. in seinem Todesjahr 1754 mit dem Bau der kreisrunden Anlage, die vier Jahre später von seinem Sohn fertiggestellt wurde. Die einheitlichen Fassaden der 33 Wohnhäuser gliedern aufsteigende Säulen mit dorischen, ionischen und korinthischen Kapitellen; niedrige Mansardendächer und ein umlaufender Fries mit 560 Motiven schließen die **dreistöckigen Prachtbauten** ab. Am Circus, Vorbild für spätere Wohnkreise in England und Deutschland, wohnte die Prominenz: Premierminister William Pitt (1708 – 1778), der Afrikaforscher David Livingstone (1813 – 1873) und der Maler Thomas Gainsborough (1727 – 1788).

Fashion Museum

Auch die eleganten **Assembly Rooms** aus der Mitte des 18. Jh.s, die der Abendunterhaltung der Badegäste dienten, sind das Werk des jüngeren Wood. Modefans sollten sich die ausgezeichnete Kostümsammlung ansehen.

❶ Nov. – Feb. 10.30 – 16.00, März – Okt. 10.30 – 17.00 Uhr Eintritt Erw. £ 8.75, www.fashionmuseum.co.uk

Museum of Bath Architecture
In der gotischen Countess of Huntingdon's Chapel erklärt ein großes Stadtmodell die historische Entwicklung und Architektur Baths.
❶ Feb. – Nov., Di. – Fr. 14.00 – 17.00, Sa./So. 10.30 – 17.00 Uhr
Eintritt Erw. £ 5.50, http://museumofbatharchitecture.org.uk

Royal Crescent
Das Meisterstück von John Wood d. J. (1728 –1781) stellt der 184 m lange »Halbmond« des Royal Crescent aus 30 Bürgerhäusern dar, deren Fassaden monumentale ionische Säulen bis zur Dachbalustrade zieren. Im 18. Jh. diente der **No. 1 Royal Crescent** als Wohnsitz des Herzogs von York, heute ist der georgianische Bau Museum. Die königlich anmutende Reihenhaussiedlung wurde im 18. Jh. in Bath mehrfach kopiert: John Palmer schuf mit Landsdown Crescent eine mehrere Hundert Meter lange Wohnzeile, John Eveleighs Camden Crescent wurde wegen Statikproblemen nie vollendet.
No. 1 Royal Crescent: Mitte Feb. – Mitte Dez. Di. – So. 10.30 – 17.30, Mo. 12.00 – 17.30 Uhr, Eintritt Erw. £ 9, http://no1royalcrescent.org.uk

*Holburne Museum
Sir Thomas William Holburnes (1793 – 1874) Sammlungen bilden den Kern vom Holburne of Menstrie Museum und Crafts Study Centre. Die **hervorragende Gemäldesammlung** residiert in einer pal-

Königliche Kulisse: Picknick am Royal Crescent

ladianischen Villa, die 1797 erbaut, 2009 bis 2012 restauriert und mit einem modernen Anbau von Eric Parry erweitert wurde. Sie zeigt neben flämischen, holländischen und italienischen Künstlern Werke von Gainsborough, Stubbs und Raeburn. Ausgestellt sind ferner Silberwaren, Keramik, italienische Majolika und Porzellan. Das Crafts Study Centre widmet sich modernem Kunsthandwerk der Region.

❶ Mo. – Sa. 10.00 – 17.00, So. 11.00 – 17.00 Uhr, Eintritt frei,
bei Ausstellungen Erw. £ 6.50, www.holburne.org

UMGEBUNG VON BATH

Steile Gässchen und malerische Häuser prägen das Bild der alten Tuchhändlerstadt 8 mi / 13 km östlich von Bath. Eine Steinbrücke aus dem 13. Jh. überspannt den Avon, am Flussufer birgt die Tithe Barn aus dem 14. Jh. ein **Bauernmuseum**. Um 700 wurde die Kirche St. Lawrence erbaut. In den **Bridge Tearooms**, 2012 von der Tea Guild preisgekrönt, servieren junge Damen in weißen, gestärkten Schürzen sieben verschiedene Tee-Menüs – zum »Sparkling Queen Victoria Afternoon Tea« gehört ein Glas Prosecco (£ 22).   ***Bradford-on-Avon**

Museum: Ostern – Okt. Mi. – Sa. 10.30 – 12.30, 14.00 – 16.00, So. 14.00 bis 16.00, Nov., Mitte Jan. – Ostern Mi. – Fr., So. 14.00 – 16.00, Sa. 10.30 bis 12.30, 14.00 – 16.00 Uhr, Eintritt frei, www.bradfordonavonmuseum.co.uk
Bridge Tearooms: http://thebridgetearooms.co.uk

Kinogänger kennen die spätmittelalterlichen Bürger- und Wirtshäuser des winzigen Denkmaldorfes 12,4 mi / 20 km östlich von Bath aus der Jane-Austen-Verfilmung »Emma«. **Lacock Abbey**, 1229 als Augustinerinnenabtei gegründet und 1539 in ein Herrenhaus für die Familie Talbot umgewandelt, wurde 1755 von Sanderson Miller im Stil des Gothic Revival umgebaut und im Jahr 2000 als Kulisse für den Film »Harry Potter und der Stein der Weisen« genutzt. An den Fotopionier und Erfinder des Negativs, **William Henry Fox-Talbot** (1800 – 1877), erinnert ein sehenswertes Museum.   ***Lacock**

Fox Talbot Museum: 10.30 – 17.30, Abtei 11.00 – 17.00 Uhr
Eintritt Erw. £ 13.50, http://foxtalbot.co.uk

Paul Methuen ließ Mitte des 18. Jh.s den elisabethanischen Landsitz Corsham 8 mi / 13 km nordöstlich von Bath von namhaften Architekten – John Nash, Thomas Bellamy, Capability Brown – verfeinern. Zu bewundern sind **kostbare Möbel** von Chippendale, Thomas Johnson und Adam, Statuen und Bronzen sowie erlesene Gemälde von Caravaggio, Rubens, van Dyck, Reynolds und Romney.   ***Corsham Court**

❶ April – Sept. Di. – Do., Sa., So. 14.00 – 17.30, Okt. – März Sa., So. 14.00 – 16.30 Uhr, Haus und Garten Erw. £ 10, nur Garten £ 5
www.corsham-court.co.uk

!

Tea Time

Im denkmalgeschützten Bilderbuchdörfchen **Castle Combe**,
7,5 mi/12 km nordwestlich von Lacock, mit Burgruine, pittoresken
Steinhäusern und stattlicher Wool
Church sollten Sie den Afternoon
Tea im eleganten **Manor House
Hotel & Golf Club** einnehmen, das
2013 von der Tea Guild mit dem
»Award of Excellence « prämiert
wurde. Oder dinieren Sie hier in
Richard Davies' michelinbestern-
tem Bybrook Restaurant mit Blick
auf den bezaubernden Garten
(Castle Combe, Wiltshire SN14
7HR, Tel. 01249 78 22 06,
www.exclusive.co.uk).

***Bowood
House**
Der berühmte Gartenarchitekt **Capability Brown** legte 1768 den
42 ha großen Landschaftspark von Bowood House, 4,3 mi / 7 km östlich der Lacock Abbey, mit See, Kaskaden, Tempel, Rhodendronhai-
nen, einem 10 m hohem Wasserfall und elf Baumriesen wie der Li-
banonzeder, die heute 45 m hoch ist, an. Während der Nachwuchs
auf dem Abenteuerspielplatz tobt, lohnt ein Besuch der 1769 von
Robert Adam erbauten Orangerie, heute eine Skulpturengalerie, und
des Herrenhauses mit Hauskapelle und Bibliothek. Der von Dave
Thomas auf dem Gut angelegte 18-Loch-**Golfplatz** gehört zu den
schönsten Greens Südenglands (www.bowood-golf.co.uk).

❶ Ostern – Okt. tgl. 10.00 – 18.00 Uhr, Eintritt Erw. £12, www.bowood.org

****Longleat
House**
Das elisabethanische Landschloss 25 mi / 40 km südlich von Bath
gehört zu Großbritanniens Big 5, den fünf meistbesuchten Adelsre-
sidenzen des Königreichs. Longleat ist nicht nur der **älteste englische Landsitz der Frührenaissance** und seit über 400 Jahren in
Familienbesitz, sondern auch ein Pionier des »stately home busi-
ness«. 1948 öffnete Henry Thynne, 6. Marquis of Bath, als erster Adliger das Gros der 118 Räume seines Schlosses der Öffentlichkeit;
1966 schuf er den größten privaten **Safaripark** Europas mit Löwen,
Nashörnern, Giraffen und und Elefanten – wie Großkatzen jagen,
lässt sich seit 2014 hautnah bei der »Deadly Safari« erleben (£ 31.50).
Heute verwaltet der 7. Marquis das ertragreiche Erbe. Weitere Pub-
likumsmagneten sind die Repräsentationsräume und die mit rund
40 000 Exemplaren umfangreichste Privatbibliothek Großbritanni-

ens im Herrenhaus, der Landschaftspark von Capability Brown, eines
der größte Heckenlabyrinthe der Welt, eine Kleineisenbahn sowie
ein Abenteuerpark für Kinder.

❶ März – Nov. 10.00 – 16.00 Uhr, Wochenenden im Juli./Aug. bis 19.30 Uhr,
Öffnungszeiten für Safaripark unter www.longleat.co.uk, All-In-One Tagesticket Erw. £ 33,95, 3-15 Jahre £ 24,95, online £ 28.85/ £ 21,20, nur Haus
und Garten Erw. £ 16.95, 3-15 Jahre £ 12.15, online £ 16.65/12.15

Stourhead, 6 mi / 9,6 km südlich von Longleat, ist das Urbild eines
perfekten englischen Gartens, ein **Gesamtkunstwerk** aus gestalteter
Landschaft und freier Natur, geschaffen nach Popes Diktum: »All
gardening is landscape painting«. Bis auf die im 19. Jh. angepflanzten
Rhododendren und Magnolien ist alles unverändert im Stil des
18. Jh.s erhalten. Baumbestandene Hügel mit kleinen klassizistischen
Tempeln ziehen sich um einen künstlichen See. 2012 gesellte sich
hier der Temple of Flora als Heimstätte der Göttin der Blumen hinzu.
Der Park und das palladianische Landhaus wurden 1721/1722 für die
Londoner Bankiersfamilie Hoare von Colen Campbell entworfen.
Für die Bibliothek lieferte Thomas Chippendale kostbare Stilmöbel,
die Gemäldegalerie zieren Arbeiten von Canaletto, Raffael, Nicolas
Poussin und Angelika Kauffmann.

**Stourhead House and Garden

❶ Garten 9.00 – 18.00, Haus, King Alfred's Tower 11.00 – 16.30 Uhr
Gesamtanlage Erw. £ 15.60, King Alfred's Tower £ 4
www.nationaltrust.org.uk/stourhead

** Bodmin Moor

✦ L 12

Grafschaft: Cornwall

**Das einzige Moor Cornwalls war jahrhundertelang wegen sei-
ner Gespenster und nächtlichen »Irrlichter« gefürchtet – wan-
dernden Strandräubern und Schmugglern. Ihr Treffpunkt, ein
alter Gasthof mitten im wilden Hochmoor, inspirierte Daphne
du Maurier zu ihrem Bestsellerroman »Jamaica Inn«.**

Das 260 km² große Bodmin Moor, das heute die A 30 durchschnei-
det, ist geologisch und landschaftlich eine kleinere Version von Dartmoor. Oft fegt ein rauer Wind über die unwirtliche Ebene, aus der
immer wieder aufeinandergetürmte Granitfelsen, im Volksmund
»tors« genannt, aufragen – das **Rough Tor** in der Nähe des Brown
Willy, mit 419 m die höchste Erhebung, das Kilmar Tor und das Gar-
row Tor. Von der frühen prähistorischen Besiedlung zeugen die
bronzezeitlichen **Hurlers-Steinkreise** und der **Cheeswring** bei Mi-
nions im Süden des Moors.

Wildes Hochmoor

Bodmin Moor erleben

AUSKUNFT
Tourist Information Centre
Shire House, Mount Folly Square
Bodmin PL1 2DQ
Tel. 01208 7 66 16
www.bodminlive.com

WANDERN UND RADELN
Auf der stillgelegten Bahnlinie von
Bodmin nach Padstow entstand für
Wanderer und Radfahrer der Camel Trail.
Rund um das Bodmin Moor führt der
60 mi / 96 km lange Copper Trail. Fahr-
räder können vor Ort gemietet werden.

ESSEN UND ÜBERNACHTEN
Trehellas House ©©/©©©
Washaway, Bodmin PL30 3AD

Tel. 01208 7 27 00, 7 44 99
www.trehellashouse.co.uk
12 hübsche Zimmer in einem Landhaus
aus dem frühen 18. Jh. 7 mi / 11,2 km
nordwestlich von Bodmin. Im preisgekrönten Restaurant kann man ab
19.00 Uhr bei Kerzenschein dinieren.

Tredethy Country House ©©/©©©
Helland Bridge
Wadebridge PL30 4QS
Tel. 01208 84 12 62
www.tredethyhouse.com, 11 Zi.
Elegantes viktorianisches Herrenhaus
mit Himmelbetten und gemütlicher
Trattoria; direkt am Ufer des Camel
gelegen, 8 mi / 12,8 km nördlich
von Bodmin.

Bodmin »Nach Bodmin wird man entweder gesteckt oder gebracht«, verraten die Einheimischen schmunzelnd. Sie verweisen damit auf die einst berühmt-berüchtigten Institutionen der Stadt, das Gefängnis **Bodmin Jail** aus dem 18. Jh. in der Berrycombe Road, heute ein Museum, und die psychiatrische Anstalt, in der die Insassen – eine Neuerung für die damalige Zeit – Geld für ihre Familien verdienen konnten und Lesen und Schreiben lernten. Im Gefängnis von Bodmin wurden während des Ersten Weltkriegs die Kronjuwelen aufbewahrt.

St Petroc Die viktorianisch geprägte Kleinstadt, die 1989 den Titel der Grafschaftshauptstadt an Truro abtreten musste, ist neben guten Einkaufsmöglichkeiten für die **größte Pfarrkirche Cornwalls** bekannt. Im Innern von St. Petroc, 1472 erbaut, beeindruckt das aufwendig verzierte normannische Taufbecken aus dem 12. Jh. mit Engelsköpfen, Lebensbaum und Allegorien von Gut und Böse. Sehenswert sind auch zwei deutsche Tafelbilder von 1500 und das Marmorgrabmal für Prior Thomas Vivian aus dem 16. Jahrhundert.

*Lanhydrock House Auf einem Hügel 3 mi / 5 km südlich von Bodmin thront inmitten einer wunderschönen Parklandschaft Lanhydrock House. Im 17. Jh. von Lord Robartes errichtet, brannte es 1881 bis auf das Torhaus und den Nordflügel mit seiner 35 m langen **Long Gallery** ab, deren Stuckdecke Szenen des Alten Testaments darstellen. Der »Neubau« im

Tudorstil vermittelt mit 49 Räumen ein anschauliches Bild vom Leben in einem reichen viktorianischen Haushalt.

❶ April – Okt. Di. – So. 11.00 – 17.30 Uhr, Gesamtanlage Eintritt Erw. £ 13

Den Bergfried von Restormel Castle zwischen Bodmin und Lostwithiel umgibt ein 5 m tiefer Burggraben – ein beeindruckendes Beispiel für die Militärarchitektur Cornwalls im 12. / 13. Jahrhundert.

*Restormel Castle

Daphne du Maurier ließ sich von einem alten Gasthof bei Bolventor, wo sie in den 1920ern logierte und den Gästen lauschte, zu ihrem Schmugglerkrimi »Jamaica Inn« (▶Baedeker Wissen S. 238) inspirieren, den Alfred Hitchcock 1939 verfilmte. Heute ist die alte Postkutschenstation Jamaica Inn zwar noch immer stimmungsvoll, doch als Restaurant mit Erlebniscenter häufig überlaufen.

Bolventor

Jamaica Inn: Tel. 01566 8 62 50, www.jamaicainn.co.uk

Gegenüber führt ein Pfad zum angeblich bodenlosen Pool, in dem das sagenhafte Schwert **Excalibur** von König Artus ruhen soll. Das größte Wasserreservoir Cornwalls bildet zusammen mit dem nahen Fowey-Fluss den Lebensraum für zahlreiche Wasservögel.

Dozmary Pool

Eine normannische Verteidigungsanlage überragt die einstige Grafschaftshauptstadt am Nordrand des Moors. Brian de Bretagne, ein Halbbruder Williams des Eroberers, errichtete auf einem Erdwall im 11. Jh. ein erstes **Castle** für die Grafen von Cornwall. 100 Jahre später kam ein Bergfried hinzu, den Herzog Richard im 13. Jh. durch einen Rundturm erweiterte. Heute genießt man von der Burgruine einen herrlichen Blick über Devon und Cornwall.

Launceston

Symphonie in Rot und Lila: der Garten von Lanhydrock House

Von der mittelalterlichen Stadtmauer ist das **Southgate** aus dem 12. Jh. am besten erhalten. Biegt man von hier rechts in die Market Street ein, kann man in der Markthalle durch Geschäfte und Tea Rooms bummeln. Hinter Church Stile, einem mit Stuckarbeiten verzierten georgianischen Stadthaus, erhebt sich die Granitkirche **St. Mary Magdalene** aus dem 16. Jh. – unter dem Ostfenster ruht ihre Schutzpatronin. Ältestes Inventar sind ein normannisches Taufbecken und die vorreformatorische Kanzel. Die schönsten georgianischen Bauten von Launceston finden sich in der kopfsteingepflasterten **Castle Street**. Im stilvollen Eagle House Hotel kann man drinnen oder draußen den Afternoon Tea zu sich nehmen.

Launceston Castle: April – Juni, Sept. tgl. 10.00 – 17.00, Juli/Aug. bis 18.00, Okt. bis 16.00 Uhr, Eintritt Erw. £ 3.80, www.english-heritage.org.uk

Bournemouth · Poole

✦ **K 28/29**

Grafschaft: Dorset
Einwohner: 340 000

Das Duo an der Küste von Dorset könnte unterschiedlicher nicht sein: Während sich im Seebad Bournemouth Sprachschüler aus aller Welt an den 10 km langen Sandstränden tummeln, blickt Poole mit dem zweitgrößten Naturhafen der Welt auf eine lange Seefahrertradition zurück.

Seebad mit Geschichte
Zwar haben Bournemouth und Poole eine ganz unterschiedliche Geschichte, doch heute sind sie längst zusammengewachsen – und bilden mit Christchurch die South East Dorset Conurbation mit 390 000 Einwohnern. Während sich in der geschützten Bucht von Poole bereits im 12./13. Jh. ein Hafen etablierte, ist Bournemouth erst seit dem 19. Jh. ein Seebad. Berühmtheiten wie **Robert Louis Stevenson**, der hier »Die Schatzinsel« und »Dr. Jekyll and Mr. Hyde« verfasste, suchten in dem milden Klima Heilung von ihrem Lungenleiden. »Herr der Ringe«-Autor J. R. R. Tolkien starb hier 1973.

SEHENSWERTES IN BOURNEMOUTH

Bournemouth Pier
Mehr als 1000 Fuß (304 m) ragt seit 1880 die hölzerne Bournemouth Pier ins Meer – mit Souvenirladen und Eiskremshop, dem aussichtsreichen Key West Restaurant, Kletterwand, Höhlenweg – und einer brandneuen Zip Line von der Pier zum Strand.

❶ www.rockreef.co.uk/bournemouth-pier, Eingang zur Pier pro Person 50 p
www.waverleyexcursions.co.uk

Bournemouth · Poole erleben

AUSKUNFT
Bournemouth Visitor
Information Bureau
Westover Road, Bournemouth BH1 2BU
Tel. 0845 051 17 00
www.bournemouth.co.uk

Poole Tourism
Enefco House, Poole Quay
Poole, Dorset BH15 1HJ
Tel. 084 52 34 55 60
www.pooletourism.com

FÄHREN
Bournemouth International Airport liegt
3 mi / 4,8 km nördlich der City (www.
bournemouthairport.com). Brittany und
Condor Ferries fahren von Cherbourg,
St-Malo und den Kanalinseln nach
Poole. Dorset Cruises schippern von
Poole Quay nach Bournemouth und
Swanage sowie zur ►Isle of Wight und
zur Purbeck Coast (www.dorsetcruises.
co.uk), Brownsea Island wird von den
Greenslade Pleasure Boats (www.green
sladepleasureboats.co.uk) und Brownsea
Island Ferries (www.brownseaisland
ferries.com) angefahren. Zwischen Pool
und Purbeck-Küste pendelt tgl. 7.00 bis
23.00 Uhr die Sandbanks-Autofähre
(www.sandbanksferry.co.uk).

EVENTS
Im Mai trifft sich der Nachwuchs zum
Music Competitions Festival, im Juni
spielen die Bands der Stadt beim Live
Music Festival, im Aug. lädt das Sympho-
nieorchester zu den BSO Classical Proms.
Regionale Köstlichkeiten lassen sich je-
dem 3. Sa. im Monat von 9.00 – 15.00
Uhr beim Bournemouth Farmers Market
in Wintons Cardigan Road genießen.

UP, UP AND AWAY ...
Bournemouth Balloon, ein Helium-
ballon mit geschlossener Gondel,
bietet den ungewöhnlichsten Ausblick
auf das Seebad und die Kanalküste –
er schwebt in 150 m Höhe über den
Lower Gardens (Ostern – Sept. tgl. 10.00
bis 20.00, Sept. – Ostern Mo. – Fr. 11.00
bis 17.00, Sa./So. 10.30 – 18.00 Uhr,
Erw. £12,50, unter 14 Jahre £ 7,50,
Familie 2 Erw. + 2 Kinder £ 35,
www.bournemouthballoon.com)**.**

SHOPPING
Für einen Einkaufsbummel empfehlen
sich die großzügige Fußgängerzone,
das 1885 von John Elmes Beale gegründete Kaufhaus an der Old Christchurch
Road und das Castlepoint Shopping Park
nördlich der Stadt.

ESSEN UND ÜBERNACHTEN
Menzies Carlton
Hotel ❸❸❸
Meyrick Road, East Overcliff
Bournemouth BH1 3DN
Tel. 0871 472 40 14
www.menzies-hotels.co.uk
73 großzügige Zimmer mit Seeblick.
Frederick's Restaurant bereitet beste
englische Küche mit Blick auf die Bucht.
Entspannung bieten zwei Pools.

Durley Dean Hotel
28 West Cliff Road
West Cliff, Bournemouth
Dorset BH2 5HE
Tel. 012 02 55 77 11
www.durleydean.co.uk
Modern gestyltes, viktorianisches
Stadthaus mit Pool und Sauna
nahe der Strände

Seit 1885 Flaniermeile: die gusseiserne Bournemouth Arcade

Chines
Die Klippen von Bournemouth unterbrechen tief eingeschnittene Täler – »Chines« – mit prächtigen Rhododendren. Zum 10 km langen Sandstrand mit Pier und Promenade führen Treppen und zwei Lifte. Im **Oceanarium** beim Pier tummeln sich Clownfische und Seepferdchen, im Unterwassertunnel schweben blau gesprenkelte Rochen über die Besucher hinweg.
Oceanarium: tgl. 10.00 – 18.00 Uhr, Eintritt Erw. £ 9.95, online ab £ 7.95
Fütterungen: Otter 11.00, 13.00, Stachelrochen 15.00 Uhr
www.oceanarium.co.uk

St Peter's Church
Frankenstein-Fans zieht es zur St. Peter's Church – hier liegt **Mary Wollstonecraft Shelley** (1797 – 1851), die Autorin des Monster-Romans und eine der ersten Feministinnen Englands, neben ihrem Dichtergatten Percy Shelley begraben.

Russell-Cotes Art Gallery & Museum
In einer viktorianischen Villa von 1884 mit einer Art Gallery von 1926 zeigt das Russell-Cotes Art Gallery & Museum die Sammlung des Hoteliers Sir Russel Cotes: Gemälde und Skulpturen, vor allem des 19. Jh.s, sowie japanische Kunst.
❶ derzeit geschlossen, www.russell-cotes.bournemouth.gov.uk

Pine Walk Art Display
Um Strand und Stadt mit einem schattigen Weg zu verbinden, ließ Stadtgründer Lewis Tregonwell Hunderte von Pinien bei den Lower Gardens pflanzen. Der einstige Invalids Walk heißt heute Pine Walk und präsentiert alljährlich von Mai bis September von 9.30 bis 17.00 Uhr Kunst im Grünen.

SEHENSWERTES IN POOLE

Poole Quay ist das alte Herz des Hafens mit traditionsreichen Knei-   *Naturhafen
pen und alten Speichern, in denen man u. a. den Töpfern der **Poole
Pottery** zusehen kann. Über die Geschichte vom Seeräubernest zum
modernen Hafen informiert das **Poole Museum**, zu dessen Highlights ein Boot aus der Steinzeit, die größte Sammlung des örtlichen
Töpferhandwerks sowie eine wun-
derschöne Café-Terrasse mit Blick
auf den Hafen gehört. Poole Quay,
Old Town und Harbourside Park erschließt seit 2012 der interaktive
Pool Trail, der am Museum beginnt.
Nur für Tagesgäste geöffnet ist
Brownsea Island, in 30 Minuten
per Boot zu erreichen. Die 200 ha
große Insel im Besitz des National
Trust bietet im Norden ein **Vogelschutzgebiet** und im Süden herrliche Wanderwege und Sandstrände.

> **? BAEDEKER WISSEN**
>
> *Scouting for Boys*
>
> Die Idee einer **Pfadfinder**truppe
> hegte Robert Stephenson Smyth
> Baden-Powell schon mehrere Jah-
> re, bevor er 1907 auf Brownsea
> Island mit einem Zeltlager für 21
> Jungen aller sozialen Schichten
> den Grundstein für die weltweite
> Pfadfinderbewegung legte.

Poole Museum: tgl. 10.00 – 17.00, So. ab 12.00 Uhr, Eintritt frei
Brownsea Island: Juli, Aug. tgl. 10.00 – 18.00 Uhr, 27. März – 3. Okt.
tgl. 10.00 – 17.00 Uhr, Eintritt Erw. £ 6.10, www.nationaltrust.org.uk

Das erst kurz nach dem Ersten Weltkrieg angelegte Compton Acres,   *Compton
auf der B 3369 rund 3 mi / 5 km südöstlich, ist eine **perfekte Sym-**   Acres
phonie von Gartenstilen von Rom bis Japan, garniert mit herrlichen Ausblicken auf den Hafen von Poole.
❶ tgl. 10.00 – 18.00, im Winter bis 16.00 Uhr, Eintritt Erw. £ 7.95
www.comptonacres.co.uk

UMGEBUNG VON BOURNEMOUTH UND POOLE

Das Zentrum der 5 mi / 9 km nördlich von Poole gelegenen Markt-   Wimborne
stadt bildet eine prächtige Kathedrale mit gescheckterm Mauerwerk   Minster
und mächtigem Vierungsturm, die auf das Jahr 705 zurückgeht. Im
Inneren ummantelt Bausubstanz aus dem 14. und 15. Jh. den normannischen Kern. Berühmt sind die astronomische Uhr von 1320
und die »Chained Library« von 1868, die erste öffentliche Bibliothek
Englands – die wertvollsten ihrer 250 Bücher waren angekettet.

Das idyllische Landschloss der Familie Bankes, 3 mi / 8 km nord-   **Kingston
westlich von Wimborne Minster, wurde 1663 erbaut und im 19. Jh.   Lacy
von Sir Charles Barry erheblich verändert. In der Eingangshalle führen marmorne Treppen zur Bibliothek mit Familienporträts und

Kinderbildnissen von Sir Peter Lely; der Drawing Room birgt Porträts von **Van Dyck**. Im Speisesaal, nach einem Brand 1910 neu eingerichtet, beeindruckt das Sebastiano del Piombo zugeschriebene Deckengemälde. Im Salon hängen unter einem Tonnengewölbe aus dem 18. Jh. Gemälde von Jan Brueghel d. Ä., Tizian und Rubens. Der Spanische Saal vereint die Gemälde spanischer Meister. Den rosafarbenen **Obelisken** aus Granit im Garten brachte Bankes 1815 von einer Ägyptenreise mit. Im Park treffen sich die Briten im Frühjahr zum Schneeglöckchen-Spaziergang.

❶ Haus: März – Okt. Mi. – So. 11.00 – 17.00, Garten: tgl. 10.30 – 18.00 Uhr, Gesamtanlage Erw. £ 13, nur Park & Garten £ 8, www.nationaltrust.org.uk

ISLE OF PURBECK

Purbeck Marble
Die Halbinsel Purbeck ist bekannt für ihren »Purbeck-Marmor«, eigentlich ein dunkler Muschelkalk, mit dem schon die Römer regen Handel trieben – auch beim Bau der Londoner St. Paul's Cathedral wurde er verwendet. Zwischen Kimmeridge und Lulworth Cove ist die »Area of Natural Beauty« militärisches Sperrgebiet und darf nur am Wochenende betreten werden.

Swanage
Vom größten Seebad der Halbinsel wurde bis zum Bau der Eisenbahn der Purbeck-Marmor verschifft. Swanage besitzt **Londoner Baufragmente**, die der Steinhändler John Mowlem im 19. Jh. hierher transportieren ließ: Das Rathaus ziert die Barockfassade der Londoner Mercer's Company, dem Pier wurden Teile der London Bridge einverleibt, und der Konvent Our Lady of Mercy erhielt Statuen der Royal Exchange und Dachziegel der Houses of Parliament.

*Worth Matravers
Das hübsche Dörfchen Worth Matravers lieferte einst den hochwertigsten Purbeck-Marmor. In einem der stillgelegten Steinbrüche wurden Dinosaurier-Abdrücke entdeckt. Ein Weg führt an der Kapelle des hl. Aldhelm vorbei zur hoch gelegenen Landspitze **St. Aldhelm's Head** mit grandioser Aussicht.

*Corfe Castle
Bummmeln Sie durch das idyllische Dorf Corfe Castle mit kleinen Shops, Pubs und Teestuben. Oberhalb thront die Ruine einer normannischen Burg aus dem 11. Jh., die 1646 zerstört wurde. Hier wurde 987 König Eduard der Märtyrer von seiner Stiefmutter Elfrieda ermordet, die daraufhin ihrem Sohn Aethelred die Krone zusprach.

Lulworth Cove
Hohe, steile Klifformationen umschließen fast völlig die kreisförmige Bucht Lulworth Cove. Östlich beginnt der 0,6 mi / 1 km lange **Fossil Forest** mit versteinerten Waldpflanzen. 3 mi / 5 km weiter erreicht der Küstenpfad das Felsportal **Durdle Door**.

Brighton · Hove

✦ J/K 38/39

Grafschaft: East Sussex
Einwohner: 220 000

Brighton ist der Inbegriff eines englischen Seebades. Ab Mitte des 18. Jh.s. mauserte sich das Fischernest an der Kanalküste von East Sussex zum mondänen »London by the Sea«, in dem der spätere Georg IV. mit seiner Geliebten gerne »Dirty Weekends« genoss.

Fast könnte man sich zwischen den Coffee Shops, Restaurants, Straßenmärkten und Nachtlokalen von Brighton in einem Stadtteil Londons wähnen, wären da nicht die lang gezogene Strandpromenade mit weißen Hotelfassaden, der Palace Pier und die allgegenwärtige Atmosphäre der Prinzregentenzeit, die sich architektonisch in den Häuserreihen der Crescents und Terraces und dem exotischen Royal Pavilion verewigt hat. Unter Queen Victoria, der Brighton zu überlaufen und vulgär war, entstanden 1841 die Bahnlinie nach London sowie zwei Piers. In den 1960ern lieferten sich Teds, Mods und Rocker Schlachten in der Stadt, 1984 entging Margaret Thatcher im

»London by the Sea«

Brighton

Essen
❶ Blanch House
❷ Terre à Terre
❸ English's of Brighton

Übernachten
❶ Drakes
❷ Grand Hotel
❸ New Steine Hotel
❹ Kings

Fußgängerzone

Zwischen gestern und morgen

*Im 18. und 19. Jahrhundert reisten Adel und Gesellschaft in die Bade-
orte an der englischen Südküste, um im Seeklima zu kuren. Prächtige
Piers und elegante Fassaden künden von dieser Glanzzeit. Als Ferien
am Meer für alle erschwinglich wurden, änderte sich auch das Bade-
leben: Highlife statt High Society prägt heute den Alltag an der Küste.*

Ein Sommertag am Meer. Menschen in langen Badekleidern strecken mit Todesverachtung die Ze-
hen ins Wasser und waten durch
Sand, Schlick und Muscheln. Nicht-
schwimmer werden von »**dippers**«,
den Ehefrauen örtlicher Fischer, ins
erfrischende Nass getaucht: Bade-
leben um die Mitte des 18. Jh.s im
Fischerdorf Brighton, das bald als
»Perle der Südküste« berühmt
werden sollte. 1750 hatte hier der
Arzt **Dr. Richard Russell** den ge-
sundheitsfördernden Badeurlaub
eingeführt und das Wasser des
Meeres zur Linderung von Drüsen-
krankheiten empfohlen – das englische Badewesen war geboren.
Diese Einrichtung sollte das Leben
der Briten um exquisite Vergnü-
gungen bereichern. Dazu gehört
das **Dirty Weekend**, der Zweita-
gesausflug in ein plüschiges Küs-
tenhotel an der Seite eines Menschen, der nicht der angetraute
Partner ist, und Amüsements wie
Karaoke-Singen, Karussellfahren,
und Kampftrinken. In den Tagen
vor Dr. Russell glaubte man, Ganz-
körperbaden sei ein eher schädli-
cher Prozess, dem man sich höchs-
tens zwei Mal pro Jahr unterzog,
um die obersten Schmutzschichten
abzutragen. Russell verstörte seine
Zeitgenossen nun mit der radika-
len These, dass es nicht nur heilsam
sei, ins Seewasser einzutauchen,
sondern es auch zu trinken – je
nach Krankheitsbild angereichert
mit Milch oder auch **pulverisierten
Krabbenaugen**.

In guter Gesellschaft

In Brighton fand die junge Bäder-
bewegung im späteren **Prinzre-
genten George** einen prominenten
Befürworter. Auch er gab vor, die
Heilwirkung des Seewassers erpro-
ben zu wollen, als er 1783 erstmals
hierherkam. Tatsächlich jedoch genoss der Prince of Wales in dem
aufstrebenden Modebad haupt-
sächlich die Gesellschaft der schönen katholischen Witwe **Maria
Fitzherbert**, einer gänzlich unpas-
senden Partie für den Erben des
britischen Königreichs. Und so
prägte der berühmte Badegast
gleich die künftigen Gewohnhei-
ten für das Leben an der Küste. Baden – gut und schön, wichtiger war
aber schon in Gründertagen das
gesellige Rahmenprogramm. Elegante Regency-Gebäude schossen
bald überall aus dem Boden, und
jeder, der in der Hauptstadt etwas
darstellte, mietete oder kaufte sich
hier ein – »**London by the Sea**« war
geboren.

London by the Sea

Es dauerte nicht lange, bis es Tausende von wohlhabenden Städtern
der Aristokratie nachmachten.

Kitschig und doch wunderschön: Brightons nostalgischer Palace Pier

Nicht nur in Brighton, auch in den anderen **seaside towns** der Südküste setzte der Fremdenverkehr ein – im mediterranen Torquay ebenso wie im behäbigen Bournemouth und im viktorianisch-eleganten Eastbourne. Dem Hochadel folgte die Bourgeoisie, und nach den middle classes reiste das Proletariat an: Ferien am Meer waren kein Privileg der Oberschicht mehr. Mit steigender Popularität begann auch der Glanz zu blättern. Nicht nur Wind und Salzwasser haben an den prächtigen Hotelfassaden genagt. Auch die hohe Arbeitslosigkeit in einigen Küstenorten und die Ansprüche der neuen Klientel veränderten den Charakter der Seebäder. Wo früher die Damen der Society promenierten, dudeln heute Spielautomaten zwischen Wahrsagerbuden, Softeisständen, Bingohallen und Billig-Pubs. Erholung oder gar Gesundheit sind nicht mehr Zweck des Badeurlaubs – Fun heißt heute die Devise.

Entertainment

Obwohl es die Engländer heute auch in südlichere Gestade zieht, erfreut sich die eigene Küste nach wie vor großer Beliebtheit – nirgendwo sonst ist das Freizeitangebot so exakt auf englische Bedürfnisse zugeschnitten. Doch es gibt auch noch Seebäder, die der **nostalgische Charme vergangener Noblesse** umspült. Bournemouth und Eastbourne haben sich einen Namen als Konferenz- und Tagungsorte gemacht. In Brighton veranstalten die beiden großen Parteien, Labour und die Konservativen, ihre Parteitage. Das älteste und größte englische Seebad ist zugleich auch Universitätsstadt und beliebtes Ziel für Einkaufslustige und Antiquitätensammler. Und trotzdem: Die Jahrmarktatmosphäre, der Duft von Zuckerwatte, Fish & Chips und die leicht lädierten Fassaden der Grand Hotels – auch das gehört zum Reiz der zukunftsorientierten Bäder.

Brighton erleben

AUSKUNFT
Visitor Information Centre
Royal Pavilion, 4-5 Pavilion Buildings
Brighton BN1 1EE, Tel. 0906 7 11 22 55
www.visitbrighton.com

EVENTS
Topevents sind das alljährliche Brighton
Kulturfestival im Mai und die Opern-
abende im nahen Glyndebourne – unbedingt rechtzeitig buchen! (www.glyn
debourne.com, ▶S. 94). Seit 1896 wird
jeden Nov. die Oldtimer-Rallye zwischen
London und Brighton ausgetragen.
Wegen seiner jahrhundertelangen Tole-
ranz für unkonventionelle Lebensweisen
ist Brighton heute ein Hotspot der Ho-
mosexuellen, die hier gleich zweimal
einen CSD im März und Juli/Aug. feiern.
Höhepunkt ist die große Parade im
Aug. mit schrillen Drag-Queens, die vom
Strand quer durch die Stadt zum Preston
Park zieht. Als Brightons Gay Village gilt
der Stadtteil Kamp Town mit Clubs und
Lokalen an der St. James Street und
Old Steine.

AUSGEHEN
Brightons Clubszene ist berühmt – und
hat zwei Weltstars hervorgebracht: The
Kooks und Fatboy Slim. Die wichtigsten
Clubs beschallen den Strand, darunter
der Honey Club, das Digital, Coalition,
Funky Buddha und der Kooklub.

SHOPPING
In den schmalen Gassen von North Laine
(www.northlaine.co.uk) mit ihren
quietschbunten Fassaden drängen sich
300 Shops mit Krimskrams, Retro und
Avantgarde. An der Gardner Street liegt
der berühmte »Vitas«-Schuh-Shop,

**Antiquitätenfreunde,
willkommen in den Lanes!**

schräg gegenüber die Mods-Hochburg
»Jump the Gun«. Die ehemaligen Fi-
scherhäuser der Lanes sind fest in der
Hand von Schmuckhändlern und Anti-
quitätenläden. Gute Antiquariate hat
Kemp Town. Sonntagvormittag verwandelt sich Brightons Bahnhofsparkplatz
in einen Open-Air-Markt.

ESSEN
❶ *Blanch House* €€/€€€
17 Atlingworth Street, Tel. 01273
60 35 04, www.blanchhouse.co.uk
Modern gestyltes, viktorianisches B & B
mit 12 Themenzimmern, Champagner-
und Cocktailbar sowie Welllness- und
Massageanwendungen im Zimmer.

❷ *Terre à Terre* €€
71 East Street, Tel. 01273 72 90 51
www.terreaterre.co.uk
Preisgekrönte vegetarische Küche mit
gelungenem Mix aus Asien und Mittelmeer. Zum Nachkochen gibt's das
passende Kochbuch.

❸ *English's of Brighton* ⓔⓔ
29-31 East Street, Tel. 01273 32 79 80
www.englishs.co.uk
Seit über 150 Jahren wird in den drei
ehemaligen mittelalterlichen Fischerhütten gespeist, heute serviert hier
Gavin Leigh Austern warm und kalt
sowie fangfrischen Fisch.

ÜBERNACHTEN
❶ *Drakes* ⓔⓔⓔ
44 Marine Parade, Brighton BN2 1PE
Tel. 01273 69 69 34
www.drakesofbrighton.com
Designhotel mit 20 spektakulär eingerichteten Zimmern mit Power-Duschen
und Meerblick. Im »The Restaurant at
Drakes« steht Andrew MacKenzie am
Herd – 2014 vom Good Food Guide das
fünfte Mal in Folge als bestes Lokal der
Stadt ausgezeichnet.

❷ *Grand Hotel* ⓔⓔⓔⓔ
King's Road, Brighton BN1 2FW
Tel. 01273 22 43 00

www.grandbrighton.co.uk
Nostalgische Nobelherberge von 1884
an der Promenade (►Abb. S. 106). Auch
wer nicht hier wohnt, kann den Tee im
romantischen Wintergarten einnehmen.

Ockenden Manor
►Baedeker Wissen, S. 110

❸ *New Steine Hotel* ⓔⓔ/ⓔⓔⓔ
12A New Steine, Brighton BN2 1PB
Tel. 01273 68 15 46
www.newsteinehotel.com
Elegantes Boutiquehotel mit 20 Zimmern, das geschickt mit Trend und Tradition jongliert. Das Bistro serviert britische
Klassiker und französische Bistro-Küche.

❹ *Kings* ⓔⓔ
139-141 Kings Road, Brighton BN1 2NA
Tel. 01273 82 08 54
www.kingshotelbrighton.co.uk
Gepflegte Zimmer mit Seeblick neben
dem West Pier. Bar und ein privater
Parkplatz.

Grand Hotel nur knapp einem IRA-Attentat. Seit der Fusion mit
Hove 1997 ist Brighton nicht nur das größte Seebad Englands, sondern neben Inverness und Wolverhampton eine der drei »Millenium
Cities«, die 2001 in den Rang einer »City« erhoben wurden Im Kon-
gresszentrum halten alljährlich die Tories ihren Parteitag ab.

✦✦ ROYAL PAVILION

Als »Lustschloss, stolz und kuppelschwer ...« beschrieb Coleridge den
Royal Pavilion, der sich wie ein indischer Maharadscha-Palast auf
grünem Rasen mitten im Stadtzentrum erhebt. Der Prince of Wales
und spätere **Georg IV.**, der 1783 erstmals das Seebad besuchte und
sich sogleich in die Witwe Maria Anne Fitzherbert verliebte, ließ
1815 – 1822 seine klassizistische Villa vom Hofbaumeister John Nash
in einen exotischen Prunkbau umwandeln: mit Zwiebeltürmen, Mi-
naretten, Hufeisenbogen und Chinoiserien im Innern. Bei ihrem
einzigen Besuch missfiel Königin Viktoria nicht nur die Stadt, son-

Wahrzeichen von Brighton: der extravagante Royal Pavilion

dern auch der opulent-orientalische Bau – für £ 50 000 verkaufte sie ihn 1850 an die Stadt. Heute für 10 Mio. £ restauriert, können jetzt wieder alle Räume im Originalzustand besichtigt werden. Man betritt den Palast durch die Oktogon-Halle. In der Long Gallery, die den Bankettsaal mit dem Musiksaal verbindet, verdienen die Bambus-Möbel und das Bambus imitierende eiserne Treppengeländer besondere Beachtung. Auf der Glaskuppel des **Bankettsaals** wiegt sich die Blätterkrone einer Bananenstaude, aus deren Mitte ein silberner Drache herauswächst. Zwischen seinen Flügeln hängt ein 9 m hoher Kristalllüster mit Lotusblütenlampen, der fast eine Tonne wiegt. Die anschließende große Küche gehörte mit kupfernen Absaug-Baldachinen und automatischen Grillspießen zu den modernsten ihrer Zeit. Über Bankettsaalgalerie, Salon und Musiksaalgalerie wird der **Musiksaal** erreicht, eine märchenhafte »Höhle« in Gold, Rot und Blau, beleuchtet von Gaslampen – damals eine viel bestaunte Neuigkeit. Eher schlicht gehalten sind die mit dezenten Regency-Möbeln eingerichteten Privatgemächer von Georg IV. Der Rundgang endet im **Royal Pavilion Tearoom**, wo Sie nicht nur Kuchenklassiker und Cream Team, sondern auch Traditionsgerichte aus dem Regency genießen könnten – Hodge Podge, Devilled Kidneys on Toast oder Cider Cobbler.

❶ Okt. – März 10.00 – 17.15, April – Sept. 9.30 – 17.45 Uhr
Eintritt Erw. £ 12.30, http://brightonmuseums.org.uk/royalpavilion

Brighton Museum & Art Gallery

Zwischen Reitställen im indischen Stil birgt der Kuppelbau der einstigen Hofreitschule die Konzerthalle »**The Dome**«. Das Brighton Museum besitzt ein Sofa von Salvador Dalí in Form von Mae Wests Lippen, Kunst und Möbel im Jugendstil und eine Modegalerie.

❶ Di. – So. 10.00 – 17.00 Uhr, Erw. £ 5.20, http://brightonmuseums.org.uk

Theatre Royal

Im Norden grenzt der Garten des Royal Pavilion an das klassizistische Theatre Royal, das 1806 erbaut wurde. Zwischen dem Künstlerviertel North Laine und The Lanes entstand in den letzten Jahren das **»cultural quarter«** mit Public Library.

Brighton Pier

13 300 Glühbirnen illuminieren nachts den 521 m langen, 1899 aus Gusseisen errichteten Brighton Pier, auf dem sich **Kitsch und Kirmes** zum nostalgischen Seebad-Ambiente verbinden: mit Liegestühlen, Karussells, Spielhallen – und klebrig-süßen **Brighton Rocks** in allen Geschmacksvarianten (▶Abb. S. 171).

West Pier

Auf dem West Pier von 1866 eröffneten im Sommer 2016 das West Pier Heritage Centre und der Aussichtsturm **British Airways i360**, an dem ein gläserner Ring hinauf bis auf 162 m Höhe saust und Weitblicke auf die Küste und die Stadt bietet.
❶ tgl. 10.00 – 20.00, Fr., Sa. bis 22.00 Uhr; Erw. £15.00
http://britishairwaysi360.co

Brighton Marina

Vom Brighton Pier rattert eine elektrische Eisenbahn seit 1883 eine Meile gen Osten zur Brighton Marina. Erbaut wurde die **Volk's Electric Railway** von Magnus Volk, dem Sohn eines deutschen Uhrmachers. Zum neuen Bummelviertel mit maritimem Flair hat sich die Marina entwickelt, seitdem sich zu den 1500 Liegeplätzen auch kleine Cafés, Restaurants und nette Boutiquen gesellt haben. Noch mehr Läden und ein Multiplex-Kino bietet das Brighton Marina Village.
❶ www.brightonmarina.co.uk

Brighton Fishing Museum

Das Brighton Fishing Museum an der Promenade erzählt von der Blütezeit des Fischfangs. Der **Clock Tower** nordwestlich der Lanes war früher telegrafisch mit Greenwich verbunden und maß die Zeit mit einem stündlich auf- und abfallenden »Zeitball«. Teddys, Eisenbahnen und Schiffsmodelle sind im **Toy & Model Museum** im Bahnhof zu bewundern. Das naturgeschichtliche ***Booth Museum** an der Dyke Street ist ein viktorianischer »Zoo« für ausgestopfte Tiere mit über 500 000 Exemplaren. 150 Arten in Ozeanen und Gewässern der tropischen Regenwälder präsentiert das 2012 wiedereröffnete **Brighton Sea Life Centre**, das Besucher auf eine Fahrt im Glasbodenboot mitnimmt.
Brighton Fishing Museum:
tgl. 10.00 – 17.00 Uhr, Eintritt frei

> **!** **BAEDEKER TIPP**
>
> ### Am Abgrund des Lebens
>
> Als Graham Greene 1938 seinen berühmten Krimi **»Brighton Rock«** veröffentlichte, war dies eine literarische Revolution: Erstmals wurden Religion und Moral in einem packenden Thriller thematisiert. Der zeitlose Krimi um den 17-jährigen Bandenchef Pinkie, der in Brighton in einen Mord verwickelt wird, wurde 2011 mit Oscargewinnerin Helen Mirren, Sam Riley, John Hurt und Newcomerin Andrea Riseborough neu verfilmt.

Toy & Model Museum: Trafalgar Street, Di. – Fr. 10.00 – 17.00,
Sa. 11.00 – 17.00 Uhr Erw. £ 6.50, www.brightontoymuseum.co.uk
Booth Museum: Mo. – Mi., Fr., Sa. 10.00 – 17.00, So. 14.00 – 17.00 Uhr
Eintritt frei, http://brightonmuseums.org.uk/booth
Brighton Sea Life: Ostern – Okt. tgl. 10.00 – 18.00, sonst bis 17.00 Uhr
Erw. ab £ 17.50, online ab £ 11.95, www.visitsealife.com/brighton

UMGEBUNG VON BRIGHTON

*Lewes   Nicht Brighton, sondern das 9 mi / 15 km nordöstlich gelegene Lewes
ist Grafschaftshauptstadt von East Sussex. Der gepflegte Ort mit
16 000 Einwohnern liegt weithin sichtbar auf einem Hügel der South
Downs, um den sich der Fluss Ouse windet. Eine normannische
Burgruine mit aussichtsreichem Bergfried dominiert die Stadt.
Hauptachse der Altstadt ist die High Street mit Fachwerkbauten,
georgianischen Häusern und schindelverkleideten Fassaden. Das
Anna of Cleves House in der Southover High Street erhielt 1541 die
vierte Gattin von Heinrich VIII. als Scheidungsabfindung. Allerdings
lebte Anna nie in dem Tudorbau, dessen Einrichtung aus dem 17.
und 18. Jh. stammt. In der **Guy Fawkes Night** am 5. November wohnen alljährlich Schaulustige aus ganz England in Lewes einem turbu-
lenten Umzug mit Feuerwerk bei. In einem der vielen Pubs sollte
man einmal das lokal gebraute Bier **»Harveys of Lewes«** probieren.
Anne of Cleves House: Feb. – Okt. tgl. 10.00 – 17.00, So., Mo. ab
11.00 Uhr Eintritt Erw. £ 5.60, http://sussexpast.co.uk

*Opernhaus   Ganz besonders stilvoll ist ein Opernbesuch in Glyndebourne,
von   4,3 mi / 7 km östlich von Lewes. John Christie gründete 1934 diese
Glynde-   Privatoper, um den Auftritten seiner Sopranistengattin einen würdi-
bourne   gen Rahmen zu verleihen. Mit Mozarts »Hochzeit des Figaro« begann eine Tradition **anspruchsvoller Opernfestspiele**, die zwischen Mai und August Musikliebhaber und Künstler aus aller Welt
anziehen. Die Aufführungen beginnen am Spätnachmittag, in der
langen Pause begeben sich die Gäste in Abendgala auf den grünen
Rasen, um das Opernerlebnis mit einem Champagnerpicknick abzu-
runden. Seit 1994 sorgen eine neue Konzerthalle mit 1200 Sitzplätzen
und aufgespannte Segeltücher dafür, dass die Veranstaltung auch bei
Regen nicht ins Wasser fällt. Für alle, die nicht dabei sein können,
reist Glyndebourne bei seiner »Glynebourne Tour« mit drei Pro-
duktionen im Herbst durch das Königreich. .
❶ Kartenvorverkauf: Tel. 01273 81 38 13, Stehplätze nachmittags/abends
Erw. £ 10/20, Sitzplätze Erw. ab £ 55, www.glyndebourne.com

Monk's   In das schlichte Cottage Monk's House im Dörfchen **Rodmell**, das
House   4,3 mi / 7 km südlich von Lewes an der Landstraße nach Newhaven

liegt, zog sich **Virginia Woolf** (▶Berühmte Persönlichkeiten) regelmäßig mit ihrem Gatten Leonard zum Schreiben zurück. Von 1939 bis zu ihrem Freitod in der nahen Ouse 1941 lebte sie ständig hier. Die schlichten Räume mit Möbeln der Omega-Group geben intime Einblicke in das Alltagsleben der gefeierten Essayistin, Literaturkritikerin und Romanautorin. Virginia Woolfs Asche ist zwischen den Blumenbeeten und Apfelbäumen des Gartens verstreut, dessen Schreberhäuschen der Schriftstellerin als Arbeitszimmer diente.

❶ April – Okt. Mi. – So. 13.00 – 17.30, Erw. £ 6.10, www.nationaltrust.org.uk

Der 130 km lange Reit- und Wanderweg durch die South Downs berührt auf seinem Weg von Buriton nach ▶Eastbourne die Hügelforts **Cissbury Ring** und **Chanctonbury Ring**, herrliche Aussichtspunkte wie **Devil's Dyke** und das denkmalgeschützte Dorf *Steyning, 11 mi / 18 km nordwestlich von Brighton, dessen High Street mit Fachwerk aus der Tudorzeit zu den schönsten Straßen in Sussex zählt (▶Baedeker Wissen S. 122). ***South Downs Way**

Über drei Generationen gestaltete Familie Messel von 1890 bis 1992 ihren Nymans Garden, 15,5 mi / 25 km nördlich von Brighton. Das 1947 durch Feuer zerstörte Landhaus auf gepflegtem englischen Rasen umgeben mehrere Themengärten wie der Versunkene Garten, der Japanische Garten und ein Rosengarten mit 150 Sorten. ***Nymans Garden**

❶ April – Okt. Di. – So. 10.00 – 17.00 Uhr, Eintritt Erw. £ 12.70 www.nationaltrust.org.uk

* Bristol

✛ F 24

Grafschaft: Bristol
Einwohner: 449 500, Metropolregion 1 Mio.

Der Hafen ist Bristols Lebensader: Wo 1497 John Cabot zur Entdeckung Nordamerikas aufbrach, rollen bis heute Fässer aus Spanien an Land, die eine hochprozentige Spezialität bergen: Sherry – Harvey's Bristol Cream gehört seit 1880 zu den bekanntesten Sherry-Marken der Welt.

Die alte Marktstadt am **Avon** ist durch die renommierte Universität quicklebendig, bunt und in der britischen Pop- und Kunstszene oft tonangebend. Zum Bummeln laden der Floating Harbour und die nahe Altstadt mit Hafenkneipen ein. 2015 wurde Bristol zur Umwelthauptstadt Europas gekürt. Seitdem gehört die größte Stadt des Südwestens auch zu den zehn »core cities«, den wichtigsten Großstädten Großbritanniens außerhalb Londons. **Umwelthauptstadt Europas 2015**

Bristol erleben

AUSKUNFT
Bristol Visitor Information Centre
E Shed, 1 Canons Road, Bristol BS1 5TX
Tel. 090 67 11 21 91
http://visitbristol.co.uk

ANREISE UND VERKEHR
Über die A 38 erreicht man Bristol Airport 13 km südwestlich (www.bristol airport.co.uk), der von Deutschland aus von KLM, bmi, Lufthansa und easyjet direkt angeflogen wird; Bus- und Zuganschluss ins Zentrum. Von Hotwells und Temple Meads aus kann man Hafen und Avon per Boot erkunden (Einzelfahrt £ 3, Hin- und Rückfahrt £ 5, Tagesticket £ 6,50, www.bristolferry.com). Von Ostern bis Sept. bietet Bristol InSight tgl. Hop On, Hop Off-Rundfahrten im offenen Doppeldeckerbus an, bei denen man nach Belieben ein- und aussteigen kann (Erw. 2 Tage £ 15, www.bristolinsight.co.uk).

EVENTS
Betagte Dreimaster und schnittige Jachten kann man im Juli beim Bristol Harbour Festival bestaunen (www.bristol harbourfestival.co.uk). Zur Bristol Balloon Fiesta Mitte Aug. steigen über 100 Heißluftballons in den Himmel auf (www.bristolballoonfiesta.co.uk).

SHOPPING
Beliebte Adressen im Zentrum sind das Broadmead Centre und The Mall sowie The Guild von 1908 an der Park Street. Direkt an der Abfahrt der M 5 lockt The Mall at Cribbs Causeway mit 135 Geschäften und mehr als 17 Cafés. Wer Designermode, Antiquitäten, Schmuck oder Kunsthandwerk sucht, wird in den Geschäften der Whiteladies Road und im Clifton Village fündig. St. Nicholas Market bietet Stände mit Tand, Traditionellem und täglichem Bedarf. Wie das berühmte blaue Glas aus Bristol mundgeblasen wird, zeigt die Bristol Blue Glass Factory (Unit 7, Whitby Road, St. Phillips, www.bristol-glass.co.uk). Auf dem Biomarkt am Narrow Quay gibt es samstags Produkte der Region.

ESSEN
❶ *Casamia* ⊖⊖⊖
38 High Street, Westbury-on-Trym
Tel. 0117 9 59 28 84
www.casamiarestaurant.co.uk
Die Präsentation ist puristisch perfekt, die Geschmackserlebnisse sind so himmlisch, dass sich die Kritiker mit ihrem Lob überschlagen – und Michelin 2009 den ersten Stern für Bristol und seine zwei begabten Küchen-Brüder vergab: Jonray und Peter Sanchez-Iglesias. In ihrer 2011 eröffneten Versuchsküche »Apt« verraten sie beim Chefs' Table Dinner Geheimnisse ihrer Kochkunst.

❷ *Loch Fyne* ⊖⊖/⊖⊖⊖
51 Queen Charlotte Street
Tel. 0117 9 30 71 60
www.lochfyneseafoodandgrill.co.uk
Im liebevoll restaurierten Kornspeicher werden fangfrische Austern und schottischer Lachs aus dem Loch Fyne serviert.

❸ *Llandoger Trow*
▶S. 182

❹ *The Ox* ⊖⊖
The Basement, 43 Corn Street
Tel. 011 79 22 10 01
http://theoxbristol.com

Steak & Cocktails – jeweils die besten, serviert in szenigem Hipster-Ambiente. Wer reserviert, erhält ein Zwei-Stunden-Fenster zum Speisen.

ÜBERNACHTEN

❶ *Hotel du Vin and Bistro*
€€€/€€€€

The Sugar House, Narrow Lewins Mead
Bristol BS1 2NU, Tel. 0117 9 25 55 77
www.hotelduvin.com
Nobelherberge in einer ehemaligen Zuckerraffinerie des 18. Jh.s. Jedes der 40 eleganten Zimmer ist nach einem gro-

ßen Weinhaus benannt. Tipp auf der Speisekarte: Maishuhn mit Gänseleber und Trüffeln.

❷ *Thornbury Castle*
▶ Baedeker Wissen, S. 111

❸ *Clifton* €€/€€€

St Paul's Road, Clifton Bristol BS8 1LX
Tel. 0117 973 68 82
www.cliftonhotels.com
Schickes Hotel im ruhigen Vorort Clifton. Gespeist wird in Racks Restaurant und Weinbar.

Bristol

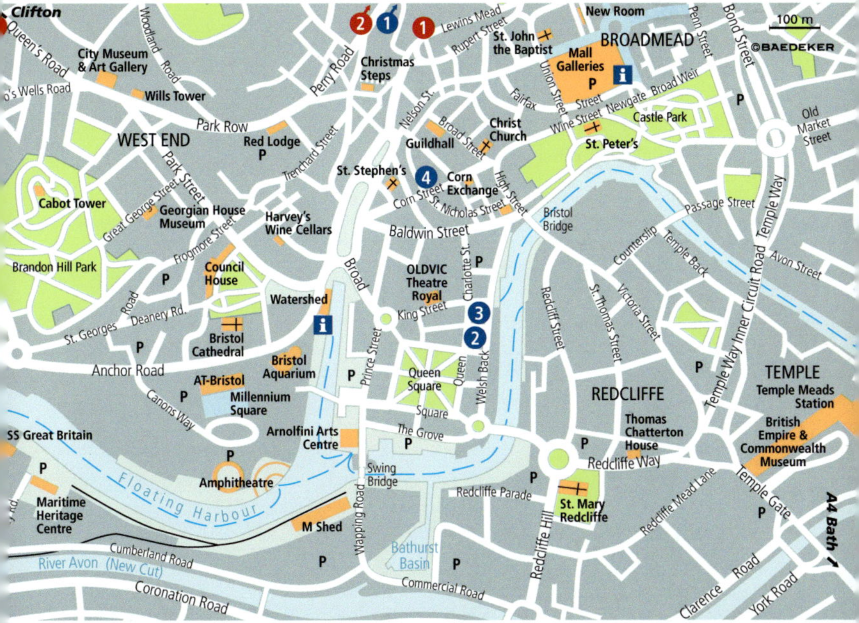

[Stadtplan von Bristol mit Sehenswürdigkeiten, Straßen und markierten Zielen]

Clifton • City Museum & Art Gallery • Wills Tower • Park Row • WEST END • Red Lodge • Cabot Tower • Georgian House Museum • Harvey's Wine Cellars • Brandon Hill Park • Council House • Watershed • Bristol Cathedral • Bristol Aquarium • AT-Bristol • Millennium Square • Arnolfini Arts Centre • SS Great Britain • Amphitheatre • Maritime Heritage Centre • M Shed • Christmas Steps • St. John the Baptist • Guildhall • Christ Church • St. Stephen's • Corn Exchange • Baldwin Street • OLDVIC Theatre Royal • King Street • Queen Square • The Grove • Swing Bridge • Bathurst Basin • New Room • BROADMEAD • Mall Galleries • Castle Park • St. Peter's • Old Market Street • Bristol Bridge • Passage Street • Avon Street • REDCLIFFE • Thomas Chatterton House • Redcliffe Way • St. Mary Redcliffe • TEMPLE • Temple Meads Station • British Empire & Commonwealth Museum • Redcliffe Parade • Floating Harbour • River Avon (New Cut) • Coronation Road • Cumberland Road • Commercial Road

100 m · ©BAEDEKER

Essen
❶ Casamia
❷ Loch Fyne
❸ Llandoger Trow
❹ The Ox

Übernachten
❶ Hotel du Vin and Bistro
❷ Thornbury Castle
❸ Clifton

 Fähre
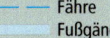 Fußgängerzone

Stadt-geschichte Das um 1000 gegründete und 1373 in den Grafschaftsstand erhobene Bristol war jahrhundertelang der **transatlantische Haupthafen** Großbritanniens. Der Reichtum der Stadt beruhte ab dem 17. Jh. auf einem **Dreieckshandel** zwischen England, Westafrika, wo billige Metall- und Glaswaren gegen Sklaven eingetauscht wurden, und Nordamerika, wo man auf den Plantagen für die Sklaven Baumwolle, Zuckerrohr, Kaffee und Tabak erhielt. Die Konkurrenz mit dem Hafen von Liverpool und vor allem die gesetzliche Abschaffung des Sklavenhandels 1807 sorgten im 19. Jh. für den wirtschaftlichen Niedergang. 1809 wurde der Floating Harbour eingerichtet, dessen Schleusen den städtischen Hafen konstant mit Wasser versorgten.

SEHENSWERTES IN BRISTOL

*Old Station Die ältesten Bauten der wiederholt erweiterten **Temple Meads Station** schuf 1835 der berühmte Ingenieur Isambard Kingdom Brunel (1806 – 1859) als Endstation der **Great Western Railway,** die ab 1841 zwischen London und Bristol verkehrte. Hinter der neogotischen Fassade verbirgt sich eine dreischiffige Halle, die mit 22 m Spannweite die größte Gusseisenkonstruktion ihrer Zeit war.

*St Mary Redcliffe Die vom Verkehr umtoste St. Mary Redcliffe wurde von Elisabeth I. 1574 als schönste Pfarrkirche Englands gerühmt. Weithin sichtbar ist der 1872 vollendete Turm. Das Nordportal von 1325 ist ein Glanzstück der Hochgotik. Durch einen Vorhangbogen mit filigraner

Temple Meads Station, Bristols ältester und schönster Bahnhof

Steinmetzkunst tritt man in die sechseckige Vorhalle, in der einst Händler und Matrosen vor dem Marienschrein für sichere Überfahrten beteten. Im Inneren beeindruckt eleganter **Perpendicular Style** des 15. Jh.s mit hohen Arkaden, schlanken Bündelpfeilern und hellen Obergadenfenstern. 1200 goldene Schlusssteine leuchten im Netzgewölbe. Eine Grabplatte erinnert an Admiral Sir William Penn († 1670), dessen Quäker-Sohn Pennsylvania gründete. Im Chorumgang zeigt das Händel-Fenster von 1859 Szenen aus dem Messias – Georg Friedrich Händel (1685 – 1759) hat hier öfter Orgel gespielt.

Kunst und Kultur haben sich entlang des Floating Harbour angesiedelt, der hufeisenförmig die Altstadt umfließt. Die alten Stapelhäuser von The **Watershed** beherbergen heute Cafés, Kinos und ein Medienzentrum, in einem einstigen Teespeicher am Narrow Quay zeigt das **Arnolfini Arts Centre** zeitgenössische Kunst. Davor erinnert eine bronzene Sitzfigur an den Entdecker **John Cabot**. Zwischen den Galerien, Pubs und anderen Attraktionen pendeln Wassertaxis.
*Floating Harbour

Arnolfini Arts Centre: Di. – So. 11.00 – 18.00 Uhr, Eintritt frei
www.arnolfini.org.uk

At-Bristol an der Anchor Road vermittelt höchst unterhaltsam wissenschaftliche Erkenntnisse – 2015 eröffnete das einzige 3D-Planetarium des Königreichs. Das angrenzende **Bristol Aquarium** zeigt in seinen Bassins tropische und atlantische Unterwasserwelten.
At-Bristol, *Aquarium

At-Bristol: tgl. 10.00 – 17.00, Sa. bis 18.00 Uhr, Erw. £ 13.90, www.at-bristol.org.uk, **Aquarium:** tgl. 10.00 – 17.00 Uhr, ab 13 Jahre £ 14.50, online £ 12.33, 3-12 Jahre £ 9.75/8.20, http://www.bristolaquarium.co.uk

Mit der Einweihung des Stadtmuseums auf der Princes Wharf wurde 2011 die Restaurierung des historischen Docks von Bristol abgeschlossen. Drei Etagen widmen sich Stadt und Hafen aus der Perspektive der Menschen, die sie prägten und gestalteten.
*M Shed

❶ Wapping Street, Di. – Fr. 10.00 – 17.00, Sa./So. 10.00 – 18.00 Uhr
Eintritt frei, www.bristolmuseums.org.uk/m-shed

Mit dem Boot oder einem Zug der Bristol Harbour Railway geht es flussabwärts zum Maritime Heritage Centre, das Einblick in die Geschichte von Hafen und Schiffbau gibt. In den Great Western Docks wurde das heutige Museumsschiff ***SS Great Britain** nach Plänen I. K. Brunels erbaut. 1843 lief der 98 m lange, weltweit **erste Ozeandampfer** mit Schraubenantrieb vom Stapel. Daneben liegt eine Replik der ***Matthew** vor Anker, mit der der Venezianer **John Cabot(to)** 1497 von Bristol aus Neufundland quasi aus Versehen entdeckte – eigentlich war er losgesegelt, um einen kürzeren Seeweg nach Asien zu finden. Wie das Leben damals an Bord war, kann man beim Matthew Medieval Festival Ende Oktober erleben. Der Hafen,
Maritime Heritage Centre

vor 200 Jahren das Herz der Stadt, ist heute mit seinen innovativen Restaurant- und Barkonzepten das beliebteste Ausgehviertel Bristols. Besonders angesagt: die Llyod's Bar direkt am Wasser, wo sich am Wochenende lange Warteschlangen bilden, und »ZaZa Bazaar« (www.zazabazaar.com) mit seinem XXL-Büffet in einer Lagerhalle.

SS Great Britain: tgl. 10.00 – 16.30, Ostern – Okt. bis 17.30 Uhr, Eintritt Erw. £ 14, www.ssgreatbritain.org

The Matthew: Di. – So. 10.00 – 16.00 Uhr, Schiff, Eintritt frei, Spenden willkommen, www.matthew.co.uk. In der Saison startet der ehemalige BBC-Journalist Rob Salvidge als Kapitän der Matthews zu 3– 4std. Fahrten im Avon Gorge (Erw. £ 40, Kinder £10) und zu 2-std. Fish & Chips Trips durch den Hafen (Erw. £ 28, Kinder £ 10).

Altstadt Legendär ist das Wirtshaus ❸**Llandoger Trow** von 1669 in der King Street. Sein Name geht auf die flachen Lastkähne zurück, die mit walisischer Kohle am benachbarten Welsh Back vor Anker gingen. In dem dreigiebligen Fachwerkhaus soll der Kaufmann, Kritiker und Schriftsteller **Daniel Defoe** (1660 – 1731) vom Inselexil des Matrosen Selkirk gehört und danach seinen Debütroman »Robinson Crusoe« geschrieben haben. 1883 nahm **Robert Louis Stevenson** (1850 – 1894) den Pub als Vorbild für seine Kneipe The Admiral Bembow in der »Schatzinsel«.

Llandoger Trow: Tel. 01179 26 16 50, www.brewersfayre.co.uk

Theatre Royal Das 1766 eröffnete Theatre Royal ist die älteste durchgehend bespielte Theaterbühne Englands. Hinter der klassizistischen Fassade hat heute die **Bristol Old Vic Company** ihren Sitz.

❶ Tel. 01225 44 88 44, www.bristololdvic.org.uk

Corn Exchange In der Nähe des überdachten Marktes erhebt sich seit 1743 die Corn Exchange mit ihren mächtigen Pilastern. Vor dem Bau der Getreidebörse musste auf den vier niedrigen Nageltischen aus Bronze bezahlt werden – der Ausdruck **»to pay on the nail«** ist bis heute verbreitet.

Oberstadt Die Oberstadt kann man über die steilen **Christmas Steps** mit hübschen Geschäften erreichen. **The Red Lodge** von 1590 veranschaulicht das Leben eines Kaufmanns in elisabethanischer Zeit. Neben dem über 60 m hohen, neogotischen Turm **Will's Tower** von 1925 auf dem weitläufigen Campus der Universität besitzt das **Bristol Museum & Art Gallery**, das derzeit bei laufendem Betrieb modernisiert wird, eine orientalische Sammlung, informiert über Archäologie und Geologie in Englands Südwesten und zeigt Gemälde von Renoir, Vuillard und Tissot. Das **Georgian House Museum** in der Great George Street wurde für den Zuckerhändler John Pinney erbaut. Das Innere ist prächtig in Adams-Manier dekoriert und spiegelt auf drei Etagen das Leben in einem Stadthaus um 1790 wider.

In **Harvey's Wine Cellars** in der Denmark Street 12 kann man den berühmten Sherry verkosten.

Die **Bristol Cathedral** ging nach der Gründung des Bistums Bristol aus einer Augustinerkirche hervor. Ihr Bau zog sich über Jahrhunderte hin: Vom 1165 geweihten normannischen Kirchenbau sind der Kapitelsaal und das Torhaus erhalten, Chor und Lady Chapel wurden von 1298 bis 1330 errichtet, Querschiff und Vierungsturm um 1500 vollendet, im 19. Jh. folgten Langhaus und Doppelturmfassade im Westen. Der hallenartige Aufbau des Chors vermittelt mit seinen 17 m hohen Arkaden einen ungewöhnlichen Raumeindruck. Sehenswert sind die restaurierten Glasmalereien aus dem 14. Jh. in der Marienkapelle und die Miserikordien des Chorgestühls von 1520. Die Elder Lady Chapel aus dem 13. Jh. birgt filigrane Steinmetzarbeiten und das Doppelgrab des 1368 verstorbenen Lord Berkeley

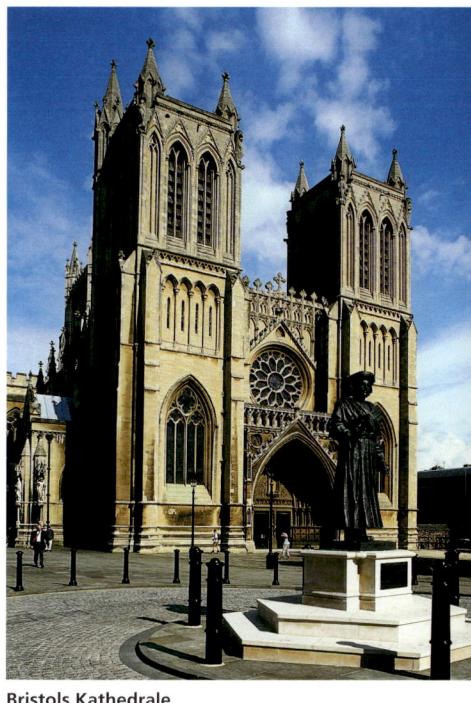

Bristols Kathedrale

und seiner Mutter. Das Kapitelhaus ist ein Meisterwerk normannischer Bildhauerkunst mit Kreuzbogen- und Schuppenmustern.

Red Lodge Museum: Ostern – Okt. Sa. – Di. 10.00 – 16.00 Uhr, Eintritt frei

Bristol Museum: Mo. – Fr. 10.00 – 17.00, Sa./So. bis 18.00 Uhr, Eintritt frei

Georgian House Museum: Ostern – Okt. Sa. – Di. 10.00 – 16.00 Uhr, Eintritt frei

Harvey's Wine Cellars: mit kleinem Sherrymuseum und Livemusik www.harveyscellars.co.uk

Clifton ist bis heute eine bevorzugte Wohngegend. In Anlehnung an ▶Bath entstanden im Vorort sichelförmig angeordnete Häuserensembles, die im fast 400 m langen **Royal York Crescent** gipfeln. Ganze Straßenzüge sind mit den dreigeschossigen Reihenhäusern im Regency-Style bebaut, durch Grünanlagen aufgelockert – oft mit wunderschönen Ausblicken ins Avon-Tal. Die 80 m tiefe Schlucht des Avon überspannt die gebührenpflichtige ***Clifton Suspension Bridge**, die zwischen den beiden Pylonen 243 m lang ist und 1864 nach Plänen von Isambard Kingdom Brunel fertiggestellt wurde.

*Clifton

UMGEBUNG VON BRISTOL

*Blaise Hamlet
Im 5 mi / 8 km nordwestlich gelegenen Dorf **Henbury** entwarf John Nash 1811 die Siedlung Blaise Hamlet mit neun romantisch-rustikalen Cottages für pensionierte Arbeiter des Blaise Castle. Da die Häuser bewohnt sind, können sie nur von außen betrachtet werden. Das Blaise Castle House Museum birgt eine sehenswerte sozialgeschichtliche Sammlung.
Blaise Castle House Museum: Do. – So. 10.00 – 16.00 Uhr, Eintritt frei
www.bristolmuseums.org.uk/blaise-castle-house-museum

Kings Weston Roman Villa
1947 wurden bei Bauarbeiten die Überreste einer römischen Villa aus dem 3./4. Jh. entdeckt. Freigelegt und restauriert sind der farbige Mosaikboden, die römischen Bäder und das Heizungssystem.
❶ Öffnungszeiten wie Blaise Castle House Museum,
zur Besichtigung Schlüssel vom Blaise Castle House Museum und
Bristol Museum and Art Gallery, Pfand £ 5
Mitte Juli Gladiatorenspiele

*Dyrham Park
12 mi / 20 km östlich von Bristol entstand im weitläufigen **Wildgehege** Dyrham Park 1710 das Anwesen für William Blathwayt, der unter Wilhelm III. als Staatssekretär diente. Als Diplomat lebte Blathwayt viele Jahre in Den Haag und brachte eine beträchtliche Kollektion an Porzellan und niederländischen Gemälden nach England mit. Der **Landsitz** diente als Kulisse für den oscarnominierten, stimmungsvollen Kinoklassiker »Remains of the Day« (»Was vom Tage übrig blieb«) mit den britischen Schauspielern Emma Thompson und Anthony Hopkins, den James Ivory 1993 nach einem Roman von Kazuo Ishiguro drehte.
❶ Mitte März – Okt. Haus 11.00 – 17.00, Garten/Park 10.00 – 17.00 Uhr
Gesamtanlage Eintritt Erw. £ 12.50, nur Garten und Park £ 5
www.nationaltrust.org.uk

Clevedon Court
In Clevedon Court schrieb William Makepiece Thackeray große Teile seines Gesellschaftsromans »Vanity Fair«. Beim Bau des Landhauses der Eltons im 16. Jh. wurden das Turmhaus und die Great Hall aus dem 14. Jh. integriert. Ausgestellt sind Töpferwaren von Sir William Elton und Möbel.
❶ April – Sept. Mi., Do., So. 14.00 – 17.00 Uhr, Schiffsverbindung ab Bristol
Eintritt Erw. £ 8.80, nur Garten £ 4.60, www.nationaltrust.org.uk

*Ashton Court Estate
Beliebtes Ausflugsziel ist das Anwesen Ashton Court mit Wanderwegen, Wildgehege, den Schluchten des Avon, mit Miniaturbahn, zwei 18-Loch-Plätzen, Musikfest, Balloon Fiesta und Drachen-Festival.
❶ Tgl. 8.00 Uhr bis Sonnenuntergang, Eintritt frei
www.bristolballoonfiesta.co.uk, http://ashtoncourt.bower-ashton.co.uk

** Canterbury

✈ G 46

Grafschaft: Kent
Einwohner: 43 500

»There is no lovelier place in the world ... and I have seen Venice, too«, schrieb Virginia Woolf 1904 begeistert über Canterbury, das mit seiner Kathedrale, St. Martin's Church und St. Augustine Abbey gleich drei UNESCO-Welterbestätten besitzt.

Canterbury ist das geistliche Zentrum Englands. Die Kathedrale ist Sitz des Primas der anglikanischen Kirche mit weltweit 70 Mio. Gläubigen. Canterbury wird auch »Wiege des Christentums« genannt, weil von hier ab dem 6. Jh. die Missionierung Englands ausging. 1170 wurde der **Erzbischof Thomas Becket** in der eigenen Kathedrale hinterrücks erschlagen. Mit seiner Heiligsprechung 1173 avancierte Canterbury zur wichtigsten Pilgerstätte auf englischem Boden. Das städtische Herz des eher ländlich geprägten Ostkent ist seit 1962 Universitätsstadt. Literaten fühlten sich schon von jeher angezogen, allen voran **Charles Dickens** (►Berühmte Persönlichkeiten).

»Englands Rom«

Schon während der Eisenzeit existierte hier eine Siedlung namens »**Cantii**«, von der sich die Namen Canterbury und Kent herleiten lassen. Die römische Stadt an der Handelsroute zwischen ►London und ►Dover war um 100 n. Chr. bereits von beachtlichem Ausmaß. Im 6. Jh. bekehrte der römische Missionar **Augustinus** den heidnischen Ethelbert von Kent und nahm 597 die erste Bischofswürde von Canterbury an. Nachdem Heinrich II. 1162 Thomas Becket zum Erzbischof ernannt hatte, gerieten sie bald in Interessenskonflikt (►Geschichte), und am 29. Dezember 1170 wurde Becket von vier königlichen Rittern in der Kathedrale ermordet. Dem Märtyrerblut wurde Wunderkraft zugesprochen, sodass die Pilger in Scharen zu seinem Schrein strömten. Heinrich VIII. wollte das Wallfahren beenden, beschuldigte Becket des Hochverrats und ließ den Schrein zerstören. Inspiriert von den Pilgerströmen schrieb **Geoffrey Chaucer** im 14. Jh. mit den »**Canterbury Tales**« ein Meisterwerk der englischen Literatur. Im 16. Jh. ließen sich flämische und französische Protestanten in Canterbury nieder und trugen mit ihrem Woll- und Seidenhandwerk zum Reichtum der Stadt bei. Die Altstadt wird im Osten von der zum Teil noch begehbaren, normannischen Stadtmauer, im Westen von den beiden Flussarmen des Stour begrenzt. Beiderseits der High Street, die schnurgerade durch das Zentrum führt, erstreckt sich das mittelalterliche Gassengewirr mit Fachwerkbauten. Den Nordosten der Altstadt nimmt die ausgedehnte Domfreiheit mit der Kathedrale ein.

Stadtgeschichte

Canterbury erleben

AUSKUNFT
Canterbury Visitor Centre
18 High Street
Canterbury CT1 2RA
Tel. 01227 37 81 00
www.canterbury.co.uk

ANREISE UND SHOPPING
Etwa 1,5 Std. brauchen die Züge von
London Charing Cross oder Victoria
Station bis zum Bahnhof East Station in
Canterbury. Rund um die Stadtmauer
gibt es bewachte Parkplätze. Gute Einkaufsmöglichkeiten bieten sich in der
Fußgängerzone High Street, im Shop-
pingkomplex Long Market und auf den
Straßenmärkten, die montags und frei-
tags in der Altstadt abgehalten werden.
Lokale Spezialitäten aus Kent verkaufen
tgl. außer Mo. die 17 Bauern des Farmers Market im restaurierten viktorianischen Warenlager an der Good Shed
Station Road. Wunderschönes Steingut
in erdigen Blau-, Grün- und Brauntönen
fertigt die Canterbury Pottery (38a Burgate, https://canterburypottery.com).

LEINEN LOS!
Am West Gate Slip beginnen 30- und
45-minütige **Bootsfahrten** auf dem
Stour. Das Besondere: Die kleinen Kähne
werden wie Gondeln gestakt (Punting
Tours, www.canterburypunting.co.uk,
Erw. £ 10; Wastegate Punts, http://
canterburypunts.uk, ab £ 10 /35 Min.).

CANTERBURY FESTIVAL
Zwei Wochen lang werden im Oktober
für das größte Festival in Kent sowohl
im festlich geschmückten Canterbury als
auch in den Dörfern von East Kent zahlreiche Konzerte, Theateraufführungen

und Ausstellungen veranstaltet.
www.canterburyfestival.co.uk

ESSEN
❶ *Alberrys Wine Bar* €€
38 St. Margaret's Street
Tel. 01227 45 23 78, www.alberrys.co.uk
Ausgesuchte Weinliste, tolle Cocktails
und leckeres Essen

❷ *The Goods Shed* €€/€€€
Station Road West, Tel. 01227 45 91 53
http://thegoodsshed.co.uk
Ein Muss für Foodies, die von der rusti-
kalen Galerie über die Markthalle auf
Slow-Food-Produkte schauen, die sie
gerade genießen. Markt: Di. – Sa.
9.00 – 19.00, So. 10.00 – 16.00 Uhr

❸ *Black Griffin* €
40 St. Peter's Street, Tel. 01227 45 55 63
Populärer Pub mit gutem Bier von der
Wychwood-Brauerei

❹ *Tiny Tim's Tea Room* €
34 St. Margaret's Street, Tel. 01227
45 07 93, http://tinytimstearoom.com
Lust auf köstlichen Fudge Cake, Wal-
nusskuchen oder Ingwerbrot? Dann
steuern Sie beim Stadtbummel die nostalgische Teestube der Owens in einem
400 Jahre alten Tudorbau an!

ÜBERNACHTEN
❶ *Castle House* €€€
28 Castle Street
Canterbury CT1 2PT
Tel. 01227 76 18 97
www.castlehousehotel.co.uk
Historisches Gebäude aus der Mitte des
18. Jh.s gegenüber der Burg mit sieben
großzügigen Zimmern

❷ *ABode Canterbury* 😊😊😊
30 – 33 High Street
Canterbury CT1 2RX
Tel. 01227 76 62 66
www.abodecanterbury.co.uk
Nostalgisches Fachwerkhaus aus dem
17. Jh. mit 74 geschmackvollen Zimmern im Tudor-, Kolonial- oder georgianischen Stil. Starkoch Michael Caines sorgt für Hochgenüsse – exquisit zu erle-

ben im Restaurant, gemütlich und
lecker in der Old Brewery Tavern.

❸ *Tudor House* 😊😊
6 Best Lane, Canterbury CT1 2JB
Tel. 01227 76 56 50
www.tudorhousecanterbury.co.uk
Etwas für Romantiker: ein über 400
Jahre altes Tudorhaus mit drei liebevoll
eingerichteten Zimmern.

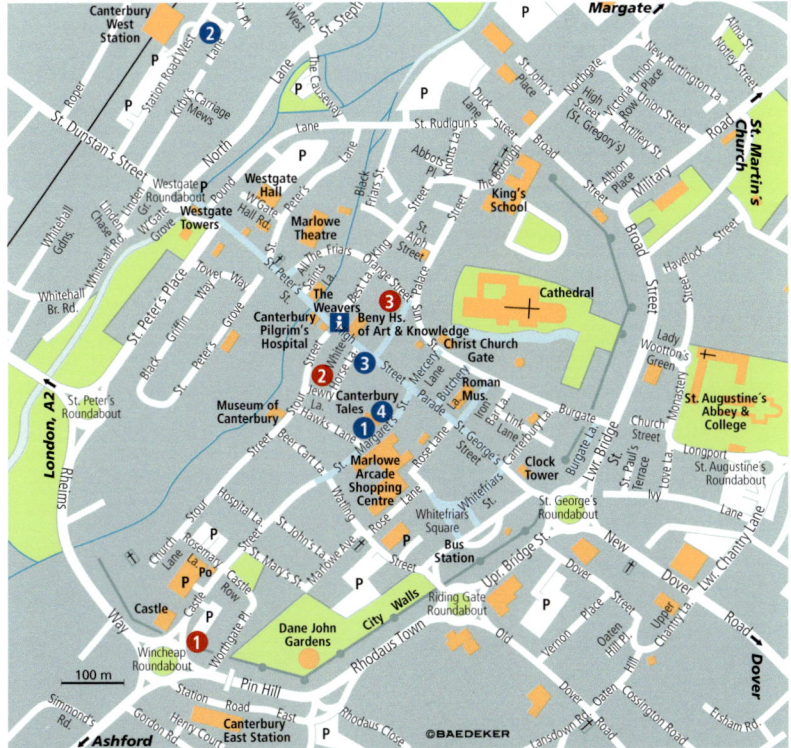

Canterbury

Essen
❶ Alberrys Wine Bar
❷ The Goods Shed
❸ Black Griffen
❹ Tiny Tim's Tea Room

Übernachten
❶ Castle House
❷ ABode Canterbury
❸ Tudor House
Fußgängerzone

✱✱ CANTERBURY CATHEDRAL

❶ Sommer Mo. – Sa. 9.00 – 17.30, Winter bis 17.00, Krypta 10.00 – 17.30,
So. 12.30 – 14.30 Uhr, Eintritt Erw. £ 12, bei Vorreservierung £ 10.50
Führungen in sieben Sprachen, Mo. – Fr. 10.30 (außer Jan.), 12.00 und
14.30 (14.00 im Winter), Sa. 10.30, 12.00 und 13.00 Uhr
www.canterbury-cathedral.org

Bau-
geschichte
Vom 11. bis 19. Jh. wurde an der Kathedrale gearbeitet. Sie entstand
auf den Ruinen der 1067 abgebrannten angelsächsischen Bischofskir-
che unter dem ersten normannischen Erzbischof Lanfranc (1070 bis
1077) nach dem Vorbild seiner heimatlichen Abtei St. Etienne in
Caen. Der 1130 geweihte Chor wurde nach dem Brand von 1174 unter Federführung des Baumeisters William of Sens wieder aufgebaut,
der in der dreiteiligen, hochstrebenden Wandgliederung mit Spitzbögen den frühgotischen Baustil aus Frankreich in England einführ-
te und zugleich mit den doppelten Querschiffen ein Charakteristikum der englischen **Kathedralgotik** schuf. Nach einem Unfall des
französischen William übernahm 1178 William the Englishman die
Bauleitung, unter dem der Chor 1184 fertiggestellt wurde. Ende des
14. Jh.s wurde das normannische Langhaus bis 1405 im hochgotischen Stil neu errichtet. 1434 erhielt die Westfassade ihren Südturm,
1502 folgte der Vierungsturm, 1832 wurde der Lanfrancsche Nord-
turm durch eine Kopie des Südturms ersetzt.

Canterburys Kathedrale gehört zum UNESCO-Weltkulturerbe.

Man betritt den Kathedralbezirk durch das üppig ornamentierte **Tor-** ***Christ**
haus mit königlichen Wappen und barockem Eichenportal. Schrei- **Church Gate**
ten Sie die Kathedrale einmal der Länge nach ab, um eine Vorstellung
von ihrer Ausdehnung zu erhalten.

Im Inneren öffnet sich der Blick durch das hohe, lichte Langhaus mit ****Innenraum**
Bündelpfeilern, gotischen Maßwerkfenstern und kunstvoll verzierten
Rippengewölben hin zum 1411 bis 1430 gefertigten **Lettner** mit
sechs Königsstatuen. Im **Martyrdom** wurde Thomas Becket am
29. Dezember 1170 ermordet. Bemerkenswert sind die auf 1482 da-
tierten Glasfenster an der Quer-
hauswand, die Edward IV. und seine

> **! BAEDEKER TIPP**
>
> ### Geistertour
>
> Freitag- und Samstagnacht
> beginnt John Hippisley um 20.00
> Uhr vor Alberry's Wine Bar in der
> St Margaret Street seine **Stadtfüh-**
> **rung**, die 90 Minuten lang humor-
> voll die schauerlichen Dinge
> und Orte der Stadtgeschichte
> präsentiert (www.canterbury
> ghosttour.com, Geistertour Erw.
> £ 10, mit Drei-Gänge-Dinner £ 40).

Familie im Gebet zeigen. Der **Chor**
von 1184 ist einer der längsten Ka-
thedralchöre in England. Er zeigt
die vornehme Nüchternheit des
frühgotischen Stils, der hier erstmals in England seinen Niederschlag fand. Im **Chorumgang** sind
romanische Wandpartien erhalten,
mittelalterliche Glasfenster sowie
ein verblichenes Fresko mit der Legende des hl. Eustachius aus dem
15. Jahrhundert. Gegenüber des
nordöstlichen Querschiffs zeigt das 1425 aufgestellte Grabmal für
Henry Chichele den Erzbischof in Amtstracht; darunter symbolisiert
ein nackter Leichnam die Vergänglichkeit alles Irdischen.
Die **Dreifaltigkeitskapelle**, eigens für das Grab von Thomas Becket
gebaut, war mehr als 300 Jahre lang Ziel zahlloser Wallfahrer. Von
1220 bis zu seiner Zerstörung 1538 stand der Goldschrein unter einer
Schutzhaube, die ein- oder zweimal am Tag mittels Flaschenzug
hochgehievt wurde, um die edelsteinfunkelnde Hülle mit den sterb-
lichen Überresten Beckets den Blicken der Pilger preiszugeben. Im
nördlichen Kapellenumgang steht das Alabaster-Grabmal Heinrichs
IV. und seiner Frau Johanna von Navarra. In der **Corona**, dem krö-
nenden Abschluss der Kathedrale, befand sich ursprünglich ein
Schädelreliquiar von Thomas Becket. Die blau schimmernden **Chor-**
fenster des späten 12. und 13. Jh.s erzählen als »Wunderfenster«
vom Leben und Werk des hl. Becket.
Das **Grab von Edward, dem Schwarzen Prinzen**, ruht unter einem
Baldachin. Sein Messingabbild erinnert mit Schild und Panzerhand-
schuh daran, dass sich der älteste Sohn Edwards III. bis zu seinem
Tod 1376 im Alter von 46 Jahren einen Namen gemacht und ein
wahrhaft ritterliches Leben geführt hat. Von Pilgerknien abgenutzte
Stufen führen in die **Anselmkapelle**, die dem Erzbischof Anselm
von Canterbury (1033 – 1109) geweiht wurde. Das Fresko »Paulus

** *Canterbury Cathedral*

»Wer befreit mich von diesem lästigen Priester«, soll Heinrich II. nach einem Streit mit Thomas Becket verärgert gesagt haben. Daraufhin erschlugen königliche Ritter den Erzbischof von Canterbury am 29. Dezember 1170 im Nord-Ost-Querhaus der Kathedrale. Dem Märtyrerblut wurden bald Wunderkräfte zugesprochen, und der Schrein Thomas Beckets wurde Ziel von Abertausenden von Pilgern.

❶ Lettner

Am Lettner sind die englischen Bischöfe, die zwölf Apostel und die Könige Englands in Stein verewigt. Von links nach rechts: Heinrich V., Richard II., Ethelbert von Kent, Edward der Bekenner, Heinrich IV. und Heinrich VI.

❷ Bell Harry Tower

Lohnend ist ein Blick hinauf zum Vierungsturm: Das Fächergewölbe ist in reinstem Perpendicular Style gebaut.

❸ Martyrdom

An dieser Stelle wurde Thomas Becket ermordet. Ein Altar erinnert an das blutige Geschehen.

❹ Früherer Standort des Becket-Schreins

Die Trinity Chapel wurde eigens für das Grab des Märtyrers gebaut. Der Schrein, der von 1220 bis zu seiner Zerstörung im Jahr 1538 hier stand, war Ziel unzähliger Pilger, die ihn ein- oder zweimal am Tag in Augenschein nehmen konnten.

❺ Grabmal des Schwarzen Prinzen

Prinz Edward von Plantagenet (1330 bis 1376), der älteste Sohn von Edward III., war ein zäher Kämpfer im Hundertjährigen Krieg. Sein Grab zeigt ihn in voller Ritterrüstung.

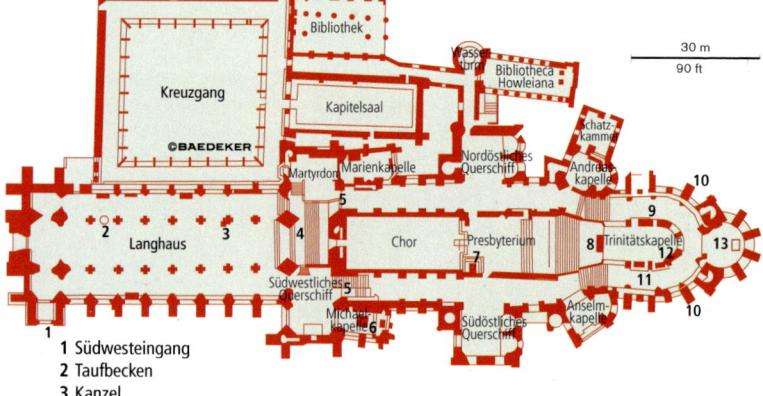

1 Südwesteingang
2 Taufbecken
3 Kanzel
4 Lettner
5 Zugang zur Krypta
6 Grabmal von Lady Margaret Holland, Earl of Somerset, Duke of Clarence

7 Erzbischofsthron
8 Thron des hl. Augustinus aus Purbeck-Marmor
9 Inthronisierungsstuhl Grabmal von Heinrich IV.

10 Wunderfenster
11 Standort des Becket-Schreins von 1220 bis 1538
12 Grabmal des Schwarzen Prinzen
13 Corona (Thomas Beckets Krone)

mit der Schlange auf Malta« aus dem 12. Jh. in der Apsis zählt zu den bedeutendsten Zeugnissen romanischer Wandmalerei. Die Kapitelle und Schäfte der normannische **Krypta** zieren Tiermotive, Pflanzenornamente und Dämonen. Durch den 1397 – 1411 gebauten **Kreuzgang** mit bemalten Schlusssteinen im Gewölbe wird der **Kapitelsaal** erreicht, wo 1935 T. S. Eliots »Mord im Dom« uraufgeführt und 1986 der Vertrag zum Bau des ▶Eurotunnels von Margaret Thatcher und François Mitterrand unterzeichnet wurde.

King's School In der King's School, die auf Lehrstätten aus viel früherer Zeit basiert, wird seit Heinrich VIII. die Elite des Landes ausgebildet. Zu ihren Schülern zählten der in Canterbury geborene Dramatiker Christopher Marlowe (1564 – 1593) und William Somerset Maugham (1874 – 1965), der in seinem Roman »Of Human Bondage« das Schulleben schildert, der britische Dirigent Stephen Barlow (geb. 1954), Spitting-Image-Produzent John Lloyd (geb. 1951) und Goldmedaillen-Ruderer Fred Scarlett (geb. 1975).

St. Martin's Church Ebenfalls zum UNESCO-Weltkulturerbe gehört St. Martin's Church vor der östlichen Stadtmauer. Seit Ethelbert von Kent hier 597 vom heiligen Augustinus getauft wurde, werden in der **ältesten Pfarrkirche Englands Gottesdienste abgehalten.
❶ Di., Do., Sa.11.00 – 15.00 (im Sommer bis 16.00), So. 9.50 – 10.20 Uhr Eintritt frei, Spende erbeten www.martinpaul.org

St. Augustine's Abbey and College Von der Abtei, die der hl. Augustinus 604 gründete, wurden die Grundmauern freigelegt sowie die Gräber des hl. Augustinus und von König Ethelbert und seiner Gemahlin Bertha. Torhaus und College stammen aus dem 12. Jahrhundert.
❶ Ostern – Sept. tgl. 10.00 – 18.00, Okt. bis 17.00, Sept. – März Sa./So. 10.00 – 16.00 Uhr, Erw. £ 5.80, www.english-heritage.org.uk

ALTSTADT

Am ehemaligen Butter Market steht ein Stadtkreuz. Rechts in der Sun Street liegt das gleichnamige Hotel aus dem 16. Jh., das Charles Dickens in seinen »Travels through Kent« erwähnte. Vom Butter Market zweigt die **Mercery Lane** mit herrlichen Fachwerkbauten ab.

Roman Museum Das unterirdische Museum in der Butchery Lane zeigt Reste eines römischen Stadthauses mit gut erhaltenem Fußbodenmosaik.
❶ tgl. 10.00 – 17.00 Uhr, Erw. £ 8, www.canterbury-museums.co.uk

Canterbury Tales In der St. Margaret's Street werden fünf der mittelalterlichen Canterbury Tales von **Chaucer** als Audiovisionsschau präsentiert.

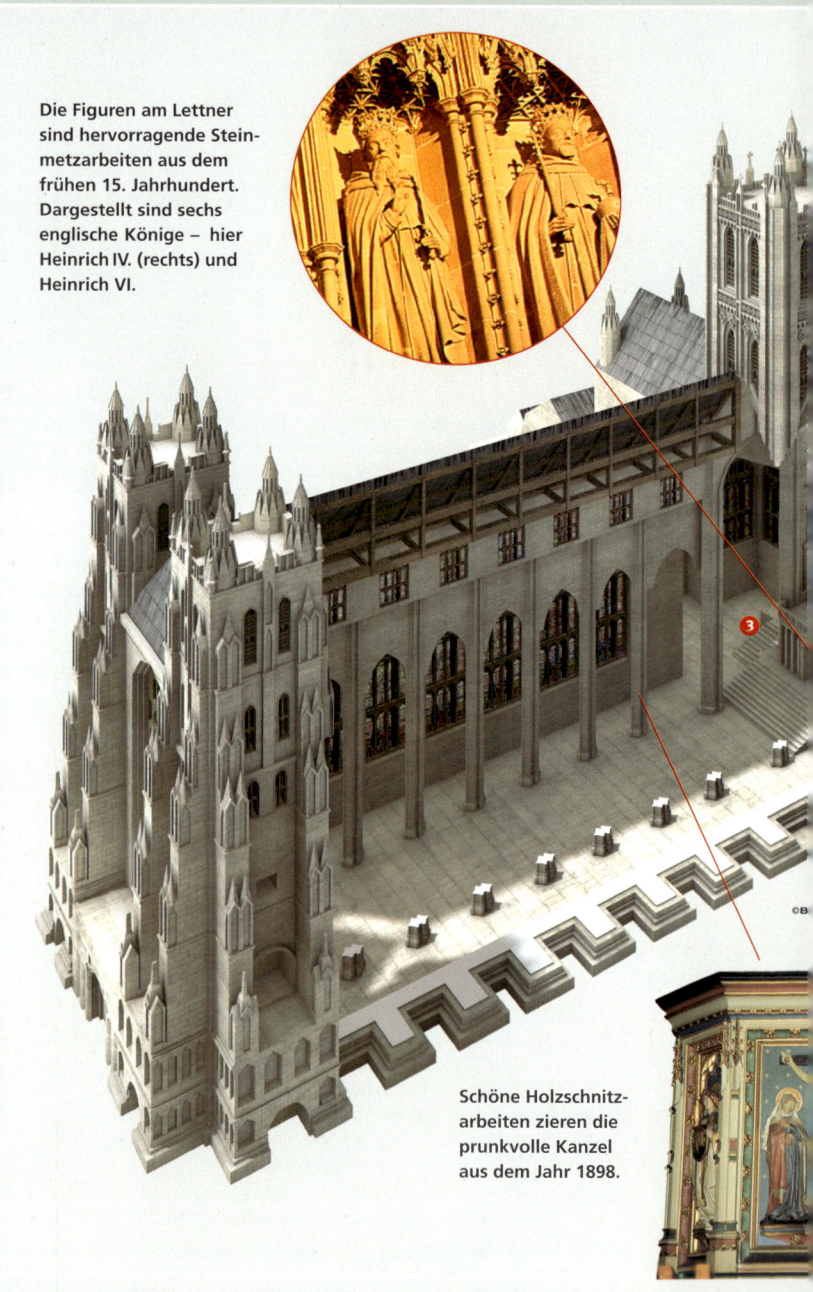

Die Figuren am Lettner sind hervorragende Steinmetzarbeiten aus dem frühen 15. Jahrhundert. Dargestellt sind sechs englische Könige – hier Heinrich IV. (rechts) und Heinrich VI.

3

Schöne Holzschnitzarbeiten zieren die prunkvolle Kanzel aus dem Jahr 1898.

©B

Vierungsturm und Langhaus schmücken kunstvolles Maß- und Strebewerk der Spätgotik.

EDEKER

Beiderseits der Corona schildern die hervorragend erhaltenen »Wunderfenster« aus dem 12. und 13. Jahrhundert das Schicksal von Thomas Becket.

Schlemmen Sie in den Weberhäusern am Stour!

❶ Nov. – Feb. 10.00 – 16.30, März, Juni, Sept., Okt. bis 17.00, Juli/Aug. ab 9.30 Uhr, Eintritt Erw. £ 9.75, www.canterburytales.org.uk

Zum Spaziergang durch 2000 Jahre Stadtgeschichte lädt das Museum im ehemaligen Poor Priests' Hospital in der Stour Street ein, zu dem auch die Rupert Bear **Teddybärsammlung** gehört. Ebenfalls zu sehen ist die erste Dampfmaschine von Stephenson (1830).
❶ Tgl. 10.00 – 17.00 Uhr, Eintritt Erw. £ 8, www.canterbury.co.uk

*Canterbury Heritage Museum

In der Fußgängerzone der High Street verdienen die Fachwerkfassade des Hauses Queen Elisabeth's Chamber aus dem 16. /17. Jh. und das bei Chaucer erwähnte Gasthaus Chequers of Hope Beachtung. Schräg gegenüber hat das ***Beaney House of Art & Knowledge** (Nr. 18) 2012 einen dreistöckigen Anbau erhalten. Neben seiner renommierten Sammlung – römisches Glas, feinstes Porzellan, alte Meister und lokale Künstler sowie naturgeschichtliche Exponate – werden hier auch Schätze gezeigt, die bis dato nicht der Öffentlichkeit zugänglich waren. Im Gebäude sind außerdem ein Café, die neue Stadtbibliothek, Veranstaltungsräume und die Tourist Information untergebracht. Zusammen mit dem ebenfalls frisch sanierten Marlowe Theatre erhielt Canterbury damit ein neues »cultural quarter«. Wenige Schritte weiter diente das **Eastbridge Hospital** mit Kapelle, Refektorium und Dormitorium bereits im 12. Jh. als Pilgerherberge. Weiter geht es zur Brücke über den Stour mit malerischem Blick auf das Fachwerkensemble der Canterbury ***Weavers**, den früheren **Weberhäusern** mit den Woll- und Seidenwerkstätten flämischer und französischer Hugenotten.
Beaney House of Art & Knowledge: tgl. außer Di. 9.00 – 17.00, Do. bis 19.00, So. ab 10.00, Eintritt nur für Events, www.canterbury.co.uk/beaney

*High Street

West Gate Towers Die 1380 errichteten West Gate Towers mit Ecktürmen, Fallgattern und Zugbrücke, das letzte der sieben **Stadttore**, umgeben die Westgate Gardens, die zum Spaziergang am Stour einladen.

Canterbury Castle Von der normannischen Burg sind nur Ruinen erhalten. In den angrenzenden Dane John Gardens werden im September die English Food Fare, im Dezember der Christmas Euromarket abgehalten.

UMGEBUNG VON CANTERBURY

*Chilham Das **idyllische Dörfchen** 5 mi / 8 km südwestlich von Canterbury besteht aus einem zentralen Platz mit verwinkelten Fachwerkhäusern und einem reizendem Pub, auf den vier Straßen zuführen. Die eine Platzseite nimmt die mittelalterliche St. Mary Church mit spätgotischem Turm ein, gegenüber ist der von **Capability Brown** angelegte Landschaftsgarten des 1616 erbauten.
Haus und Garten n. V. und bei Open Garden Days, April – Aug. einmal pro Monat 10.00 – 15.00 Uhr, Erw. £ 5

Wickhambreaux Knapp 5 mi / 8 km nordöstlich von Canterbury liegt das Dorf Wickhambreaux, dessen Kirche **St. Andrew** aus dem späten 14. Jh. Jugendstil-Glasmalereien von Arild Rosenkrantz besitzt.

Halbinsel Thanet Auf der Halbinsel Thanet liegen zwei Badeorte der Viktorianer und betriebsame Fährhäfen: **Ramsgate** wurde von Jane Austen in »Pride und Prejudice« und »Mansfield Park« erwähnt. In **Broadstairs** verbrachte **Charles Dickens** (▶Berühmte Persönlichkeiten) zwischen 1837 und 1859 seine Sommerurlaube – und nannte die Stadt liebevoll »Our English Watering Place«. Seiner gedenken im Juni ein Dickens-Festival mit Theater und Kostümumzügen und das **Dickens House Museum**. Im Bleak House oberhalb des Hafens verfasste Dickens »David Copperfield«, »American Notes« und »Haunted Man«.
Margate ist mit 39 000 Einwohnern die größte Stadt der Halbinsel. An das einstige Fischerdorf erinnern der kleine Hafen der Margate Bay und das Tudor House des 16. Jh.s. Die Kirche St. John the Baptist aus dem 12. Jh. wurde später gotisch umgebaut; im 19. Jh. erhielt Margate halbrunde »Crescents« mit vornehmen Stadthäusern. Im Grotto Hill versteckt sich die mysteriöse **Shell Grotto**, die 1835 entdeckt wurde. Wer die Höhle mit Millionen von Muscheln in Rosetten- und Blumenmustern ausschmückte, ist bis heute ungeklärt .
Dickens House Museum: Victoria Parade 2, Ostern – Mai tgl. 13.00 – 16.30, Juni – 14. Sept. tgl. 10.00 – 17.00, 15. Sept. – Nov. Sa./So., 13.00 – 16.30 Uhr, Eintritt Erw. £ 3.75, www.dickensmuseumbroadstairs.org.uk
Shell Grotto: April – Nov. tgl. 10.00 – 17.00, Dez. – März Sa./So. 11.00 – 16.00 Uhr, Eintritt £ 4, http://shellgrotto.co.uk

Die National Cycle Route 1 führt im Gleisbett der Bahnlinie **Crab &** **Whitstable**
Winkle Way durch **The Blean**, mit 3000 ha Englands größter Wald,
bis hin zur Hauptstadt der englischen **Auster**: Whitstable. Sie ist der
Star des einwöchigen Oyster Festivals im Juli und lässt sich das rest-
liche Jahr in der Oyster Company genießen, die bereits 1400 die **Aus-**
ternzucht in der seichten Bucht begann. Und das so erfolgreich, dass
das Familienunternehmen um 1850 mehr als 80 Mio. Austern zum
Billingate Fish Market in London lieferte.
Oyster Festival: http://whitstableoysterfestival.co.uk
Oyster Company: tgl. ab 12.00 Uhr, Royal Native Oyster Stores
Horsebridge, www.whitstableoystercompany.com

Seltene und vom Aussterben **bedrohte Tierarten Afrikas** lassen sich **Howletts The**
im Tierpark an der Bekesbourne Road in Bekesbourne bestaunen. **Aspinall Wild**
Richtiges Serengeti-Feeling kommt in der Safari Lodge auf. **Animal Park**
❶ April – Okt. 9.30 – 18.00, Nov. – März bis 17.00 Uhr, Eintritt Erw. £ 16.95
www.aspinallfoundation.org

✳ Chichester

—————————————— ✈ J/K 35

Grafschaft: West Sussex
Einwohner: 26 700

Die einzige Kathedralstadt von Sussex, idyllisch zwischen den
South Downs und Chichester Harbour gelegen, war Roms Brü-
ckenkopf nach England – das antike Erbe ist nicht nur im Stra-
ßenkreuz der umwallten Altstadt, sondern auch in den Mosa-
iken des Fishbourne Palace erhalten.

Chichester hat bis heute Signalwirkung: Der hohe Turmhelm des ge- **Kleinstadt**
schichtsträchtigen Bischofssitzes ist als einziger in England vom **der Künste**
Meer aus zu sehen. Und Chichesters
Theaterfestival bringt bis heute frischen Wind in die britische Theater-
landschaft. Das alte Zentrum der
Verwaltungshauptstadt der Grafschaft West Sussex ist kompakt und
malerisch zugleich. Die nach den
vier Himmelsrichtungen benannten
Hauptstraßen treffen sich am
Marktkreuz. Die verschlungenen
Gassen mit mittelalterlichen Fachwerkhäusern lockern georgianische
Fassaden stilvoll auf. Die Stadtmau-

> **BAEDEKER TIPP**
>
> ❗ *Chichester Festival*
>
> Das Theaterfestival von Mai bis
> Sept., das 2012 sein 50-jähriges
> Bestehen feierte, gelangte durch
> Sir Laurence Olivier (▶Berühmte
> Persönlichkeiten) zu internationa-
> lem Ruhm. Hier standen auch
> Julie Christie, Anthony Hopkins
> und Peter Ustinov auf der Bühne
> (www.cft.org.uk).

Chichester erleben

AUSKUNFT
Tourist Information Centre
29a South Street
Chichester PO19 1AH
Tel. 01243 77 58 88
www.visitchichester.org

ESSEN
Crab & Lobster ❸❸❸
Mill Lane Sidlesham, Chichester
Tel. 01243 64 12 33
www.crab-lobster.co.uk
Der 350 Jahre alte Gasthof am Pagham
Harbour 13 km südlich ist seit Wiederer-
öffnung 2012 ein gefragtes »Hideaway«
mit einem intimen Cottage für Romantiker, stilvoll-eleganten Zimmern im
Haupthaus und köstlicher Fischküche,
bei der sich alles um »Crab & Lobster«
dreht, Krebse und Hummer.

ÜBERNACHTEN
Bailiffscourt Hotel & Spa ❸❸❸❸
Climping Street, Climping BN17 5RW
Tel. 01903 72 35 11
www.hshotels.co.uk
Nicht einmal 100 Jahre alt ist das mittelalterliche Manor House, das Lord Moyne
1927 mit Steinen und Hölzern erbaute,
die er in ganz England aus historischen
Bauten zusammengetragen hatte. Bailiffscourt ist der Tipp für Brautpaare:
Sein Music Room ist zugelassen für stan-
desamtliche Trauungen, in der Norman
Chapel wird der kirchliche Segen erteilt,
im Tapestry Restaurant richtet Russell
Williams das Hochzeitsmahl aus. Erholung bietet das Spa mit Pool, Dampfbad
und Beauty-Anwendungen, bevor sich
die Frischvermählten ins »Baylies« zu-
rückziehen, der schönsten Suite mit
Himmelbett und Balkendecke.

Crouchers
Hotel & Restaurant ❸❸❸/❸❸
Birdham Road, Chichester PO20 7EH
Tel. 01243 78 49 95
www.croughershotel.co.uk, 26 Z.
Zwischen Del Quay und der Chichester
Marina bietet das ehemalige Farmhaus
aus dem 19. Jh. liebevoll eingerichtete
Zimmer. Im Haupthaus verwöhnt Nicho-
las Markey die Gäste mit exzellenter
Küche – lassen Sie Platz für ein Dessert!

The Town House ❸❸❸
65 High Street, Arundel BN18 9AJ
Tel. 01903 88 38 47
www.thetownhouse.co.uk
Im Zentrum des Bilderbuchstädtchens
8 mi / 12,8 km östlich von Chichester hat
man die Wahl zwischen fünf hellen stilvollen Zimmern. Gespeist wird unter einer goldverzierten Stuckdecke, abends
untermalen Jazzklänge bei Kerzenschein
die Gourmetmenüs von Lee Williams.

George Bell House ❸❸
4 Canon Lane, Chichester PO19 1PX
Tel. 01243 81 35 86
www.chichestercathedral.org.uk
Wo nach 1800 der Bischof residierte,
können heute neben dem Klerus auch
zahlende Gäste eine traumhaft ruhige
Nacht verbringen – in einem der acht
elegant-nostalgischen Zimmer mitten
im Cathedral Closure.

Richmond House ❸❸
Hunters Way, Chichester PO19 5RB
Tel. 01243 53 24 70
www.richmondhousechichester.co.uk
Drei hübsche Zimmer und einen bezaubernden Garten hat das Boutiquehotel
in der Nähe vom Festival Theatre.

er, die seit 1800 die Kleinstadt schützend umgibt, wurde 2012 restauriert und ist seitdem immer wieder Projektionsfläche für Lichtinstallationen.

SEHENSWERTES IN CHICHESTER

Die East, West, South und North Street, teilweise als Fußgängerzone ausgewiesen, treffen sich am **Market Square**. Sein Marktkreuz wurde 1501 im spätgotischen Stil aus Caen-Stein gemeißelt. Market Cross

Die Dreifaltigkeitskathedrale in der West Street ist als Mutterkirche für die Diözese West und East Sussex zuständig. Ihr Bau begann 1081, nachdem Chichester 1075 Bischofssitz geworden war. 1108 wurde der Chor, 1184 die Kathedrale geweiht, doch bereits 1187 fielen der Ostteil und der Holzdachstuhl Flammen zum Opfer. Der Neubau eines Steingewölbes und eines Retrochors erfolgte im Early English Style, in England **Transitional Style** genannt. Im 13. Jh. kamen Seitenkapellen hinzu, im 14. Jh. der Vierungsturm und die Marienkapelle. Unter Cromwell wurden große Teile der Innenausstattung und alle Glasfenster zerstört. Der Vierungsturm stürzte 1861 ein und erhielt beim Wiederaufbau 1866 eine neogotische Spitze. *Cathedral

St. Richard, ab 1244 Bischof der Stadt

Die schlichte Westfassade bietet Zugang zum normannisch-frühgotischen Kirchenraum mit einem gelungenen Mix von mittelalterlichen und modernen Kunstwerken. Hinter der Chorschranke von 1475 mit feinem Netzgewölbe und einem um 1330 gefertigten Chorgestühl leuchtet farbig ein Gobelin am Hochaltar: »Die Dreifaltigkeit«, 1966 gestaltet von John Piper. Der Wandteppich von 1985 im Retrochor stellt als deutsch-englisches Gemeinschaftswerk mit abstrakt-biblischen Symbolen die Versöhnung und Freundschaft zwischen beiden Nationen dar. Im nördlichen Chorumgang gestaltete **Marc**

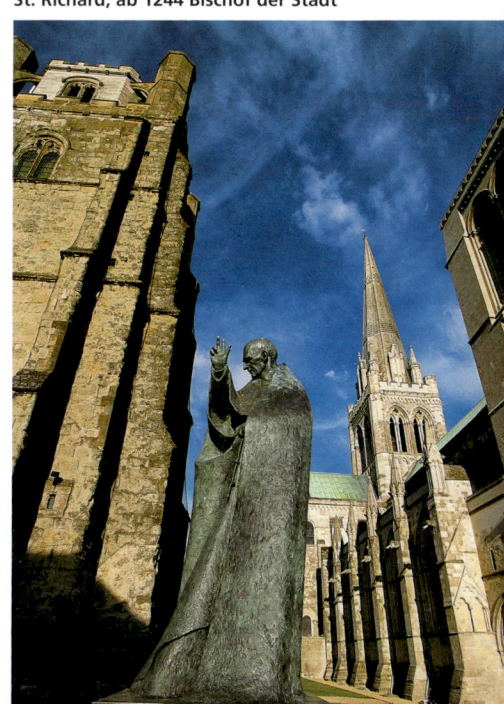

Engagement für das Erbe

Ob Stonehenge, Sissinghurst Castle, die Kreidefelsen von Dover oder Petworth House – English Heritage und National Trust leisten einen entscheidenden Beitrag zur englischen Denkmalpflege.

Als Englands führende Denkmalpflegeorganisation hat **English Heritage** (www.english-heritage.org.uk) die Fürsorge für über **400 historische Attraktionen** übernommen. Allein in Südengland verwaltet English Heritage mehr als 180 Kulturdenkmäler, darunter prähistorische Steinkreise und römische Forts, mittelalterliche Abteien, prunkvolle Herrenhäuser und Schlösser, wehrhafte Burgen und einzigartige Industriedenkmäler wie Stonehenge, Tintagel Castle oder das Schlachtfeld von Hastings. Alle Liegenschaften stehen zur Besichtigung offen – die meisten sind kostenpflichtig, andere aber auch kostenlos. Freien Eintritt zu allen English-Heritage-Attraktionen gewährt der **Overseas Visitor Pass** für ausländische Besucher (9 Tage Erw £ 30, 16 Tage £ 36).

Jeden Sommer organisiert English Heritage in historischen Ruinen und Herrenhäusern wie Kenwood House **Picnic Concerts**, die wie die zahlreichen anderen Veranstaltungen mit dem Pass kostenlos bzw. deutlich ermäßigt besucht werden können. Zum Pass gehört eine farbige Broschüre, die Informationen in mehreren Sprachen und eine Landkarte enthält. English Heritage, das die Regierung bei der Denkmalpfege berät, wird vom Umweltministerium gefördert und finanziert sich darüberhinaus über Mitgliedsbeiträge, Eintritte, Events

und Lotterieerlöse. Das jährliche Gesamteinkommen von rund £ 140 Mio. wird in die Erhaltung von Baudenkmälern, in die Bauforschung und in archäologische Grabungen investiert, aber auch eine breite Öffentlichkeitsarbeit gehört zu den Aufgaben, bei denen English Heritage von freiwilligen Helfern aus aller Welt unterstützt wird (▸Willkommen im Alltag, S. 28).

Im Schutz des Eichenzweigs

Im Gegensatz zu English Heritage ist der **National Trust** eine regierungsunabhängige Stiftung, die auf Sponsoren, Mitgliedsbeiträge und die Hilfe von Volontären angewiesen ist. Überall, wo es schön ist, prangt mittlerweile ihr Symbol, der Eichenzweig: am Eingang von Nationalparks, auf Wanderwegen, an **350 historischen Häusern** und Gärten sowie 49 Industriemonumenten. Die Geburtsstunde des »National Trust for Places of Historic Interest or National Beauty« schlug 1895, als eine Sozialreformerin, ein Pfarrer und ein Rechtsanwalt eine Bürgerinitiative gründeten und erfolgreich das Pfarrhaus von Alfriston in East Sussex vor dem Abriss bewahrten. »Mark my words, Miss Hill, this is going to be a very big thing« prophezeite damals der Duke von Westminster, in dessen Londoner Haus der Ver-

Englisches Kulturdenkmal: der Wildpark von Knole Palace

trag unterzeichnet wurde. Er hatte Recht: Der National Trust ist heute nicht nur die **größte Naturschutzorganisation des Landes,** sondern auch der größte private Grundbesitzer Großbritanniens: Ihm gehören rund 248 000 ha der schönsten Regionen in England, Wales und Nordirland und mehr als 1000 km Küste. Durch einen speziellen Parlamentsbeschluss kann der National Trust zudem besonders schützenswerte Gebiete für unveräußerlich erklären – sie sind dann für die Ewigkeit gesichert.

Charmante Anwesen

Das Gros der Herrenhäuser kam nach dem Zweiten Weltkrieg in den Besitz des National Trust, als die ohnehin bankrotten Landbesitzer mit einer hohen Erbschaftssteuer konfrontiert wurden und ihre Anwesen nicht mehr unterhalten konnten. Indem sie ihre Besitzungen dem National Trust überschrieben, konnten sie in ihren Häusern wohnen bleiben, mussten aber im Gegenzug ihre **Anwesen öffentlich** zugänglich machen. Der Trust darf jedoch nur solche Objek-

te annehmen, deren Unterhalt mindestens für die kommenden zehn Jahre gesichert ist.

Dass viele Landsitze noch immer von Nachkommen der einstigen Besitzer bewohnt werden, macht den Charme dieser Anwesen aus. Hier ein Foto der Familie auf dem Konzertflügel, da ein Porträt des freundlich blickenden Hausherrn, die selbst gemachte Marmelade der Lady im Souvenirshop – all das vermittelt ein Gefühl von Kontinuität und Gemeinschaftssinn.

Freiwillige für die Natur

Die Basis für die seit mehr als 100 Jahren erfolgreiche Arbeit der unabhängigen Stiftung bilden ihre **4,2 Mio. Mitglieder.** Rund 4000 Mitarbeiter bemühen sich, den Andrang der Besucher mit den Bedürfnissen der Natur in Einklang zu bringen. Sie werden unterstützt von fast **70 000 Freiwilligen,** die jedes Jahr mehr als zwei Mio. Stunden ihrer Freizeit für den National Trust opfern, ist doch das Anliegen, britisches Kulturerbe zu bewahren, längst ein Teil der nationalen Identität. Während der landesweit ver-

Weltkulturerbe: der magische Steinkreis von Stonehenge

anstalteten **Naturschutzferien** arbeiten diese »Volunteers« eine Woche lang für den Trust – im Naturschutz, in Gärten oder bei Ausgrabungen. Auch Gäste können in ihrem Urlaub gerne mithelfen (▶Willkommen im Alltag S. 28).

Geldmangel und Kompromisse

Mehr als 10 Mio. Touristen besuchen jährlich die Objekte des National Trust. Freien Eintritt zu den Liegenschaften in England und Wales bietet der **National Trust Touring Pass**, der ebenfalls nur für ausländische Besucher für die Dauer von sieben Tagen für eine Person (£ 26), zwei Personen (£ 47) und Familien (£ 53) bzw. 14 Tage erhältlich ist (£ 31, £ 57, £ 66) und im Voraus gebucht werden muss unter www. nationaltrust.org.uk. Wer Stonehenge besuchen will, sollte unbedingt vorher einen der beiden Pässe erwerben – der Einzeleintritt für die Steinkreise beträgt fast Zweidrittel der Pass-Preise, die sich dann bei Besichtigung einer zweiten Stätte bereits rentiert haben. Einen Gewinn kann der National Trust trotz hoher Eintritte und ständig steigender Mitgliedsbeiträge, Spenden und Sponsoren nicht verzeichnen. Im Gegenteil: Vier von fünf Häusern erzielen alljährlich Defizite und sind auf zusätzliche finanzielle Unterstützung angewiesen.

Außer mit chronischem Geldmangel kämpft der National Trust aber auch mit ökologischen Problemen. Im Landesinnern sind es vor allem die intensive Landwirtschaft und die Überweidung der Highlands. Auf seinen Ländereien, die der Trust zum Teil an Landwirte verpachtet hat, soll die Natur so weit wie möglich nach ökologischen Kriterien bearbeitet werden. Daher wird für jede Farm ein individueller Managementplan erstellt. Doch es kommt immer wieder zu Kompromissen und damit zur Kritik von Naturschützern.

Chagall 1976 den 150. Psalm, die Lobpreisung Gottes, als leuchtend rotes Fenster. Zu den Kostbarkeiten aus dem Mittelalter gehören zwei Steinreliefs des romanischen Lettners aus dem frühen 12. Jh. im südlichen Chorumgang, die von der Ankunft Christi bei Maria und Martha in Bethanien und die Erweckung des Lazarus erzählen. Beachtenswert ist auch das Arundel-Grabmal im nördlichen Seitenschiff: Der 1375 verstorbene Graf Richard Fitzalan, in Ritterrüstung ruhend, hält die Hand seiner Gattin. Der frei stehende **Bell Tower** aus dem 15. Jh. ist der einzige noch erhaltene Campanile in England.

Da der Kathedrale von Chichester nie ein Kloster angegliedert war, besteht der Kreuzgang lediglich aus drei überdachten Passagen, die nach 1400 um den früheren Kirchenfriedhof herum errichtet wurden. Durch ein Tor geht es in der Canon Lane zum 1327 erbauten Bishop's Palace, bis heute Bischofsresidenz mit öffentlich zugänglichem Garten. Die Domfreiheit umschließt auch mittelalterliche Klerikerhäuschen und endet am Canon Gate von 1894.

Bishop's Palace

In der nahen West Pallant Street präsentiert das stilvoll restaurierte Pallant House, das der wohlhabende Weinhändler Henry Peckham 1712 in Auftrag gab, eine ausgezeichnete Sammlung moderner Kunst mit Werken von Moore, Sutherland, Piper, Klee und Cézanne.
❶ Di. – Sa. 10.00 – 17.00, Do. bis 20.00, So. 11.00 – 17.00 Uhr, Dauerausstellung Eintritt frei, Sonderschauen unterschiedliche Tarife, www.pallant.org.uk

*Pallant House

Östlich des St. Mary Hospital aus dem 13. Jh., heute ein Altenheim, liegt das Stadtviertel Little London, wo die **Guildhall** im Priory Park, eine Kapelle eines Franziskanerklosters aus dem 13. Jh., die Geschichte von Orden und Kloster dokumentiert. Das Chichester District Museum ist 2012 in einen Neubau an der Tower Street umgezogen, der über dem Fundament eines erst 1960 entdeckten, römischen Badehauses nach Plänen von Keith Williams errichtet wurde – erstmals ist diese Anlage damit öffentlich zu besichtigen. Mit dem Jupiterstein und dem Chilgrave-Mosaik birgt das Museum zwei weitere wertvolle Exponate der Antike. An die römischen Wurzeln erinnert auch der Name des Neubaus: Novium – abgeleitet vom antiken Stadtnamen Noviomagus Reginorum.
Novium: Apr. – Okt. Mo. – Sa. 10.00 – 17.00, So. 10.00 – 16.00 Uhr Winter Di. – Sa. 10.00 – 17.00 Uhr, Eintritt frei, www.thenovium.org

The Novium Museum

UMGEBUNG VON CHICHESTER

Der Römische Palast in der Salthill Road von Fishbourne, 1,8 mi / 3 km westlich der Stadt, der 1960 bei Kanalisationsarbeiten entdeckt wurde, gilt als **besterhaltene römische Villa** in England. Vom pa-

*Fishbourne Roman Palace

lastartigen Landsitz des keltischen Stammesfürsten Togidubnus mit mehr als 100 Räumen, der im 3. Jh. abbrannte, ist bislang nur der Nordflügel vollständig ausgegraben. Er zeigt unter einem Schutzdach 20 **Mosaike**, darunter die wunderschöne Steinlegearbeit eines Amor, der auf einem Delfin reitet. Über die Entstehung erzählt ein kleines Museum mit Videoshow.

❶ März – Okt. tgl. 10.00 – 17.00, Nov., Feb. 10.00 – 16.00
Dez., Jan. Sa./So. 10.00 – 16.00 Uhr, Eintritt Erw. £ 8.90
http://sussexpast.co.uk

*Weald & Down Open Air Museum
Mit mehr als 45 historischen Fachwerkhäusern in einer Parkland-schaft vermittelt das Museum 7 mi /11,2 km nördlich von Chichester einen hervorragenden Eindruck von der **mittelalterlichen Baukunst** in Sussex. Ein- und zweigeschossige Hallenhäuser, Scheunen und ein Marktstand können besichtigt werden, dazu lassen Schmiede, Wassermühle, Bauernhoftiere und Feuerstellen vergangene Zeiten lebendig werden.

❶ März – Okt. tgl. 10.30 – 18.00, sonst bis 16.00 Uhr
Eintritt Erw. £ 11.90, www.wealddown.co.uk

BAEDEKER TIPP

!

Nostalgiefieber auf der Rennstrecke

Ein rennsportbegeisterter Earl, eine historische Rennstrecke, Formel-1-Legenden, Oldtimer und viel Prominenz: Beim **Goodwood Revival** lebt alljährlich für drei Tage im September die große Zeit des britischen Rennsports (1948 – 1966) wieder auf. Perfekt wird das Ambiente von einst inszeniert: Die Fahrer tragen Lederhauben, die Zuschauer Petticoats und Pfennigabsätze, selbst die Fish & Chips werden in Zeitungspapier aus den 1950er-Jahren eingeschlagen, Infos unter www.goodwood.co.uk.

*Goodwood House, 5 mi / 8 km südöstlich, ist Sitz der Herzöge von Richmond. Das Herrenhaus, 1800 von James Wyatt erbaut, besitzt prachtvolle Möbel und Gemälde von Canaletto, van Dyck, Reynolds und Stubbs. Seit mehr als 150 Jahren werden von Mai bis September die »Glorious Goodwood«-Pferderennen veranstaltet. Das Festival of Speed Ende Juni rühmt sich, die weltgrößte Gartenparty des Motorsports zu sein – automobile Veteranen und Boliden rasen dann vor den Gärten von Goodwill.

❶ Ende März – Mitte Okt. So., Mo.
13.00 – 17.00, Aug. So. – Do. 13.00
bis 17.00 Uhr, Eintritt Erw. £ 9.50
www.goodwood.co.uk

*Arundel Castle
Eine zinnenbekrönte Burg beherrscht das Stadtpanorama von **Arundel** (▶Hotel, S. 196), das sich 8 mi / 12,8 km östlich von Chichester am Arun mit verwinkelten Gassen an die Ausläufer der South Downs schmiegt. Arundel Castle war Sitz der Adelsfamilien Montgomery, de Albini und Fitzalan. Seit dem 16. Jh. stellen die Howards den Grafen von Arundel und vereinen neben der Herzogswürde von

Bücherschätze in der Schlossbibliothek von Arundel Castle

Norfolk auch den Titel »Earl Marshal« auf sich, der sie für die Krönungszeremonie des jeweiligen Monarchen verantwortlich macht. Die **Herzöge von Norfolk** waren nach der Reformation ein Bollwerk des Katholizismus im protestantischen England und mussten dafür teilweise mit dem Leben und der Zerstörung ihres Hab und Guts bezahlen. Ihre gewaltige Festung, von den Normannen im 11. Jh. gegründet und 1644 während des Bürgerkrieges fast dem Erdboden gleichgemacht, wurde im 19. Jh. nach dem Vorbild von Windsor Castle neu errichtet. Daneben entstand die katholische Kathedrale 1868 – 1873 im neogotischen Stil. Von der normannischen Burganlage existieren nur noch der Bergfried und ein Torhaus. Aus dem 14. Jh. stammt die Pfarrkirche St. Nicholas, mit der durch einen Lettner abgetrennten **Fitzalan-Kapelle** als Familiengruft der Herzöge von Norfolk. Die Burgsäle sind mit feinen Möbeln und Tapisserien aus dem 16. Jh. ausgestattet, die Wände schmücken Porträts von Gainsborough, Reynolds, van Dyck, Mytens und Lawrence. : Im April und Mai feiert Arundel Castle sein **Tulip Festival** – dann schmücken 18 000 blühende Tulpen die Schlossgärten.

❶ April – 4. Nov. Di. – So., Aug. auch Mo. 10.00 – 17.00 (Garten / Kapelle), 12.00 – 17.00 Uhr (Schloss), Eintritt Erw. £ 9 – 18, www.arundelcastle.org

*Parham House

Erker- und kaminreich, mit vielen Fenstern in der Gartenfront, gibt sich das elisabethanische Parham House, 8,3 mi /12 km nordöstlich von Arundel. Heinrich VIII. übergab die zur Westminster Abbey gehörenden Besitzungen 1540 an Robert Palmer, der sich zu einem Neubau entschloss. Hauptattraktion ist neben der Great Hall und dem Great Chamber die holzgetäfelte **Long Gallery** mit hohen Gitterfenstern und einer reich verzierten Tonnendecke aus dem 19. Jahrhundert. Die umfangreiche Sammlung an Gemälden des 16. und 17. Jh.s zeigt auch ein Porträt der jungen Elisabeth I. in Staatsrobe.

❶ April – Sept. Mi., Do., Fr., So., (Aug. auch Di.) 14.00 – 17.00 (Schloss), 12.00 – 17.00 (Gärten), Okt. nur So. 14.00/12.00 – 17.00 Uhr, Eintritt Erw. Haus und Garten £ 11.95, nur Garten £ 8.55, www.parhaminsussex.co.uk

**Petworth House & Park

Petworth House ist von Chichester auf der A 285 nach 16 mi / 25,6 km zu erreichen und dominiert die gleichnamige Marktstadt mit ihren engen Gassen. Das monumentale Anwesen mit 100 m langer Gartenfront erhielt 1696 unter dem 6. Herzog von Somerset sein heutiges Aussehen. Capability Brown legte im 18. Jh. den weiten Landschaftsgarten mit Wildpark formvollendet an. Damals versammelte der Mäzen Sir George O'Brian, 3. Earl of Egremont, bei sich die bedeutendsten Künstler des Landes: Reynolds und Constable waren gern gesehene Gäste, Turner unterhielt hier 1830 – 1837 ein Atelier und machte Haus und Garten zum Gegenstand zahlreicher Gemälde.

Diesem »Proud Duke« ist es zu verdanken, dass Petworth House eine der wertvollsten Kunstsammlungen des Landes besitzt, die heute vom National Trust verwaltet wird. Höhepunkte sind der **Turner-Raum** mit 19 Ölgemälden des Künstlers und die Porträts von van Dyck im Square & Little Dinig Room. Ein Meisterwerk der Holzschnitzkunst ist der 1690 von Grinling Gibbons geschaffene **Carved Room**: Girlanden und Friese aus Lindenholz gliedern in feinster Ornamentik die Wände und bilden perfekte Rahmen für Gemälde von Reynolds und Lely. Die North Gallery wurde 1824 für die Skulpturensammlung erweitert, die neben antiken Figuren klassizistische Werke von Flaxman zeigt. Zugang zu den Schlafgemächern im Obergeschoss bietet die Grand Staircase, ein im 18. Jh. von Laguerre ausgemaltes Treppenhaus. Zum Rundgang gehören auch die reich mit Kupfer bestückten Küchen des Palastes, die Hauskapelle und ein Spaziergang zum aussichtsreichen Steinsitz auf dem Lawn Hill.

❶ März – Okt. Sa. – Mi. 11.00 – 17.00 Uhr, Eintritt Erw. £ 15 www.nationaltrust.org.uk

Bignor Roman Villa

1811 entdeckte ein Bauer 6 mi / 9,6 km südlich beim Pflügen die Mauern einer römischen Villa mit 70 Räumen und prachtvollen Mosaiken, darunter ein Medusen- und ein Venusmosaik.

❶ März – Okt. tgl. außer Mo. 10.00 – 17.00, Juni – Sept. bis 18.00 Uhr Eintritt Erw. £ 6, www.bignorromanvilla.co.uk

** Dartmoor National Park

✦ K – M 15 – 17

Grafschaft: Devon
Fläche: 953 km²

**Einsam, geheimnisvoll, gefährlich: Die Moor- und Heideflä-
chen des Dartmoors, das nur die nackten Granithügel der Tors
überragen, beflügeln seit Jahrhunderten die Fantasie.**

Sir Conan Doyle ließ hier seinen **»Hund der Baskervilles«** Feuer
speien, Hitchcock und Edgar Wallace wurden vom düsteren Gefängnis in Princeton zu ihren **Krimis** inspiriert. Agatha Christie zog sich
zum Schreiben ins Hotel Moorland in Haytor zurück. Vormittags saß
die 26-Jährige an ihrem ersten Roman »The Mysterious Affairs at
Styles« (»Das fehlende Glied der Kette«), nachmittags streifte sie
stundenlang durchs Moor. Und Steven Spielberg? Der drehte hier
nach der Romanvorlage von Michael Morpurgo seinen Hollywood-
Blockbuster **»War Horse«** mit Emma Watson und Peter Mullan als
Eltern des Titelhelden Albert (Jeremy Irvine), der 2012 in die Kinos
kam. Gedreht wurde u. a. am Ditsworthy.

**Schauplatz
spannender
Geschichten**

Mit 953 km² ist der 1949 gegründete Dartmoor National Park eines
der größten und einsamsten **Naturschutzgebiete** Europas. Es erstreckt sich von Okehampton im Norden bis nach Ivybridge im Süden. Mitten im Moor entspringt der zweiarmige Dart, der bei Dartmouth ins Meer mündet. Unikum der Region mit Heideflächen,
Hochmooren und uralten Zwergeichenhainen sind die **»Tors«**, kah-
le Granitspitzen, die vor 290 Mio. Jahren durch Magmamassen an die
Oberfläche gedrückt und durch Erosion bizarr geformt wurden.

National Park

Vor mehr als 5000 Jahren kamen Jäger und Sammler ins Dartmoor
und hinterließen ihre Feuersteinwerkzeuge. Im Neolithikum wurden
die Menschen hier sesshaft und errichteten für ihre Toten kollektive
Megalithgräber wie **Spinster's Rock**. In der Bronzezeit entstanden
Steinkreise wie Scorhill Circle bei Gidleigh sowie Steinalleen, Tumuli und Siedlungen wie **Grimspound**. Als sich um 1000 das Klima
verschlechterte, breiteten sich die Sümpfe weiter aus – und Ortschaften am Rande des Hochmoors entstanden. Bestes Beispiel einer mittelalterlichen Dorfanlage ist **Hound Tor** westlich von Bovey Tracy –
auch drei Langhäuser wurden hier freigelegt.

Besiedlung

Bereits die bronzezeitlichen Bewohner wussten um den Zinnreich-
tum des Moors und schürften Metall in den Flussniederungen. Im
Mittelalter wurden für den Zinntransport **»Clapper Bridges«** aus
dünnen Granitplatten über den Flüssen angelegt – die schönsten sind

Wirtschaft

Dartmoor National Park erleben

AUSKUNFT
Visit Dartmoor
Ashburton Information Centre:
Tel. 013 64 65 34 26
Okehampton Information Centre:
Tel. 01 83 75 22 95
www.visitdartmoor.co.uk

Dartmoor National Park Authority
Parke, Bovey Tracey Newton, Abbot
TQ13 9JQ, Tel. 01626 83 20 93
High Moorland Visitor Centre,
Princetown, Tel. 018 22 89 04 14
www.dartmoor-npa.gov.uk

LETTERBOXING
Ein beliebter Sport der Langstrecken-
wanderer ist das Letterboxing. Die erste

Letterbox wurde um 1850 im Nordwesten des Moors installiert, inzwischen gibt
es mehr als 400 inoffizielle Briefkästen
im Moor, und es gilt, diese in Büschen
und hohlen Baumstämmen aufzuspüren.
Jede Letterbox besitzt einen Stempel mit
Kissen, sodass man auf Postkarten seinen Besuch im tiefsten Moor nachwei-
sen kann. Sind die eigenen Grüße dann
deponiert, sollte bereits hinterlegte Post
mitgenommen und mit der Royal Mail
weiterbefördert werden.

AUF DEM RÜCKEN DER PFERDE
Hoch zu Ross durchs wilde Dartmoor:
ein unvergessliches Erlebnis. Geführte
Ausritte von einer Stunde bis zu einem
Tag oder länger bieten an: Shilstone

Liebling aller Kinder: die halbwilden Ponys im Dartmoor

Stables, Widecombe in the Moor,
Newton Abbot, Tel. 01364 62 12 81,
www.dartmoorstables.com.
Ausritte und Viehtreiben auf einem
Hof mitten im Moor: Meldon Farm,
Okehampton, Devon EX20 4LU,
Tel. 01837 5 24 09, http://dartmoor
ridingholidays.co.uk.

WANDERN UND RADELN
Die wilde Einsamkeit des Dartmoor
lässt sich erst beim Wandern und Radfahren richtig erleben. Ein einfacher Pfad
führt zum kahlen, 454 m hohen Kletter-
felsen Haytor Rock, 3 mi / 5 km westlich
von Bovey Tracy. Wer länger unterwegs
sein möchte, kann auf dem 90 mi /
140 km langen **Dartmoor Way** zu
Fuß oder per Rad das Moor umrunden
(www.devon.gov.uk). Der 102 mi /
163 km lange **Two Moors Way** verbindet Ivybridge im Süden des Dartmoors
mit Lynmouth an der Nordküste des
Exmoors (www.devon.gov.uk).

ESSEN
Gidleigh Park ❻❻❻❻
Chagford, Devon TQ13 8HH
Tel. 01647 43 23 67
www.gidleigh.co.uk
Michael Caines' michelinbesternte
Schlemmeroase
(▶Baedeker Wissen, S. 78)

DÖRFLICHER MARKT
Im historischen **Church House** von Wi-
decombe-In-The-Moor wird jeden 4. Sa.
im Monat von 10.00 – 16.00 Uhr ein
bunter Bauernmarkt abgehalten – mit
leckeren Chutneys, hausgemachten
Backwaren und Jams lokaler Produzenten, frischem Obst, Gemüse und Fleisch
von umliegenden Farmen, http://www.
widecombe-in-the-moor.com/market.

ÜBERNACHTEN
Lewtrenchard ❻❻❻❻/❻❻❻
▶S. 111.

Lydford House ❻❻❻
Lydford House, Lydford EX20 4AU
Tel. 01822 82 03 47
www.lydfordhouse.com
Das viktorianische Landhaus in einem
großen Garten bei Okehampton bietet
neun großzügige Zimmer. Außerdem
kann man hier nach einem Ausritt durch
das Moor sein Pferd unterstellen.

The Highwayman Inn ❻❻/❻❻❻
Sourton südl. von Okehampton
Tel. 01837 86 12 43
www.thehighwaymaninn.net
Wer Außergewöhnliches sucht, sollte
sich bei Sally Jones einquartieren, deren
Vater den skurrilen Gasthof mit Kuriosi-
täten aus aller Welt eingerichtet hat.

Beechwood B & B ❻❻
Postbridge, Yelverton, Devon PL20 6SY
Tel. 01822 88 03 32
www.beechwood-dartmoor.co.uk
Aus zwei Cottages des 19. Jh.s entstand
das hübsche Häuschen der Popes mit
fünf gemütlichen Doppelzimmern mitten in Dartmoor.

Gate House ❻❻
North Bovey (nahe Moretonhampstead)
Devon TQ13 8RB
Tel. 01647 44 04 79
www.gatehouseondartmoor.co.uk
Im reetgedeckten Fachwerkhaus aus
dem 15. Jh. gibt es drei elegante Zimmer
mit Gartenblick. John und Sheila Williams verwöhnen ihre Gäste mit einem
ausgezeichneten Dinner. Nehmen Sie
den Tee am einladenden Swimmingpool
oder vor dem knisternden Kaminfeuer.

in Postbridge, Dartmeet und Bellever erhalten. Tavistock, Chagford, Ashburton und Plympton florierten als »Stannary Towns«, in denen Zinn gestempelt und gewogen wurde. 1930 wurde die letzte Zinnmine stillgelegt. Als Packtiere setzte man die halbwilden **Dartmoor-Ponys** in den Minen ein – heute grasen noch rund 2500 Ponys sowie unzählige Schafe auf den offenen Moorflächen.

Achtung Sperrgebiet! Der wilde Nordwestrand des Moores ist als **militärischer Truppenübungsplatz** ausgewiesen und für Wanderer gesperrt, wenn rote Signalbälle gehisst sind oder rote Warnlampen leuchten.

SEHENSWERTES IM DARTMOOR

Chagford, Gidleigh Das hübsche Dorf Chagford im Osten des Nationalparks gruppiert sich mit Läden, Pubs und Teestuben um den Marktplatz herum. Beim pittoresken Gidleigh, 1 mi / 1,6 km nordwestlich, begeistert das **Gidleigh Park Hotel** Gourmets (▶Baedeker Wissen, S. 78).

*Castle Drogo Schloss Drogo, 2,2 mi / 4 km nordöstlich von Chagford, wurde 1910 bis 1930 als **Großbritanniens jüngste Schlossanlage** vom Tee-

Wanderparadies: die einsamen Hügel ...

händler Julius Drewe erbaut, der sich als direkter Nachfahre des Normannen Drogo de Teine verstand, dem unter Heinrich II. das Land gehörte. Drewe, reich geworden durch eine Kaufhauskette, beschloss bereits im Alter von 33 Jahren, sich als »landed gentleman« zur Ruhe zu setzen – auf einem pompösen Landsitz. Sein 60 m langes Granitschloss verbindet originell römische, normannische und elisabethanische Elemente. Im Inneren warten eine gewölbte Schlosskapelle, eine Waffenkammer, eine Bibliothek mit flämischen Tapisserien und eine Gesindeküche auf den Besucher.

❶ April – Okt. tgl. 11.00 – 17.00 Uhr, Eintritt Schloss und Garten Erw. £ 9.95, nur Garten £ 6.45, www.nationaltrust.org.uk

*Lustleigh

Pastellfarbene Cottages, Kletterrosen und ab 10.30 Uhr Tea Time im Bauerngarten des Primrose Cottage – das winzige Dorf 10 mi / 16 km südöstlich ist bezaubernd. Setzen Sie sich mit einer Tasse Tee oder einem Ale in den Garten des reetgedeckten Cottage **The Cleave**.
The Cleave: tgl. 11.00 – 23.00 Uhr, http://thecleavelustleigh.com

Ashburton

Mit 3500 Einwohnern ist Ashburton am Fluss Dart der größte Ort im Nationalpark. Antiquitätengeschäfte und nette Pubs säumen seine Hauptstraße. **Buckfast Abbey**, 2,5 mi / 4 km südlich, wurde 1018

… im Dartmoor National Park

von Benediktinermönchen gegründet und nach der Reformation dem Erdboden gleichgemacht. 1882 erwarben Benediktiner das Grundstück und bauten 1907 – 1937 ein neues Kloster samt Kirche.

*Widecombe in the Moor
Die als **Moorkathedrale** bekannte Pfarrkirche des verträumten Dörfchens wurde von Zinnarbeitern finanziert. Die karge Innenausstattung des gotischen Granitbaus aus dem 14. Jh. spiegelt das entbehrungsreiche Leben der Metallarbeiter wider. Um die Kirche herum versammeln sich getünchte Häuschen mit Reetdächern, der Rugglestone Inn, ein uralter Pub, und eine Teestube. Lohnend: Widecombe Fair, ein großer Markt im September.
❶ www.widecombe-in-the-moor.com

Princetown
Edgar-Wallace-Krimis und Sherlock-Holmes-Geschichten ranken sich um die berüchtigte Strafanstalt **»Dartmoor Prison«**, die vor 200 Jahren in Princetown erbaut wurde. Ab 1850 war sie Zuchthaus für lebenslänglich Inhaftierte. Heute sind hier keine Schwerverbrecher mehr inhaftiert, sondern Gefangene der Kategorie C (geringe Fluchtgefahr), die im Dartmoor Prison Museum mitarbeiten, das auch Souvenirs verkauft, die von Gefängnisinsassen hergestellt worden sind.
Dartmoor Prison Museum: Mo. – Do., Sa. 9.30 – 12.30, 13.30 – 16.30, Fr., So. bis 16.00 Uhr, Eintritt Erw. £ 3.50, www.dartmoor-prison.co.uk

Tavistock
In der »Stannary Town« 9 mi / 15 km westlich erinnert eine Statue im Ortskern an Tavistocks berühmtesten Sohn: 1540 erblickte **Sir Francis Drake**, später Admiral und Weltumsegler, auf der Crowndale Farm im Südwesten der Stadt das Licht der Welt. Der 34 km lange Fuß- und Radweg **Drake's Trail** verbindet Tavistock mit ►Plymouth.
❶ www.drakestrail.co.uk

Lydford
Die normannische Burgruine von Lydford am Nordwestrand des Dartmoor war bis 1800 als Zinngericht und Gefängnis gefürchtet, galt doch der Reim: »Oft have I heard of Lydford law, how in the morn they hang and draw, and sit in judgement after …« – zuerst wurden die Angeklagten hingerichtet, und dann wurde ihnen der Prozess gemacht. Wer Zinn gestohlen hatte, dem wurde flüssiges Metall in die Kehle gegossen. Ein fantastisches Naturschauspiel bietet die südlich gelegene ****Lydford Gorge**. Der Fluss Lyd rauscht durch eine 2,5 km lange Schlucht mit dichtem Wald und stürzt beim White-Lady-Wasserfall als Gischt sprühende, weiße Säule 27 m in die Tiefe.
Lynford Gorge: tgl. 10.00 – 17.00 Uhr, Erw. £ 8.20

Museum of Dartmoor Life
Knapp 9 mi / 14,4 km nördlich in **Okehampton** erzählt ein Museum, wie sich das Leben im Moor in den letzten 100 Jahren verändert hat.
❶ 3 West Street, Mo. – Fr. 10.15 – 16.15, Sa. bis 13.00 Uhr
Eintritt Erw. £ 4, www.museumofdartmoorlife.org.uk

Dorchester

✦ **K 25**

Grafschaft: Dorset
Einwohner: 19 200

In der Antike haben die Römer, in der Neuzeit Prinz Charles die kleinste Kapitale aller südenglischen Grafschaften entscheidend geprägt, in der bis heute das »Casterbridge« der Romane Thomas Hardys weiterlebt.

Die Kleinstadt im Kreidetal des River Frome war als Durnovaria die einzige römische Siedlung in Dorset. Auf den im 18. Jh. geschleiften, antiken Stadtmauern verlaufen heute breite, schattige Kastanien- und Ahornalleen, »Walks« genannt.

Von Durno-varia bis Poundbury

Seit mehr als 20 Jahren verwirklicht **Prince Charles**, einer der schärfsten Kritiker zeitgenössischer Architektur, im Nordwesten der Stadt mit **Poundbury** seine städtebauliche Vision. Für die Stadterweiterung, die Lebensraum für 5000 Einwohner schafft, hatte er zuvor 158 ha seiner Pfründe freigegeben. Als Herzog von Cornwall besitzt Prinz Charles bei Dorchester 1000 ha Land. Kritiker bespötteln die Mustersiedlung als »Charlieville«: Das nostalgische Retortendorf in der Dorfarchitektur Dorsets vom 17./18. Jh. habe versäumt, heutige Haus- und Umwelttechnik zu integrieren.

Städtebau-liche Vision

Thomas Hardys Arbeitszimmer im Dorset County Museum

Dorchester erleben

AUSKUNFT
Tourist Information Centre
11 Antelope Walk, Dorchester DT1 1BE
Tel. 01305 26 79 92
www.visit-dorchester.co.uk

AUF DEN SPUREN
VON THOMAS HARDY
Dorset und Dorchester sind untrennbar
mit Thomas Hardy (▶Berühmte Persönlichkeiten) verbunden, der in zahlreichen
Romanen seine Heimat beschrieben hat.
Der **Hardy Trail** führt in drei Stunden
von seinem Geburtshaus in Higher Bockhampton, vorbei am Old School House
in Lower Bockhampton, wo Hardy einer
der ersten Schüler war, und seinem Anwesen »Max Gate«, in dem der Dichter
von 1883 bis zu seinem Tod lebte, zum
Grab in Stinsford (www.visit-dorset.
com). Der **Hardy Way** ist ein 210 mi/
336 km langer Fernwanderweg, der Dorchester, Bere Regis, Wimborne, Weymouth und andere Orte seines Wirkens
berührt (www.walkingpages.co.uk).

SHOPPING
Kleine Boutiquen und Einkaufspassagen
findet man in der Fußgängerzone von
Cornhill und South Street. Das Armenhaus Napper's Mite aus dem 17. Jh. birgt
heute ein Café und Shops. Der »French
Market« im Aug. hat enormen Zulauf –
haben doch viele Briten ein Ferienhäus-
chen am anderen Ufer des Ärmelkanals
(www.thefrenchmarket.co.uk).

FAMILIENSPASS
Das **Dinosaur Museum** begeistert am
Ice Way mit lebensgroßen Rekonstruktio-
nen der Giganten der Urzeit (April bis
Sept. tgl. 10.00 – 17.00, sonst bis 16.00

Uhr, Erw. £ 6.99, www.thedinosaur
museum.com). Teddys von mini bis
menschengroß zeigt das Museum an der
Salisbury Street (Mo. bis Sa. 9.30 – 17.00,
So.10.00 – 16.00, Erw. £ 5.99,
www.teddybearmuseum.co.uk).

ESSEN
The Mock Turtle ●●
34 High West Street, Tel. 01305 26 43 69
Sehr gemütlich sitzt man auf einer der
drei Etagen des ehemaligen Pfarrhauses
mit preiswerter, guter Regionalküche.

ÜBERNACHTEN
Yalbury Cottage ●●●
Lower Bockhampton, 2 mi / 3,2 km östl.
Dorchester DT2 8PZ, Tel. 01305 26 23 82
www.yalburycottage.com
Über 300 Jahre alt ist das reetgedeckte
Landhotel inmitten grüner Felder und
Wiesen. Reservieren Sie rechtzeitig für
ein Dinner im Feinschmeckerrestaurant!

The Casterbridge Hotel ●●/●●●
49 High East Street, Dorchester DT1
1HU Tel. 01305 26 40 43, 15 Z.
www.casterbridgehotel.co.uk
Zentral gelegenes, georgianisches Hotel,
zum Frühstück gibt es hausgemachte
Marmalade, Croissants und Muffins.

Holyleas House ●●
Buckland Newton, Dorchester DT2 7DP
Tel. 01300 34 52 14
www.holyleashouse.co.uk
Bezauberndes Domizil an der B 3143
nordöstl. von Dorchester am Hardy Trail.
Die lichtdurchfluteten Zimmer des 1868
erbauten Hauses haben Blick auf den
farbenfrohen Garten. Das Frühstück
ist fantastisch!

SEHENSWERTES IN DORCHESTER

Bei der Thomas-Hardy-Statue am Ende der High West Street geht es links in der Northernhay Street zu einem **römischen Stadthaus** mit 18 Räumen und Mosaikfußboden aus dem 4. Jahrhundert. Die High West Street führt zum Old Crown Court, in dem 1834 sechs Männer aus dem Dorf Tolpuddle zu siebenjähriger Zwangsarbeit in Australien verurteilt wurden, weil sie höhere Löhne für die Landarbeiter gefordert hatten. Nach vehementen Protesten wurden die Märtyrer von Tolpuddle nach zwei Jahren begnadigt. Das **Dorset County Museum** führt in Archäologie und Geologie der Region ein und präsentiert **Thomas Hardys** Arbeitszimmer als Nachbildung (▶Abb. S. 211).
Dorset County Museum: April – Okt. Mo. – Sa. 10.00 – 17.00, sonst bis 16.00 Uhr, Eintritt Erw. £ 7, www.dorsetcountymuseum.org

High West Street

Neben der Pfarrkirche St. Peter diente die um 1850 errichtete **Corn Exchange** mit markantem Eckturm als Gefängnis, Markthalle und heute als Rathaus. Die Wirtshäuser King's Arms und Borough's Arms aus dem 16. und 17. Jh. gehören zu den ältesten der Stadt.

High East Street

In der Weymouth Avenue braute seit dem 18. Jh. die **Eldridge-Pope-Brauerei** ein starkes Ale. Derzeit wird das Areal zum neuen Herzen von Dorchester umgebaut – mit Kino und Theater, Läden und Lokalen, Wohnungen und Designerhotel mit Spa.
❶ www.brewerysquare.com

Brewery Square

Die neolithische Steinkreisanlage weiter südlich nutzten die Römer als Amphitheater. Die Fundamente eines Roman Town House können kostenlos auf dem Gelände der County Hall besichtigt werden.

Maumbury Rings

UMGEBUNG VON DORCHESTER

Von den Hügelfestungen Dorsets ist Maiden Castle, 2 mi / 3,2 km südwestlich von Dorchester, die größte **eisenzeitliche Wehranlage**. Die mit bis zu 25 m hohen Erdwällen befestigte Siedlung aus der Zeit zwischen 800 und 60 v. Chr. wirkt von außen wie ein unförmiger Grashügel; im Innern begleiten Informationstafeln den einstündigen Rundgang. Maiden Castle wurde 43 n. Chr. von den Römern erobert.
❶ Eintritt frei, www.english-heritage.org.uk

*Maiden Castle

Will man ein Gespür für das ländliche Dorset entwickeln, so folge man der A 352 durch das wunderschöne Cerne-Flusstal nach ▶Sherborne. In Cerne Abbas schwingt ein **nackter Riese** seine Keule. Warum und wann der Mann 55 m groß in den Kalk geritzt wurde, ist bis heute ungeklärt – sein gewaltiges Geschlechtsteil ist jedoch unstrittig

Cerne Abbas Giant

ein Fruchtbarkeitssymbol. Im Dorf Cerne Abbas stehen in der Abbey Street mehrere Landhäuser aus dem 16. Jh., von der ehemaligen Benediktinerabtei sind Torhaus und Zehntscheuer erhalten.

Milton Abbas Die Modellsiedlung 10 mi / 16 km östlich entstand 1780 auf Geheiß Lord Miltons. Der erste Earl of Dorchester ließ die Konventsgebäude einer Abtei zum Herrenhaus umbauen und betraute **Capability Brown** mit einer Parkanlage. Da ihm das Dorf Middleton die Aussicht verdarb und er dessen Bewohner als lästig empfand, ließ er den Ort abreißen und die Bürger nach Milton Abbas umsiedeln. In der Klosterkirche aus dem 14. / 15. Jh. steht ein marmornes Grabmal für Lord und Lady Milton.

* Dover

✦ **H 47**

Grafschaft: Kent
Einwohner: 43 000

»This precious stone set in silver sea« ließ bereits Shakespeare Richard II. über die Kreidefelsen von Dover sagen, die strahlend weiß aus dem Wasser ragen und als Wahrzeichen Englands die Besucher vom Kontinent begrüßen. Für viele ist Dover nur Durchgangsstation, dabei sind die älteste Burganlage Englands, die weißen Klippen, aber auch Stadt und Hafen durchaus lohnenswert.

Vom Jachthafen in Dover reicht der Blick über den Fährhafen bis zur Burg und den schneeweißen Kreideklippen.

Dover erleben

AUSKUNFT
Tourist Information Centre
Old Town Gaol
Biggin Street
Dover CT16 1DL
Tel. 01304 20 51 08
www.dover-kent.co.uk
www.whitecliffscountry.org.uk

WHITE CLIFFS, WANDERN UND BOOTSAUSFLÜGE
Wer an Bord der »Southern Queen« die berühmten Klippen von Dover vom Wasser aus erlebt hat und mitten durch die betriebsamste Schifffahrtsstraße der Welt geschippert ist, erhält am Ende des 40-minütigen **Törns** eine Urkunde. Fahrten ab Clock Tower, Ostern – Mai Sa., So., Juni – Sept. tgl., sonst n. V., Erw. £ 10, Tel. 01303 27 13 88, www.dover-whitecliffftours.com. **White Cliffs Greeters**: Zwei Stunden lang führen Einheimische unentgeltlich durch Stadt und Umland zu den schönsten Ecken ihrer Heimat (Tel. 013 04 20 10 66, www.whitecliffscountry.org.uk). Sehr beliebt sind Tagestörns nach Frankreich mit den Fähren nach Calais. Dover ist Wanderland: Der 153 mi / 211 km lange **North Downs Way** nach Farnham beginnt hier, und der 163 mi / 262 km lange **Saxon Shore Way** von Gravesend nach ►Hastings führt mitten durch den Ort.

SHOPPING
Zu Füßen der Burg lockt das De Bradelei Wharf Designer Outlet am Meeressaum mit Preisnachlässen bis zu 70 Prozent.

ESSEN UND ÜBERNACHTEN
Wallett's Court ●●●
West Cliffe, St. Margarets-at-Cliffe
Dover CT15 6EW, Tel. 01304 85 24 24
www.wallettscourt.com
Wenige Meilen außerhalb liegt das luxuriöse Landhaushotel mit 17 stilvollen Zimmern und schickem Spa-Bereich. Im Feinschmeckerrestaurant werden Wildschwein und Lamm ebenso köstlich zubereitet wie fangfrischer Fisch.

Best Western Plus Dover Marina Hotel & Spa ●●●/●●
Dover Waterfront, Waterloo Crescent
Dover CT17 9BP, Tel. 013 04 20 36 33
Hinter der georgianischen Fassade birgt das Viersternehaus große moderne Zimmer mit Meerblick, Spa, Waterfront Bar und ein Starbucks-Café.

Victoria Guest House ●/●●
1 Laureston Place, Dover CT16 1QX
Tel. 01304 20 51 40
www.hotelscombined.co.uk
Das hübsche Häuschen von Bill und Audrey Hamblin liegt 500 m östlich des Market Square mit Blick auf den Hafen.

Im Osten der Stadt werden die steilen Kreidefelsen vom Dover Castle bekrönt, der ältesten **konzentrisch angelegten Burganlage** Englands. Nachdem Wilhelm der Eroberer nach der Schlacht von Hastings eine Festung auf eisenzeitlichen, römischen und angelsächsischen Fundamenten errichtet hatte, gab 1168 Heinrich II. den Auftrag, die existierenden Wälle mit wuchtigen Ringmauern zu verstärken und im Zentrum einen Bergfried mit 6 m dicken Außenmau- ***Dover Castle** ern zu errichten. In den Burgkomplex integriert sind das mittelalterliche Colton Gate, die 12 m hohe Ruine des römischen Leuchtturms und die um 1000 erbaute Kirche St. Mary in Castro. Tief in die Kalkfelsen hinein führt ein verzweigtes **Tunnelsystem** aus dem 13. Jh., das während der napoleonischen Kriege erweitert und mit Kasematten versehen wurde. Im Zweiten Weltkrieg diente das Labyrinth als Kommandozentrale, in der »Hellfire-Corner« planten Sir Winston Churchill und Admiral Ramsay die Evakuierung von 338 000 alliierten Soldaten aus Dünkirchen. Eine Ausstellung dokumentiert die »Battle of Britain« und andere Ereignisse des Zweiten Weltkriegs. Vom Aussichtspunkt »Admirality Lookout« ist bei gutem Wetter Boulogne in Frankreich zu erkennen.

❶ April – Juli, Sept. 10.00 – 18.00, Aug. ab 9.30, Okt., Nov. 10.00 – 17.00 Uhr Eintritt Erw. £ 20.20, www.english-heritage.org.uk

**White Cliffs
Oberhalb von Dover Castle beginnt am Visitor Centre ein aussichtsreicher Küstenpfad über den weißen Klippen zum Leuchtturm **South Foreland Lighthouse**, von dem aus Marconi (1874 – 1937) im Morsecode die weltweit erste Nachricht an ein Schiff per Funk übertragen hat – im Sommer öffnet im Leuchtturm ein Tea Room.

❶ Die alte Leuchtturmwärterwohnung vermietet der National Trust, ❷❷/❷❷❷, Tel. 012 25 79 22 74, www.nationaltrustcottages.co.uk, mind. 3 Nächte.

*Dover Discovery Centre
Das Dover Discovery Centre am Market Square ist nicht nur architektonisch eine Besonderheit: Wo sonst gibt es eine Bücherei, die Ruinen eines römischen Forts birgt? Ebenfalls in den Kulturkomplex integriert wurde die normannische Kirche St. Martin le Grand, die 500 Jahre lang die Silhouette der Stadt bestimmte. Besonders lohnenswert ist das Dover Museum mit der Bronze Age Boat Gallery, in der das weltälteste Seeschiff zu bestaunen ist.

Dover Museum: Mo. – Sa. 9.30 – 17.00, April – Sept. auch So. 10.00 – 15.00 Uhr, sonst So. geschl., Eintritt frei, www.dovermuseum.co.uk

Roman Painted House
Das Roman Painted House in der New Street diente um 200 n. Chr. als Herberge für römische Reisende. Besonders schön sind die farbigen Fresken in den drei Repräsentationsräumen.

❶ April – Sept. Di. – So. 10.00 – 17.00 Uhr, Juli, Aug. auch Mo., Eintritt Erw. £ 3.00, www.theromanpaintedhouse.co.uk

Maison Dieu
Hinter der viktorianischen Fassade birgt das Maison Dieu die Reste einer Pilgerherberge aus dem 13. Jh. und eine mit Porträts und Fahnen geschmückte Halle im Stuartstil des 17. Jahrhunderts.

Grand Shaft
Der 42 m tiefe »Große Schacht« wurde im 19. Jh. in die Kreidefelsen gehauen, um den Truppen von den Militärbaracken auf dem Kliff einen schnellen Zugang zum Hafen zu verschaffen.

UMGEBUNG VON DOVER

Deal, Walmer und Sandown gehören zu einer Burgenkette von 20 Castles, die Heinrich VIII. aus Furcht vor einer französischen Invasion entlang der Kanalküste errichten ließ. Größte und vollständigste Festung ist **Deal Castle** am Strand der gleichnamigen 27000-Einwohner-Stadt. Der Grundriss der mit Graben, Wall, Bastionen und sechs Türmen versehenen Anlage erinnert an eine Tudorrose, das Wappen König Heinrichs VIII.

Heinrichs Burgenkette

Das 1540 in Sichtweite errichtete **Walmer Castle** wurde im frühen 18. Jh. zur Residenz des »Lord Warden of the Cinque Ports« umgebaut. 1852 verstarb hier der Herzog von Wellington – eine Ausstellung erinnert an ihn und andere Besucher. Am Nordende der Strandpromenade von Deal ist noch die Ruine von **Sandown Castle** erhalten.

Ausstellung Walmer Castle: April – Sept. tgl. 10.00 – 18.00, sonst bis 17.00 Uhr, Eintritt £ 11.20, www.english-heritage.org.uk

Sandwich, 13 mi / 21 km nördlich von Dover, machte John Montagu, vierter Herzog von Sandwich, berühmt: Um sein Kartenspiel nicht unterbrechen zu müssen, verlangte er, sein Fleisch zwischen zwei Brotscheiben serviert zu bekommen – damit war das »Sandwich« geboren! Der 5000-Einwohner-Ort am Stour gehörte als Hauptexporthafen für Wolle bis zu

Verwunschenes Walmer Castle

seiner Versandung zu den **»Cinque Ports«** und war gleichbedeutend mit ▶Dover, ▶Hastings, Romney und Hythe.

Die **reizvolle Altstadt** umgeben Reste einer mittelalterlichen Mauer, zu der auch das aus dem 14. – 16. Jh. stammende Fisher Gate gehört. Die im späten 16. Jh. erbaute Guildhall trägt das Wappen der »Cinque Ports«. King und New Street führen zu St. Bartholomew's, einer im 12. Jh. gegründeten Pilgerherberge. Auf dem schnurgeraden Rope Walk wurden einst Seile für Schiffe hergestellt, wofür ein langer und gerader »Auslauf« vonnöten war. Der Town Wall Path führt am Fisher Gate vorbei zu einer Zugbrücke über den Stour mit einem Torhaus im Schachbrettmuster aus dem 16. Jh., an dem bis 1975 eine Maut erhoben wurde. Hübsche Fachwerkhäuser finden sich parallel zum Fluss in der Strand Street, schön sind auch das »Kings Arms« von 1592 in der Market Street und die »Sandwich Weavers« aus dem 16. Jh., Werkstattwohnungen von Hugenotten in der Potter Street. In den weiten Dünen, die Sandwich mit dem Meer verbinden, verste-

Eurotunnel

*Seit 1994 verbinden täglich rund um die Uhr
Hochgeschwindigkeitszüge durch einen Tunnel unter
dem Ärmelkanal in nur 35 Minuten Calais/Coquelles
mit Folkestone und nehmen dabei Fahrzeuge
huckepack. Mehr als 350 Millionen Fahrgäste haben
seit der Eröffnung dem längsten Unterwassertunnel
der Welt den Vorzug vor den Fähren gegeben – das
entspricht fast der dreifachen Bevölkerung von
Frankreich und Großbritannien!*

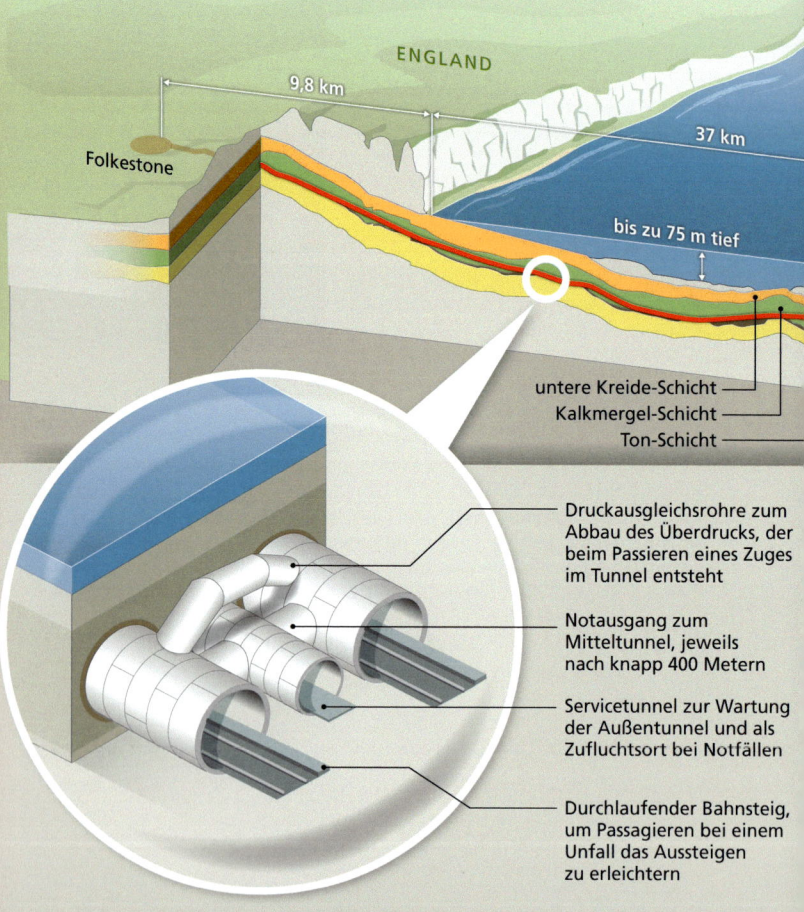

ENGLAND

9,8 km

37 km

Folkestone

bis zu 75 m tief

untere Kreide-Schicht
Kalkmergel-Schicht
Ton-Schicht

Druckausgleichsrohre zum
Abbau des Überdrucks, der
beim Passieren eines Zuges
im Tunnel entsteht

Notausgang zum
Mitteltunnel, jeweils
nach knapp 400 Metern

Servicetunnel zur Wartung
der Außentunnel und als
Zufluchtsort bei Notfällen

Durchlaufender Bahnsteig,
um Passagieren bei einem
Unfall das Aussteigen
zu erleichtern

▶ **Das Eurotunnel-Projekt in Zahlen**

Gesamtlänge der Strecke	50,5 km
Bauzeit	1987 bis 1993
Projektkosten	rund 15 Mrd. Euro
Anzahl der Röhren	3
Reisezeit	35 min.
Fahrgäste pro Jahr	ca. 7 Millionen

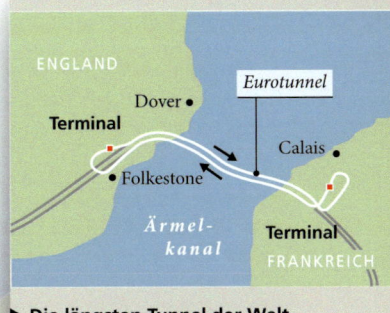

▶ **Die längsten Tunnel der Welt**

Gotthard Schweiz	**57 km**
Seikan Japan	**53,8 km**
Eurotunnel Frankreich/ England	**49,9 km**
Lötschberg Schweiz	**34,6 km**
Guadarrama Spanien	**28,3 km**
Iwate-Ichinohe Japan	**25,8 km**
Lærdalstunnel Norwegen	**24,5 km**
Dai-Shimizu Japan	**22,2 km**

▶ **Zur Entstehung des Eurotunnels**

1802 Der französische Bergwerksingenieur Albert Mathieu legt einen Entwurf für einen Verbindungstunnel vor. Dieser sollte noch mit Pferdekutschen betrieben werden.

1856 bis 1867 Die Pläne des Franzosen Thomé de Gamond werden von Napoleon III. zwar als realisierbar eingeschätzt, scheitern aber an politischen Differenzen. Vorschläge der Briten John Hawkshaw und William Low werden ebenfalls nicht weiter umgesetzt.

1984 Nach zahlreichen gescheiterten Ansätzen wird das Thema 1984 wieder aktuell. 1985 erfolgt die Ausschreibung, im September 1987 beginnen die Bohrungen für den Schienenverkehrstunnel auf englischer Seite. Am 1. Dezember 1990 dann endlich der Durchstich – 15,6 km von Frankreich und 22,3 km von Großbritannien entfernt.

1993/ 1994 Der erste Testzug erreicht Großbritannien im Juni 1993. Am 6. Mai 1994 eröffnen Königin Elisabeth II. und François Mitterrand den Tunnel feierlich. Der Zugverkehr mit Passagieren startet am 14. November 1994.

2014 Das Jahr seines 20. Jubiläums schließt der Eurotunnel mit einem Gewinn von 100 Mio. € ab.

cken sich drei berühmte **Golfplätze**, auf denen seit 1894 immer wieder die »British Open« ausgetragen werden – zuletzt 2011.
Royal St George's Golf Club: www.royalstgeorges.com

Folkestone

Seit Eröffnung des **Eurotunnels** (▶Baedeker Wissen S. 218) im Jahr 1994 kommen Besucher vom Kontinent verstärkt in Folkestone, 8 mi / 13 km südwestlich von Dover an. Der zweitgrößte **Fährhafen** der Kanalküste unterhält zudem Fährverbindungen nach Boulogne. Mit Ankunft der Eisenbahn entwickelte sich Folkestone zu einem beliebten viktorianischen Badeort. Die Altstadt gruppiert sich um die malerische High Street, die hinunter zum Hafen führt. In der Kirche St. Mary & St. Eanstwythe erinnert ein Fenster an den Entdecker des Blutkreislaufs William Harvey, der 1578 in Folkestone zur Welt kam.
❶ www.visitkent.co.uk, www.eurotunnel.com

*Samphire Hoe

Aus den 5 Mio. m³ Kreidegeröll, die beim Bau des Channel Tunnels anfielen, entstand zwischen Dover und Folkestone der **Naturpark** Samphire Hoe mit Rad- und Wanderwegen, herrlichen Ausblicken und Wildblumen wie dem gelb blühenden Meerfenchel (Samphire).

Hythe

In Hythe, einem der sog. »Cinque Ports«, verdient die Krypta der **St. Leonard's Church** Beachtung: 2000 menschliche Schädel sind hier aufgereiht, die aus der Zeit von 850 – 1500 stammen. Spazierwege säumen den Royal Military Canal, der während der napoleonischen Kriege nach Rye angelegt wurde. Von Ostern bis September rattert die **Romney, Hythe & Dymchurch Railway** als »kleinste öffentliche Eisenbahn der Welt« mit Dampf- und Diesellokzügen im Maßstab 1 : 3 von Hythe zu den Fischerhütten bei Dungeness – an ausgewählten Terminen heißt es auch für Gäste »Drive a train«!
❶ Bahnfahrt von Hythe bis Dungeness Erw. £ 10, www.rhdr.org.uk

* Eastbourne

─────────────────────── ✛ **K 41**

Grafschaft: East Sussex
Einwohner: 99 500

Eastbourne ist die Grand Old Lady der Seebäder. Der Badeort, der 1861 – 1871 entlang einer fast 5 km langen Strandpromenade mit vornehmen Hotels und pompösem Pier im Schatten der höchsten Klippen Englands entstand, ist heute besonders bei Rentnern und Sprachschülern beliebt.

Grandeur an der Küste

Auf Geheiß des 7. Herzogs von Devonshire entstand 1861 und 1871 unweit des einstigen Fischerdörfchens eine neue Stadt direkt an der

Zu Besuch bei sieben Schwestern: die Kreideklippen der Seven Sisters

Küste, die 1883 bereits 30 000 Einwohner zählte. Heute lockt der Badeort mit Kieselstrand vor allem Sprachschüler und Rentner, die nicht nächtliche Partys, sondern traditionelles Seaside Entertainment genießen: Kurkonzerte, Kino, Bingo und einen Bummel an der Parade mit Pier und Liegestühlen. Von Eastbourne bis ▶Winchester zieht sich die Kette der South Downs, die durch die Wälder des Weald von den parallel verlaufenden North Downs getrennt wird. »The Downs are sheep, the Weald is corn« – die Downs sind Schafe, der Weald ist Getreide, so beschrieb schon Rudyard Kipling die Kreidehügel und reimte darauf »You be glad, you are Sussex born!«.

SEHENSWERTES IN EASTBOURNE

Beim Spaziergang auf der **Strandpromenade**, die sich in der Nähe des Stadtzentrums Grand Parade und Marine Parade nennt, fällt die Fassade des Grand Hotels auf. Da der 7. Herzog von Devonshire als Gründer der Stadt die Ansiedlung von Geschäften entlang der Strandpromenade verbot, haben sich bis heute die Souvenirläden weitgehend fern gehalten. Auf der King Edward's Parade im Süden steht der **Wish Tower**, einer von 74 wehrhaften Martello-Türmen entlang der Südostküste. Zwischen Grand und Marine Parade ragt der viktorianische **Pier** aus den 1870er-Jahren ins Meer hinein. Am Ende der Marine Parade dient die kreisrunde Festung **Redoubt** als Konzerthalle und Militärmuseum. Vom 23. Juni bis zum 1. September finden bei den **1812 Nights** in der Festung, ursprünglich als Schutz vor Napoleons Truppen erbaut, Mittwoch- und Freitagabend

Grand Parade, Marine Parade

Militärkonzerte mit Feuerwerk statt. Im nahen **Treasure Island** können sich Kinder in einem preisgekrönten Abenteuerpark austoben.
Redoubt: März – Sept. tgl. 10.00 – 17.00, Okt., Nov. 11.00 – 16.00 Uhr, Eintritt Erw. £ 5, Außengelände Eintritt frei, www.eastbournemuseums.co.uk

Sovereign Centre
Eastbourne ist sportlich: In der Stadt gibt es 60 Tennisplätze, drei Golfplätze – und das **Erlebnisbad** Sovereign Centre mit vier Pools, Wellenmaschine, Wasserrutsche, Babybecken und Spa-Bereich.
❶ Royal Parade, Tel. 01323 73 88 22, www.eastbourneleisurecentres.com

Old Town
Durch die Fußgängerzone Terminus Road und am Bahnhof vorbei geht es zur Old Town mit der High Street, dem alten Zentrum von Eastbourne. Hier haben sich Fachwerkhäuser und die Pfarrkirche St. Mary aus dem 12. Jh. erhalten. Tiefer in die Stadtgeschichte führt das **Eastbourne Heritage Centre**. Die Geschichte und Arbeit der Lebensretter seit 1853 dokumentiert das Lifeboat Museum.
Eastbourne Heritage Centre: Carlisle Road 2, Nov. – Mitte April, Fr., Sa. 10.00 – 13.00, Mitte April – Okt, Mo., Di., Do. 14.00 – 17.00, Sa. 10.00 bis 16.00 Uhr, Eintritt Erw. £ 3, www.eastbourneheritagecentre.co.uk
Lifeboat Museum: April – Okt. tgl. 10.00 – 17.00, sonst bis 16.00 bzw. 15.00 Uhr, Eintritt frei

*Cultural Centre
Seit 2005 entstand im Devonshire Park Eastbournes an der Grove Road 68 ein neues Kulturzentrum mit Kongress- und Gemeinschaftsräumen, Galerie und Café samt Sonnenterrasse. 2009 kam das **Towner Art Gallery** für zeitgenössische Wechselausstellungen hinzu in einem preisgekrönten Gebäude von Rick Mather. Mit dem **Birley Centre** besitzt Eastbourne eine Ausbildungs- und Präsentationsstätte für Tanz, Oper und Theater, die enge Kontakte nach Glyndebourne unterhält (▶S. 176). Drei preisgekrönte Galerien – Towner Art Gallery (Eastbourne), De la Warr Pavilion (Bexhill) und Jerwood Gallery (Hastings) – verbindet der 25 mi/ 40 km lange **Coastal Cultural Trail** (http://coastalculturetrail.com).
Towner Art Gallery: Di. – So. 10.00 – 17.00 Uhr, Eintritt frei
www.townereastbourne.org.uk

Sovereign Harbour
Mit vier miteinander verbundenen Hafenbecken gehört der 1993 eröffnete Sovereign Harbour zu den Sportboothäfen der Nordsee. Nord- und Südhafen verbindet »The Waterfront« mit Boutiquen, Bars, Coffee Shops und vielen Restaurants direkt am Wasser.
❶ Auf www.eastbourneharbour.com gibt es einen Übersichtsplan mit allen Spazierwegen als kostenlosen Download.

Eastbourne Pier
Der 1870 eröffnete, nach Plänen von Eugenius Birch erbaute Pier, der hinter dem Wintergarten und dem Musikpavillon fast 300 m weit als hochbeinige, hölzerne Flaniermeile ins Meer ragt, ist heute noch ge-

Eastbourne erleben

AUSKUNFT
Tourist Information Centre
Cornfield Road, Eastbourne BN 21 4NZ
Tel. 0871 6 63 00 31
2 Lower Parade, Tel. 01323 41 06 11
www.visiteastbourne.com

HINAUF ZUM BEACHY HEAD
Der zweistündige Aufstieg zu den höchsten Kreideklippen Englands, die am **Beachy Head** 170 m steil ins Meer stürzen, bildet den fulminanten Auftakt zum 80 Meilen langen **South Downs Way** (►S. 120) von Eastbourne nach ►Winchester. Wer noch Kondition hat, sollte dem Klippenpfad bis zu den 6 mi/10 km entfernten Felsen der Seven Sisters folgen. **Hop-on-Hop-off**-Alternative: Offene rote Doppeldeckerbusse fahren vom Eastbourne Pier zum Besucherzentrum am Beachy Head und weiter über die Seven Sisters nach ►Brighton.

ESSEN
Marine Pub ⊝
61 Seaside Road, Tel. 01323 72 04 64
www.themarinepub.co.uk
Nautisches Ambiente, solide Hausmannskost und gutes Bier

ÜBERNACHTEN
Grand Hotel ⊝⊝⊝⊝
King Edwards Parade
Eastbourne BN21 4EQ
Tel. 01323 41 23 45
www.grandeastbourne.com
Der preisgekrönte »weiße Palast« an der Strandpromenade, in dem Claude Debussy 1905 »La Mer« vollendete, bietet in 152 Zimmern besten Komfort. Im preisgekrönten Mirabelle und im Garden Restaurant kann man vorzüglich speisen.

The Star Inn ⊝⊝
High Street, Alfriston BN26 5TA
Tel. 01323 87 04 95
www.thestaralfriston.co.uk
Das herrliche Fachwerkhaus aus dem 14. Jh., das zu den ältesten Gasthöfen des Landes zählt, liegt 10 mi/16 km westlich an der Hauptstraße des Bilderbuchstädtchens Alfriston. Die schönsten der 37 Zimmer sind der Glynde, Lullington und Jevington Room. Das Capella Restaurant gilt als Feinschmeckeradresse.

Albert & Victoria ⊝/⊝⊝
19 St. Aubyns Road, Eastbourne
BN22 7AS, Tel. 01323 73 09 48
www.albertandvictoria.com
Genau das Richtige für Romantiker: ein elegantes viktorianisches Haus aus dem Jahr 1892, vier traumhafte Zimmer mit Seeblick – und der Strand ist nur 40 m entfernt. Das schönste Doppelzimmer: der Alice Room mit Kingsize-Bett.

Loriston Guest House ⊝/⊝⊝
17 St. Aubyns Road, Eastbourne
BN22 7AS, Tel. 01323 72 61 93
www.loriston.co.uk
Pam und Harry Pope haben fünf gemütliche Zimmer in ihrem Häuschen um die Ecke vom Marine Pub und keine 100 m vom Strand.

Ab in den Urlaub: Feiner Kieselstrand säumt die fast 5 km lange Strandpromenade von Eastbourne.

nauso beliebt wie einst. Tagsüber locken die Victorian Tea Rooms mit Tee und Scones mit Meerblick, mittwochs und samstags heizen DJs im Atlantis Nightclub ein, die Camera Obscura zeigt die Küste wie zu Urgroßmutters Zeiten als 360°-Grad-Panorama. Diese Einrichtungen wurden von dem Feuer verschont, das am 30. Juli 2014 den schönsten Teil des Piers, die gläserne viktorianische Arcade, zerstörte und mit ihr die darin untergebrachten Spielhallen.

❶ www.eastbournepier.com

UMGEBUNG VON EASTBOURNE

Long Man of Wilmington   Knapp 7 mi / 11,2 km nordwestlich stützt sich der Long Man of Wilmington auf zwei Stäbe und tritt kreidebleich als 73 m hoher Umriss aus dem Grün des Windover-Hügel hervor. Ob er die Gestalt eines Sonnengotts aus dem 7. Jh. repräsentiert oder in Verbindung mit der Benediktinerpriorei des 11. Jh.s im nahen Dorf Wilmington entstand, ist ungeklärt.

*Alfriston   Gespickt mit denkmalgeschützten Bauten ist das idyllische **Bilderbuchdörfchen** Alfriston (▶Hotel, S. 223), an dem 5 mi / 8 km westlich von Wilmington der Fluss Cuckmere entlangmäandert. Die High Street flankieren Fachwerkhäuser und Fassaden, die mit Feuerstein aus den Kreideschichten der South Downs versetzt sind. Von den zahlreichen Pubs sei das »Star Inn« genannt, das bereits im 15. Jh. Pilgern eine Herberge bot. Die große Pfarrkirche St. Andrew's aus dem 14. Jh. wird auch »Kathedrale der Downs« genannt. Das zeitgleich als Pfarrhaus erbaute, reetgedeckte **Clergy House** war 1896 das erste Gebäude des National Trust, der es damals für 10 Pfund erstand.

Clergy House: Sa. – Mi. 10.30 – 17.00 Uhr, Eintritt Erw. £ 5.70, Kinder £ 2.85 www.nationaltrust.org.uk

! BAEDEKER TIPP

Wine Experience

Bislang wenig bekannt ist, dass in England ausgezeichnete Weine gekeltert werden (▶Baedeker Wissen, S. 244). Das **English Wine Centre** mit angeschlossenem Museum dokumentiert in einer Scheune in Alfriston den Weinbau seit der Römerzeit und lädt alljährlich im September zum English Wine Festival (Tel. 01323 87 01 64, Eintritt frei, www.englishwine.co.uk).

*Charleston Farmhouse

Auf halber Strecke zwischen Eastbourne und Lewes schufen **Vanessa Bell**, ihr Mann Clive und die Maler Duncan Grant und David Garnett ein Gesamtkunstwerk: Charleston Farmhouse. Während Virginia Wolf im Monk's House bei ▶Brighton schrieb, machte ihre malende Schwester Vanessa Bell ihr Haus ab 1916 zum Künstlertreff der vielseitig kreativen **Bloomsbury Group**. Wände und Einrichtungsgegenstände wurden mit figürlicher und abstrakter Malerei versehen, »Tischtücher« direkt aufs Holz gemalt sowie Möbelstücke und Stoffe für die 1913 gegründete Künstlervereinigung Omega-Workshops entworfen.

❶ Besichtigung nur im Rahmen von Führungen Mi. – Sa. 13.00 – 18.00, Juli, Aug. 12.00 – 18.00, So. 13.00 – 17.30 Uhr, Haus und Garten Erw. £ 13.50, nur Garten £ 5, www.charleston.org.uk

Firle Place

Die Künstlerenklave Charleston gehört zum Besitz des 4 mi / 6,4 km westlich gelegenen Firle Place. Der bis 2013 renovierte Tudorbau, im 18. Jh. georgianisch ummantelt, beherbergt eine Sammlung von Sèvres-Porzellan und Alten Meistern, darunter Werke von Fra Bartolomeo, Corregio, van Dyck und englischen Landschaftsmalern.

❶ Juni – Mitte Sept. So. – Do. 14.00 – 16.30 Uhr, Erw. £ 9, www.firle.com

*Herstmonceux Castle

Leuchtend rot spiegelt sich Herstmonceux Castle im Wassergraben: Die Backstein-Wohnburg aus dem 15. Jh., 1956 – 1990 Sitz des Royal Observatory, birgt heute neben dem **Observatory Science Centre** mit Astronomie zum Anfassen das internationale Studienzentrum der Queens-Universität aus Kingston/Kanada.

❶ Mitte April – Sept. 10.00 – 18.00, Okt. bis 17.00 Uhr, Eintritt Erw. Gärten und Gelände £ 6.00, Gärten, Gelände und Science Centre £ 12.70 Schlossführung £ 2.50, www.herstmonceux-castle.com Museum: www.science-project.org

✳ Exeter

✦ K 18/19

Grafschaft: Devon
Einwohner: 125 000

Die alte Grafschaftshauptstadt von Devon hat trotz modernem Großstadtcharakter ihren historischen Charme bewahrt. Römische Stadtmauern, das mittelalterliche Kathedralenviertel, Häuserzeilen der Tudorzeit und zahlreiche Grünanlagen prägen das Stadtbild.

Exeter

Essen
1 Michael Caines
2 Tea on the Green
3 Mad Meg's
4 Jack in the Green

Übernachten
1 ABode Exeter
2 Hotel du Vin Exeter
3 Southernhay House

Exeter erleben

AUSKUNFT
*Exeter Tourist
Information Centre*
Civic Centre, Paris Street, Exeter EX1 1JJ
Tel. 01392 26 57 00
www.visitexeter.com

VERKEHR, SHOPPING
UND EVENT
Gute Zugverbindungen nach ▶Torquay,
▶Plymouth und ▶London. Der Exeter Airport liegt 8 mi / 12,8 km östlich (www.
exeter-airport.co.uk). Parkplätze gibt es
im Civic Centre Car Park. An und um die
High Street finden sich jede Menge Geschäfte und ein Shopping Centre. Im Juli
feiern Retrofans beim Let's Rock-Festival
auf Powderham Castle Weltstars wie Be-
linda Carlisle, Jason Donovan, Toyah und
Tony Hadley (www.letsrockexeter.com).

ESSEN
❶ *Michael Caines* ❸❸❸❸
www.michaelcaines.com
▶Baedeker Wissen S. 78

❷ *Tea on the Green* ❸❸/❸❸❸
2 Cathedral Close, Tel. 01 39 22 76 91
www.teaonthegreen.com
Neben der Kathedrale wird seit dem
16. Jh. vorzüglich gegessen – alles
zum Frühstück und Lunch stammt von
örtlichen Produzenten.

❸ *Mad Meg's* ❸❸
163 Fore Street
Tel. 01392 22 12 25
www.eclipse.co.uk/madmegs
Zünftiges Lokal in mittelalterlichen
Kellergewölben eines ehemaligen
Klosters. Probieren Sie Meg Horren-
dous Spareribs vom Holzkohlengrill.

❹ *The Jack In The Green Inn* ❸❸❸
Rockbeare 2, 8 km nordöstlich
bei Honiton, Tel. 01404 82 22 40
www.jackinthegreen.uk.com
In Gidleigh Park lernte er das Handwerk, seit 1995 ist er Jack in the Green:
Matthew Masons. Zu seinem Lokal auf
dem platten Land, das zu den Top 100
des Königreichs gehört, pilgern alle,
die die authentischen Genüsse Devons
genießen möchten. Ein Hochgenuss:
Lachs aus dem Loch Duart mit Tahiti-
Vanille, rotem Pfeffer und Grapefruit.

ÜBERNACHTEN
❶ *ABode Exeter* ❸❸❸/❸❸❸❸
Cathedral Yard, Exeter EX1 1HD
Tel. 01392 22 36 38
www.abodeexeter.co.uk
In der 1769 eröffneten Nobelherberge
neben der Kathedrale logierten schon
Zar Nikolas I. und Lord Nelson. Küchenchef Alex Gibbs – jung, wild und krea-
tiv – verführt alle Sinne mit genuss-
reichen Kunstwerken.

❷ *Hotel du Vin Exeter* ❸❸❸
Magdalen Street, Exeter EX2 4HY
Tel. 01392 79 01 20
www.hotelduvin.com
Köstliche Jahreszeiten-Küche und edles
Spa. Die frühere Augenklinik ist seit 2016
Vorzeigehaus der Hotel-du-Vin-Kette.

❸ *Southernhay House* ❸❸❸
6 Southernhay East, Exeter EX1 1NX
Tel. 01392 435 324
www.southernhayhouse.com
Charmantes georgianisches Stadthaus
mit 10 wunderschönen Nostalgiezim-
mern, edlem Dining Room mit Kamin
und köstlicher Küche von Rob Law

**Großstadt
mit Flair**

Das römische Straßenraster und Reste der Stadtmauer zeugen von Exeters früher Bedeutung. 1050 – 1876 war Exeter der einzige Bischofssitz in Devon und Cornwall. Dank der Flussschifffahrt auf dem Exe blühte im 12. Jh. der Handel. Eine Laune der Gräfin von Devon schnitt den Hafen 1290 vom Umland ab: Weil die Fischer ihren Zehnten nicht pünktlich abgelieferten, ließ sie ein Wehr errichten – fortan konnten die Schiffe nur noch das südliche Topsham erreichen. Als Exeter im 16. Jh. die Hafenrechte zurückerhielt, war der Fluss versandet. Seit 1564 verbindet der Exeter Ship Canal die Stadt mit dem Meer. 1942 zerstörten Bomben fast alles bis auf das Kathedralenviertel. So gibt sich Exeter heute als moderne Universitätsstadt.

SEHENSWERTES IN EXETER

****St. Peter's
Cathedral**

Vom 1112 begonnenen normannischen Vorgängerbau der Petrus-Kathedrale wurden nur die beiden Querschifftürme in den hochgotischen Kirchenbau übernommen, der 1257 – 1369 entstand. Beachtenswert ist das untere Band der **Westfassade**. Zwischen der Portalzone und dem Maßwerk-Rosenfenster stellen drei, einst farbig gefasste Figurenreihen das himmlische Jerusalem dar: unten die Engel, in der Mitte die Könige, darüber die Apostel und Propheten.
Das Scheitelrippen-Gewölbe ist eines der längsten gotischen Gewölbe der Welt – einzig unterbrochen vom steinernen **Lettner**, auf dem der Orgelaufbau ruht. Besonders ausgeschmückt sind die Schlusssteine und die **Minstrel Gallery**, eine Spielmannsempore aus dem 14. Jh. mit musizierenden Engeln unter Baldachinen, die in Originalfarben erhalten sind. Humor beweist der Gaukler am Pfeiler jenseits der Kanzel, der Maria am gegenüberliegenden Mittelschiffpfeiler einen Kopfstand darbietet. Im mittelalterlichen Chor wurden in das **Chorgestühl** des 19. Jh.s 50 Miserikordien von 1230 – 1270 integriert, darunter ein Elefant mit Kuhfüßen, ein König im Siedekessel und Sirenen. Der gotische, 17 m hohe **Bischofsthron** zeigt Paneel-Bildnisse mehrerer Bischöfe. Sehenswert sind auch das **Ostfenster** aus dem 14. Jh. mit Maria und Heiligen, die astronomische Uhr im nördlichen Querschiff und der bemalte Hochdachstuhl von 1412 im **Kapitelhaus**. Die **Bibliothek** besitzt den »Exeter Codex« aus dem 10. Jh. mit altenglischen Gedichten sowie eine Kopie der Bibel, die John Eliot für die Indianer in Massachusetts druckte. 2016 wurde die Kathedrale beim BIG Lego Build aus mehr als 300 000 LEGO-Klötzchen nachgebaut – 3,6 m lang, 2 m breit und über 1 m hoch.
❶ Mo. – Sa. 9.00 – 16.15, Führungen 11.00, 12.30 und14.30 Uhr, Eintritt Erw. £ 7,50, inkl. Turmbesteigung (251 Stufen) £ 8, www.exeter-cathedral.org.uk

**Cathedral
Close**

Im Cathedral Close stehen mittelalterliche Wohnstätten von Geistlichen, ferner **Mol's Coffee House** von 1598 und die kleine Kirche St.

Gotisches Meisterwerk: die Kathedrale von Exeter

Martin aus dem 15. Jahrhundert. Das **Ship Inn** in der St. Martin Lane soll bereits Sir Francis Drake geschätzt haben.

Hauptgeschäftsstraße ist die breite **High Street** mit der Guildhall, dem Rat- oder Zunfthaus. Vom normannischen **Rougemont Castle**, das im 11. Jh. errichtet wurde, zeugen nur noch Gräben, Wallanlagen, der Athelstans Turm – von Shakespeare in »Richard III.« erwähnt – und der Torturm. Einen Besucheransturm erleben während der Ferien die **Underground Passages**, die unterirdischen Passagen, die um 1400 unter der High Street angelegt worden sind. **Old Town**

Underground Passages: Juni – Sept. Mo. – Sa. 9.30 – 17.30, So. 10.30 – 16.00, Okt. – Mai Di. – Fr. 10.30 – 16.30, Sa. 9.30 – 17.30, So. 11.30 – 16.00 Uhr, Eintritt Erw. £ 6, Tourtickets reservieren!

Das 2011 nach umfangreicher Modernisierung wiedereröffnete Royal Albert Memorial Museum (RAMM) in der Queen Street birgt neben Gemälden und **Kunsthandwerk aus Devon** eine bedeutende archäologische Sammlung. Die Ruine der **Benediktinerabtei St. Nicholas** besitzt noch eine Krypta, Küche und Halle aus normannischer Zeit. **Tuckers Hall** war im Mittelalter die Zunfthalle der Weber und Gerber. **RAMM**

RAMM: Di. – So. 10.00 – 17.00 Uhr, Eintritt frei, www.rammuseum.org.uk

---

! **BAEDEKER TIPP**

Shakespeare im Park

Jeden Sommer baut das **Northcott Theater** eine Bühne in den Rougemont Gardens auf und präsentiert mit »Shakespeare in the Park« die schönsten Schauspiele des berühmten Barden open-air (www.exeternorthcott.co.uk).

Tuckers Hall: Juni – Sept. Di., Do. 10.30 – 13.00, Okt. – Mai Do. 10.30 bis 13.00 Uhr, Eintritt frei, Spenden willkommen, www.tuckershall.org.uk

Historic Quayside
Das historische Hafenviertel zu beiden Becken des Exeter Ship Canal ist heute angesagtes Flanierviertel. Das **Visitor Centre** zog 2015 ins historische Customs House um, wo es mit seiner Audiovisionsshow in 12 Minuten 2000 Jahre Stadtgeschichte erzählt.
The Custom House: The Quay, April – Okt. tgl. 10.00 – 17.00 Uhr
Eintritt frei, www.exeter.gov.uk

Bill Douglas Cinema Museum
Kino- und Filmgeschichte präsentiert das Bill-Douglas-Zentrum der Exeter University mit seinem reichen Fundus – zu den ausgestellten Raritäten gehört der Lumière-Cinématograph Nr. 108.
❶ tgl. 10.00 – 17.00 Uhr, Eintritt frei, www.bdcmuseum.org.uk

UMGEBUNG VON EXETER

Topsham
Knapp 4 mi / 6,4 km südlich von Exeter liegt das Hafenstädtchen Topsham mit alten Lagerhallen und dem **Topsham Museum**, das sich in einem Herrenhaus aus dem 17. Jh. multimedial der maritimen Geschichte und Gegenwart widmet. Pubs säumen die High Street; vom Anleger starten Bootsausflüge der Stuart Line.
Topsham Museum: April – Okt. Mo., Mi., Sa., So. 14.00 – 17.00 Uhr
Eintritt frei, www.devonmuseums.net

Eigenwilliger Landsitz reiselustiger Ladies: A la Ronde

Powderham, 8 mi / 13 km südlich am Ufer des Exe, gehört seit 600 Jahren den Grafen von Devon. Das Landschloss, 1390 von Sir Philip Courtenay begonnen, liegt in einem 1779 von Capability Brown angelegten Garten, der in einen Hirschpark übergeht.

Powderham Castle

❶ So. – Fr. 11.00 – 16.30, Mitte Juli – Aug. bis 17.30 Uhr, Eintritt Erw. £ 11.50 www.powderham.co.uk

Der Landsitz mit 16-seitigem Grundriss, 2 mi / 3,2 km vor Exmouth, wurde 1796 von Jane und Mary Parminter gebaut. Die beiden Frauen waren fast zehn Jahre durch Europa gereist und verlangten bei ihrer Rückkehr nach einem extravaganten und zugleich praktischen Zuhause für ihre großen Sammlungen. Die einzelnen Räume sind sternförmig um eine zentrale Kuppelhalle angelegt und voll mit Muscheln, Federn, Büchern und Aquarellen.

*A la Ronde

❶ April – Okt. Sa. – Mi. 11.00 – 17.00 Uhr, Eintritt Erw. £ 8.40 www.nationaltrust.org.uk

Eingebettet in rote Klippen erstreckt sich 14 mi / 22,4 km östlich von Exeter der **Badeort** Sidmouth, dessen Esplanade Regency-Bauten säumen. In der Broad Street in **Ottery St. Mary**, 10 mi / 16 km nördlich, wurde 1772 der Poet **Samuel Taylor Coleridge** als 13. Kind des Dorfpfarrers geboren. Die Kirche St. Mary besitzt den angeblich ältesten Wetterhahn Europas.

Sidmouth

Der elegante viktorianische Landsitz ***Knightshayes Court**, knapp 14 mi / 22,4 km nördlich von Exeter bei Tiverton, gehört zu den wenigen erhaltenen Werken von William Burges, der in den Rauch-, Billard- und Gesellschaftszimmern Mittelalterromantik mit viktorianischem Dekor verband – Schnitzereien stellen hier die sieben Todsünden dar. Eine Ausstellung erzählt von **Joyce Wethered**, dem letzten Familienmitglied, die in den 1930ern die beste Golferin der Welt und unangefochtene »Queen des britischen Golfsports« war. Im wunderschönen Garten mit Wasserlilienteich wachsen auch Biogemüse und Salat für das empfehlenswerte Restaurant in den ehemaligen Stallungen.

? | BAEDEKERWISSEN | *Musikgeschichte*

Die Brücke von **Bickleigh** über den Exe, unweit nördlich von Exeter, inspirierte 1969 Simon & Garfunkel zu ihrer berühmten Softrockballade **»Bridge over troubled water«** – der Song stürmte wochenlang in England und den USA die Charts, wurde mit vier Grammys ausgezeichnet und in die Rock 'n' Roll Hall of Fame aufgenommen. Auch das Dorf weckt nostalgische Gefühle: Mit weiß getünchten Cottages und einer im 17. Jh. umgebauten Burg aus normannischer Zeit ruht es idyllisch zwischen Feldern und Wiesen.

❶ Ostern – Sept. Sa. – Do. 11.00 – 17.00, Okt. 11.00 – 16.00 Uhr, Eintritt Erw. £ 9.30, www.nationaltrust.org.uk

✱✱ **Exmoor National Park**

✈ **G/H 16 – 18**

Grafschaft: Somerset / Devon
Fläche: 686 km²

Steile Klippen, versteckte Buchten und kleine Häfen an der Küste im Norden, weite Hochmoore, tiefe Schluchten und fischreiche Flüsse im Landesinnern – Exmoor ist ein hinreißend schöner Nationalpark und ein vorzügliches Wandergebiet.

Exmoor National Park erleben

AUSKUNFT
Exmoor National Park Authority
Exmoor House, Dulverton TA22 9HL
Tel. 01398 32 36 65
www.exmoor-nationalpark.gov.uk
http://visit-exmoor.co.uk

WANDERN UND REITEN
Die herrliche Küste am Bristolkanal erschließt der **South West Coast Path**, bester Aussichtspunkt im Hinterland ist der 519 m hohe Dunkery Beacon. Die Exmoor National Park Authority bietet **geführte Wanderungen** an, zudem sind zahlreiche Wander- und Fahrradwege ausgeschildert. Pferdefreunde können **im Exmoor ausreiten** oder eine Kutschfahrt machen. Doone Valley Trekking bieten als einzige von der Küste aus Ausritte im Exmoor an: Exmoor Riding Centre, Caffyns Farm, Croscombe Lane, Lynton, Tel. 01598 75 39 67, www.exmoorridingcen tre.co.uk. Ausritte ermöglichen auch Pine Lodge Riding Stables (Tel. 01398 32 35 59, www.pine lodgeexmoor.co.uk) und die Burrowhayes Farm (West Luccombe, Minehead, www.burrowhayes.co.uk, Tel. 01643 86 24 63). Nostalgische Alternative: Die Dampflok der **West Somerset Railway** pendelt die

20 mi/32 km zwischen Minehead und Bishops Lydeard bei Taunton (http://westsomersetrailway.vticket.co.uk).

EXMOOR CYCLE ROUTE
Die 112 Meilen lange Radroute führt von Minehead via Porlock, Lynmouth, Simonsbath, Exford, Wheddon Cross, Elworthy Burrows und Washford zu den schönsten Punkten des Nationalparks – Leihräder gibt es in allen Orten (www.visit-exmoor.co.uk/exmoor-cycle-route).

ESSEN UND ÜBERNACHTEN
Gascony £/££
The Avenue, Minehead TA24 5BB
Tel. 01643 70 59 39
www.gasconyhotel.co.uk
Gepflegte viktorianische Villa, 100 m vom Meer. Tipp: die Lammkeule mit Minzsoße und homemade Apple Pie.

The Exmoor
White Horse Inn ££/£££
Exford TA24 7PY, Tel. 01643 83 12 29
www.exmoor-whitehorse.co.uk
Ganz verwunschen liegt mitten im Nationalpark die ehemalige Postkutschenstation mit 28 einladenden Zimmern und vorzüglicher Küche.

Die steil abfallende Küste zwischen Minehead und Combe Martin **Tierparadies** und die dahinter liegende Hügellandschaft sind seit 1954 National-park. Inmitten von Heide, Ginster, Heidelbeeren und bronzezeitli-chen Tumuli grasen Schafe und kleine Exmoor-Ponys mit gespren-kelten Mäulern, über ihnen ziehen Bussarde ihre Kreise. Das Rotwild ist vor allem in den waldreichen Flussniederungen zu Hause. Bis 1508 diente das Gebiet als königliches Jagdrevier, dann verpachtete die Krone das Gelände an Farmer, die einen Großteil des Moors in Felder und Äcker verwandelten.

SEHENSWERTES IM EXMOOR

Schon von Weitem grüßen die Türme von **Dunster Castle**, das hoch ***Dunster** über Dunster vom Terrassengarten mit Englands ältestem Zitronen-baum weite Ausblicke auf den Bristol Channel und das Exmoor bie-tet. Im Innern der Burg aus rotem Sandstein, die ihr heutiges Gesicht im 17. bis 19. Jh. erhielt, sind das Treppenhaus mit seiner geschnitz-ten Balustrade, die Stuckdecke mit Jagdszenen im Speisesaal sowie sel-tene Wandbehänge aus Leder se-henswert. Im überdachten **Yarn Market** an der breiten **High Street** wurde ab 1609 mit Tuchen gehan-delt. Der benachbarte Pub Luttrell Arms aus dem 15. Jh. war Residenz der Äbte von Cleeve. Die schiefer-verkleidete Nunnery in der Church Street entstand im 14. Jh. als Gast-haus für Geistliche. In der Priory Street steht ein Taubenschlag aus

> ! **BAEDEKER TIPP**
>
> *»Lorna Doone«*
>
> 1869 erschien Richard D. Black-mores Romanze, die 1990 mit Polly Walker, Sean Bean und Clive Owen verfilmt wurde. Der junge Farmer John Ridd, dessen Vater von der Doones-Bande, die im Exmoor ihr Unwesen trieb, getötet wurde, verliebt sich in Lorna, die vermeintliche Enkelin des Räuberhauptmannes. Das führt zu ungeahnten Komplika-tionen und wilden Abenteuern in unruhiger Zeit.

dem 16. Jh. mit über 500 Nistlöchern. In der Wassermühle am Avill, die schon in normannischer Zeit betrieben wurde, demonstriert ein **Mühlenmuseum** mit kleinem Café die Mehlherstellung.

Dunster Castle: Ostern – Okt. tgl. 11.00 bis 17.00 Uhr, Eintritt Gesamtanla-ge Erw. £ 11.40, nur Garten £ 8, www.nationaltrust.org.uk
Dunster Working Watermill: Mill Lane, tgl. 10.00 – 17.00 Uhr, Eintritt im Ticket von Dunster Castle eingeschlossen, www.nationaltrust.org.uk. Vom Castle führt ein wunderschöner Wanderweg zur Wassermühle – im Stables Shop gibt es hervorragendes Mehl und Bio-Müsli der Mühle für daheim!

Ein Dutzend Cottages in Vanilleweiß, eine steinerne Zehntscheuer, ***Selworthy** die kleine Dorfkirche All Saints und herrliche Ausblicke auf den Dunkery Beacon: Selworthy, das sich 3 mi / 4,8 km westlich von

**Sanft gewellte Hügel zwischen Meer und Moorlandschaft:
Der Exmoor National Park ist ein Wanderparadies.**

Minehead in einer Talsenke versteckt, ist ein wahres **Dorfidyll**, geschützt vom National Trust – gönnen Sie sich eine Pause in den bezaubernden reetgedeckten Periwinkle Tea Rooms!

Porlock   Viel Charme und Charakter besitzt auch das blumengeschmückte Porlock, das mit seiner kurvigen Hauptstraße und der im 13. Jh. erbauten St.-Dubricius-Kirche zwischen drei Hügel gebettet ist – besonders schön ist die Aussicht vom Porlock Hill. Am winzigen Hafen **Porlock Weir** beginnt ein Spaziergang zum 2 mi / 3,2 km entfernten **Culbone** mit der kleinsten Kirche Englands, der 10 m langen St. Beuno aus dem 12. / 13. Jahrhundert. Wer einen weiten Rundblick vom 519 m hohen **Dunkery Beacon** genießen will, fahre bis Wheddon Cross und folge dann der Ausschilderung Dunkery Gate.

**Lynmouth-
Lynton**   Die 20 km lange Passstraße von Porlock zum Doppelort Lynmouth-Lynton, seit 1890 durch eine Klippenbahn verbunden, gehört zu den schönsten Strecken im Exmoor. Lynton blickt von einer 122 m hohen Klippe zur walisischen Küste, Lynmouth säumt die Mündung der Flüsse East und West Lyn ins Meer. In der waldreichen Schlucht **Valley of the Rocks**, 1 mi / 1,6 km westlich von Lynton, erheben sich bizarre Felsformationen aus dem ausgetrockneten Flussbett.

*Tarr Steps   Bei Winsford strömen mehrere Flüsse zusammen, die sieben Brücken überqueren. Älteste ist die Packhorse Bridge bei der Pfarrei, berühmt sind die 5 mi / 8 km entfernten Tarr Steps aus flachen Steinplatten auf einfachen Pfeilern, auf der Fußgänger seit dem Mittelalter den Barle-Fluss überqueren.

UMGEBUNG VON EXMOOR

Auf den Apfelplantangen rund um Taunton, der 11 mi / 17 km süd- **Taunton**
östlich gelegenen Hauptstadt Somersets, wird seit mehr als 200 Jahren der Somerset-Cider gebraut – wie, verrät das Farmmuseum
Sheppy's Cider, wo Besucher mit dem Traktor durch die Plantage
kutschiert werden, Langhornrinder bestaunen und im Farmshop
selbst gemachten Käse, Marmelade, Chutneys und den Somerset Cider kosten können. In Taunton führt ein **Heritage Trail** zum historischen Erbe, zu dem auch die Ruine einer normannischen Burg
zählt. Das Feinschmeckerrestaurant des **Castle Hotel** im östlichen
Burgtrakt unter der Ägide von Starkoch Liam Finnegan gehört zu
den 20 besten des Landes.

Sheppy's Cider: www.sheppyscider.com
The Castle at Taunton: Tel. 01823 27 26 71, www.the-castle-hotel.com

Cleeve Abbey, 5,5 mi / 9 km östlich von Dunster im Tal des Washford ***Cleeve**
River, war vom 12. – 16. Jh. ein bewirtschaftetes Zisterzienserkloster. **Abbey**
Die Klosterkirche existiert nicht mehr, doch der Mönchstrakt ist au-
ßergewöhnlich gut erhalten: Im Refektorium mit Holzdachstuhl sind
Fußbodenkacheln mit Motiven aus dem 13. Jh. zu sehen, im Dor-
mitorium Reste von Wandmalereien.

❶ April – Juni, Sept. 10.00 – 17.00, Juli./Aug. bis 18.00, Okt. bis 16.00 Uhr
Eintritt Erw. £ 5.60, www.english-heritage.org.uk

** Fowey

—————————————————— ✛ M 12

Grafschaft: Cornwall
Einwohner: 2400

**Charmante Cottages aus dem Mittelalter und der Tudor-Zeit,
die sich an enge Gassen schmiegen, weit ins Land greifende
Flussarme und Buchten, wo unzählige Boote dümpeln – Fowey ist die »Perle der cornischen Riviera«.**

Dort, wo der schiffbare Fowey (sprich: Foi) sich auf seinem Weg vom **Idyll der**
▶Bodmin Moor ins Meer ergießt, liegt die Heimat von **Daphne du** **Literaten**
Maurier: am Westufer die anmutige Kleinstadt Fowey, am Ostufer
die Fischerdörfer Polruan und Bodinnick, wo die Autorin mit ihrer
Mutter in den 1920ern das blau-weiße Haus »Ferryside« erwarb. Später zog du Maurier nach Menabilly, wo sie ihren ersten Roman »The
Loving Spirit« schrieb. Dem Cambridge-Professor **Sir Arthur Quil-
ler-Couch**, berühmt als Verfasser des »Oxford Book of English Ver-
se«, wurde in Bodinnick ein Denkmal gesetzt.

Fowey erleben

AUSKUNFT
Tourist Information
5 South St, Fowey PL23 1AR
Tel. 017 26 83 36 16, www.fowey.co.uk

VERKEHR UND EVENTS
Die **Autofähre** zwischen Fowey und
Bodinnick gewährt gute Verbindungen
nach Polperro und Looe; nach Polruan
pendelt eine Passagierfähre. In Erinnerung an die Bestsellerautorin von »Rebecca« und »Jamaica Inn« feiern Fowey
und St. Austell alljährlich im Mai ein
**Daphne du Maurier Festival of Arts
and Literature** (www.dumaurier.org).
Zeitgleich findet das **Fowey Fringe
Festival** in den Straßen, Pubs und Segel-
clubs statt (www.foweyfringe.co.uk).

ESSEN
Restaurant Q ❻❻❻
28 Fore Street, Tel. 01726 83 33 02
www.theoldquayhouse.com
Mit Blick aufs Wasser speist man im
schick gestylten Restaurant des Old
Quay House Hotel exquisite Fischgerichte. Ebenso anspruchsvoll: die Weinkarte.

Havener's ❻❻/❻
4 Town Quay, Tel. 01726 83 45 91
www.havenersfowey.co.uk
Seafood und frische Meeresküche
prägend die Karte des maritimen-
legeren Restaurants von TV-Koch
James Strawbridge.

ÜBERNACHTEN
Fowey Hall ❻❻❻/❻❻❻❻
Hanson Drive, Fowey PL23 1ET
Tel. 01726 83 38 66
www.foweyhallhotel.co.uk
Barocker Stuck, Edelholz-Paneele,

Bestsellerautorin Daphne du Maurier

überdachter Pool, Gourmetrestaurant,
36 Zimmer, Familiensuiten und miteinander verbundene Zimmer. Große Freiheit
für die Kleinen heißt es auf dem famili-
enfreundlichen Landsitz mit Blick über
die Bucht – hier könnte man eine ganze
Kindheit verbringen.

The Fowey ❻❻❻/❻❻
Esplanade, Fowey PL23 1HX
Tel. 01726 83 25 51
www.thefoweyhotel.co.uk
Fast alle der 37 Zimmer bieten Parade-
ausblicke auf die Mündung des Fowey.
Das Spinnaker-Restaurant hat der britische Automobilclub mit zwei Rosetten
ausgezeichnet.

Estuary Cottages ❻❻/❻❻❻
www.estuarycottages.co.uk
Traumhafte Ferienwohnungen und
Häuser für zwei bis sieben Personen
in Fowey und Umgebung, fast alle mit
herrlichem Blick auf die Bucht, vermittelt
das Online-Portal »Estuary Cottages«.

Safe Harbour Inn ❻❻
58 Lostwithiel Street, Fowey PL23 1BQ
Tel. 01726 83 33 79
www.safeharbourinn.co.uk
Sehr netter Service und tolles Frühstück.
Den besten Blick haben Nr. 1 und 2.

Zu einem Hafen gehören **Pubs**, und Fowey besitzt davon viele: Im **Rund um** Ship Inn ist teilweise die Einrichtung von 1570 erhalten. Der King of **den Hafen** Prussia wurde nach Friedrich dem Großen benannt. Im Safe Harbour Hotel konnten Kutscher und Pferde ab 1800 eine Bleibe finden. Im Lugger Inn von 1782 wurden Zollangelegenheiten abgewickelt.

Der 3 mi / 4,8 km lange ****Hall Walk** gehört zu den 100 schönsten **Wandern** Kurzwanderungen im Königreich. Nach der Überfahrt nach Bodinnick geht es vorbei am Old Ferry Inn den Hang hinauf, dann hoch über der Bucht, entlang bewaldeter Klippen nach Polruan. Die Aussicht aufs Meer genießt man auf einer Wanderung von Fowey zu den Ruinen des um 1540 erbauten **St. Catherine's Castle**. Vorbei am Polridmouth Cove wird nach insgesamt 5 mi / 8 km die Landzunge **Gribbin Head** erreicht. Mit der Fähre kann man von Fowey nach Polruan übersetzen und auf dem **Cornwall Coast Path** 9 mi /14,4 km am St. Saviour's Point vorbei nach Polperro wandern.

UMGEBUNG VON FOWEY

Im georgianischen Hafen von Charlestown, 1,5 mi / 2,4 km südlich **Charlestown** von St. Austell, hat sich das Ambiente von einst erhalten. Die größte europäische Privatsammlung von Wracks und ihren Schätzen zeigt das ***Shipwreck & Heritage Centre** in der Quay Road.
Shipwreck & Heritage Centre: März – Okt. 10.00 – 17.00 Uhr
Eintritt £ 5.95, www.shipwreckcharlestown.com

BAEDEKER TIPP !

The Eden Project

Tim Smit, der den verlorenen Garten von Heligan restaurierte (►S. 240), verwandelte 2001 gemeinsam mit Nicholas Grimshaw eine aufgelassene Kaolingrube in einen **Garten Eden** mit Außengelände und drei Biotopen – tropische, mediterrane und heimische Flora – unter acht Kunststoffkuppeln. Diese dienten auch als Filmset: Im James-Bond-Streifen »Stirb an einem anderen Tag« schwebte Halle Berry wie eine Spinne in das Gewächshaus hinab (Ostern – Okt. 10.00 – 18.00 Uhr, Tagesticket Erw. £ 25, www.edenproject.com).

Smuggling an Englands Küsten

Wenn es Nacht wurde, begann früher für viele Bewohner der englischen Küsten erst der Arbeitsalltag. Sie fuhren mit dem Boot hinaus, um Stunden später mit Salz, Schnaps, Stoff und Wolle zurückzukehren – ganze Dörfer lebten vom Geschäft mit der illegalen Ware.

Vor allem an der Küste von Cornwall, der Wahlheimat der Romanautorin **Daphne du Maurier**, gehörte Smuggling zum täglichen Leben, denn die unverzollte Ware warf satte Gewinne ab. Zwar drohten harte Strafen vom Gefängnis bis zum Galgen, doch das Geschäft war so lukrativ, dass selbst manch schlecht belohnter Zollbeamte ein Auge zudrückte – vorausgesetzt, er erhielt eine **»Provision«**.

Ein ehrenwerter Beruf?

Besonders die mit Wracks gespickte Küste zwischen der Lizard-Halbinsel und Land's End im Westen Cornwalls war jahrhundertelang das Revier von Seeräubern und

Inbegriff eines Schmugglernestes: das »Jamaica Inn«, das Daphne du Maurier in ihrem gleichnamigen Roman verewigt hat.

Schmugglern. Dort lag auch die »Preußenbucht« **Prussia Cove**, die ihren Namen der **Schmugglerlegende Jack Carter** verdankt. Fast sein ganzes Leben lang übte Jack, der offiziell sein Geld mit dem Gasthof »King of Prussia« in Fowey verdiente, den »Beruf« des Schmugglers aus – und damit eine ehrenwerte Profession, profitierten doch die meisten Bürger von den Beutezügen in Form günstiger flämischer Spitze für einen neuen Kragen oder einer Flasche zollfreien Apfelschnapses aus der Normandie. Einzig die Zollbeamten waren den Schmugglern ständig auf den Fersen. Auch »Jack's Cottage«, das über Prussia Cove aufs Meer schaut, wurde durchsucht, als sich gerade die Beute bis unter die Decke stapelte. Alles wurde beschlagnahmt und nach Penzance, der nächsten Stadt an der Südküste, gebracht. Wütend zog Jack darauf nächtens los, brach den Schuppen des Gesetzes auf und holte »seine« Ware zurück. Was ihm nicht gehörte, ließ er liegen – er war schließlich kein Gauner.

Küstenpfade

Das alte Gewerbe hat an Südenglands Küste zahlreiche Spuren hinterlassen. Mit den **Küstenpfaden**, die heute vom National Trust gepflegt werden, schlugen Zöllner und Gesetzeshüter im 17. Jh. erste

SMUGGLERS BAR

*THROUGH THESE PORTALS PASSED SMUGGLERS, WRECKERS, VILLAINS AND MURDERERS
BUT REST EASY .... T'WAS MANY YEARS AGO*

Breschen in die damals völlig unzugängliche Küste. So konnten sie den Schmugglern, die beim Auftauchen der Fahnder rasch in die nächste Bucht ruderten, an Land den Weg abschneiden.

Im Schutz der Nacht

Nicht alle Schmuggler waren Gentlemen vom Schlage eines Jack Carter. In **Polperro**, im 18. Jh. ein winziges Fischerdorf an der Kanalküste, widmete sich zeitweise die gesamte Bevölkerung dem Schmuggel mit kontinentalen Gütern, die im Schutz der Dunkelheit von den großen Handelsschiffen auf kleine Boote umgeladen, dann in kleine Häfen oder unzugängliche Buchten an Land gebracht und über Felsen oder **unterirdische Gänge** in die Verstecke gebracht wurden. Machten sich die Ordnungshüter an die Durchsuchung ihrer Keller, verteidigten die streitbaren Bewohner ihre mühsam herbeigeschaffte Beute auch mit der Waffe. Besonders die cornische Küstenbevölkerung besaß eine große Zahl an waghalsigen Freibeutern.

Während des **100-jährigen Krieges** stachen von Cornwall aus unentwegt Piratenschiffe in See, die den Ärmelkanal unsicher machten, Schiffe kaperten und versenkten, stahlen und sich mit der Fracht in die heimischen Häfen zurückzogen. Auch während der **Napoleonischen Kriege** wurden zahlreiche

Schiffe überfallen. Mancher Freibeuter verwendete seine in der Piraterie gesammelten Erfahrungen eben in der Schmuggelei.

Das Ende der Ära

Mit dem Schmuggelgeschäft im großen Stil war es Mitte des 19. Jh.s vorbei. Durch bessere Straßennetze, strengere Strafverfolgung und nicht zuletzt durch das Küstenschutzgesetz, das 1856 die Bewachung der Küsten an die Admiralität übergab, war der Mythos schließlich am Ende. Hinzu kam, das die Zölle auf alkoholische Getränke reduziert wurden. Im 20. Jh. waren es dann zunehmend Wochenendausflügler und Amateure, die lediglich für den eigenen Bedarf ein paar unverzollte Flaschen Calvados aus Frankreich mitbrachten.

Schriftstellerinnen wie **Daphne du Maurier** blieb es überlassen, das wagemutige Geschäft wenigstens in der Literatur am Leben zu erhalten. Die junge Londonerin, die sich 1930 in Cornwall zum Schreiben niedergelassen hatte, entdeckte bei einem Reitausflug im Bodmin Moor eine kleine Kneipe in Bolventor. Die Schänke, in der sich über Jahrhunderte Schmuggler und Reisende aufgewärmt hatten, inspirierte sie zu ihrem Roman »**Jamaica Inn**«, der die Hochzeit der Schmuggelei im 18. Jh. heraufbeschwört – Alfred Hitchcock verfilmte den Roman 1939.

*Lost Gardens of Heligan   Heligan, das mehr als 400 Jahre lang Wohnsitz der Familie Tremayne war, erlebte Ende des 19. Jh.s seine Blütezeit, bevor Brombeergestrüpp und Efeu das Anwesen in einen Dornröschenschlaf versetzten. Erst 1991 wurde der verwunschene Garten 4 mi / 6,4 km südlich von St. Austell von Gartenhistorikern und Botanikern wieder zum Leben erweckt. Zur subtropischen Anlage mit Blick auf Mevagissey gehören Palmenhaine und Bambuswälder, Nutzgärten mit heimischem Gemüse, ein dichter »Dschungel«, ein »verlorenes Tal« und ein schöner Shop mit eigenen Produkten.

❶ Sommer tgl. 10.00 – 18.00, Winter tgl. 10.00 – 17.00 Uhr
Eintritt Erw. £ 13.50, www.heligan.com

Mevagissey Folk Museum   Der malerisch gelegene Fischerort, 6 mi / 9,6 km südlich von St. Austell, besitzt pittoreske Schieferhäuschen. Das Folk Museum beim West Quay am Hafen widmet sich dem Schiffbau.

❶ Ostern – Okt. 11.00 – 16.00, Juli, Aug. bis 17.00 Uhr, Eintritt frei, Spende willkommen, www.mevagisseymuseum.co.uk

*Looe   In Looe, 12 mi / 19,2 km östlich von Fowey, wurden in den letzten 30 Jahren mehr als 90 000 Haie aus dem Wasser gezogen – wer beim Hochseeangeln nicht so mutig ist, kann seinen Köder auch nach Makrelen auswerfen. Das traditionsreiche Fischerdorf wird vom gleichnamigen Fluss geteilt. Besuchen Sie in East Looe den quirligen **Fischmarkt**! Bereits in der fünften Generation wird am Quay Pengelly's Fishmonger geführt – die leckeren Seafood-Snacks isst man gleich am Tresen (www.pengellys.co.uk).

Englische Gartenkunst im exzentrischen Lost Gardens of Heligan

Hinreißend schön steigen in Polperro die Häuser in Weiß und Pastell den Hang hinauf, überall schmücken Blumen Vorgärten und Fassaden. Der Maler Oskar Kokoschka, der hier im Exil lebte, hat die Szenerie auf seinen Bildern festgehalten – heute hängen sie in der ▶Londoner Tate Gallery. Im autofreien Idyll an der Mündung des Pol-Flusses, das leider im Sommer stark überlaufen ist, werden Besucher vom Parkplatz aus mit Pferdekutschen befördert. Die Geschichte des Schmugglernestes, das wiederholt als Kulisse für Rosamunde-Pilcher-Filme diente, erzählt das **Schmugglermuseum.** ****Polperro**

Polperro Heritage Museum of Smuggling: Ostern – Okt. tgl. 10.30 bis 16.30, Jul./Aug. bis 18.00 Uhr, Erw. £ 2, www.polperro.org/museum.html

Guildford

✈ **G 36**

Grafschaft: Surrey
Einwohner: 67 000

Guildford ist eine bevorzugte Wohnadresse der Upper Middle Class, die nach London zur Arbeit pendelt – und in der Hauptstadt der Grafschaft Surrey und ihren schönen Dörfern und Kleinstädten ein stilvolles Leben genießt.

Guildford liegt oberhalb des Flusses Wey, der sich hier seinen Weg durch die Kreidehügel der North Downs bahnt, und gehört zu den wenigen Städten Südenglands, die nicht Old England nachträumen, sondern Alt und Neu, Urban und Ländlich verbinden – so kann man neben einer modernen Kathedrale und einer jungen Universität eine historisch gewachsene Altstadt mit normannischer Burg besichtigen. **P. G. Wodehouse** (1881 – 1975), dessen humoristische Romanfiguren Jeeves und Wooster die Leser noch immer zum Schmunzeln bringen, wurde in Guildford geboren, Lewis Carroll, der Autor von **»Alice in Wonderland«**, 1898 hier auf dem Friedhof begraben. **Mittelalter trifft Moderne**

SEHENSWERTES IN GUILDFORD

Die steile High Street bildet das Zentrum der Stadt mit Ladenfronten und Fassaden, die stufenartig die Hanglage ausgleichen. Direkt am Fluss Wey liegt die Kirche St. Nicholas von 1877. Den Hang hinauf geht es zur **Guildhall**, die 1683 eine neue Fassade und die weit in die Straße hineinragende Uhr erhielt. Nebenan ist im Guildford House von 1660 eine Gemäldegalerie untergebracht. Am höchsten Punkt der High Street erhebt sich der strenge Bau der **Holy Trinity Church** mit ihrem wehrhaften Hauptturm von 1763. Im südlichen Querschiff ***High Street**

Guildford erleben

AUSKUNFT
Tourist Information Centre
155 High Street, Guildford Surrey
GU1 3AJ, Tel. 01483 44 43 33
www.guildford.gov.uk

ESSEN
Café de Paris ⊖⊖/⊖⊖⊖
35 Castle Street, Tel. 01483 53 48 96
Zentrale, charmante Brasserie in einem
Haus des 18. Jh.s – probieren Sie
Lammkeule mit Rosmarin oder
den schottischen Lachs.

ÜBERNACHTEN
**Radisson Blu Edwardian
Guildford** ⊖⊖⊖/⊖⊖⊖⊖
3 Alexandra Terrace, High St., Guildford
GU1 3DA, Tel. 02077 69 40 30
www.radissonblu-edwardian.com
Guildfords stylischste Unterkunft eröffnete Ende 2011 im Herzen der City mit
185 Luxuszimmern, Wellnessoase samt
»Mud Spa«, panasiatischer »Eatery«
und dem Gourmetlokal von Steve White.

The Angel ⊖⊖⊖
91 High Street, Guildford GU1 3DP
Tel. 01483 56 45 55

www.angelpostinghouse.com
Die ältesten Teile des wunderschönen
Hotels stammen aus dem 13. Jh., jedes
der 21 eleganten Zimmer ist nach einem
berühmten Gast benannt. Die Küche ist
so exquisit wie das Ambiente des Speise-
saals – häufig der noble Rahmen für
Hochzeiten.

Asperion ⊖⊖
73 Farnham Road, Guildford GU2 7PF
Tel. 014 83 57 92 99
www.asperion.co.uk
Das moderne Viersternehaus legt großen Wert auf Bio und Nachhaltigkeit –
morgens gibt es ein englisches Frühstück
mit Zutaten aus fairem Handel und Bio-
anbau, abends lockt die Bar mit Bio-
weinen und regionalen Bieren.

WEINPROBE IN DORKING
Edle Tropfen wie Riesling, Chardonnay
und Pinot Noir kann man 14 mi / 22 km
östlich von Guildford auf dem Weingut
Denbies probieren, verbunden mit einem spannenden önologischen Rundgang (www.denbies.co.uk, verschiedene
Weintouren mit Verkostung Erw. ab
£ 9.95, ▶ Baedeker Wissen S. 244).

ruht Erzbischof George Abbot, der 1622 das Armenhaus gegenüber
erbauen ließ. **Abbot's Hospital** ist heute Seniorenheim und daher
nicht zugänglich. Gegenüber dem Angel Hotel verrät **The Under-
croft**, wie Händler im Mittelalter ihre Ware lagerten. Zwischen High
Street und Sydenham Road folgt das stattliche Tudorhaus der 1553
von Eduard VI. gegründeten Royal Grammar School. Ihre »Chained
Library«, in der wertvolle Folianten zum Schutz gegen Diebstahl an
Ketten hängen, kann nur an wenigen Tagen besichtigt werden.
Guildford House Gallery: Di. – Sa. 10.00 – 16.45, Mai – Sept.
So. 11.00 – 16.00 Uhr, Eintritt frei, www.guildford.gov.uk/gallery
The Undercroft: Mai – Sept. Mi. 14.00 – 16.00, Sa. 12.00 – 16.00 Uhr,
Eintritt frei

In der Quarry Street steht die älteste Kirche der Stadt, St. Mary, mit einem Turm von 1050. Am Fuß der normannischen Burg mit mächtigem Bergfried informiert das Guildford Museum über Leben und Werk von C. L. Dodgson alias **Lewis Carroll**. Die Schwestern von Carroll wohnten im Haus »The Chestnuts« in der Castle Hill Street. Hier verbrachte der Schriftsteller regelmäßig seine Urlaube, eine Gedenktafel mit bunten Wunderland-Figuren erinnert an ihn – das Haus ist in Privatbesitz und kann nicht besichtigt werden.

Guildford Museum

❶ Mo. – Sa. 11.00 – 17.00 Uhr
Eintritt frei, www.guildford.gov.uk

BAEDEKER TIPP

Schippern auf dem Wey

Der Wey River, der sich durch Guildford schlängelt, ist heute ein beliebtes Revier für Hausbootfahrer und andere Freizeitskipper. Leihboote gibt es am **Guildford Boat Hou**se, wo auch 2,5-stündige Lunch- und Dinnerfahrten auf dem Wey angeboten werden (www.guildfordboats.co.uk).

UMGEBUNG VON GUILDFORD

Der Venezianer Giacomo Leoni entwarf 1730 für die Familie Onslow den Landsitz Clandon Park, 3 mi / 5 km östlich von Guildford, als palladianische Villa. Hinter dem schwerfälligen Äußeren bildet die doppelgeschossige Marble Hall den Auftakt zu reich ausgestatteten Innenräumen. Besonders wertvoll ist die **Porzellansammlung** mit chinesischen Porzellanvögeln des 17. / 18. Jhs.

Clandon Park

❶ Das Haus bleibt nach dem verheerendem Brand vom 29. April 2015 bis auf Weiteres geschlossen, www.clandonpark.co.uk.

Das Herrenhaus 2,3 mi / 4 km nordöstlich wurde 1758 für Admiral Edward Boscawen erbaut, das Interieur vom jungen Robert Adam entworfen mit lichten Farbeffekten, Stuckarbeiten, Friesen und nautischen Stilelementen, die an den Beruf des Hausherrn erinnern. Die »Cobbe Collection« ist eine der weltweit größten Sammlungen von **Tasteninstrumenten**. Den Garten legte Gertrude Jekyll an.

Hatchlands Park

❶ Haus: Di. – Do., So. 14.00 – 17.30, Park tgl. 10.30 – 18.00 Uhr, Eintritt Gesamtanlage Erw. £ 8, nur Park £ 4.20, www.nationaltrust.org.uk

Ronnie Greville war in England eine der angesehensten Gastgeberinnen zwischen den beiden Weltkriegen. Als letzte Besitzerin des Landsitzes von Komödiendichter und Politiker Richard Sheridan (1751 bis 1816) ließ sie Polesden Lacey, 5 mi / 8 km östlich, zwischen 1906 und 1910 beträchtlich erweitern und innen völlig umbauen. Im elegant-edwardianischen Ambiente genoss die Londoner High Society und königliche Hofgesellschaft manch legendäre Party. Georg VI. und die verstorbene Queen Mum verbrachten hier sogar ihre Flitterwochen. Zur Greville-Kunstsammlung gehören Gemälde von Rey-

*Polesden Lacey

Exot im Glas: englischer Wein

Bei feierlichen Anlässen stößt Queen Elizabeth II. in Buckingham Palace mit englischem Sekt an – mit einem heimischen Cuvée, der bei Blindverkostungen französischen Champagner geschlagen hat.

Dicht an dicht bedecken Rebstöcke die Südhänge der North Downs bei Dorking. Gut 40 km südlich von London produziert Denbies Estate, mit 107 Hektar Englands größtes Weingut, edle Tropfen, die nicht nur der Queen munden. Weine von Denbies und anderen Weingütern stehen mittlerweile nicht nur auf den Tischen von Londoner Restaurants, sondern haben auch die Regale der Supermärkte erobert. Insgesamt bewirtschaften englische Weinpioniere inwischen im Süden der Britischen Insel mehr als **500 Weingüter** mit einer Fläche von über 2000 Hektar.

2000 Jahre Tradition

Die **Römer** brachten die ersten Reben auf die Insel; in der Nähe von Dorking wurden Spuren eines Weingutes aus dem 1. Jh. freigelegt. Mit Ankunft der **Normannen** verbreiteten sich die Rebstöcke über die gesamte Südküste. Als Heinrich VIII. den Thron bestieg, gab es 139 große Weingüter in England und Wales – elf gehörten der Krone, 678 dem Adel, 52 der Kirche. Im 15. Jh. beendeten die Pest und lang andauernde Kälteperioden den Weinbau, der erst 1875 vom Marquis von Bute mit dem Castell Coch-Weingut in Südwales wiederbelebt wurde.

Als Pioniere des modernen englischen Weinbaus gelten Ray Barrington Brock und Edward Hymans. Auf ihre Anregung hin legte **Sir Guy Salisbury-Jones** 1951 den ersten Weingarten der Nachkriegszeit in Hambledon bei Portsmouth an. 1955 kamen die ersten Tropfen in den Handel.

Tasting-Touren

Branchenprimus **Denbies** war bis 1986 ein schlecht laufender Schweinemastbetrieb, bis einem Geologen auffiel, wie sehr sich die Kalkböden der North Downs und der Champagne ähnelten. Er riet daher, den Hof in ein Weingut zu verwandeln. Heute füllt Denbies jährlich rund 500 000 Flaschen ab – meist Weißweine aus den deutschen Rebsorten Müller-Thurgau und Reichensteiner sowie roten Pinot Noir. Für £ 9.95 wird die klassische Tasting Tour zum önologischen Rundumerlebnis mit 45 Minuten Film, Gutsbesichtigung, Verkostung im Weinkeller, Weinbergsrundgang und Besuch des Souvenirshops. Wer mag, kann im Herbst bei der Weinlese mit anpacken (Erw. £ 10.95, tgl. 11.00 – 16.00, im Sommer 10.00 – 17.00 Uhr, www.denbies.co.uk).

Denbies größter Konkurrent ist **The Chapel Down Winery.** Durch externe Traubenzukäufe produziert das 15-Hektar-Weingut in **Tenterden**/Kent ein Viertel aller englischen Weine. Die edlen Tropfen aus Bacchus, Pinot Noir, Dornfelder, Pinot Blanc und Chardon-

nay werden gern von den Politikern der Houses of Parliament und den Passagieren von British Airways genossen. Rund 90 Minuten dauern die geführten Weinbergtouren, die von April bis Oktober täglich für £ 10 inklusive Verkostung angeboten werden (www. chapeldown.com).

Meist jedoch liegt der englische Weinbau in den Händen kleiner **Familienbetriebe**. Auf bis zu zehn Hektar produzieren sie kleine, feine Weine – so wie Bridget und Peter Gladwin von den Nutbourne Vineyards in Sussex. Sie lesen ihre Riesling-, Chardonnay- und Pinot-Noir-Trauben nicht mit Maschinen, sondern von Hand, um höchste Qualität zu garantieren. Für Verkostung und Verkauf restaurierte das Paar eine flügellose Windmühle, heute das Wahrzeichen des Weingutes (Mai – Okt. tgl. 2- bis 3-std. Tasting Touren n.V., £ 15, www.nutbournevineyards.com).

Schaufenster der boomenden Weinindustrie Südenglands ist ein Bauernhof in Alfriston bei Eastbourne. Hier residiert das **English Wine Centre** mit Weinmuseum und Walton's Oak Barn, einer restaurierten Scheune für Hochzeiten und andere Events. Täglich um 11.30 wird eine Weinverkostung mit acht Tropfen angeboten, auf die ein Lunch mit neuen Kartoffeln, deftigen Wurstwaren und regionalen Käsesorten folgt (£ 42.50, http://englishwinecentre.co.uk).

Die neue Champagne

Die Renaissance des englischen Weins beruht auf zwei Faktoren: der geologischen Ähnlichkeit südenglischer und nordfranzösischer Gebiete und dem Klimawandel. Aufgrund der globalen Erwärmung, so vermuten Wissenschaftler, könnte Südengland die Champagne in den nächsten 50 Jahren als **bestes Anbaugebiet** für Pinot Noir und Chardonnay sogar ablösen. Als erster Champagnerhersteller verließ Didier Pierson 2005 die Champagne und produziert seither in Hampshire den prickelnden Schaumwein – 2015 zählte England bereits 100 Sektkellereien wie Nyetimber, Ridgeview und Chapel Down – Tendenz steigend (www. englishsparklingwine.co.uk).

nolds, Lawrence, Raebur, italienische Meister des 14. – 16. Jh.s. sowie flämische Gobelins und französisches Mobiliar. Ein Erlebnis sind die **Shakespeare-Open-Air**-Aufführungen im Juli.

❶ März – Okt. Mi. – So. 11.00 – 17.00 Uhr, Eintritt Gesamtanlage Erw. £ 12.50, nur Gärten £ 7.70, www.polesden.co.uk

Hastings

$\div$ J 43

Grafschaft: East Sussex
Einwohner: 90 300

»Welcome to 1066 country«. Bereits auf der Fahrt nach Hastings machen Straßenschilder auf die Ereignisse von »Tensixtysix« aufmerksam – dem Jahr, in dem mit dem Sieg von William the Conqueror in der »Battle of Hastings« die Normannenherrschaft in England begann.

Seebad mit Geschichte

Am 28. September war Wilhelm mit seinem Heer bei Hastings an Land gegangen, einer blühenden Hafenstadt im Bund der Cinque Ports. Bei seiner Ankunft ließ Herzog Wilhelm von der Normandie eine Burg errichten, deren Ruinen heute auf die charmanten Gassen der Altstadt blicken, in denen Antiquitätensammler fündig werden. Zur Jahrtausendwende wurden viele Prachtbauten an der Promenade und der viktorianische Pier restauriert.

SEHENSWERTES IN HASTINGS

Hastings Castle

In der Ruine des 900 Jahre alten Normannenpalastes auf dem steilen West Hill werden die Ereignisse von 1066 in der audiovisuellen Show **»1066 Story«** lebendig.

❶ Nov. – März nur für Gruppen, Apr. – Okt. tgl. 10.00 – 17.00 Uhr, Eintritt Erw. £ 4.50, www.smuggleradventure.co.uk

St. Clement's Caves

Ein Pfad führt vom Castle zu einem Höhlensystem, das Schmugglern einst als Lagerplatz diente und heute mit Wachsfiguren im **Smuggler's Adventure** Kindern das Gruseln lehrt. Unterhalb der Burg breitet sich das Gassengewirr von Old Hastings aus. In der lebendigen **High Street** und **George Street** haben sich Fachwerkhäuser der Tudorzeit zwischen Restaurants, Geschäften und Galerien erhalten. Zur Strandpromenade hin öffnet sich der halbmondförmige **Pelham Crescent** von 1828 mit der Kirche St.-Mary-in-the-Castle.

St. Clement's Caves: Nov. – März nur für Gruppen, Apr. – Okt. tgl. 10.00 – 17.00 Uhr, Eintritt Erw. £ 7.75, www.smuggleradventure.co.uk

Die Fischer ziehen ihre Boote am **Stade** auf den dunklen Kieselstrand. Ihre Netze trockneten sie vom 17. Jh. an in schmalen Speicherschuppen. Wind und Wetter trotzen die denkmalgeschützten **»Net Shops«** durch den schwarzen Teeranstrich der Holzlatten. Diese »Weatherboarding«-Bauweise ist typisch für East Sussex und Kent. Von den Hütten führt die Rock-a-Nore Road erst zum **Shipwreck Museum** mit Sammlungen zur Geschichte des Schiffbruchs in Hastings, dann zum **Hastings Fishermen's Museum** in der alten Fischereikirche, in der bis heute Boote gesegnet werden. Das **Blue Reef Aquarium** zeigt heimische Meerestiere.

Shipwreck Museum: Apr. – Okt. 10.00 – 17.00, Nov. – März Sa., So. 11.00 – 16.00 Uhr, Eintritt Erw. £ 6.50 http://shipwreck-heritage.org.uk
Hastings Fishermen's Museum: Ostern – Okt. 10.00 – 17.00, Okt. – Ostern 11.00 – 16.00 Uhr, Eintritt frei, Spenden erbeten www.hastingsfish.co.uk
Blue Reef Aquarium: März – Okt. tgl. 10.00 – 18.00, Nov. – Feb. bis 17.00 Uhr, Eintritt Erw. £ 8.75 www.bluereefaquarium.co.uk

Wetterfeste Net Shops

Die Strandpromenade führt zum restaurierten Pier von 1872. Der **Conqueror's Stone** markiert die Stelle, an der Wilhelm der Eroberer zum ersten Mal auf englischem Boden gespeist haben soll.

Hastings Pier

1966 fertigte die Royal School of Needlework einen 74 m langen Wandteppich zur englischen Geschichte von 1066 bis heute. Vom Gegenstück des **Teppichs von Bayeux** zum 900. Jahrestag sind zwei Paneele im Rathaus zu sehen — das eigentliche Werk ruht im Fundus.

Hastings Embroidery

Im März 2012 eröffnete direkt am Stade die von Hana Loftus und Tom Grieve entworfene Jerwood Gallery, die mit ihren schwarzen Ziegeln die geteerten Planken der umgebenden Fischerhütten auf-

*Jerwood Gallery

Hastings erleben

AUSKUNFT
Hastings Information Centre
Priory Meadow, Queens Square
Hastings TN34 1TL
Tel. 01424 45 11 11
www.visit1066country.com

ZAHNRADBAHN
Die steilste Zahnradbahn des Königreichs
klettert seit 1902 von der Rock-a-Nore
Road hinauf zum East Hill. Nicht ganz so
spektakulär, aber mit herrlichen Aussichten auf Beachy Head und den Ärmelkanal gespickt ist die Fahrt mit dem West
Hill Lift von der George Street hinauf
zum Hastings Castle (Sommer 10.00 bis
17.30, Winter 11.00 – 16.00 Uhr).

BLUMEN FÜR HOLLYWOOD
Seit über 100 Jahren fertigt die Shirley
Leaf & Petal Company nach fast 10 000
unterschiedlichen Vorlagen aus Seide
und anderen Materialien Blumen und
Pflanzen für Film und Fernsehen – so
auch für den Kinoklassiker »Gladiator«.
Einblicke gewährt das **Flower Makers'
Museum** in der High Street 58a
(Mo. – Fr. 9.30 – 16.00, Sa. 11.00
bis 16.00 Uhr, Eintritt Erw. £ 1, www.
martin-enterprises.eu/shirley.html).

ESSEN
Harris Restaurant ©/©©
58 High Street
Tel. 01424 43 72 21
Sympathische Kneipe mit Tapas in
allen Variationen, So. Ruhetag.

The Dolphin Inn ©
12 Rock-a-Nore Rd, Tel. 01424 43 11 97
http://thedolphinhastings.co.uk
Gut und günstig: die leckeren Fischgerichte von Marc und Maureen
gegenüber den Net Shops

ÜBERNACHTEN
Black Rock House ©©©
10 Stanley Road
Hastings TN34 1UE
Tel. 01424 43 84 48
www.hastingsaccommodation.com
Stilvolle Zimmer in einer wunderschönen
viktorianischen Villa mit Blick auf den
blühenden Garten oder die See. Ideal für
Familien: die helle Westview Suite mit
zwei Schlafzimmern.

The White Rock Hotel ©©
1-10 White Rock
Hastings TN34 1JU
Tel. 01424 42 22 40
www.thewhiterockhotel.com
Stilvolle moderne Zimmer und traumhafte Ausblicke: Direkt vor dem Hotel
beginnt das Meer!

Senlac Guesthouse ©/©©
47 Cambridge Gardens
Hastings East Sussex TN 34 1EN
Tel. 01424 43 00 80
www.senlacguesthouse.co.uk
Zwölf modern gestylte Zimmer, üppiges
Frühstück und zentrale Lage: In ihrem
B & B halten Victoria und Steve für
Gäste auch zwei Leihfahrräder bereit.

greift und im Innern moderne britische Kunst des 20. und 21. Jahrhunderts von Künstlern wie Nicholson, Brangwyn und Sickert zeigt.
❶ Rock-a-Nore Road, Di. – So. 11.00 – 18.00 Uhr, Eintritt Erw. £ 8
www.jerwoodgallery.org

UMGEBUNG VON HASTINGS

Nicht in Hastings, sondern 6 mi / 10 km nördlich in Battle trug Wil-   **Battle**
helm der Eroberer in der **»Battle of Hastings«** am 14. Oktober **1066**
den Sieg über den angelsächsischen König Harold davon. Zur Erinnerung an den Kampf und zur Buße für das Blutvergießen ließ Wilhelm auf dem Schlachtfeld eine Benediktinerabtei errichten. 1538
schenkte sie König Heinrich VIII. seinem Freund Sir Anthony Brow-
ne, der Kirche und Teile des Klosters abreißen ließ und den Westflügel zum Wohnsitz umbaute. Vom Pförtnerhaus führt ein Rundgang
mit Schautafeln über das Schlachtfeld. Wo Harold getötet wurde,
erhebt sich der Hochaltar der 1094 geweihten Klosterkirche. Beachtenswert sind das Torhaus von 1339, die Ruinen des 1120 errichteten
Dormitoriums, die Banketthalle und die Privaträume des Abtes.
Battle of Hastings Abbey & Battlefield: tgl. 10.00 – 18.00, Okt. bis
16.00, Nov. – März Sa./So. 10.00 – 16.00 Uhr, Eintritt Erw. £ 9.20
www.english-heritage.org.uk

Die mittelalterliche Wasserburg 8 mi / 13 km nordöstlich von Battle   ***Bodiam**
gilt als eine der romantischsten Burgruinen Englands. Sie wurde   **Castle**
1385 für Sir Edward Dalyngrydge am Ufer des damals noch schiff-
baren Rother fertiggestellt und sollte England vor einer erneuten
französischen Invasion schützen. Besonders beeindruckend ist die
äußere Anlage mit ihren zinnenbekrönten Ecktürmen. Das Innere
zeigt den mittelalterlichen Wohnkomfort der Wehranlage.
❶ Feb. – Okt. tgl. 10.30 – 17.00, Jan. Sa./So., Nov., Dez. Mi. – Sa.
11.00 – 16.00 Uhr, Eintritt Erw. £ 7.80, www.nationaltrust.org.uk

Burgromantik pur: Bodiam Castle am Ufer des Rother

Bexhill-on-Sea   Architekturfans finden an der Strandpromenade von Bexhill-on-Sea, 5,5 mi / 9 km westlich von Hastings, einen von George Bernhard Shaw hoch gelobten »Kulturpalast fürs Volk«: den 1934 von Erich Mendelssohn errichteten **De la Warr Pavilion**.

✶✶ Isle of Wight

✦ K/L 30 – 33

Grafschaft: Isle of Wight
Einwohner: 140 500

Die 382 km² große Insel vor ▸Portsmouth gilt als »Madeira Großbritanniens« und hat neben ihrem milden Klima und weißen Kreidefelsen auch ein traumhaftes Segelrevier, ein legendäres Rockfestival und ausgezeichnete Weine zu bieten.

Garteninsel mit berühmten Gästen   Die kleinste Grafschaft Südenglands wurde ob ihrer üppigen Flora und vielgestaltigen Naturlandschaft mit den Beinamen »Garteninsel« und »Diamant im Meer« versehen. Das ganze Jahr über zieht die Aussicht auf gutes Wetter zahlreiche Besucher an: Bereits im 19. Jh. hatten **Königin Viktoria** und Prinz Albert die Isle of Wight als Feri-

Spektakuläres Segel-Event: die Cowes Week Anfang August

endomizil entdeckt. Nicht nur der Tourismus, auch die Landwirtschaft gedeiht bestens: Mehrere Inselweine wurden wiederholt mit dem Prädikat »English Wine of the Year« ausgezeichnet.

RUNDFAHRT ÜBER DIE ISLE OF WIGHT

Der **Solent,** ein Seitenarm des Ärmelkanals, der die rautenförmige Insel vom britischen Festland trennt, ist ein anspruchsvolles Segelrevier. ▶Portsmouth gegenüber steht für Triumphe und Tragödien der Royal Navy. Die **Cowes Week**, die seit 1826 jedes Jahr im August um die Isle of Wight von mehr als 1000 Yachten ausgetragen wird, ist die berühmteste englische Regatta und jedem Segler ein Begriff. Musto, Sebago, Slam oder Aquatogs – in der High Street von **Cowes** findet man alles, was die Crew an Bord trägt, junge Modeboutiquen und nette Cafés. Cowes ist auch Heimat von Weltumseglerin **Ellen MacArthur** (▶Berühmte Persönlichkeiten). Außer Segeln kann man Surfen, Kiten, Kanu fahren oder stundenlang am Strand spazierengehen. Der Fluss Medina trennt Cowes in Ost und West. Zu Beginn gab es nur der Verteidigungsanlagen, die Heinrich VIII. hier gegen die französischen Angreifer errichten ließ. Im 1540 erbauten Cowes Castle hat seit 1815 der **Royal Yacht Squadron** seinen Sitz – dem Jachtclub gehörte schon Kaiser Wilhelm II. an (www.rys.org.uk).

Cowes Week: Events, Anmeldung, Termine, www.aamcowesweek.co.uk
UKSA: Arctic Road Cowes, Tel. 019 83 29 49 41, Segelkurse und Camps für jedes Alter und jedes Können, http://uksa.org/leisure-courses

Traumrevier für Segler

In East Cowes steht die ehemalige **Sommerresidenz von Königin Viktoria**, die 1848 im Stil eines italienischen Landschlosses erbaut wurde. Dem Besucher stehen der Pavillon-Flügel und der 1890 angefügte Durbar-Flügel mit indischem Dekor offen, in dem Viktoria als Kaiserin von Indien die Gesandten empfing. Nach dem Tod ihres Mannes 1861 wurde Osborne House das Refugium Viktorias, die 1901 hier starb. Die Räume präsentieren den Stil des viktorianischen Zeitalters. Die Staatsgemächer sind gefüllt mit königlichen Familienerinnerungen, das Treppenhaus zu den Privaträumen schmückt ein Fresko von William Dyce. Im Park ist das Schweizerhäuschen erhalten, das Viktoria und Albert als Spielhaus für ihre Kinder aus der Schweiz importierten, und die »Bademaschine« Königin Viktorias.

❶ tgl. 10.00 – 17.00, im Winter bis 16.00 Uhr, Eintritt Erw. £ 16.50
www.english-heritage.org.uk

**Osborne House

Mit rund 24 000 Einwohnern ist das viktorianisch geprägte Seebad Ryde die größte Stadt der Insel mit Strandpromenade, 800 m langem Pier – hier kommen die Fähren und Hovercrafts vom Festland an – und weiten Sandbuchten.

Ryde

Isle of Wight erleben

AUSKUNFT
Isle of Wight Tourism
Westridge Centre, Brading Road
Ryde, Isle of Wight PO33 1QS
Tel. 01983 81 38 00
www.visitisleofwight.co.uk

INSELVERKEHR
In 30 Min. setzen **Fähren** von ►Southampton nach Cowes (www.redfunnel.co.uk) und von Lymington nach Yarmouth sowie von ►Portsmouth nach Ryde über (www.wightlink.co.uk). Während der Saison machen Ausflugsdampfer Fahrten um die Insel. Island Line (s. unten) betreibt die einzige Bahnverbindung von Ryde nach Shanklin, das Busnetz hingegen ist bestens ausgebaut. Über 800 km mit herrlichen Wander- und Reitwegen überziehen die Insel.

VOLLDAMPF VORAUS!
Mit Waggons aus dem 19. und 20. Jh. schnaufen die Dampfloks der **Isle of Wight Steam Railway** auf einer 5,5 mi / 8,8 km langen Strecke von Wootton via Havenstreet und Ashey nach Smallbrook Junction (www.iwsteamrailway.co.uk). Etwas für Schienennostalgiker ist auch die **Island Line**. Die kürzeste englische Eisenbahn verkehrt mit alten Zügen der Londoner U-Bahn aus dem Jahr 1938 auf der 9 mi / 14,4 km langen Strecke von Ryde Pier Head nach Shanklin im Osten der Insel (www.southwesttrains.co.uk/island-line.aspx).

ESSEN UND ÜBERNACHTEN
The George ●●●/●●●●
Quay Street, Yarmouth
Isle of Wight PO41 0PE
Tel. 01983 76 03 31
www.thegeorge.co.uk
Charmantes Haus aus dem 18. Jh. am Hafen mit exquisiter Küche. Schönstes Zimmer: der Balcony Room.

The Farringford ●●●
Bedbury Lane, Freshwater Bay
Isle of Wight PO40 9PE UK
Tel. 01983 75 25 00
www.farringford.co.uk
Das einstige Heim des Dichters Alfred Tennyson wurde in ein bezauberndes Landhotel mit 18 stilvollen Zimmern umgewandelt. Feinschmeckeradresse: das Downs Restaurant mit Panoramablick.

Villa Rothsay Hotel ●●/●●●
29 Baring Road, Cowes
Isle of Wight PO31 8DF
Tel. 01983 29 51 78
www.villa-rothsay.co.uk
Die viktorianische Villa des Segellehrers von König Georg V. ist heute ein edles Boutiquehotel mit nostalgischem Interieur und ein Toptipp für Golfer.

The Anchor Inn ●●
1 High Street, Cowes, Isle of Wight
PO31 7SA, Tel. 01983 29 28 23
www.theanchorcowes.co.uk
Traditionsreicher Gasthof mit 6 Zimmern direkt gegenüber dem Jachtclub; herzhaft gutes Essen und beste Ale-Biere.

Nightingale Hotel ●●
3 Queens Road, Shanklin
Isle of Wight PO37 6AN
Tel. 01983 86 27 42
www.nightingale-hotel.co.uk
Nostalgisch edle Zimmer und traumhafter Seeblick vom Wintergarten und Speisesaal: simply perfect!

Über Bembridge, einen gepflegten Badeort mit Jachthafen und **Bembridge,** Windmühle aus dem frühen 18. Jh., geht es weiter nach Brading, in **Brading** dessen mittelalterlicher Pfarrkirche St. Mary ein Grabmal des 1655 verstorbenen Sir John Oglander zu sehen ist – der Anhänger Karls I. hielt dem König auch während dessen Gefangenschaft auf der Insel die Treue. Mehr als 2000 Puppen aus 4000 Jahren zeigt das private **Lilliput Antique Doll & Toy Museum**. Bei Brading liegen die Überreste der größten Römervilla der Insel. Die Anlage des 3. Jh.s besteht aus 13 Räumen um ein Atrium, von denen drei mit Mosaikfußböden ausgestattet sind. Die Römer pflanzten auch die ersten Reben auf der Insel – zur Weinprobe lädt heute der Adgestone Vineyard.

Doll & Toy Museum: tgl. 10.00 – 17.00 Uhr, Eintritt Erw. £ 3.25
www.lilliputmuseum.org.uk
Roman Villa: Ostern – Okt. tgl. 10.00 – 17.00, sonst bis 16.00 Uhr
Eintritt Erw. £ 9.50, www.bradingromanvilla.org.uk

Das größte Seebad der Insel bilden die Doppelorte Sandown und **Sandown** Shanklin mit 21 000 Einwohnern. Das moderne Sandown ist wegen des sicheren Strandes und des kleinen Zoos im viktorianischen Fort Yaverland bei Familien beliebt. Golfer finden einen 18-Loch-Platz.

Im südlichen Shanklin mit schönem Strand und Promenadenwegen ***Shanklin** haben seit jeher **Künstler** ihr Domizil. Den charmanten alten Dorfkern prägen windschiefe Hexenhäuschen, kleine Cafés und reetgedeckte Cottages. Der Dichter John Keats (1795 – 1821) bewohnte

»While there's tea there's hope« …

… steht an einer Wand des **Old Thatch Teashop** an der Church Road 4 in Shanklin. Das über 300 Jahre alte reetgedeckte Häuschen gehört zu den schnuckeligsten Adressen in Sachen Tee. Im bezaubernden Garten, wo Kamelien und Magnolien blühen, serviert Patricia Whybrow homemade Scones mit Clotted Cream und Erdbeermarmelade. Zum »Victorian Tea« stehen auch Ingwer-Scones mit Aprikosenkompott und Sandwiches mit Räucherlachs zur Wahl. Oder versuchen Sie das Steak & Ale Pie nach altem Hausrezept (www.oldthatchteashop.co.uk).

1819 das Englatine Cottage in der High Street. Die längste Klamm der Insel, **Shanklin Chine**, diente einst Schmugglern als Versteck.

Godshill Cider Company
Auch Godshill, 1,5 mi / 3 km landeinwärts, prägen hübsche reetgedeckte Häuschen und kleine Cafés. Die Godshill Cider Company in der High Street stellt nicht nur Cider, sondern auch Ingwerbier, Aprikosenlikör, Chutneys und Honig her.
ℹ http://godshillisleofwight.co.uk

Ventnor
Durch die schützenden Kalkhügel im Norden herrscht in Ventnor das mildeste Klima auf der Insel, ist die Kleinstadt ein ausgezeichneter Luftkurort. Den besten Blick auf den viktorianischen Ort hat man vom Pier aus; eine großartige Aussicht auf das Kreide- und Kalksteinplateau des Undercliffs vom **Botanic Garden** mit Palmen und Rosengarten. Neben den Kakteen des Arid Garden können Sie jetzt mitten im Park im Signal Point House stilvoll nostalgisch nächtigen!
Signal Point House: £ £, Tel. 019 83 85 53 97
www.botanic.co.uk/pages/signalpoint.htm

Von Ventnor zur Freshwater Bay
Nach dem südlichsten Zipfel der Insel mit dem Aussichtspunkt St. Catherine's Point geht es vorbei an steilen Ton-, Mergel-, und Kreideklippen und Felsstürzen – **»Chines«** – über die Buchten von Chale, Brighstone und Brook zur Freshwater Bay, wo sich schneeweiße Kliffs aus dem tiefen Blau der See erheben. Zu den engsten Freunden Tennysons gehörte die Fotografin Julia Margaret Cameron, die von 1860 bis 1875 in der *Dimbola Lodge lebte. Ihr Wohnhaus, heute ein Museum, birgt Porträts von Tennysons Dichterfreunden Lewis Carroll, Robert Browing, Wadsford Longfellow und William Makepiece Thackeray.
Dimbola Lodge: Di. – So. 10.00 – 17.00, im Winter bis 16.00 Uhr, Eintritt Erw. £ 5
www.dimbola.co.uk

! BAEDEKER TIPP

Tennyson Walk

Zwischen Carisbrooke Castle bei Newport und den drei gewaltigen Felsnadeln der Needles an der Westspitze der Insel verläuft einer der schönsten Wanderwege der Insel: Der 15 mi / 25 km lange Trail, der den Spuren des Dichters Alfred Lord Tennyson (1809 – 1892) folgt, der 30 Jahre auf der Insel lebte. Der **Küstenpfad** berührt auch das aussichtsreiche Tennyson-Gedächtniskreuz auf der Spitze des High Down sowie Tennysons einstigen Wohnsitz **Farringford House**, wo er illustre Gäste wie Garibaldi, Lewis Carroll, Charles Darwin und den Prinzgemahl empfing – heute kann man hier wunderbar logieren, ▸ S. 252.

In der *Alum Bay, einem Mekka für Geologen, verlaufen die Sandsteinschichten in den Klippen fast senkrecht und heben sich in zehn leuchtenden Färbungen vom Schneeweiß des Kalksteins ab. Eine **Seilbahn** schwebt zum Fuß der steilen Klippen, wo Ausflugsboote auf Passagiere warten. Am Westausgang des Solent ragen die bis zu 30 m hohen Felsnadeln

Seemarke im Solent: der 136 Jahre alte Leuchtturm der Needles

der beühmten **Needles** auf, die sich vom Boot oder von den Needles Batteries, Festigungsanlagen des 19. Jh.s, bewundern lassen.
❶ www.theneedles.co.uk, ▶S.134

Attraktion der Hauptstadt **Newport** mit 22 500 Einwohnern ist Carisbrooke Castle, das knapp 2 mi / 3,2 km südwestlich auf einer Anhöhe an der Stelle eines römischen Forts liegt. Der massive normannische Bergfried wurde im 13. Jh. umgestaltet. **Karl I.** wurde hier von Cromwell bis zu seiner Hinrichtung 1649 in London gefangen gehalten; ein Fluchtversuch scheiterte, als der König zwischen den Gittern seines Zellenfensters stecken blieb. Gegen die Langeweile wurde dem König innerhalb der Festungsmauern eine Bowlingbahn angelegt. Prinzessin Elisabeth, die 1650 hier während ihrer Gefangenschaft im Alter von 15 Jahren verstarb, ruht in einem Marmorgrabmal in der St. Thomas Church von Newport.

*Carisbrooke Castle

❶ April – Sept. tgl. 10.00 – 18.00, Okt. bis 17.00, Nov. – Mitte Feb. nur Sa., So., Eintritt Erw. £ 9.70, www.carisbrookecastlemuseum.org.uk

* Isles of Scilly

✦ P 1/2–

Grafschaft: Cornwall
Einwohner: 2300

140 Eilande im Atlantik, nur fünf bewohnt: Die Scilly Islands vor der Küste Südwestenglands sind ein Paradies für Müßiggänger, Hochseeangler, Wracktaucher und Seh-Leute, ein Idyll zum Abschalten und Auftanken – bei mildem Klima und konstantem Wind.

Außenposten im Atlantik Die Scilly-Inseln, rund 45 km von Land's End entfernt, bilden die letzten Erhebungen des cornischen Granitmassivs und damit den westlichsten und südlichsten Zipfel Großbritanniens. Der Legende nach lag hier das **Reich von Lyonesse**, das versank, als König Artus mit seinen Rittern vor dem blutrünstigen Mordred westwärts floh. Sicher ist, dass die Inseln schon zur Bronzezeit besiedelt wurden, wie eine große Zahl von Grabhügeln und prähistorischen Dörfern beweist. Unter den Römern diente Silia Insula als Verbannungsort. Bis ins 19. Jh. lebten die Scillonier vom Fischfang, Schmuggel und der Wrackausbeute – mehr als 1000 Schiffe sind in den letzten 200 Jahren an den Riffs ringsum zerschellt. Seit Augustus Smith 1834 die Inseln pachtete und mit der Aufzucht von Frühlingsblumen begann, ist die **Blumenzucht** wichtiger Wirtschaftsfaktor. Die Inseln liefern Schnittblumen in alle Welt; Exportschlager ist die weiße Narzissenart Scilly White, die bereits im Dezember blüht.

Touristisch erschlossen sind einzig die fünf Hauptinseln St. Mary's, Tresco, St. Martin's, St. Agnes und Bryher. Man kann Segeln, Windsurfen und zu zahlreichen Schiffswracks rund um die Scilly-Inseln tauchen oder auch Golf auf einem der abgelegensten Plätze Großbritanniens spielen. Auf den Inseln machen auch viele seltene Vogelarten Station auf ihrem Weg nach Süden. Die unbewohnten Inseln stehen unter Naturschutz und dürfen nur mit Sondergenehmigung besucht werden. Die Inseln, deren Gewässer ein Eldorado für Segler sind, waren 2012 Gastgeber der World Gigs Championship, der Weltmeisterschaft im Lotsengig-Rudern mit mehr als 100 Mannschaften. Neben dem Rudern und Segeln kicken die Insulaner auch gerne: Laut Guinnessbuch der Rekorde gibt es auf der Insel die kleinste Fußballliga der Welt – mit den beiden Teams Woolpack Wanderers, die »Blauen«, und die »Roten« von den Garrison Gunners. Gespielt wird 16 Mal pro Saison auf dem einzigen Fußballplatz der Insel, dem Garrisonfield.

! BAEDEKER TIPP

Strandvergnügen

Die Strand fällt flach ins Meer, das Wasser ist sauber, Imbissbuden und Großparkplätze fehlen: Die Strände der Scillys sind noch nahezu Naturparadiese.
Besonders schön: **Great Bay / St. Martin's**: Ein Pfad führt vom Kai vorbei an Stechginster und Fingerhut zum traumhaft langen und einsamen Sandstrand. **Pentle Bay / Tresco**: Weite Dünen umgeben den Sandstrand in der Halbmondbucht.
Rushy Bay /Bryher: Der südwestlichste britische Strand – und der letzte vor Amerika.
Beady Bay / St. Agnes: Im »Perlenbecken« ging im 17. Jh. ein Handelsschiff unter – bis heute werden Perlen angespült.
Pelistry Bay / St. Mary's: Seetang-Gärten, Seelöwen und Tolls Island mit einer Burgruine des 17. Jh.s.

St. Mary's St. Mary's ist mit ca. 6 km² die größte Insel des Archipels. Die meisten Scillonier leben in **Hugh Town**, einem netten Dorf mit Granit-

Isles of Scilly erleben

AUSKUNFT
Tourist
Information Centre
Porthcressa Bank
St. Mary
Isles of Scilly TR21 0LW
Tel. 17 20 42 40 31
www.visitislesofscilly.com

INSELVERKEHR
Von ►Penzance schippert die **Fähre**
»Scillonian III« täglich von Ende März
bis November in drei Stunden auf die
Insel St. Mary.
Der Isles of Scilly **Skybus** fliegt von
Land's End, ►Bristol, ►Exeter, ►South-
ampton und Newquay nach St. Mary's
(www.islesofscillytravel.co.uk).
Alle Inseln sind weitgehend **autofrei**,
die kurzen Entfernungen sind gut zu
Fuß, mit dem Fahrrad, per Bus oder
Taxi zu bewältigen. Zwischen den
Inseln bestehen tägliche Schiffsverbin-
dungen (www.stagnesboating.co.uk).

ESSEN UND ÜBERNACHTEN
Star Castle ❸❸❸
The Garrison, St. Mary's TR21 0JA, Tel.
01720 42 23 17, www.star-castle.co.uk
Das schöne Burghotel hat 34 helle, ge-
schmackvolle Zimmer, Hallenbad und
beste Regionalküche, die 2014 beim
»Taste of the West« preisgekrönt wurde.

St. Martin's on the Isle ❸❸❸/❸❸❸❸
Island of St. Martin's TR25 0QW
Tel. 01720 42 20 90
www.karmagroup.com
Traumhafte Lage direkt am Meer,
30 großzügige Zimmer, beheizter Pool
und ausgezeichnete Küche

Annet Cottage ❸/❸❸
Porthlow, St. Mary's TR21 0NF
Tel. 01720 42 24 41
www.glandorescilly.info
Drei Zimmer hat das gemütliche Cottage
mit Seeblick, das die Herzogin von
Cornwall 1921 erbauen ließ.

häusern, zwei Sandstränden, Hafen und dem Inselmuseum in der
Church Street. Auf einem Tagesausflug kann man die Insel bequem
umwandern. Ein zweistündiger Spaziergang führt zum **Star Castle**
(heute ein Luxushotel, s.o.) und zu **The Garrison**, einer Festung des
16. – 18. Jh.s. Wandert man zum Telegraph Tower, sieht man unterwegs die auf 1800 v. Chr. datierte Grabkammer **Bants Carn** und
Überreste eines eisenzeitlichen Dorfes aus dem 3. Jh. v. Chr. Der Weg
nach Penninis Head belohnt mit fantastisch geformten Granitfelsen.
Tresco teilt sich in eine felsige Nord- und eine geschützte Südküste
mit Sandstränden. Die **Abbey Gardens** der Benediktinerabtei aus
dem 12. Jh. sind ein subtropischer Park mit Palmen, Bambus und
leuchtenden Blumenteppichen.
Inselmuseum in Hugh Town: Ostern – Sept. Mo. – Fr. 10.00 – 16.30,
Sa. 10.00 – 12.00, Okt. – Karfreitag Mo. – Sa. 10.00 – 12.00 Uhr
Eintritt frei, www.iosmuseum.org
Abbey Garden: tgl. 10.00 – 16.00 Uhr, Eintritt Erw. £ 15
Segelschule, Kajak- und Bootscharter: www.sailingscilly.com

✱✱ **London**

✦ E/F 37 – 41

Einwohner: 9,1 Mio.
(Greater London)

Die Hauptstadt des Vereinigten Königreichs ist nicht nur wirtschaftlicher und kultureller Mittelpunkt Großbritanniens, sondern eine echte »Weltstadt«, in der Menschen aus aller Herren Länder eine kulturelle Vielfalt schaffen, die in Musik, Theater, Tanz, Literatur und der Gastronomie zum Ausdruck kommt – kurzum: eine der aufregendsten Städte der Welt.

Die City – Finanzzentrum der Welt

London ist Sitz von Königshaus, Parlament und Regierung. Die Themse, die London in großen Schleifen durchfließt, teilt das Stadtgebiet in das Nordufer, wo sich die Hauptsehenswürdigkeiten konzentrieren, und eine Südhälfte, die touristisch besonders entlang der Southbank interessant ist. Die City of London umfasst mit 2,6 km² nur ungefähr eine Quadratmeile, und wird daher auch **»Square Mile«** genannt. Die City ist Weltfinanzzentrum (▶Baedeker Wissen S. 32). Hier schlägt das Herz der kosmopolitischen Metropole, die ihre bunte Völkervielfalt dem Erbe des Empire verdankt.

Keine andere europäische Stadt hat sich in den letzten Jahren so gewandelt wie London – gut sichtbar an Wolkenkratzern wie der »Gherkin«.

43	Die Römer gründen »Londinium«.
um 450	Sächsischer Hafen »Lundenwic«
886	Alfred der Große macht London zur Hauptstadt.
1066	Krönung Wilhelms des Eroberers in Westminster Abbey
1176	Erste Steinbrücke über die Themse
1189	Erster Lord Mayor
1565	Gründung der Börse
1666	Great Fire
1863	Erste U-Bahnlinie
1940/1941	Schwere deutsche Luftangriffe
1982	Beginn der Sanierung der Docklands
2000	Erstmals wird ein Oberbürgermeister gewählt.
2005	Terroranschläge in der Londoner U-Bahn
2011	Hochzeit von Prinz William und Kate Middleton
2012	Olympische Sommerspiele
2016	Sadiq Khan gewinnt als erster Muslim die Wahl zum Londoner Oberbürgermeister.

Vier römische Legionen eroberten 43 n. Chr. Südengland und errichteten am Nordufer der Themse **»Londinium«**. Sie bauten eine erste Holzbrücke über den Fluss und sicherten die Stadt 150 Jahre später mit einer 5 km langen Mauer, die für 1000 Jahre die Stadtgrenze bilden sollte. Ab 240 war Londinium Hauptstadt von Britannien, bis die Legionen zur Verteidigung Roms abgezogen wurden und Kaiser Honorius 410 die britischen Städte in die Unabhängigkeit entließ. Um 450 legten die **Angelsachsen** den Hafen »Lundenwic« an. 604 gründete König Ethelbert die Kathedrale St. Paul's, 750 folgte St. Peter, die spätere Westminster Abbey. Am »Strand« blühten Schifffahrt und Handel. 796 wurde London Hauptstadt von Essex, 802 Residenz von König Egbert, 886 unter Alfred dem Großen neben Winchester Hauptstadt seines Reiches. Nach der Schlacht bei Hastings 1066 ließ sich Wilhelm der Eroberer in Westminster Abbey krönen und gab der Stadt Privilegien, die bis heute gelten. 1176 wurde die alte Holzbrücke durch die steinerne London Bridge ersetzt. 1189 wählten die Zünfte Henry Fitzailwyn zum ersten Lord Mayor.

1565 gründete Thomas Gresham die Börse, am Ende des 16. Jh.s war die 300 000 Einwohner zählende Stadt

Stadtgeschichte

> ! **BAEDEKER TIPP**
>
> ### Routemaster
>
> Londons Wahrzeichen, die **roten Doppeldeckerbusse**, wurden 2005 abgeschafft. Nur auf zwei Sightseeingtouren durch das Herz der Hauptstadt blieben die nostalgischen »Heritage«-Routemaster in Betrieb: Die Linien 9 (Kensington–Aldwych) und 15 (Trafalgar Square–Tower) – am besten sitzt man oben, ganz vorn. Seit 2012 fahren neue Routemaster durch die City, nun emissionsarm, aber wieder rot und mit der geliebten Heckplattform zum Auf- und Abspringen (▸Baedeker Wissen S.102).

London

London erleben

AUSKUNFT

City of London
Information Centre
www.visitlondon.com
St. Paul's Churchyard, London EC4M 8BX
Tel. 020 7332 14 56
Zwischen St Paul's Cathedral und
Millennium Bridge, tgl. geöffnet
Informationen auch auf Deutsch

Weitere Information Centres
Victoria Station, gegenüber Gleis 8
In der U-Bahn-Station Piccadilly Circus
Am Flughafen Heathrow, Terminal 1,2,3
Liste aller Tourist Information Centres in
London unter www.visitlondon.com/tag/
tourist-information-centre

LONDON PASS
Die Chipkarte lockt mit freiem Eintritt in
60 Attraktionen, Eintritt ohne Wartezeit
und kostenloser Hop-On-Hop-Off-Bus-
tour. Optional hinzugebucht werden
kann die **Oyster Travelcard** für freie
Fahrt im Londoner Stadtverkehr (s.u.).
London Pass: 1 Tag Erw. £ 59 , Kinder
£ 39, 2 Tage £ 79/59, 3 Tage £ 95/66,
6 Tage £ 129/89, erhältlich online und
bei den Tourist Information Centres.

VERKEHR
Wichtigstes Verkehrsmittel ist die
U-Bahn (Underground), die in sehr
kurzen Intervallen zwischen 5.00 und
1.00 Uhr verkehrt. Flexibel und preisgünstig wird der Londoner Nahverkehr
mit der **Oyster Travelcard**, einer über-
tragbaren elektronischen Fahrkarte
(Karte £ 3, aufladbares Guthaben £15
bis £50, Restguthaben werden bei Rück-
gabe erstattet, https://oyster.tfl.gov.uk).
Die Karte gilt für U-Bahn, Busse, Dock-
lands Light Railway und die London
Overground. **London Travel Card**: Ta-
geskarte inkl. Flughäfen London-City &
Heathrow Erw. ab £14.50, Kinder £ 7.50.
Hop-On, Hop-Off auf der Themse bietet
City Cruises mit dem River Red Rover
(Erw. ab £ 16.95) , Hin- und Rücktour
Tower Pier – Westminster Erw. £ 9
(www.citycruises.com). Zwischen West-
minster, Kew, Richmond und Hampton
Court fährt der Westminster Passenger
Service (www.wpsa.co.uk, Erw. £ ab 13).
Auf der Themse fahren die **Thames
Clippers** alle 20 Min. Attraktionen zwi-
schen Waterloo und O2 an, auch die
beiden Tate-Galerien (River Roamer
Ticket, Hop On, Hop Off ab 9.00 Uhr,
Erw. £17.35, online £ 14.70, einfache
Fahrt £ 7.90, www.thamesclippers.com).
Anreise **mit dem Auto**: ▶S. 392

THEATER-/MUSCIALKARTEN
tkts
Leicester Square, WC 2, Mo. – Sa.
10.00 – 19.00, So. 12.00 – 15.30 Uhr
Karten zum halben Preis für Vorstellun-
gen am selben Tag – großer Andrang!
Tickets online gibt es direkt beim Veranstalter oder bei Visit London.

SHOPPING
Susie Bubble
Keiner kennt sich so in der Londoner
Modeszene aus wie Susie Bubble – in
ihrem Blog www.stylebubble.co.uk
porträtiert sie die heißesten Trends und
Events der Londoner Fashion-Welt.

Wohin zum Shoppen?

Mehr als 50 000 Geschäfte, 85 Straßenmärkte, Sonntagsöffnungen: London ist ein Einkaufsparadies. Die größte Auswahl findet man im West End zwischen **Oxford, Regent** und **Bond Street**, Piccadilly und Jermyn Street, um Covent Garden und in Soho mit seinen Secondhand-Läden. Das zweite große Einkaufsviertel verteilt sich auf **Knightsbridge, South Kensington** und **Kensington**. **Chelsea** fällt mit der King's Road etwas ab, doch lohnt sich die Sloane Street mit ihren Designerläden. Schrilles, Trash und Trödel gibt es in **Camden Town**. Shopping der Superlative verspricht das Kaufhaus **Harrods** (▶Abb. S. 74) mit 300 Abteilungen und der legendären Food Hall in der Brompton Road. Bei **Harvey Nichols** und im **House of Fraser** findet man in- und ausländische Topdesigner. Bei **Fortnum & Mason** am Piccadilly Circus verwöhnt seit 1707 ein sagenhafter Schlemmertempel. Londons größte Kosmetik- und Schuhabteilung besitzt

Selfridges an der Oxford Street. Unverwechselbare Stoffe und Tücher begründeten den Weltruf des Warenhauses **Liberty's** in der Regent Street. Das benachbarte **Hamley's**, Großbritanniens größtes Spielzeuggeschäft, lässt auf sieben Etagen Kinderträume wahr werden. Bei Pink in der Jermyn Street 85 gibt es tolle Herrenhemden, in der **Savile Row** bestellen Männer von Welt Anzüge nach Maß. Der Flagschiffstore von Stella McCartney ist in der Bruton Street 20, von Vivienne Westwood in der King's Road 430. Alles über die Fab Four hat der **Beatles Store** in der Baker Street 231. Täglich geöffnet ist die **Westfield** Shopping Mall mit 265 Einzelhändlern und 50 Restaurants (http://uk.westfield.com/london).

AUSGEHEN / PUBS
❶ *Cittie of Yorke*
22 High Holborn, WC 1, U-Bahn: Holborn
Im 17. Jh. gegründeter Pub mit einer der längsten Theken Londons

Exzentrisch mit Stil: Schuhe und Taschen von Vivienne Westwood

Edel, stylisch, international: die viktorianische Feinschmeckeroase »1901«

❷ The Fox and Anchor

115 Charterhouse Street, EC 1, www.
foxandanchor.com, U-Bahn: Farringdon
Einstige Stammkneipe der Metzger vom
Smithfield Market, heute ein Gastropub,
dem der Spagat zwischen Tradition und
Trend perfekt gelingt: Welsh Rarebit
oder Austern-Pie? Zum Pub gehören
auch sechs luxuriöse Zimmer – sämtliche
Kopfteile der Betten schmücken unge-
wöhnliche London-Ansichten in XXL.

❸ The George Inn

75-77 Borough High Street, SE1
www.george-southwark.co.uk
U-Bahn: London Bridge
Genau das Richtige für ein Pint in alt-
englischer Atmosphäre. Der 1676 erbaute Pub ist der einzige original erhaltene Fuhrmannsgasthof Londons. Knarrende
Dielen und blank gescheuerte Tische erzählen von der Zeit, als die Fuhrleute
hier abstiegen, bevor sie ihre Waren am
anderen Themse-Ufer in der City ablie-
ferten. Im Sommer sitzt man im Hof.

❹ Sherlock Holmes

10 Northumberland Street, WC 2
www.sherlockholmes-stjames.co.uk
U-Bahn: Charing Cross
Alles ist mit Erinnerungen an den
genialen Meisterdetektiv geschmückt.
Mit Dachterrasse!

ESSEN

Die Gastrotests von **Time Out** sind
Pflichtlektüre auf der Suche nach neuen,
aufregenden Lokalen (www.timeout.
com/london/restaurants).

❶ Gordon Ramsay ©©©©

68-69 Royal Hospital Road, Chelsea SW3
Tel. 020 73 52 44 41, www.gordon-
ramsay.com, U-Bahn: Sloane Square
Mit 31 Jahren eröffnete Starkoch Gordon Ramsay sein erstes Lokal in Kensington, heute zieren es drei Michelinsterne
(►Baedeker Wissen S. 78f.). Küchenchef
ist inzwischen eine Frau: Clare Smyth.

❷ Marcus ©©©©

The Berkeley, Wilton Place, Knightsbridge SW1, Tel. 020 72 35 12 00
www.marcus-wareing.com
U-Bahn: Knightsbridge
Zweisternekoch Marcus Marcus Wareing
ist ein Perfektionist am Herd. In seinem
2014 renovierten Stammhaus begeistert

er Gäste wie Kritiker mit modernen und kommunikativen Genusserlebnissen.

❸ *Rules* ❶❶❶❶/❶❶❶

35 Maiden Lane, Covent Garden
Tel. 020 78 36 53 14, www.rules.co.uk
U-Bahn: Covent Garden
Roter Plüsch und Regency-Dekor zieren den ältesten Londoner Speisesaal von 1798, in dem schon Dickens und der Prince of Wales dinierten. Das Wild kommt von der eigenen Teesdale-Farm.

❹ *Fifteen* ❶❶❶

15 Westland Place, N1 7LP
Tel. 020 33 95 15 15
www.fifteen.net, U-Bahn: Old Street
Jamie Olivers Trendlokal im Retrostyle (▶Baedeker Wissen S. 78). Probieren Sie das walisische Lamm aus dem Elwy Valley. Bei der Gin Masterclass in der Bar folgt jeden 2. und 4. Di. im Monat auf die Ginverkostung ein Mixkurs für Gin-Cocktails (18.00 – 19.30 Uhr, £ 35).

❺ *Orrery* ❶❶❶

55 Marylebone High Street, W 1
Tel. 020 76 16 80 00, www.orrery-restaurant.co.uk, U-Bahn: Baker Street
Durchgestylt vom Sir Terence Conran. Exzellente britisch-mediterrane Küche.

❻ *The Wolseley* ❶❶❶

160 Piccadilly, W 1, Tel. 020 74 99 69 96
www.thewolseley.com
U-Bahn: Greenpark
Wiener Kaffeehausflair der 1920er mit großen Spiegeln und glamourösen Rundbögen – angsagter Frühstückstreff.

❼ *1901 Restaurant* ❶❶❶

40 Liverpool Street, W 1
Tel. 020 76 18 70 00, https://londonliverpoolstreet.andaz.hyatt.com
U-Bahn: Liverpool Street

Allein schon die prachtvolle viktorianische Glaskuppel des ehemaligen Ballsaals hat Wow-Faktor. Aus besten britischen Zutaten zaubert Michael Kreiling wundervolle Menüs mit korrespondierenden Spitzenweinen aus aller Welt.

❽ *Calabash* ❶❶/❶❶❶

24 Vicarage Lane, E15 4ES
Tel. 020 85 03 16 64, U-Bahn: Stratford
www.calabashcuisine.com
Afrikas Küche von Nord nach Süd und Ost nach West, und das exzellent!

❾ *Chutney Mary* ❶❶/❶❶❶

535 Kings Rd, SW1, Tel. 020 73 51 31 13
www.chutneymary.com
U-Bahn: Fulham Broadway
Preisgekrönte Klassiker und moderne indische Trends. Probieren Sie bei Kerzenschein im Palmengarten ein Madras Curry und die Masala-Crème brûlée.

❿ *Moro* ❶❶/❶❶❶

34-36 Exmouth Market EC 1
Tel. 020 78 33 83 36, www.moro.co.uk
U-Bahn: King's Cross, Angel, Barbican
Samuel und Samantha Clark kombinieren spanische mit nordafrikanischen Rezepten. Ihr »Morito« erlaubt ein Nachkochen der Tapas and Mezze.

⓫ *Manze* ❶

87 Tower Bridge Road, SE 1
Tel. 020 77 39 36 03, www.manze.co.uk
U-Bahn: London Bridge
Seit 1892 unverfälschte London-Küche: Stammgericht ist »Pies, eels & mash«: Erbsen, Aal und Kartoffelbrei.

TEA TIME
❶ *Brown's Hotel*
Albemarle Street, W1
Tel. 020 74 93 60 20, www.roccoforte
hotels.com, U-Bahn: Green Park

Im Tea Room des Brown's Hotel mit Kamin und Kassettendecke beraten zwei Teesommeliers bei der Wahl edler Sorten. Traditional Afternoon Tea ab £ 52.50, mit Champagner ab £ 65

❷ The Berkeley
Wilton Place, Knightsbridge, SW1
Tel. 020 72 35 60 00, www.the-berkeley.co.uk, U-Bahn: Hyde Park Corner
Beim Fashionista's Afternoon Tea im Caramel Room sind Tee und Törtchen von Kollektionen angesagter Designer inspiriert – auch Alexander McQueen und Elie Saab standen Pate. Fashionista's Afternoon Tea £ 52, mit Champagner £ 62.

ÜBERNACHTEN
❶ Claridge's ❸❸❸❸
Brook Street, Mayfair, London W1K 4HR
Tel. 020 76 29 88 60, www.claridges.co.uk, U-Bahn: Bond Street, 197 Z.
Audrey Hepburn, Onassis und Queen Mom liebten das Art-déco-Juwel, heute logieren hier Jade Jagger, Lulu Guinness und Kate Moss. Im Fera Restaurant bereitet Simon Rogan michelinbesterne Hochgenüsse aus Britannien.

❷ The Goring ❸❸❸❸
Beeston Place, London SW1W 0JW
Tel. 020 73 96 90 00, www.thegoring.com, U-Bahn: Victoria Station
Seit über 100 Jahren empfängt Familie Goring Gäste in ihrer edwardianischen Nobelherberge mit 69 eleganten Zimmern und Suiten. Preisgekrönte Küche und ein zurückhaltender, aber höchst aufmerksamer Service.

❸ Shangri-La Hotel At the Shard ❸❸❸❸
31 St Thomas Street, London SE1 9QU
Tel. 020 72 34 80 00, www.shangri-la.

com/london, U-Bahn: London Bridge
Atemberaubende Aussichten aus Westeuropas höchstem Gebäude bietet die 2014 eröffnete Nobelherberge im 34. bis 52. Stock des Wolkenkratzers The Shard, den Renzo Piano entworfen hat (▶S. 296). Alle 202 Zimmer und Suiten sind haben Marmorbäder. Hinter raumhohen Glasfronten breitet sich ein einzigartiges Panorama aus: vom London Eye über die Kuppel von St. Paul's bis zu den Bankentürmen der City. Eurasische Kulinarik der Extraklasse versprechen Gareth Bowen und sein Team im Restaurant TĪNG. Unwiderstehlich: die Macarons und »Chocolate Temptations« im Café LÁNG. Und zum Sonnenuntergang ein »Working 9-5« oder ein »Elixir Of Success« – im GŌNG, Londons höchster Bar in der 52. Etage, mixt Henning Neufeld coole Cocktails. Nebenan befinden sich Fitnessstudio, Infinity Pool und Spa.

❹ Hyatt Regency London – The Churchill ❸❸❸❸
30 Portman Square, London W1H 7BH
Tel. 020 74 86 58 00, https://london churchill.regency.hyatt.com
U-Bahn: Marble Arch
Auch der »Never Give In«-Cocktail in der Churchill Bar & Terrace (▶Abb. S. 114) ist vom berühmtesten britischen Premier inspiriert, der Geschichte schreiben wollte und es tat. Überall in der Nobelherberge begegnet man Spuren des wortgewandten Politikers. Elegant, sophisticated und zeitgemäß erstrahlen die Zimmer und Suiten seit 2015 in neuem Glanz. Beste regionale Zutaten werden im The Montagu zelebriert, beim Chef's Table können Sie in der offenen Showküche den Meistern am Herd zusehen. Das Locanda Locatelli verwöhnt mit leckerer italienischer Küche. Beim trendy

»Sex and the City Afternoon Par-Tea«
gibt es für die Ladies Carrie-Bradshaw-
Macarons und Samantha-Stiletto-
Gebäck, Fr. – So. ab 15.30 Uhr, £ 38.

❺ *Andaz Liverpool Street* ❺❺❺❺
40 Liverpool Street, London EC2M 7QN
Tel. 020 79 61 12 34, http://london.
liverpoolstreet.andaz.hyatt.com
U-Bahn: Liverpool Street
267 stilvolle Zimmer und Suiten in einem
schönen viktorianischen Backsteinge-
bäude von 1884. Den Aperitiv nimmt
man in der stylischen Catch Bar oder der
1901 Wine Lounge. Das »1901 Restaurant« serviert edle Speisen (▶S. 265), der
George Pub englische Klassiker, die Brasserie Eastway leichte Grillgerichte und
knackige Salate. Im Miyako gibt es perfekte Sushi, Sashimi und Tempura.

❻ *Pavilion Hotel* ❻❻❻
34-36 Sussex Gardens, London W2 1UL
Tel. 020 72 62 09 05, www.pavilionhotel
uk.com, U-Bahn: Edgeware Road
Bryan Ferry, Naomi Campbell und Jarvis
Cocker sind Stammgäste des extravaganten Boutique-Hotels, dessen 30
Mini-Zimmer mal kitschig, mal funky,
aber immer farbenfroh gestylt sind.

❼ *The Windermere Hotel* ❼❼❼
142-144 Warwick Way, Victoria
London SW1V 4JE, Tel. 020 78 34 51 63
www.windermere-hotel.co.uk
U-Bahn: Victoria Station
Charmantes Haus mit 19 Zimmern. Pro-
bieren Sie in der Brasserie die gegrillte
Hühnerbrust mit »bubble and squeak« –
Gemüse und Kartoffeln.

❽ *Garth* ❽❽
69 Gower Street, Bloomsbury, London
WC1E 6HJ, Tel. 020 76 36 57 61
www.garthhotel-london.com
Denkmalgeschütztes georgianisches
Stadthaus aus dem 18. Jh. mit 17 netten
Zimmern und mediterranem Garten.

❾ *St Christopher's Inn* ❾❾/❾
161-165 Borough High St, Southwark
London SE1 1HR, Tel. 208 600 75 00
www.st-christophers.co.uk
U-Bahn: London Bridge
25 saubere Zi. mit Etagenbad und Sauna
auf dem Dach, in der Nähe von Tower
und Themse – das Haus diente übrigens
als Kulisse für die Bridget-Jones-Filme.

Günstige Privatzimmer und Apartments
bieten **Wohnungsportale**, ▶S. 107

Zimmer mit Aussicht im höchsten Hotel Europas, dem Shangri-La At The Shard

der **bedeutendste Handelsplatz der Welt**. 1605 versuchte der Katholik Guy Fawkes mit dem »Gunpowder Plot«, das Parlament in die Luft zu sprengen. Während der **Bürgerkriege** wurde Karl I. 1649 in Whitehall enthauptet. Die **Pest** forderte zwischen 1664 und 1666 über 100 000 Tote, im September 1666 legte das **große Feuer** in vier Tagen vier Fünftel der Stadt in Schutt und Asche. Beim Wiederaufbau drückte Sir Christopher Wren mit 53 Kirchenbauten, darunter St. Paul's Cathedral, der Stadt seinen Stempel auf. Das wachsende Kolonialreich ließ die Wirtschaft prosperieren und führte 1694 zur Gründung der Bank von England.

Hauptstadt des Empire

Unter den **hannoveranischen Königen** stieg England zur **Weltmacht** auf. 1801 hatte London 860 000 Einwohner. Unter Queen Victoria erlebte die Stadt ihre größte städtebauliche Entwicklung. Der **Ausbau der Eisenbahn** ließ einen breiten Gürtel von Wohnvorstädten entstehen. 1863 fuhr die erste **U-Bahn** von Bishop's Road nach Farringdon. In beiden **Weltkriegen** war London Ziel deutscher Luftangriffe. Die Luftschlacht um England 1940/1941 und die V-Waffen vom Juni 1944 an forderten über 30 000 Tote, drei Viertel aller Londoner Gebäude wurden getroffen. Erster Höhepunkt der Nachkriegszeit war 1953 die Krönung von **Queen Elizabeth II.** in Westminster Abbey. In den 1960er-Jahren spiegelte »Swinging London« das neue Lebensgefühl der jungen Generation. 1997 betrauerte die Welt in London den Tod von Lady Di. Mit London Eye, Millennium Bridge und Millennium Dome begrüßte London das neue Jahrtausend und wählte erstmals mit Ken Livingstone einen Oberbürgermeister. 2005 durchlebte die Stadt höchste Freude und tiefste

? BAEDEKER WISSEN

London 2012

Mit den **Olympischen und Paralympischen Spielen 2012** war London nach 1908 und 1948 als einzige Stadt weltweit zum dritten Mal Gastgeber der internationalen Sportwettbewerbe. Im Stadtteil Stratford entstand mit dem 5000 ha großen Olympiagelände der größte urbane Park Europas seit 150 Jahren.

Trauer: Auf den Freudentaumel über die Ausrichtung der Olympischen Spiele 2012 folgte wenige Tage später das Entsetzen über die **Terroranschläge** in der U-Bahn. Am 29. April 2011 gaben sich **Prinz William und Kate Middleton** in Westminster Abbey das Jawort. 2012 stand nicht nur im Zeichen der **Olympischen Spiele**, sondern auch des **60. Thronjubiläums** von Königin Elisabeth II. **2016** feierte die Queen ihren 90. Geburtstag. Für weltweite Schlagzeilen sorgte im gleichen Jahr die Wahl des **Londoner Oberbürgermeisters**, die der Pakistani **Sadiq Khan** gewann – seitdem regiert erstmals ein Muslim die Megametropole. Der Menschenrechtler und Politiker der Labour Party setzte sich mit 57 Prozent der Stimmen gegen den konservativen Milliardärssohn Zac Goldsmith durch.

Highlights London

▶ **British Museum**
Die Schätze dieser Erde
▶Seite 275

▶ **Greenwich**
Wo Britanniens Seemacht wuchs.
Hin oder zurück mit dem Boot!
▶Seite 299

▶ **Harrods**
Legendäres Kaufhaus
▶Seite 294

▶ **London Eye**
Die Stadt von oben für ganz Mutige
▶Seite 297

▶ **Natural History Museum**
Wenn Kinder dabei sind: ein Muss!
▶Seite 295

▶ **Oxford und Regent Street**
Shopping ohne Ende
▶Seite 287, 291

▶ **Tower**
Ein Blick auf die Kronjuwelen
▶Seite 271

▶ **Westminster Abbey**
Englands Krönungskirche
▶Seite 284

▶ **Whitehall**
Wachsoldaten hoch zu Ross
▶Seite 279

▶ **National Gallery**
Europäische Kunst aus acht
Jahrhunderten
▶Seite 274

WESTLICHE CITY

Das Temple Bar Memorial markiert die Grenze zwischen City und Westminster Abbey. Will der König die City betreten, muss er am Denkmal von 1880 symbolisch den Lord Mayor um Erlaubnis bitten. **U-Bahn: Temple, St. Paul's**

Hinter dem Memorial auf der Fleet Street tut sich ein liebenswürdig-verträumtes georgianisches Häuser- und Gassengewirr auf – die Anwaltskammer und Juristenschule The Temple. In der Inner Temple Hall stehen Standbilder von Templern und Rittern des Johanniterordens, in den **Inner Temple Garden** erinnern weiße und rote Rosen an die Rosenkriege zwischen den Yorks (weiß) und den Lancasters (rot) im 15. Jahrundert. Kostbarkeit der Temple Church sind **neun Grabfiguren von Tempelrittern** des 12./13. Jh.s aus Marmor. ***Temple**
Inner Temple Garden: Mo. – Fr. 12.30 – 15.00 Uhr, www.innertemple.org.uk

Fleet Street war bis in die späten 1980er das Zentrum der **britischen Presse.** Ende des 15. Jh.s wurde hier die erste Druckerpresse aufgestellt, 1702 mit dem »Daily Courant« die erste Tageszeitung verlegt. Treffpunkt ist in Nr. 145 der **Pub Ye Old Cheshire Cheese** von 1667, Lieblingskneipe von Charles Dickens und Arthur Canon Doyle. **Fleet Street**

St. Bartholomew-the-Great	In der ältesten Pfarrkirche der City, 1123 am West Smithfield vom Mönch Rahere gegründet, wurde der Maler und Kupferstecher William Hogarth getauft. Der 800 Jahre alte **Smithfield Meat Market** ist für 70 Mio. £ in seinen viktorianischen Hallen zu einem der modernsten Fleischmärkte der Welt modernisiert worden.

*Museum of London

Das größte **Stadtmuseum** der Welt lädt am London Wall zu einem Streifzug durch Londons Vergangenheit – seit 2010 mit neu gestalteten Sälen. Prunkstück ist die goldene Kutsche des Lord Mayor, spannend die Audioschau »Fire of London« zum Großen Brand 1666.
❶ tgl. 10.00 – 18.00 Uhr, Eintritt frei, www.museumoflondon.org.uk

**St. Paul's Cathedral

Seit 604 erhebt sich eine dem hl. Paulus geweihte Kirche über London. Nach Zerstörung beim Großen Brand 1666 wurde sie 1675 bis 1711 nach Plänen von Sir Christopher Wren als 170 lange Kathedrale mit einer 111 m hohen Kuppel wieder aufgebaut. Im linken Turm hängt die größte Glocke Englands, die 17 t schwere »Great Paul« von 1882. In der **All Souls Chapel** wird Lord Kitcheners gedacht. Im nördlichen Querschiff stehen Statuen von Joshua Reynolds und Dr. Samuel Johnson, im Umgang des Chorraums eine Skulptur von John Donne, bei den Pfeilern des Hauptschiffs das Wellington-Monument. In der weitläufigen **Krypta** ruhen britische Persönlichkeiten: die Maler Constable, Turner, Landseer und Reynolds, der Penicillin-Entdecker Alexander Fleming, Admiral Nelson und Christopher Wren. In der **Whispering Gallery** (Flüstergalerie) hört man selbst von der 48 m im Halbkreis entfernten gegenüberliegenden Seite jedes geflüsterte Wort. Von der **Kuppellaterne**, zu der 271 Stufen hinaufführen, genießt man einen weiten Blick über die Stadt. Die 1400-jährige Geschichte präsentiert der Film »Oculus« als 270°-Grad-Erlebnis.
❶ Mo. – Sa. 8.30 – 16.00 Uhr, Eintritt Erw. £ 18, www.stpauls.co.uk

ÖSTLICHE CITY

U-Bahn: Mansion House, Bank

Von der 1411 erbauten **Guildhall** sind nur wenige Mauern erhalten, der größte Teil des Rathauses wurde nach 1666 in neugotischem Stil erbaut. Die Great Hall, Tagungsort des Common Council, schmücken die Banner der 12 großen Londoner Gilden. Die Clockmakers' Company besitzt eine erlesene **Uhrensammlung**, die seit Ende 2015 im Science Museum zu bewundern ist (www.clockmakers.org).

Bank of England

Rund um die U-Bahn-Station Bank stehen drei der wichtigsten Gebäude der City: das **Mansion House**, Amtssitz des Lord Mayor, die 1694 durch königliche Charta gegründete **Bank of England** mit angeschlossenem Museum und die **Royal Exchange**, 1565 von Thomas Gresham gegründet. Das 61,5 m hohe **»Monument«** am Ende der

Entree an der Themse: die Londoner Tower Bridge

King William Street wurde 1671 – 1677 zur Erinnerung an den Großen Brand nach Entwürfen von Wren errichtet. Von der Plattform
der Steinsäule hat man einen herrlichen Blick über die City.
❶ Mo. – Fr. 10.00 – 17.00 Uhr, Eintritt frei, www.bankofengland.co.uk

Das viktorianische Wunderwerk wurde nach achtjähriger Bauzeit ****Tower
1894 fertiggestellt. Die beiden Hälften der Zugbrücke können in 90 **Bridge**
Sekunden nach oben gezogen werden, um Schiffe passieren zu lassen. Heute geschieht dies elektrisch, doch kann die alte, dampfbetrie-
bene Hydraulikanlage noch besichtigt werden. In den beiden 65 m
hohen Türmen erläutern Ausstellungen Geschichte und Technik. Für
Nervenkitzel sorgt der neue Glasboden, der aus 42 m Höhe weite
Ausblicke auf die Themse eröffnet.
❶ April – Sept. tgl. 10.00 – 17.30, Okt. – März 9.30 – 17.00 Uhr
Eintritt Erw. £ 9, Erw. + 2 Kinder £ 14.10, www.towerbridge.org.uk

** TOWER OF LONDON

❶ März – Okt. Di. – Sa. 9.00 – 17.30, So., Mo. 10.00 – 17.00, Nov. – Feb. Di.
bis Sa. 9.00 – 16.30, So., Mo. 10.00 – 16.00 Uhr, letzter Einlass 1 Std. vorher,
Erw. £ 25, online £ 23.10, Jahreskarte für alle sechs Paläste ab Erw. £ 48,
www.hrp.org.uk. Im Winter ist der Graben um den Tower eine Schlitt-
schuhbahn, Leihschuhe vor Ort, www.toweroflondonicerink.com.

In seiner 900-jährigen Geschichte diente der Tower, im 11. Jh. unter **U-Bahn:**
Wilhelm dem Eroberer fertiggestellt, als königliche Residenz, Ge- **Tower Hill**
fängnis, Hinrichtungsplatz, Münze, Waffenlager, Menagerie und Safe

für die Kronjuwelen. Die schottischen Könige David II. und Jakob I., Sir Walter Raleigh und William Penn waren unter den Eingekerkerten; Heinrich VI., Edward V., Thomas More und auch Heinrichs VIII. Gattinnen Anne Boleyn und Katharine Howard wurden hier hingerichtet. Die Bewachung des Towers obliegt den **Yeoman Warders**, die allabendlich um 21.40 Uhr die feierliche Schlüsselübergabe vornehmen, die **Ceremony of the Keys**. Wer sie beobachten will, muss einen schriftlichen Antrag an The Ceremony of the Keys, Tower of London, EC3N 4AB, stellen. Im Tower werden noch heute sechs Raben gehalten, die ihn der Legende nach nie verlassen dürfen – ansonsten ginge das Empire unter.

Outer Ward

An der Traitor's Gate (Verrätertor) wurden die in Westminster Verurteilten mit dem Boot angelandet. Im Bell Tower wurde Prinzessin Elisabeth (die spätere Elisabeth I.) festgehalten; im Bloody Tower ließ Richard III. 1483 die Söhne Edwards IV. ermorden, im Wakefield Tower soll Heinrich VI. ermordet worden sein.

Inner Ward

Im Inner Ward steht das Kommandantengebäude **Queen's House**, in dem Anne Boleyn ihre letzten Tage verbrachte, und das Haus des Kerkermeisters und Scharfrichters, **Yeoman Gaoler's House**. In der **Royal Chapel of St. Peter and Vincula** befinden sich die Gräber von Thomas More, Anne Boleyn, Katharine Howard und Jane Grey, die im Tower verstarben. Im Jewel House in den Waterloo Barracks werden die ****Kronjuwelen** aufbewahrt – anlässlich des Kronjubiläums 2012 erhielt die Schatzkammer mit Hightech Gänsehauteffekte. Die **St. Edward's Crown** wurde aus purem Gold für die Krönung

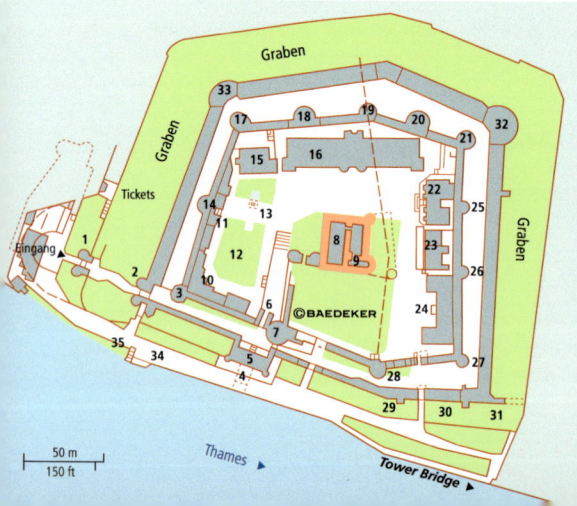

Tower

1 Middle Tower	18 Flint Tower
2 Byward Tower	19 Bowyer Tower
3 Bell Tower	20 Brick Tower
4 Traitor's Gate	21 Martin Tower
5 St. Thomas's Tower	22 Fusiliers' Museum
6 Bloody Tower	23 Former Hospital
7 Wakefield Tower	24 Workshop
8 White Tower	25 Constable Tower
9 Chapel of St. John the Evangelist	26 Broad Arrow Tower
10 Queen's House	27 Salt Tower
11 Gaoler's House	28 Lanthorn Tower
12 Tower Green	29 Cradle Tower
13 Scaffold site	30 Well Tower
14 Beauchamp Tower	31 Develin Tower
15 Royal Chapel of St. Peter ad Vincula	32 Brass Mount
16 Waterloo Barracks mit Kronjuwelen	33 Legge's Mou...
17 Devereux Tower	34 Tower Wharf
	35 Queen's Sta...

Graben

Tickets

Eingang

©BAEDEKER

50 m
150 ft

Thames

Tower Bridge

Karls II. neu geschaffen und ist die Krönungskrone der Monarchen. Trotzdem wurde für die Krönung Viktorias 1837 die **Imperial State Crown** angefertigt mit über 2800 Diamanten und einem der beiden »Sterne von Afrika« – der zweite ist im Royal Sceptre eingearbeitet. Noch heute trägt sie Königin Elisabeth II. zur Parlamentseröffnung. In der Queen Elizabeth's Crown ist der 108 Karat schwere **»Koh-i-Noor«**-Diamant (»Berg des Lichts«) eingearbeitet. Insgesamt funkeln 23 578 Edelsteine in den Schwertern und Kronen. Im Zentrum der Festung erhebt sich der **White Tower**, der 1078 – 1100 auf Befehl von Wilhelm dem Eroberer aus weißen Steinen aus Caen in der Normandie erbaut wurde. Im 28 m hohen Turm ist eine Waffen- und Rüstungssammlung ausgestellt, die Stücke aus dem persönlichen Besitz von Heinrich VIII. und die vergoldete Rüstung Karls I. enthält.

St. Edward's Crown

STRAND UND COVENT GARDEN

Der »Strand« bildet die Hauptverbindung von der City zum West End. Vorbei an St. Mary-le-Strand, ebenfalls von Wren, erreicht man Somerset House, 1777 – 1786 von Sir William Chambers erbaut. Der Strand Level birgt die von dem Großindustriellen Samuel Courtauld zusammengetragene ***Courtauld Gallery** mit impressionistischen Gemälden sowie Meisterwerken von Botticelli, Rubens und Goya, Design-Shop, Bookshop sowie das Café Fernandez & Wells. Zu einem lebendigen Kulturzentrum hat sich Somerset House durch die vielen Events und Veranstaltungen im Haus gewandelt. Zur Weihnachtszeit wird der Innenhof von Somerset House zu einer großen Eislauffläche, die von Marktständen gesäumt ist.

Somerset House

U-Bahn: Temple, Holborn, Covent Garden

❶ Courtauld Gallery tgl. 10.00 – 18.00, http://courtauld.ac.uk, Eintritt abhängig von gezeigter Ausstellung, Erw. ab £ 7 The Edmond J. Safra Fountain Court tgl. 7.30 – 23.00, River Terrace & Seamen's Hall 8.00 – 23.00 Uhr; kostenlose Führungen: Old Palaces Tour Di. 12.45, 14.15 Uhr, Historical Highlights of Somerset House-Tour: Do. 13.15, 14.45 Sa. 12.15, 13.15, 14.15 und 15.15 Uhr Freitickets am Info-Kiosk www.somersethouse.org.uk

? BAEDEKER WISSEN

Backstage

Das **Royal Opera House** in der Bow Street genießt Weltruf. Bei Backstage-Touren erleben Sie den Arbeitsalltag von Visagisten, Tänzern und Kulissenschiebern. Im Feb. werden im Prunkbau von 1885 die British Academy Film Awards verliehen (Frühzeitig reservieren! Tickets £ 13.75, www. roh.org.uk/tours/backstage-tour).

Covent Garden beherbergte 300 Jahre lang Londons Blumen- und Gemüsemarkt und ist heute ein Shoppingplatz mit schicken Geschäften, Straßenkünstlern und zwei Museen: dem **London Transport Museum**, das nicht nur Oldtimer des Nahverkehrs und die erste

*Covent Garden

elektrische U-Bahn der Welt vorstellt, sondern auch die neuen Londoner Busse. An der Westseite von Covent Garden erhebt sich die Schauspielerkirche **St. Paul's Church**, die Inigo Jones 1633 erbaute.

London Transport Museum: Mo. – Do. , Sa./So.10.00 – 18.00, Fr. 11.00 – 18.00 Uh, Eintritt Erw. £ 17, www.ltmuseum.co.uk

★★ TRAFALGAR SQUARE

Nelson Column

U-Bahn: Charing Cross

Blickfang am Trafalgar Square ist die 1840 – 1843 zu Ehren **Lord Nelsons** errichtete Säule mit dem Standbild des Admirals, der am 22. Oktober 1805 vor dem spanischen Kap Trafalgar die französisch-spanische Flotte besiegte. Am Sockel verzeichnen aus französischen Kanonen gegossene Reliefs die vier großen Siege des Nationalhelden. Unterhalb der Brüstung zur National Gallery sind die alten **britischen Längenmaße** »Imperial Standards of Length« – 1 foot, 2 feet, 1 imperial yard – eingelassen.

St. Martin-in-the-Fields Gallery

Die 1726 geweihte Kirche der Admiralität und des Königshofs entwarf der Wren-Schüler James Gibb. Jeden Do.-, Fr.- und Sonnabend lädt das weltberühmte Kammerorchester der Academy of St. Martin-in-the-Fields zu **★Barockkonzerten bei Kerzenlicht**.

➊ Tickets für die beliebten »Concerts by Candlelight« sind online unter www.stmartin-in-the-fields.org buchbar.

★★National Gallery

Die Nordseite des Trafalgar Square dominiert die National Gallery, mit 2300 Gemälden europäischer Künstler aus der Zeit von 1250 bis 1900 ein Wallfahrtsort für Kunstfreunde. Der von den Brüdern Sainsbury gestiftete Flügel hat **Gemälde von 1260 bis 1510** aufgenommen, darunter von Piero della Francesca (»Christi Taufe«), Bellini («Pietà«), Leonardo da Vinci (»Jungfrau und Kind mit hl. Anna und Johannes d. T.«) und Raffael (»Madonna mit den Nelken«), Jan van Eyck (»Hochzeit der Arnolfini«), Hans Memling (»Marienaltar«)

BAEDEKER TIPP

Leihräder

An 700 Stationen der City-Zone 1 können rund 10 000 Drei-Gang-Räder an Docking Stations per Kreditkarte gemietet werden. Die Grundgebühr beträgt £ 2 für 24 Stunden. Dazu zahlen Nutzer eine Zeitgebühr, die erste halbe Stunde ist frei, danach £ 2/30 Minuten, www.tfl.gov.uk.

und Hieronymus Bosch (»Christus mit Dornenkrone«). Im Westflügel sind **Gemälde von 1510 bis 1600** ausgestellt: Michelangelo (»Grablegung Christi«), Tizian (»Venus und Adonis«), Dürer (»Bildnis des Vaters«), Hans Holbein d. J. und Pieter Bruegel. **Zwischen 1600 und 1700** entstanden die Werke im Nordflügel: Rubens (»Raub der Sabinerinnen«), van Dyck (»Karl I. zu Pferd«), Frans Hals, Rembrandt (»Saskia und Flora«), Vermeer, Velázquez, Murillo und Nicolas Poussin. Im Ostflügel sind Werke aus der Zeit **von 1700 bis 1920** zu sehen: Hogarth, Reynolds, Gainsborough (»Morgenspaziergang«), Constable, Turner (»Margate von See aus«), Watteau, Delacroix, Monet (»Wasserlilienteich«), Degas (»Tänzerinnen«), Cézanne (»Les Grandes Baigneuses«) und van Gogh (»Sonnenblumen«).

❶ tgl. 10.00 – 18.00, Fr. bis 21.00 Uhr, Eintritt frei. Mo. – Fr. starten um 16.00 Uhr kostenlose 10-Minuten-Führungen, bei denen ein Werk im Fokus steht. Ausführlicher sind die ebenfalls kostenlosen Lunchtime Talks (Mo. , Di. 13.00 bis 13.45 Uhr), www.national gallery.org.uk.

Die Nationalgalerie am St. Martin's Place präsentiert Porträts berühmter Briten aus 400 Jahren., darunter die lebensgroße Darstellung Heinrichs VIII. von Hans Holbein d.J., Elisabeth I. von einem unbekannten Künstler, Selbstbildnisse von Hogarth und Reynolds, Sir Walter Scott von Landseer und das Dreierbildnis der Schwestern Brontë, gemalt von ihrem Bruder Branwell. ****National Portrait Gallery**

❶ tgl. 10.00 – 18.00, Do., Fr. bis 21.00 Uhr, Eintritt frei, www.npg.org.uk

** BRITISH MUSEUM

❶ tgl. 10.00 – 17.30, Fr. bis 20.30 Uhr, Eintritt frei, Sonderschauen kostenpflichtig, www.britishmuseum.org, U-Bahn: Russell Square

Jährlich 7 Mio. Besucher machen das 1753 gegründete British Museum in Bloomsbury zu einer Hauptattraktion Londons. Und es werden sicherlich noch mehr werden, seitdem im Juli 2014 als £ 135 Mio. teure **World Conservation and Exhibitions Centre** an der Nordwestecke des Museums eröffnete. Lord Rogers Architekturbüro Rogers Stirk Harbour + Partners (RSHP) realisierte den Erweiterungsbau aus fünf Pavillons, von denen einer im Untergrund verborgen ist – für die Arbeit der Restauratoren. In den anderen vier Modulen können Besucher erstmals hautnah die Arbeit der Restauratoren erleben. Kassen, Museumsshop und Cafeteria sind im **Great Court** zu finden, den Norman Foster 1999 mit einem Glasdach überkuppelt hat. Er umschließt den kreisrunden Lesesaal (Reading Room), in dem schon Karl Marx, George Bernard Shaw und Mahatma Gandhi arbeiteten. Der Saal wurde von Sidney Smirke entworfen und 1857 vollendet. Herausragende Exponate sind in Saal 4 die **Kunst von Weltrang kostenlos!**

British Museum

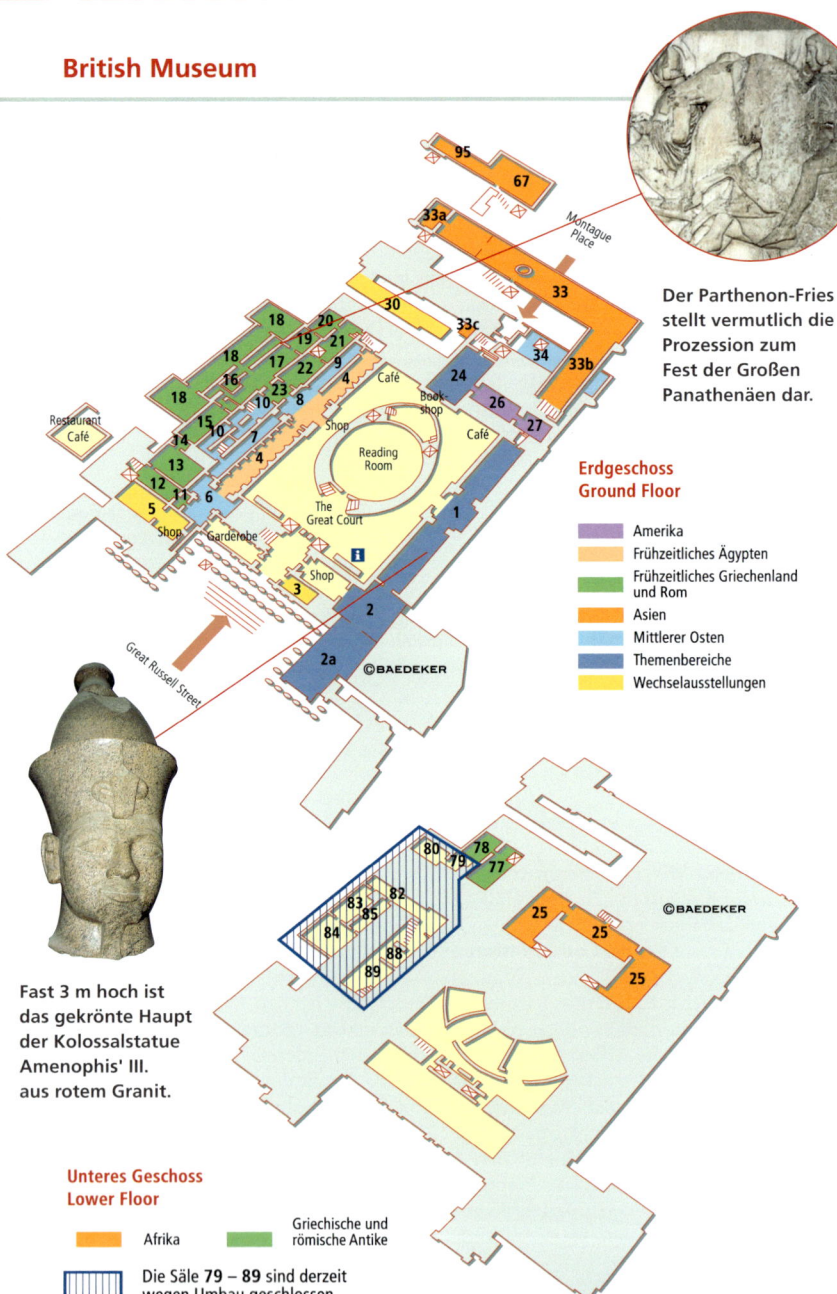

95
67
33a
Montague Place
30
18
20
33c
33
18
19 21
34
33b
18 17 22
23 9 4
16
10 8 Café
18
24
15 10 7
Book-shop
26
Restaurant Café
14 5 Shop
Reading Room
Café
27
13
12 11 6
The Great Court
1
5 Shop
Garderobe
3 Shop
i
2
Great Russell Street
2a
©BAEDEKER

Der Parthenon-Fries stellt vermutlich die Prozession zum Fest der Großen Panathenäen dar.

Erdgeschoss
Ground Floor

▨	Amerika
▨	Frühzeitliches Ägypten
▨	Frühzeitliches Griechenland und Rom
▨	Asien
▨	Mittlerer Osten
▨	Themenbereiche
▨	Wechselausstellungen

80 78
79 77
83 82
85
84
25
88
89
25
25
©BAEDEKER

Fast 3 m hoch ist das gekrönte Haupt der Kolossalstatue Amenophis' III. aus rotem Granit.

Unteres Geschoss
Lower Floor

▨	Afrika
▨	Griechische und römische Antike

▨ Die Säle **79 – 89** sind derzeit wegen Umbau geschlossen

Römisches Mosaik
aus dem 3. Jh. v. Chr.

**Oberes Geschoss
Upper Floor**

- Frühzeitliches Ägypten
- Frühzeitliches Griechenland und Rom
- Asien
- Europa
- Mittlerer Osten
- Themenbereiche
- Wechselausstellungen

©BAEDEKER

Im British Museum faszinieren Architektur und Sammlungen.

ägyptischen **Kolossalbüsten** von Ramses II. und Amenophis III. aus Theben-West und der **Stein von Rosette** (195 v. Chr.), eine schwarze Basalttafel, durch die die Entzifferung der Hieroglyphenschrift gelang. Die Säle 6 – 10 widmen sich der assyrischen Kunst aus den Königspalästen in Nimrud, Khorsabad und Ninive, darunter **Löwenjagdreliefs** aus der Zeit Assurbanipals aus seinem Palast in Ninive (7. Jh. v. Chr.). Das **Nereiden-Monument** in Saal 17 ist ein auf 380 v. Chr. datiertes Grab aus Xanthos, das griechische und persische Elemente vereint. Die **»Elgin Marbles«** in Saal 18 sind Skulpturen vom Parthenon der Akropolis in Athen, darunter das »Pferd der Selene« vom Ostgiebel und der größte erhaltene Teil des Parthenon-Frieses. Funde aus dem **Mausoleum von Halikarnassos** und vom Artemis-Tempel in Ephesos zeigt Saal 21, **Nigerianische Messingtafeln** vom königlichen Palastdach aus Benin aus dem 16. Jh. der Saal 25. Beim **Schiffsgrab von Sutton Hoo** in Saal 41 handelt es sich um Funde aus einem angelsächsischen Hügelgrab des 7. Jh.s – der König wurde prachtvoll im Rumpf eines Langschiffes bestattet. Um 1200 entstanden die **»Lewis Chessmen«,** Schachfiguren der Wikinger aus Walross- und Walzähnen von der Hebrideninsel Lewis in Saal 42. In Saal 49 ist der **Mildenhall Treasure** zu bewundern, ein in Suffolk gefundener römischer Silberschatz aus dem 4. Jahrhundert. Saal 50 stellt **»The Lindow Man«** aus, eine ca. 2000 Jahre alte mumifizierte Leiche eines Mannes aus dem Moor von Cheshire. In den Sälen 61 – 63 sind **Ägyptische Mumien** und Sarkophage sowie Papyri zu sehen, darunter die berühmten Totenbücher. In Saal 70 präsentiert die **Portland-Vase** vollendete römische Kameo-Glaskunst.

✷✷ WHITEHALL

Kein Bauwerk, sondern eine Straße ist das Synonym für die britische Regierung und Bürokratie. Vor dem Haupteingang des alten Whitehall Palace, der der Straße ihren Namen gab, halten **Horse Guards** vom Corps der Household Cavalry mit stoischer Ruhe Wache. Ihre Geschichte erzählt das **Household Cavalry Museum**. Die berühmte **✷✷Wachablösung** ist eine Touristenattraktion ersten Ranges und findet bei nahezu jedem Wetter werktags um 11.00, sonntags um 10.00 Uhr statt; man sollte rechtzeitig vor Ort sein.
Household Cavalry Museum: April – Okt. tgl. 10.00 – 18.00, sonst bis 17.00 Uhr, Erw. £ 7, www.householdcavalrymuseum.co.uk

U-Bahn: Charing Cross, Embankment, Westminster

Gegenüber erhebt sich Banqueting House, letzter Rest des Whitehall Palace, der im 13. Jh. Sitz der Erzbischöfe von York war. Heinrich VIII. ließ ihn zur königlichen Residenz ausbauen; hier heiratete er Anne Boleyn, hier starb er. Auch Oliver Cromwell lebte und starb in diesen Mauern, und vor dem Gebäude wurde Karl I. geköpft. Der Palast brannte 1619 ab, der Neubau von Inigo Jones war 1622 vollendet. Schönster Raum ist die 18 m hohe Banqueting Hall mit einem **Deckengemälde von Rubens**.
❶ Mo. – Sa. 10.00 – 17.00 Uhr, Eintritt Erw. £ 6, www.hrp.org.uk

✷Banqueting House

Seit 1735 ist **10 Downing Street** die offizielle Adresse jedes britischen Premierministers. Am **Cenotaph** (»leeres Grab«) in der Straßenmitte von Whitehall wird am 11. November ein Gedenkgottesdienst zu Ehren der britischen Opfer beider Weltkriege abgehalten.

Downing Street

Von den bombensicheren, unterirdischen 19 Räumen der Churchill War Rooms operierten Churchill und sein Kabinett während des Zweiten Weltkriegs. Das 90-jährige Leben des Kriegspremiers dokumentiert das weltweit einzige **Churchill Museum**.
❶ April – Sept. tgl. 9.30 – 18.00, Okt. – März tgl. 10.00 – 18.00 Uhr Eintritt Erw. £ 19, www.iwm.org.uk

Churchill War Rooms

✷✷ HOUSES OF PARLIAMENT

Der offizielle Name des Parlamentsgebäudes – The Palace of Westminster – erinnert an den alten Königspalast, der unter Edward dem Bekenner erbaut worden war und nach der Verlegung der Residenz in den Whitehall Palace ab 1547 als **Parlamentssitz** diente. Die heutigen Gebäude wurden 1840 bis 1888 nach Entwürfen von Sir Charles Barry errichtet. Schon 1852 fand hier die erste offizielle Parlamentseröffnung statt. Den besten Blick auf die imposante Fassade hat man vom gegenüberliegenden Themseufer.

U-Bahn: Westminster

Parlament mit Tradition

Das britische Parlament gehört zu den ältesten der Welt. Seit seinen Wurzeln in angelsächsischer Zeit hat es sich im Lauf der Jahrhunderte vom königlichen Berater stab zur demokratischen Volksvertretung entwickelt. Dieser Tradition entspringer viele Bräuche, die heute noch in den Houses of Parliament zelebriert werden.

▶ **House of Commons (Unterhaus)**
Im Unterhaus sitzen die gewählten Volks-
vertreter. Zwischen den Bänken der
Regierungsparteien und der
Opposition ist »Zwei
Schwertlängen« Platz.
Nicht alle Abge-
ordneten können
sich setzen.

▶ **House of Lords**
Das Oberhaus b
die berufen we
Die Kammer ka
verzögern, sie j
findet die feier
durch den Mor

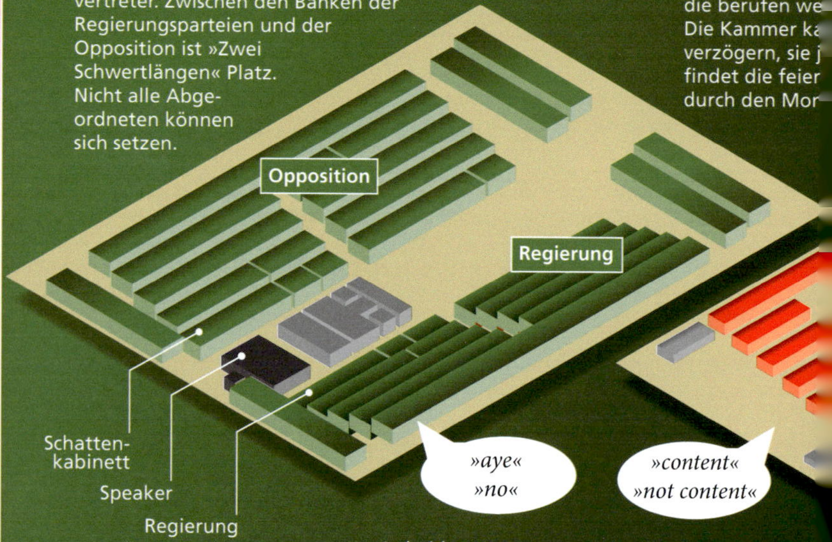

Opposition

Regierung

Schatten-
kabinett

Speaker

Regierung

»aye«
»no«

»content«
»not content«

In beiden Kammern werden Zustimmung
und Ablehnung unterschiedlich zum
Ausdruck gebracht.

©BAEDEKER

Serjeant at Arms
Er ist für Sicherheit und Ordnung
im Unterhaus verantwortlich. Als
einziger Bewaffneter im
Haus trägt er ein Schwert.
Bei der Parlaments-
eröffnung bringt er das
Zepter (mace)
in den Saal.

Black Rod
Er hat im Oberhaus
ähnliche Aufgaben
wie der Serjeant at
Arms im Unterhaus.
Er ist immer Mitglied
des Hosenbandordens
und holt bei der Parla-
mentseröffnung die
Commons ab – die ihm
traditionell die Tür vor
der Nase zuschlagen.

Das Wappen des
Parlaments

▶ Von Roben und Ritualen
Die Kammern des britischen Parlaments
blicken auf viele Jahrhunderte voller
Geschichte und Tradition zurück.

Lord Speaker
Er wird vom Oberhaus gewählt und
hat v.a. repräsentative Aufgaben. Er ist
kein Sitzungsleiter im Sinne des
Speakers im Unterhaus.

Woolsack
Der Lord Speaker sitzt während der
Debatten auf einem mit Wolle der
Commonwealth-Staaten gefüllten
Kissen. Es wurde im 14. Jh. eingeführt
und ist ein Symbol für den
damaligen Reichtum
Englands durch den
Wollhandel.

haus)
t aus adligen Mitgliedern,
Parteien gibt es nicht.
setze vorschlagen und
nicht verhindern. Hier
arlamentseröffnung
n statt.

Judges' Woolsack
Auf diesem größeren Kissen sitzen bei
der Parlamentseröffnung die
»Senior Judges«, während der
Debatten kann jedes Oberhaus-
mitglied darauf Platz
nehmen.

g the Speaker's Eye
Parlamentarier sich zu Wort melden,
auf, damit der Speaker ein Auge
wirft.

von den Mitgliedern des
uses aus ihrer Mitte ge-
r leitet die Debatten und
ntiert das Unterhaus
ber dem Monarchen
m Oberhaus.

Dragging the Speaker
Ein frisch gewählter
Speaker wird von seinen
Parlamentskollegen mit
sanfter Gewalt auf seinen
Amtsstuhl gezogen, denn
er wehrt sich dagegen:
Repräsentant des
Parlaments beim
Monarchen zu sein,
war kein begehrter Job.

** *Houses of Parliament*

Im Unterhaus fallen die wichtigen politischen Entscheidungen, während der Einfluss des Oberhauses heutzutage recht gering ist (▶Baedeker Wissen S. 280). Seinen glanzvollsten Tag erlebt das Parlament beim »State Opening of the Parliament«, der feierlichen Eröffnung einer Legislaturperiode durch die Queen.

Besuch im Parlament

Auf den Besuchergalerien kann man kostenlos die Debatten mitverfolgen, Führungen kosten 25.50 £. Führungen: ganzjährig an sitzungsfreien Zeiten sowie Sa. 9.15 – 16.30 in sieben Sprachen, auf Deutsch: 10.20, 12.40, 15.20 Uhr. Tickets unter visit. parliament.uk, Tel. 020 72 19 41 14 oder im Ticketbüro beim Portcullis House, Victoria Embankment, www. parliament.uk/visiting. Debatten im Unterhaus: Mo., Di. ab 14.30, Mi. ab 11.30, Do. ab 10.30, Fr. ab 9.30 Uhr. Debatten im Oberhaus: Mo., Di. ab 14.30, Mi. ab 15.00, Do. ab 11.00, Fr. ab 10.00 Uhr. Man stellt sich – am besten 2 Std. vor Sitzungsbeginn – am St. Stephen's Entrance an.

❶ Victoria Tower

Der Turm war zur Bauzeit 1858 mit 23 m Länge und 102 m Höhe der größte quadratische Turm der Welt.

❷ St. Stephen's Entrance

Eingang für die Besucher

❸ St. Stephen's Hall

Hier tagte 1547–1837 das Unterhaus.

❹ Westminster Hall

Einziger Überrest des alten Westminster Palace. Hier fanden die Prozesse gegen Richard II. und Thomas More statt.

❺ Big Ben

Die Uhr im Elizabeth Tower ist das bekannteste Wahrzeichen Londons. Der 1858/1859 errichtete Turm ist knapp 98 m hoch. Die Zifferblätter der Uhr haben einen Durchmesser von fast 8 m, die Zeiger sind 4 m lang, die Glocke wiegt 13 Tonnen.

❻ House of Commons

Hier tagt das Unterhaus, Regierung und Opposition sitzen sich gegenüber, sauber getrennt durch eine rote Linie auf dem Teppich – genau zwei Schwertlängen auseinander. Mehr dazu: ▶Baedeker Wissen S. 280

❼ House of Lords

Hier tritt das Oberhaus zusammen, verliest die Queen bei der Parlamentseröffnung die Regierungserklärung. Wandmalereien am Südende zeigen Ereignisse der britischen Geschichte, am Nordende Allegorien auf Gerechtigkeit, Religion und Ritterlichkeit.

Im Oberhaus verliest die Queen zur Parlamentseröffnung feierlich die Erklärung »ihrer« Regierung – ob Labour oder konservativ.

Big Ben – ursprünglich hieß nicht der Turm so, sondern nur die nach Sir Benjamin Hall benannte Glocke. Ihr Klang ist das weltweite Erkennungszeichen der BBC.

©BAEDEKER

St. Margaret's Church

St. Margaret's Church aus dem 11. Jh. ist die offizielle Kirche des Unterhauses. Die in Flandern gefertigten Ostfenster sind ein Geschenk von Ferdinand und Isabella von Spanien zur Hochzeit von Prinz Arthur, dem älteren Bruder Heinrichs VIII., mit Katharina von Aragón. Als die Fenster eintrafen, war Arthur allerdings schon gestorben. Auch Sir Walter Raleigh ist hier begraben. Der Kapitän zur See im Dienst der Königin Elisabeth I. hatte den Tabak und die Kartoffel aus Amerika nach England mitgebracht.

**Tate Britain

Südlich vom Parlament folgt das neoklassizistische Gebäude der Tate Britain. Das Stammhaus an der Millbank zeigt ausschließlich britische Kunst vom 16. bis 20. Jh.; zur Tate Modern (▶S. 296) mit internationaler moderner Kunst besteht ein Schiffs-Shuttle. Unter den gezeigten Werken ragen heraus »Endymion Porter« (1643/1645) von James Dobson, »O' the Roast Beef of England/The Gate of Calais« (1748) von William Hogarth, Porträts von Peter Lely, »Chain Pier, Brighton« (1826/1827) von John Constable, weiterhin Werke von Joshua Reynolds, Thomas Gainsborough, George Stubbs, Edwin Landseer, Henry Fuessli oder James Abbot McNeill Whistler. Britische Kunst des 20. Jh.s ist u. a. mit Lucian Freud, Gilbert & George und David Hockney vertreten. In der Clore Gallery, ein Anbau von James Stirling, werden die besten Werke aus dem gesamten **Nachlass von William Turner** ausgestellt. Tipp: Im **Rex Whistler Restaurant** serviert Küchenchef Richard Oxley beste britische Saisonküche wie Krabben aus Cornwall und saftige Steaks von Rindern aus Devon.
❶ tgl. 10.00 – 18.00, Eintritt frei, www.tate.org.uk

** WESTMINSTER ABBEY

❶ Mo. – Fr. 9.30 – 18.00, Sa. bis 13.30 Uhr, häufig kürzere Zeiten wegen Veranstaltungen, vorher online prüfen! So. keine Besichtigung, Tickets mit festem Zeitfenster online, Erw. £ 20, www.westminster-abbey.org

U-Bahn: Westminster

Das 1065 von **Edward dem Bekenner** als Grabkirche erbaute Gotteshaus wurde im 13. Jh. von Heinrich III. durch eine von der französischen Gotik inspirierten Kathedrale ersetzt. Erst 1740 erhielt sie ihre Westfassade mit den beiden 68 m hohen Türmen. Seit 1066 wurden hier fast alle englischen Könige gekrönt und bis 1760 auch begraben. Das 34 m hohe Querschiff ist das höchste gotische Kirchenschiff Englands. Die St. George's Chapel rechts vom Eingang birgt mit dem Porträt Richards II. aus dem 14. Jh. das älteste Bildnis eines englischen Herrschers. Im Mittelschiff befinden sich Gedenkplatten für u. a. Winston Churchill (▶Berühmte Persönlichkeiten), Neville Chamberlain und David Livingstone, im nördlichen Seitenschiff Gedenktafeln für William Pitt d. J., den Komponisten Henry Purcell

Vor der Parlamentseröffnung durchsuchen livrierte »Yeomen« das Parlament – schließlich hat 1605 Guy Fawkes versucht, es in die Luft zu sprengen.

Wenn der Union Jack vom Victoria Tower weht, tagt das Parlament.

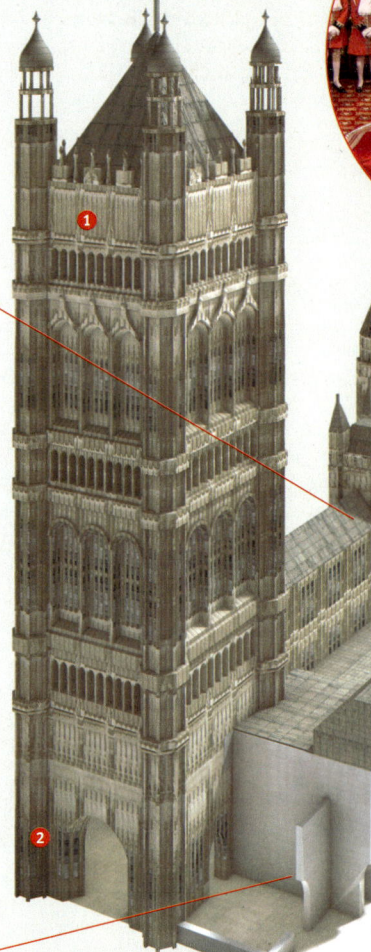

Kunst für Lords und Monarchen

- Eine exklusive Führung zeigt die prächtigen Fresken, Porträts, Skulpturen und Möbel im Oberhaus und in den königlichen Räumen des Parlaments. Die Touren beginnen an der Königspforte und folgen dem Prozessionsweg des Monarchen durch das House of Lords (Royalty and Splendour In the House of Lords, Tel. 0161 4 25 87 77, www.ticketmaster.co.uk).

Zur feierlichen Parlamentseröffnung treffen die Queen und Prinz Philip an der Königspforte im Victoria Tower ein. Im anschließenden Robing Room legt sie die königlichen Insignien an.

Westminster Abbey

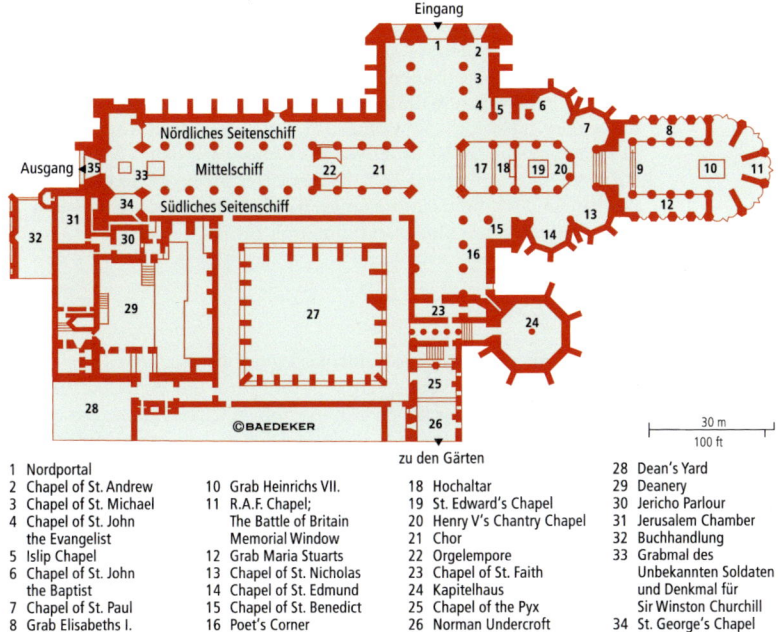

Eingang

Nördliches Seitenschiff

Ausgang

Mittelschiff

Südliches Seitenschiff

©BAEDEKER

zu den Gärten

30 m
100 ft

1 Nordportal	10 Grab Heinrichs VII.	18 Hochaltar
2 Chapel of St. Andrew	11 R.A.F. Chapel;	19 St. Edward's Chapel
3 Chapel of St. Michael	The Battle of Britain	20 Henry V's Chantry Chapel
4 Chapel of St. John	Memorial Window	21 Chor
the Evangelist	12 Grab Maria Stuarts	22 Orgelempore
5 Islip Chapel	13 Chapel of St. Nicholas	23 Chapel of St. Faith
6 Chapel of St. John	14 Chapel of St. Edmund	24 Kapitelhaus
the Baptist	15 Chapel of St. Benedict	25 Chapel of the Pyx
7 Chapel of St. Paul	16 Poet's Corner	26 Norman Undercroft
8 Grab Elisabeths I.	17 Sanctuary	27 Kreuzgang
9 Henry VII's Chapel		

28 Dean's Yard	
29 Deanery	
30 Jericho Parlour	
31 Jerusalem Chamber	
32 Buchhandlung	
33 Grabmal des	
Unbekannten Soldaten	
und Denkmal für	
Sir Winston Churchill	
34 St. George's Chapel	
35 Westportal	

und Charles Darwin sowie der schwarze Sarkophag von Isaac Newton, im südlichen Seitenschiff wird des Reformators John Wesley und
des Gründers der Pfadfinderbewegung, Baden Powell, gedacht. Im
»Poets' Corner« im südlichen Querschiff sind Geoffrey Chaucer
und Tennyson begraben. Für Sir Walter Scott, William Shakespeare,
Lord Byron, Rudyard Kipling und T. S. Eliot wurden Gedenkplatten
aufgestellt, an Georg Friedrich Händel erinnert eine Statue.

Hinter dem Sanktuarium beginnen die reich verzierten Königlichen ****Royal**
Kapellen mit den Grabmälern englischer Herrscher. Zwölf schwarze **Chapels**
Marmorstufen führen in die **Chapel of Henry VII.** Die Grabkapelle
Heinrichs VII. ist ein **Meisterwerk des Perpendicular Style**. 1503
bis 1519 wurde sie von Robert Ertue erbaut und mit über 100 Figuren
und Grabmälern ausgestattet (▶Abb. S. 55). In der Mitte befinden
sich die von dem Florentiner Torrigiani geschaffenen goldbronzenen
Liegefiguren von Heinrich VII. und Elisabeth von York, über ihnen

die Banner und zu beiden Seiten das Gestühl des Ordens der Ritter von Bath. Im selben Grabgewölbe sind auch Jakob I., Georg II. und Edward IV. beerdigt. Im »Innocent's Corner« ruhen die im Alter von drei Tagen bzw. zwei Jahren verstorbenen Töchter Jakobs I., daneben liegen die Gräber der im Tower ermordeten Söhne Edwards IV. und schließlich die von Elizabeth I. und Maria Tudor. Im rechten Seitenschiff befindet sich u. a. die Liegefigur von Maria Stuart, im Gewölbe davor die Gräber Karls II., Wilhelms II. und von Queen Anne. Älteste Königskapelle ist die **St. Edward's Chapel** mit dem 1269 aufgestellten Schrein Edwards des Bekenners. Der **Stone of Scone**, Krönungsstein der schottischen Könige, wurde 1996 in einer feierlichen Zeremonie in das Schloss von Edinburgh zurückgebracht.

ST. JAMES'S

**U-Bahn:
Charing Cross,
St. James's
Park,
Green Park**

St. James's ist ein hochherrschaftliches Viertel westlich vom Trafalgar Square. Entlang der Straße Pall Mall und rund um Waterloo Place und St. James's Square haben sich die noblen Clubs niedergelassen. Die Pall Mall endet am ***St. James's Palace**, dem unter Heinrich VIII. nach Plänen von Hans Holbein d. J. erbauten Königspalast. Er wurde nach dem Brand von Whitehall Palace 1619 Residenz, und fortan waren Botschafter – nominell bis heute – »am Hof von St. James's« akkreditiert. Der Palast, der noch von Mitgliedern der Königlichen Familie bewohnt wird, kann nicht besichtigt werden.

Parade der Bärenfellmützen – ein Publikumsrenner

Zu ihrem Amtsantritt 1837 verlegte Queen Victoria die Residenz in
den Palast, der 1703 nach einem Entwurf des Herzogs von Buckingham begonnen und 1825 durch John Nash sowie 1913 durch Aston
Webb vergrößert wurde. Buckingham Palace ist die Londoner **Residenz des britischen Monarche**n – wenn die königliche Standarte
weht, ist die Queen zu Hause (und an ihrem Arbeitsplatz), umsorgt
von über 300 Angestellten. Im Spätsommer können zwei Monate
lang, während die Queen im schottischen Balmoral weilt, 19 State
Rooms, die private Gemäldegalerie und die Kutschensammlung in
den Royal Mews besichtigt werden. Massen von Touristen verfolgen
das ***Changing of the Guard** – vom
Denkmalsockel einen guten Über-
blick, wenn die Wachablösung beginnt (▶Baedeker Wissen S. 288).
Wachablösung: Mai, Juni tgl., sonst
alle zwei Tage 11.30 Uhr
Buckingham Palace: 26. Juli – 31. Aug.
tgl. 9.30 –19.30 (letzter Einlass 17.15),
1. – 28 Sept. 9.30 – 18.30 Uhr (letzter
Einlass 16.15), Eintritt Erw. State Rooms
Erw. £ 21.50, Kombiticket »Royal Day
Out« (State Rooms, Queen's Gallery
sowie Royal Mews: Erw. £ 37, Tickets
online: www.royalcollection.org.uk

****Bucking-
ham Palace**

BAEDEKER TIPP

www.royal.gov.uk

Hier stellt sich das Haus Windsor
online vor. Für alle, die enttäuscht
sind, den Royals in Buckingham
Palace nicht persönlich begegnet
zu sein, gibt es unter News/Enga-
gements auch den offiziellen
Terminkalender der »Firma«, wie
Prinz Philip seine Familie nennt –
vielleicht findet sich ja ein Termin,
um die Queen abzupassen.

St. James's Park, ältester und schönster der königlichen Parks, wurde
von André Le Nôtre angelegt, der auch Versailles gestaltete. Sein heutiges Aussehen verlieh ihm 1829 John Nash.

**St. James's
Park**

WEST END

Das West End lockt **zwischen Oxford, Regent und Bond Street**
mit sensationellen Shoppingmöglichkeiten von fein bis funky, mit
kulinarischen Weltreisen, Theater, Kino und buntem Völkergemisch.
U-Bahn: Piccadilly Circus, Leicester Square, Oxford Circus, Charing
Cross, Bond Street, Tottenham Court Road, Marble Arch.
❶ Alle Shoppingadressen nach Straßen: www.streetsensation.co.uk

****Shopping-
paradies**

Für die Londoner ist Piccadilly Circus »The Hub of the World«, der
Angelpunkt der Welt. Riesige Leuchtreklamen erhellen seit 1890 am
Abend das lärmende Herz des West End mit dem berühmten »Eros-
Brunnen« – seine Brunnenfigur ist eigentlich der Engel der Nächs-
tenliebe und dem Philanthropen Earl of Shaftesbury gewidmet. Alle
vom Circus ausgehenden Straßen haben ihren eigenen Charakter:
Regent Street mit dem altehrwürdigen Kaufhaus **Liberty's**, Piccadil-

***Piccadilly
Circus**

Changing of the Guard

Immer um 11.30 Uhr verfolgen Tausende die Wachablösung vor Buckingham Palace. Die Wachsoldaten werden im Wechsel von einem der fünf Regimenter der Royal Foot Guards gestellt. Zur selben Zeit reitet die Household Cavalry zur Wachablösung an Horse Guards am Palast vorbei.

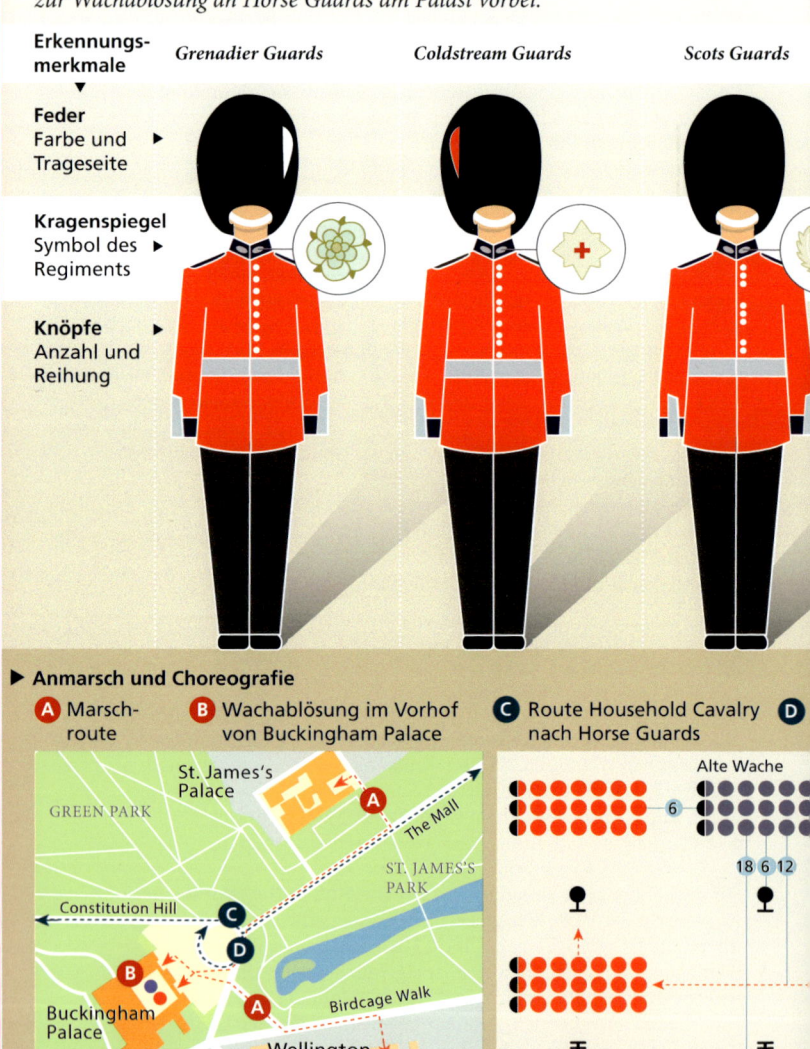

Erkennungs-merkmale ▼

Feder ▶
Farbe und Trageseite

Kragenspiegel ▶
Symbol des Regiments

Knöpfe ▶
Anzahl und Reihung

Grenadier Guards   *Coldstream Guards*   *Scots Guards*

▶ **Anmarsch und Choreografie**

Ⓐ Marsch-route   Ⓑ Wachablösung im Vorhof von Buckingham Palace   Ⓒ Route Household Cavalry nach Horse Guards   Ⓓ

St. James's Palace

GREEN PARK

The Mall

Ⓐ

ST. JAMES'S PARK

Constitution Hill

Ⓒ

Ⓓ

Ⓑ

Buckingham Palace

Ⓐ

Birdcage Walk

Wellington Barracks

Alte Wache

6

18 6 12

Zeitplan der
Wachablösung

Irish Guards *Welsh Guards*

©BAEDEKER

ousehold Cavalry
se Guards

▶ **Die Bärenfellmütze**
Offiziersmützen bestehen
aus dem schwarz einge-
färbten Fell kanadischer
weiblicher Braunbären.
Mannschaftmützen
sind aus dem dünneren
Fell von Schwarzbären.
Seit einigen Jahren fordern
Tierschützer, auf synthe-
tische Felle umzusteigen.

Offiziere

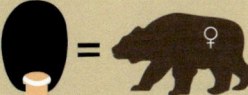

Mannschaften

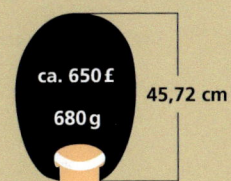

ca. 650 £
680 g
45,72 cm

▶ **Bestand**
Die Royal Foot Guards
setzen ca. 1900 Bärenfellmützen ein. Jede wird
mindestens 50 Jahre lang
getragen; jährlich werden
ca.100 neue angeschafft.

🐾 Offizier des Tages

🐾 abgelöster Offizier des Tages

🐾 Kommandeur der Wache

🔴 Kommandeur der Reihe

🔴 Soldaten neue Wache

🔵 Kommandeur der Reihe

⚫ Soldaten alte Wache

6 Schritte / Abstand

Neue Wache

Piccadilly Circus – für Londoner das Zentrum der Welt

ly mit dem Schlemmertempel **Fortnum & Mason** und dem Hotel **The Ritz**, während Haymarket und Shaftesbury Avenue Theater säumen. Der Platz verdankt seinen Namen Robert Baker, der im 18. Jh. die besten »Pickadils«, hohe Kragen mit steifen Ecken, herstellte.

Royal Academy of Arts

Burlington House ist seit 1869 Sitz der 1768 gegründeten Königlichen Akademie der Schönen Künste. Ihr größter Schatz, eine Skulptur von Michelangelo, ist das einzige bildhauerische Werk des Italieners in England. Die anschließende **Burlington Arcade** gehört zu den exklusivsten Einkaufspassagen der Stadt mit mehr als 70 allerfeinsten Geschäften.

❶ tgl. 10.00 – 18.00, Fr. bis 22.00 Uhr, Eintritt ausstellungsabhängig, Erw. ab £ 17, www.royalacademy.org.uk

*Soho

Soho, das Viertel zwischen Regent Street, Shaftesbury Avenue und Oxford Street, hatte lange den Ruf des Sündenpfuhls, in dem es in den 1980er-Jahren 174 Striplokale gab. Heute geht es hier auch nicht verruchter zu als andernorts, im Gegenteil: Eine lebendige Kneipen- und Cafészene gibt den Nährboden für Medienleute, Banker und ganz normale Menschen. In der quirligen **Carnaby Street**, in den 1960ern Inbegriff für »Swinging London«, findet man gute, ausgefallene und witzige kleine Läden.

**Shopping-meile Oxford Street

Wo einst die Verurteilten vom Newgate-Gefängnis zu ihrer Hinrichtung marschierten, drängen sich heute auf 3 km riesige Warenhäuser wie **Selfridges** und Marks & Spencer, Themenshops und Trendboutiquen **mit angesagten Modelabels**. Am Westende von Oxford Street steht **Marble Arch**. 1890 wurde der Triumphbogen, den John Nash nach Vorbild des Konstantinsbogens in Rom eigentlich als

Haupttor für den Buckingham Palace entworfen hatte, am alten Hinrichtungsplatz Tyburn aufgestellt – da der Durchlass für die königliche Staatskarosse zu klein geraten war.

* HYDE PARK UND KENSINGTON GARDENS

Hyde Park, der bekannteste und mit den westlich anschließenden Kensington Gardens größter aller königlichen Parks, wurde bereits 1635 von Karl I. für das Publikum geöffnet. An der Nordostecke kann an der berühmten Speakers' Corner jeder seine Meinung der Öffentlichkeit kundtun – besonders sonntags ist hier allerhand los.
U-Bahn: Lancaster Gate, Hyde Park Corner, Knightsbridge

Speakers' Corner

Der deutsche Komponist **Georg Friedrich Händel**, der für den englischen König Georg I. die berühmte Wassermusik schrieb, lebte 1723 – 1759 in der Brook Street 25, heute ein Museum mit zwei originalgetreu nachgebauten Cembali, die bei regelmäßigen Kammermusikkonzerten erklingen. Haus Nr. 23 erzählt seit 2016 von **Jimi Hendrix**, der hier ab 1968 mit Freundin Kathy Etchingham wohnte.
Beide Museen: Ostern – Okt. Mo. – Sa. 11.00 – 18.00, So. 12.00 – 18.00, sonst bis 17.00 Uhr, Erw. £ 10, https://handelhendrix.org

Handel und Jimi Hendrix Museum

Apsley House, Londoner Wohnsitz des 1. Duke of Wellington, zeigt Gemälde von Van Dyck, Velázquez, Breughel und Goya. Wellington Arch feiert den Sieg der Herzogs, als Bronzereiter dargestellt, über Napoleon in der Schlacht bei Waterloo.
❶ im Sommer Mi. – So. 11.00 – 17.00, im Winter bis 16.00 Uhr, Erw. £ 9.70

*Wellington Museum

Hauptattraktion der Gartens ist der ***Kensington Palace**, von 1689 bis 1760 Privatresidenz der englischen Herrscher, später Wohnung von Charles und Diana und Residenz von Prinzessin Margaret. Palast und Gärten wurden bis 2012 renoviert und erhielten vier neue Besucherrouten. Am Südrand der Kensington Gardens ließ Queen Victoria für ihren 1861 verstorbenen Gemahl Albert von Sachsen-Coburg-Gotha das **Albert Memorial** errichten. Gegenüber sieht man die **Royal Albert Hall**, in der jedes Jahr von Juli bis September die legendären Proms-Konzerte stattfinden.
Kensington Palace: März – Okt. tgl. 10.00 – 18.00 Uhr, Erw. £ 18, Jahrespass für alle sechs Paläste ab £ 48, www.hrp.org.uk/KensingtonPalace
Royal Albert Hall: Tickets für die Proms unter www.royalalberthall.com

Kensington Gardens

Vergeblich sucht man nordwestlich vom Hyde Park an der Portobello Road in Notting Hill die blaue Tür aus der Filmromanze mit Julia Roberts und Hugh Grant. Sie ist längst überstrichen, aber den Buchladen gibt es noch (▶S. 403). Viele Fassaden in dem hübschen Stadt-

Notting Hill

All the world is a stage

Seit dem 16. Jh. ist London eine Theater-Metropole. Über 100 Bühnen gibt es heute in der Hauptstadt, in der schon Shakespeare seine Stücke aufführte. Musicalhits, Boulevardtheater, Krimis und Klassiker werden in Traditionshäusern, modernen Theatern und Off-Bühnen gespielt.

Plüsch, Samt und Stuck, umweht von leicht muffigem Geruch. Die Sessel sind weich und durchgesessen; der Ausblick vom Royal und Upper Circle weckt Schwindelgefühle – so hoch sind die Theater im **West End**. Unheimliches erwartet den Besucher auf den oberen Rängen des **Theatre Royal**. Während Matineen soll hier der Geist eines Unglücklichen umhergehen, dessen Knochen 1840 hinter einer Mauer gefunden wurden.

Häuser mit Tradition

Auch ohne Hausgeist riechen Londons Theater nicht nur alt, sondern sind es meist auch. **Oscar Wildes** Stück »An Ideal Husband« steht im Theatre Royal am Haymarket mehr als 100 Jahre nach der gefeierten Premiere immer wieder auf dem Spielplan. Am Standort des **St. James's Theatre** erinnert nur noch ein Relief in der Wand an den Dramatiker, dem der wütende Marquis von Queensberry, Vater von Wildes Liebhaber Lord Alfred Douglas, nach der Premiere von »The Importance of Being Earnest« im Februar 1895 grimmig ein Bouquet aus fauligem Gemüse überreichte. Zwar überlebte das Theater die Skandale um Wilde, aber schließlich konnte selbst der Protest von Laurence Olivier und Vivien Leigh nicht verhindern, dass das St. James's in den 1930ern seine Pforten schloss.

Shakespeares Spuren

Manche Theater verschwinden sogar für Jahrhunderte, bevor sie ihr Comeback feiern – wie Shakespeares **Globe** in Southwark. Sein Standort am Südufer der Themse ist kein Zufall: Im späten 16. Jh. wollten die Bürgermeister das Theater aus der City verbannen. Die Schauspieltruppen ließen sich daher außerhalb der Stadtmauern nieder. Im runden Fachwerkbau können die Zuschauer heute Theater wieder wie die Elisabethaner erleben: ohne Scheinwerferlicht, auf Holzbänken und unter freiem Himmel – der Bau ist wie das 1613 abgebrannte Original nicht überdacht. Auch das **Nationaltheater** wurde 1976 im alten Theaterrevier an der South Bank errichtet. Im Barbican Centre in der City ist seit 1982 mit der **Royal Shakespeare Company** ein weiterer Klassiker des englischen Theaters hinter modernen Mauern zu Hause.

Stars und Dauerbrenner

In London treten weltbekannte Mimen auf: **Daniel Day Lewis** war gefeierter Theaterstar im West End, Shakespeare-Darsteller **Kenneth Branagh** machte hier eine steile Karriere, **Vanessa Redgrave** spielte dort. **Ute Lemper** feierte mit ihrem Musical »Chicago« Riesenerfolge im Adelphi Theatre.

Ein Riesenerfolg: Sir Andrew Lloyd-Webbers Musical »Les Misérables«

Wahrhaftig ein »Musical fürs Volk« ist seit Jahrzehnten »Les Miserables« im Queen's Theatre. Absoluter Klassiker ist auch das »Phantom of the Opera« im Her Majesty's Theatre. Das Cambridge Theatre bringt Roald Dahls Bestseller »Mathilda« auf die Bühne, das Dominion Theatre inszeniert den romantischen Hollywoodfilm »Bodygard« als Musical. »Thriller Live« huldigt dem King of Pop: Mit spektakulären Multimedia-Effekten feiert das Lyric Theatre Michael Jacksons größte Hits. Einen unvergesslichen Abend verspricht auch das Apollo Victoria Theatre mit dem Musical »Wicked« über die Hexen von Oz – die Liste ließe sich beliebig fortsetzen. Auch die Regisseure und Dramatiker sind in London hochkarätig: **Harold Pinter**, Nobelpreisträger 2005, Tom Stoppard und Alan Ayckburn feiern hier Premieren, Adrian Noble, Trevor Nunn und Peter Hall inszenieren.

Die Londoner Bühnen zeigen alles, was Zuschauer findet – und so lange das Publikum es wünscht. Seit 1952 schnappt Agatha Christies **»Mousetrap«** allabendlich zu. Karten für die großen Londoner Bühnen gibt es vorab online und bei offiziellen Ticketagenturen. Tageskarten sind an der **Half Price Ticket Booth** am Leicester Square zum halben Preis erhältlich. Vorsicht: Kioske und Straßenhändler verscherbeln mitunter gefälschte Tickets. Vor der Vorstellung wird auf den oberen Rängen mit Kleingeld geklimpert. Damit löst man das am Sitz des Vordermannes befestigte Opernglas aus. Beliebtester Pausensnack sind nicht etwa teure Häppchen, sondern Eis, das Verkäufer in Livree anbieten. Bevor die Glocke ertönt, sitzen alle wieder im Dämmerlicht und blättern im Programmheft. Plötzlich hört man im Upper Circle ein Rascheln. Macht sich da etwa ein Geist zu schaffen? Die Sitzreihen erbeben leicht. War wohl doch nur die U-Bahn am Leicester Square ...

Ticket Service
www.officiallondontheatre.co.uk
www.london-musical-tickets.de
www.reallyusefultheatres.co.uk

War da nicht irgendwo die Buchhandlung, in der Julia Roberts auf Hugh Grant traf? Hilfsbereite Bobbies weisen den Weg in Notting Hill.

teil leuchten rosa, gelb und grün. Während Touristen sich samstags am Portobello Market durch die Stände des Antiquitätenmarktes wühlen, lohnt ein Spaziergang durch die Seitenstraßen mit rosenumrankten Hauseingängen und kleinen Gärten. Ein Riesenspektakel: der ***Notting Hill Carnival** im August (▶S. 91).

KENSINGTON, KNIGHTSBRIDGE UND CHELSEA

Konsumtempel und Designmuseum

Kensington und Knightsbridge locken mit Topmuseen, der zweiten großen Einkaufsgegend Londons – und mit ***Harrods**, dem wohl berühmtesten Kaufhaus der Welt (▶Abb. S. 74). Der Konsumtempel an der Brompton Road hat die beste Food Hall, bei Harrods gibt es alles – und was es nicht gibt, wird selbstverständlich besorgt. 2016 eröffnete Londons **Designmuseum** am neuen Standort im umgebauten Commonwealth Institute an der Kensington High St 224.
Designmuseum: tgl. 10.00 – 18.00 Uhr, Erw. £14
U-Bahn: Knightsbridge, High Street Kensington.

**Victoria and Albert Museum

Das V & A Museum an der Cromwell Road ist neben dem British Museum das umfangreichste Museum Londons. Die Grundidee, kunsthandwerkliche Gegenstände höchster Güte zu sammeln, stammt von Prinz Albert, der zur Finanzierung die »Great Exhibition« von 1851 abhalten ließ. Attraktiv sind u. a. die Textil- und Kostümabteilung, Keramik und Porzellan, asiatische Kunst und die hoch gesicherte Edelsteinabteilung. Zur Gemäldesammlung gehören englische Miniaturen und Aquarelle, die **»Raffael-Kartons«** – 1516 für Papst Leo X. als Vorlage für die Sixtinische Kapelle angefertigt – und zahlreiche Werke von **John Constable** im Henry Cole Wing. Werfen Sie auch einen Blick in den prachtvollen Morris Room, das erste Museumsrestaurant Englands.

❶ tgl. 10.00 – 17.45, Fr. bis 22.00 Uhr, Eintritt frei, www.vam.ac.uk

Grundstock für das Naturgeschichtliche Museum im kathedralartigen Bau an der Cromwell Road war die Sammlung von Sir Hans Sloane, die von 1881 an zusammen mit Präparaten u. a. von Joseph Banks auf den Entdeckungsfahrten mit James Cook und von Charles Darwin auf seinen Forschungsreisen mitgebracht wurde. Hauptattraktionen sind die fantastische **Dinosaurierabteilung**, die Spinnen- und Kriechtierabteilung »Creepy Crawlies«, die Mineraliensammlung mit 130 000 Gesteinsarten und das ****Darwin Centre** mit 40 interaktiven Installationen zur Arbeit des Naturforschers.
**Natural History Museum

❶ tgl. 10.00 – 17.50 Uhr, Eintritt frei, www.nhm.ac.uk

Das Wissenschaftsmuseum lädt in 40 Galerien zum Experimentieren und zu einer Zeitreise durch Forschung und Fortschritt. Zu den ausgestellten Objekten gehören Teleskope von Galilei, die Dampfmaschine von Boulton und Watt von 1788, die älteste erhaltene Lokomotive »Puffing Billy« von 1813, die Raumschiffe Apollo 10 und Sojus sowie die älteste bekannte Konservendose von 1823. In prähistorische Unterwasserwelten entführen die 3D-Filme im IMAX-Kino.
*Science Museum

❶ tgl. 10.00 – 18.00 Uhr, Dauerausstellung frei, www.sciencemuseum.org.uk

SOUTHWARK, SOUTH BANK UND LAMBETH

Southwark am Südufer der Themse gehörte lange Zeit der Kirche und unterstand somit nicht der Gerichtsbarkeit der City. So blühten hier Kneipen, Bordelle und Theater. Shakespeare führte im Hof des George Inn seine ersten Stücke auf, ehe er 1599 sein berühmtes **Globe Theatre** eröffnete, das 1613 während einer Aufführung abbrannte und 1996 originalgetreu wieder aufgebaut wurde.
U-Bahn: London Bridge, Waterloo Station

Globe Theatre: Führungen tgl. 9.30 – 12.30, So. bis 11.30, Mo. bis 17.00, Ausstellung tgl. 9.00 – 17.00 Uhr, Erw. £ 15, www.shakespearesglobe.com

Gegenüber vom neuen **Rathaus**, das Lord Norman Foster als Symbol für die Demokratie entwarf, liegt seit 1963 als **Museumsschiff** am Themseufer der letzte große Kreuzer der Royal Navy, HMS Belfast, der an der Landung in der Normandie teilnahm.
City Hall, HMS Belfast

HMS Belfast: April – Okt. 10.00 – 18.00, sonst bis 17.00 Uhr, Erw. £16

Southwark Cathedral gilt nach Westminster Abbey als bedeutendstes gotisches Gotteshaus Londons. Es entstand ab 1106, als Gifford, Bischof von Winchester, an der Stelle eines Klosters aus dem 9. Jh. eine
*Southwark Cathedral

normannische Kirche erbauen ließ. Schlagzeilen machte die Kirche, als 1997 der homosexuelle Anglikaner Jeffrey John hier Bischof werden sollte – worauf anglikanische Kirchen in aller Welt mit dem Bruch mit der Church of England drohten. John verzichtete. Das Innere birgt die Harvard Chapel zu Ehren des 1607 hier getauften Uni-Gründers John Harvard sowie Grabmäler des Hofdichters John Gower, des Shakespeare-Bruders Edmund und dessen Kompagnons Lawrence Fletcher sowie von Bischof Lancelot Andrews, der das Neue Testament ins Englische übersetzte. Die hölzerne Totenfigur eines Ritters aus dem 13. Jh. gehört zu den ältesten Skulpturen dieser Art. Versteckt hinter der Kathedrale findet man den **Borough Market**, den Insidertreff für alle Londoner, wo am letzten Samstag im Monat »urban honey« made in Hackney verkauft wird.

❶ Mo. – Fr. 9.00 - 18.00, Sa./So. 10.00 – 18.00 Uhr, http://cathedral. southwark.anglican.org, Eintritt frei

London Bridge Quarter

Die Revitalisierung im London Bridge Quarter hat Southwark völlig verändert: Wahrzeichen der Vision von Immobilieninvestor Irvine Sellar ist der höchste Wolkenkratzer der EU: der 310 m hohe ****The Shard**, der nach Plänen von Renzo Piano errichtet und 2012 von Prinz Andrew und Scheich Abdul-lah Bin Saoud Al Thani von Qatar eingeweiht wurde. Die spitze »Scherbe« aus Stahl mit 11 000 Glasplatten und zentralem Betonschacht versteht sich als vertikale City. 44 Hochgeschwindigkeitsaufzüge verbinden die 87 Stockwerke mit Geschäften, Restaurants, Büros, Luxusapartments und dem Shangri-La Hotel At the Shard (▶S. 266). An klaren Tagen reicht der Panoramablick in 244 m Höhe bis zu 70 km weit über die Stadt. Die Fregatte ***»Golden Hinde«** an der Pickfords Wharf ist eine Replik des Flaggschiffs von Sir Francis Drake, der als erster Engländer zwischen 1577 und 1580 die Welt umsegelte.

❶ www.londonbridgequarter.com, The View from the **Shard**: Tickets mit Zeitfenster, Erw. ab £ 30.95, www.theviewfromtheshard.com. **Golden Hinde**: tgl. 10.00 – 17.30 Uhr, Erw. £ 7, Kinder £ 5, www.goldenhinde.com

**Tate Modern

Picasso, Hockney, Matisse und Max Ernst: Das zur Tate Modern umgebaute Kraftwerk präsentiert mit spannungsreichen Hängungen **moderne Kunst** der Tate Gallery (▶S. 284). Bis 2016 wurde das Museum um 60 % vergrößert. Den Anbau entwarfen Jacques Herzog und Pierre als pyramidenartigen Turm aus versetzt gestapelten Backsteinen. Als Fundament für ihr »Switch House« nutzten die Architekten zwei umgebaute Öltanks des ehemaligen Umspannwerkes. Auf vier der zehn Etagen zeigt die Tate Modern Kunst der Sechziger Jahre. Im 10. Stock eröffnet eine Terrasse traumhafte Ausblicke über die Themse. Die filigrane Fußgängerbrücke **Millennium Bridge** von Norman Foster führt hinüber zur St. Paul's Cathedral am Nordufer.

❶ So. – Do. 10.00 – 18.00, Fr., Sa. bis 22.00 Uhr, Eintritt frei, www.tate.org.uk

Wahrzeichen am Queen's Walk von Southbank: die futuristische London City Hall und die altehrwürdige Tower Bridge

Das Kulturzentrum South Bank besteht aus dem 1963 gegründeten **National Theatre**, der **Hayward Art Gallery** für moderne Kunst und der **Royal Festival Hall**, der Poetry Library mit der seit 1914 bestehenden Lyriksammlung der Arts Council und der **Queen Elizabeth Hall** mit dem Purcell Room und The Front Room als zweite Konzertstätte am Südufer.

Kulturzentrum South Bank

Hayward Art Gallery: bis 2018 wegen Renovierung geschlossen

Mehr als 14 Mio. Menschen haben seit der Eröffnung zur Jahrtausendwende aus den 32 UFO-artigen Kapseln des 135 m hohen Riesenrades »London Eye« die Aussicht genossen. In der County Hall dahinter ist das **SEA LIFE London Aquarium** untergebracht, mit 500 Arten in 14 thematischen Becken. Beim Shark Reef Encounter können Sie drei Dutzend Haie aus zwölf Arten hautnah kennenlernen. Das **London Dungeon** ist ein Gruselkabinett zur Stadtgeschichte.

*London Eye

London Eye: tgl. 10.00 – 21.00, Juni/Juli Fr. /Sa. bis 21.30, Sept. – März bis 20.30 Uhr, Erw. 30-Min.-Fahrt ab £ 21.20 (mit Warteschlange), ohne Wartezeit ab £ 29.45, www.londoneye.com

SEA LIFE London Aquarium: tgl. 10.00 – 19.00, letzter Zugang 18.00 Uhr, Erw. ab £ 24.50, www2.visitsealife.com/london

London Dungeon: Mo. – Fr. 10.00 – 17.00, Do. ab 11.00, Sa./So. 10.00 bis 18.00 Uhr, Eintritt Erw. £ 28.95, www.thedungeons.com/london

Mit Flugzeugen, Panzern und Geschützen wird in Lambeth Großbritanniens Rolle in den Weltkriegen dokumentiert. Zum 100-Jahr-Jubiläum des 1. Weltkrieges eröffneten 2014 die neu gestalteten First World War Galleries, die jetzt auch die Kunst jener Jahre zeigen.

*Imperial War Museum

U-Bahn: Elephant & Castle, tgl. 10.00 – 18.00, Eintritt frei, www.iwm.org.uk

Aufstrebende Neubauten am Canary Wharf in den Docklands

DOCKLANDS

*Trendviertel Östlich der Tower Bridge schlug das kommerzielle Herz des Empire. Bis in die 1960er-Jahre waren die Docklands Werftgelände und Warenhaus der Welt. 1982 begann ihre Sanierung. Innerhalb weniger Jahre wurden kühne, oft umstrittene Neubauten hochgezogen, darunter der Bürokomplex **Canary Wharf** auf den West India Docks mit einem 344 m hohen Turm von Stararchitekt Cesar Pelli. Die Vergangenheit des Londoner Hafens wird im exzellenten ***Museum of London Docklands** am West India Quay lebendig. Beste Ausblicke auf das neue In-Viertel bietet die computergesteuerte Hochbahn **Docklands Light Railway** (DLR) ab Bank oder Tower Hill. In den beiden Hafenbecken des **St. Katharine's Dock** liegen am Nordufer schmucke Jachten vor Anker, in den ehemaligen Lagerhäusern haben sich kleine Cafés, Galerien und Boutiquen etabliert – ein netter Pub ist das Dickens Inn am Marble Quay.

Museum of London Docklands: tgl. 10.00 – 18.00 Uhr, Eintritt frei
www.museumoflondon.org.uk/docklands, www.skdocks.com

GREENWICH

Die schnellste Möglichkeit, nach Greenwich zu kommen, in dem seit Jahrhunderten das Herz der britischen Marine schlägt und der Nullmeridian die Welt in Ost und West teilt, ist die DLR. Viel schöner aber ist es, bereits in Island Gardens auszusteigen und zu Fuß im **Greenwich Foot Tunnel** unter der Themse hindurchzugehen. Das einmalige, maritim-städtische Ensemble mit Royal Naval College, Greenwich Park, Royal Observatory und Maritime Museum ist seit 2007 als »Royal Borough of Greenwich« **UNESCO-Weltkulturerbe**.

Am King William Walk liegt der letzte der legendären **Teeklipper**, die im 19. Jh. Gewürze und Tee aus dem Fernen Osten nach Europa brachten: die »Cutty Sark« von 1869, die fünf Jahre nach einem verheerenden Brand seit 2012 wieder besichtigt werden kann. ***Cutty Sark**
❶ tgl. 10.00 – 17.00 Uhr, Erw. £ 15.50, mit Royal Observatory £18.50, mit Thames Clipper £ 25.15 www.rmg.co.uk/cuttysark

Wo sich heute das majestätische Royal Naval College nahe der Themse erhebt, stand bis zum Abriss 1660 ein Palast. 1427 baute der Herzog von Gloucester den »Bella Court«, den sein Neffe Heinrich IV. zur Lieblingsresidenz erkor und in »Placentia« umbenannte. Heinrich VII. machte ihn als »Greenwich Palace« zur Residenz, **Heinrich VIII.** kam hier – wie seine Töchter Maria. I. und Elizabeth I. – zur Welt, heiratete Katharina von Aragón und Anna von Cleve und unterzeichnete das Todesurteil für Anne Boleyn. Der Neubau von 1664 im Auftrag Karls II., den Christopher Wren 1698 abschloss, wurde als Pendant zu Wrens Royal Hospital in Chelsea als Alterssitz für Marine-Veteranen errichtet. Bei seinen Bewohnern war das Marinehospital mit der prachtvollen Royal Chapel und opulenten Sälen wie der Painted Hall nur wenig beliebt. Sie beschwerten sich: »Säulen, Kolonnaden und Deckengemälde gehen nur schlecht zusammen mit gepökeltem Beef und gesäuertem Bier, vermischt mit Wasser«. ***Royal Naval College**

Ältestes Gebäude von Greenwich ist das pallandianische Queen's House, das zum 400-Jahr-Jubiläum 2016 umfangreich renoviert wurde – und erstmals seit 1639 in der Great Hall ein neues Kunstwerk erhielt: Turner-Preisträger Richard Wright füllte die ursprünglich leeren Deckenpaneele mit ausgefallenen Mustern. Ebenfalls erstmals seit 1650 wieder zu sehen ist Orazio Gentileschis Meisterwerk Joseph and Potiphar's Wife. 1616 begann **Inigo Jones** mit dem Bau des Palastes, den Jakob I. für seine Gemahlin Anna von Dänemark geplant hatte. Nach Annas Tod ruhten die Arbeiten, bis Karl I. den Palast von 1629 bis 1635 für seine Gemahlin Henrietta Maria fertigstellen ließ. ****Queen's House**
❶ tgl. 10.00 – 17.00 Uhr, Eintritt frei, www.rmg.co.uk/queens-house

Ein Kolonnadengang verbindet das Queen's House mit dem Museum der königlichen Marine und der Handelsmarine. Auch die britische Kolonialisierung sowie Entdeckungsfahrten sind hier dokumentiert. Zu den Höhepunkten gehören prachtvolle königliche Barkassen, Lord Nelson's Uniformrock aus der Schlacht von Trafalgar 1805, die ****National Maritime Museum**

Kinderabteilung »All Hands« und eine nachgebaute Brücke, auf der man ein Schiff elektronisch aus dem Hafen steuern kann.

❶ tgl. 10.00 – 17.00 Uhr, Eintritt frei, www.nmm.ac.uk

Greenwich Park

Herzstück des weitläufigen, sanft ansteigenden Greenwich Parks ist das **Royal Greenwich Observatory**, das Sir Christopher Wren 1675 für König Charles I. entwarf. Punkt 13 Uhr fällt der rote Ball auf Flamsteed House an seinem Mast herab und weist ankernde Schiffe an, ihre Uhren genau auf die Greenwich Mean Time zu stellen. Eine Stahlschiene mitten durch das Meridian Building symbolisiert den Nullmeridian. Im Equatorial Building ist das größte Teleskop Großbritanniens eingebaut. Neu: das Peter-Harrison-Planetarium.

Observatory: Erw. £ 9.50 inkl. Null-Meridian, Kombiticket mit Cutty Sark £ 18.50, mit Thames Clipper £ 22.50, Planetarium £ 7.50, www.rmg.co.uk

Thames Flood Barrier

Bootsausflüge führen zurück nach London oder flussabwärts zur Thames Flood Barrier, der weltgrößten Sturmflutbarriere – zehn mächtige Tore fangen die hereindrückenden Wassermassen ab.

The O₂

Was das London Eye für die Innenstadt ist, sollte der **Millennium Dome** für Greenwich werden: eine Attraktion der Superlative zum neuen Jahrtausend. Jahrelang war der Bau von Richard Rogers mit dem größten Zeltdach der Welt eine ungeliebte Altlast, bevor man die Konzerthalle unter dem Namen **The O₂** zur Multifunktionshalle umbaute. Für die Olympischen Spiele 2012 vorübergehend in North Greenwich Arena umbenannt, fanden hier Turnwettbewerbe und Basketball-Matches statt. Wer den besondern Kick sucht, kann – am Seil gesichert – aufs Kuppeldach der Veranstaltungshalle klettern – die Zeltplanen geben bei jedem Schritt nach! Besonders schön ist der Blick aus 50 Meter Höhe bei Sonnenuntergang.

❶ Tickets ab £ 28 pro Person, www.theo2.co.uk/do-more-at-the-o2

AUSSENBEZIRKE

*Wimbledon

Das älteste und prestigeträchtigste ****Tennisturnier**, bei dem traditionell Erdbeeren mit Sahne genossen werden, wird alljährlich zwei Wochen im Sommer im südlichen Vorort Wimbledon ausgetragen: die »All England Lawn Tennis Championships«, das einzige Grand-Slam-Turnier auf Rasen. Das **Tennismuseum** illustriert den weißen Sport von 1555 bis heute, man darf sogar den Centre Court betreten.

❶ tgl. 10.00 – 17.00 Uhr, Erw. £ 13, inkl. Tour £ 24, www.wimbledon.com

**Kew Gardens

Ein Tag in den **Royal Botanic Gardens** in Kew im Südwesten Londons an der Themse ist eigentlich ein Muss. In den Gärten, seit 2003 UNESCO-Weltkulturerbe, wachsen Pflanzen, die sonst nirgendwo in

Europa zugänglich sind. Hauptattraktion sind die drei gewaltigen viktorianischen Gewächshäuser von Decimus Burton und Richard Turner – das 150 Jahre alte Temperate House mit Gewächsen der gemäßigten Zonen ist bis Mitte 2018 geschlossen. Im Arboretum kann man vom 18 m hohen **Baumwipfelpfad** den Bäumen von Kew in die Kronen schauen. Im kleinen Kew Palace lebte George III., nachdem er für geisteskrank erklärt worden war. Queen Victoria verbrachte viel Zeit im Queen's Cottage.

❶ tgl. ab 9.30 Uhr, Eintritt Erw. £ 16.50, online £14, www.kew.org
U-Bahn: Kew Gardens

Rohrdommeln, Eisvögel und eine Kolonie vom Aussterben bedrohter Wühlmäuse leben im 43 ha großen unberührten Seen-, Teich- und Marschgebiet bei Barnes nahe der Themse. Die unterschiedlichen **Biotope**, die auf vier ehemaligen Wasserreservoiren entstanden, verbindet ein 3,4 km Rundweg, der auch von Menschen mit Handicap bewältigt werden kann. Im Besucherzentrum vermitteln Touch-Screen-Terminals Wissenswertes über Flora und Fauna des spannenden Naturschutzgebietes. ***WWT London Wetland Centre**

❶ Queen Elizabeth's Walk, März – Okt. 9.30 – 17.30, Nov. – Febr. bis 16.30 Uhr, Eintritt Erw. £ 13.10, kostenlose Führungen 11.30, 14.30 Uhr (90 Min.), Otterfütterung 11.00, 14.00 Uhr, www.wwt.org.uk

In **East Molesley**, 25 km südwestlich der Londoner City, befindet sich der wohl schönste und interessanteste englische Königspalast. Hampton Court Palace wurde 1520 für Lordkanzler Wolsey erbaut, ****Hampton Court Palace**

Viktorianische Pracht: das Palmenhaus der Kew Gardens

der ihn später Heinrich VIII. schenkte. Außer Katharina von Aragón lebten alle Frauen Heinrichs hier. Seine dritte Frau Jane Seymour und seine fünfte Frau Catharine Howard sollen gar noch herumspuken. Besichtigt werden können nicht nur die Prunkräume, sondern auch Küche und Keller. An mehreren Wochenenden im Jahr wird bei historischen Kochkursen gezeigt, wie vor 500 Jahren die Speisen zubereitet wurden. Der weite Park umschließt den Privatgarten des Königs, den Tudor- und Elisabethanischen Garten, die Lower Orangery mit Mantegnas »Triumph des Cäsar« und einen Irrgarten.

❶ April – Okt. Mo. – So. 10.00 – 18.00, Nov. – März Mo. – So. 10.00 – 16.30 Uhr, Eintritt Erw. £ 21.00, online £19.80, Pass für alle sechs Paläste £ 48, nur The Maze £ 4.40, www.hrp.org.uk

✷✷ WINDSOR CASTLE

❶ März – Okt. 9.30 – 17.30 (letzter Einlass 16.00), sonst 9.45 – 16.15 Uhr (Einlass bis 15.00 Uhr), Eintritt Erw. £ 20, Wachablösung: April – Juli Mo. – Sa. 11.00 Uhr; Aug. – März jeden 2. Tag, www.royalcollection.org.uk

Sommer- residenz der königlichen Familie
Das größte private und älteste durchgängig bewohnte Schloss der Welt ist Schloss Windsor, seit über 900 Jahren Sommerresidenz der Königlichen Familie, 22 mi / 35 km westlich von London. Ist die Queen anwesend, weht auf dem Round Tower die königliche Flagge – dann können die Prunkgemächer nicht besichtigt werden. Die Konzeption der heutigen Anlage stammt aus der Zeit Eduards III., nachdem Wilhelm der Eroberer um 1078 die erste Burg hatte errichten lassen. Karl II. wandelte die Burg in ein bequemes Wohnschloss um. 1992 brach in der Privatkapelle der Königin ein Brand aus, bei dem fast ein Viertel des Schlosses beschädigt wurde. Fünf Jahre benötigte man für die 37 Mio. Pfund teure Renovierung.

Hosenband- orden
Eduard III. gründete 1348 auf Windsor Castle den Hosenbandorden (The Most Noble Order of the Garter), den **höchsten Orden des Königreiches**. Ihm dürfen nur 26 Knights oder Ladies angehören, deren Zahl durch »Extra-Knights« jedoch erhöht werden kann. Anlass zur Ordensgründung soll ein Fest gewesen sein, auf dem eine Hofdame unter großem Gelächter der Ritter ihr Strumpfband verlor, was Eduard zu der Bemerkung veranlasste, dass es bald eine Ehre sein werde, ein solches Band zu erhalten. Mit dem Orden unter dem Patronat des hl. Georg wollte Eduard in Anlehnung an König Artus' Tafelrunde dem sich andeutenden Niedergang des Rittertums durch eine Gemeinschaft tapferer, die ritterlichen Tugenden bewahrenden Männer und Frauen begegnen. Insignien sind bei feierlichen Anlässen die Ordenskette mit dem Ordenszeichen »The George«, bei geringeren Anlässen das Schulterband mit dem Motto **»Honi soit qui**

mal y pense« (»Verachtet sei, wer Arges dabei denkt«), das Herren unter dem linken Knie und Damen am linken Oberarm tragen.

Durch das monumentale Henry VIII. Gateway von 1511 betritt man den **Lower Ward** und sieht die 1474 von Eduard IV. begonnene und von Heinrich VIII. vollendete St. George's Chapel. Die Ordenskapelle der Hosenbandritter ist ein einzigartiges Beispiel für den spätgotischen **Perpendicular Style**. Die Fassaden zieren Wappentiere und Schildhalter der Herrscherhäuser Lancaster und York. In der Kapelle sind englische Herrscher beigesetzt: im nördlichen Seitenschiff Georg V. und Königin Maria, unter dem Chor Heinrich VIII. mit Jane Seymour sowie Karl I., im Altarraum Heinrich VI., Eduard IV. mit Gemahlin und Eduard VII. mit Königin Alexandra. Hinter und über dem prächtigen, aus Windsor-Eichen geschnitzten Gestühl (1478 – 1485) der Ritter vom Hosenbandorden hängen Wappen, Banner und Helmzier von 700 Ordensrittern.

**St. George's Chapel

Die Kapelle ist um 1500 von Heinrich VII. als seine Grabkirche erbaut worden, jedoch wurde er in Westminster Abbey in London begraben. Queen Victoria widmete die Kapelle 1861 ihrem verstorbe-

*Albert Memorial Chapel

St. George's Chapel – einzigartiges Beispiel spätgotischer Architektur

Royal London

Die britische Monarchie ist die älteste der Welt und London ist der Ort, an dem sie greifbar wird. Das ist den meisten Briten auch eine erkleckliche Summe wert.

▶ **Residenzen und Gedenkstätten**

A **Buckingham Palace**
Residenz von Queen Elizabeth II

B **Kensington Palace**
Ehemalige Residenz von Prinzessin Diana, Londoner Residenz der Herzöge von Kent und Gloucester

C **Clarence House**
Residenz des Prinzen von Wales (Charles) und der Herzogin von Cornwall (Camilla) sowie der Prinzen William und Harry

D **St. James's Palace**
Residenz des Prinzen von Wales (Charles) und der Princess Royal (Anne)

E **Tower**
Aufbewahrungsort der britischen Kronjuwelen

F **Windsor Castle**
Private Residenz von Queen Elizabeth II

G **Diana-Gedenkbrunnen**

CAMDEN

Angegliedert an den Park ist der Londoner Zoo.

7

WEST-MINSTER

3 **1**

2

B **C**

A

G

KENSINGTON & CHELSEA

4

LAMBETH

WANDSWORTH

6 Größter innerstädtischer ummauerter Park Europas

8

KINGSTON UPON THAMES

MERTON

(N) | 3 km

▶ Buckingham Palace in Zahlen	**A**
Residenz d. britischen Monarchie seit 1837	
Zimmer insgesamt	775
Schlafzimmer	188
Büros	92
Badezimmer	78
Prunkzimmer	19

▶ **Wann ist die Queen zuhause?**

 Anwesenheit der Queen: Royal Standard ist gehisst, vier Wachsoldaten

 Abwesenheit der Queen: Union Jack ist gehisst, zwei Wachsoldaten

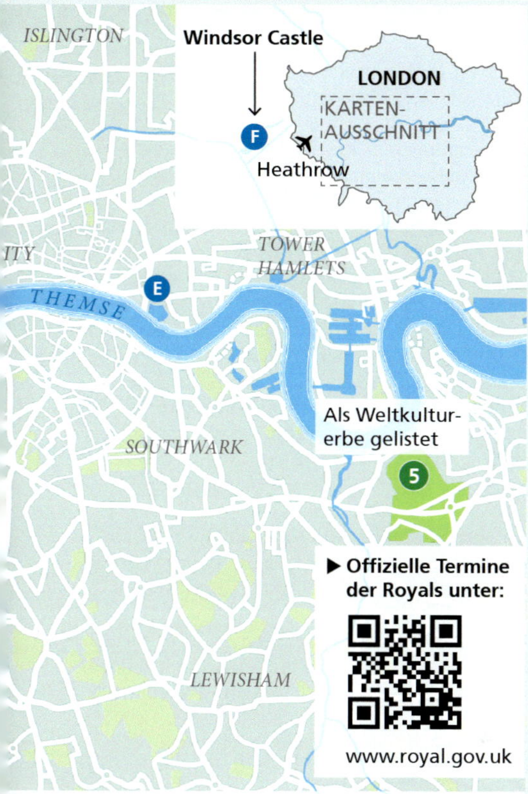

ISLINGTON

Windsor Castle

LONDON

KARTEN-AUSSCHNITT

F

Heathrow

ITY

TOWER HAMLETS

THEMSE

E

SOUTHWARK

Als Weltkultur-erbe gelistet

5

LEWISHAM

▶ **Offizielle Termine der Royals unter:**

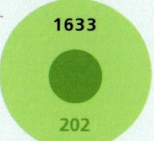

www.royal.gov.uk

▶ **Königliche Parkanlagen**

1 Hyde Park

2 Green Park

3 Kensington Garden

4 St. James´s Park

5 Greenwich Park

6 Richmond Park

7 Regents Park

8 Bushy Park

▶ **Flächenvergleich** (in ha)
Königliche Parkanlagen in London

1633

202

Fürstentum Monaco

▶ **Royale Kosten**
Im Fiskaljahr 2015/2016 betrugen die königlichen Einnahmen £13,9 Mio. und die Ausgaben £52,3 Mio. Die Diffferenz gleicht der sog. Sovereign Grant aus, ca.15% des letzten Jahresgewinns des Crown Estate.

Ausgaben 2015/2016 in £ Mio.

Personal	19,5
Instandsetzung	16,3
Reisen	4
Strom, Gas, Wasser, Müll	3,3
Haushalt und Bewirtung	2,1
Sonstiges	7,1
Summe	£ 52,3 Mio.

jährliche Kosten für jeden britischen Staatsbürger

ca. £ 0,57

▶ **Diana-Gedenkbrunnen** **G**

Kosten	5,4 Mio. Euro
Standort	Hyde Park
Ausmaße	ca. 50 x 80 m

Ruhiger Wasserfluss auf der einen, rauschender auf der anderen Seite soll Dianas Leben symbolisieren.

nen Gemahl **Prinz Albert**. Sie birgt auch den Sarkophag des Duke of Clarence (1864 – 1892), ältester Sohn von Eduard VII.

*State Apartments
Unter der reichen Ausstattung der Staatsgemächer (Zugang: North Terrace) sind besonders die Gemälde von Holbein, Leonardo da Vinci, Raffael, Michelangelo, van Dyck, Rubens und Rembrandt hervorzuheben, aber auch die Kugel, die Lord Nelson vor Kap Trafalgar tötete. Die im 14. Jh. erbaute **St. George's Hall**, Bankettsaal der Königin, brannte 1992 aus, ist aber wieder restauriert. Sehenswert sind ferner die stimmungsvollen Horseshoe Cloisters, Dean's Cloisters und Canons' Cloisters aus dem 15. Jh. auf der Südseite des Lower Ward sowie das riesige **Puppenhaus** der Königin Mary von 1924.

Schlosspark
Im Norden und Osten umschließt Windsor Castle der Home Park mit dem **Frogmore House and Mausoleum**, wo Königin Viktoria und Prinz Albert ruhen. An der Südseite des Schlosses erstreckt sich der 9 km lange Great Park.

*Stadt Windsor
Das noch malerisch mittelalterliche Windsor zeigt im Coach House königliche Kutschen, in den Royal Mews in der St. Albans Street Geschenke, die Königin Elisabeth II. auf Staatsbesuchen erhielt.

*Legoland Windsor
Legoland Windsor, 3 km auf der B 3022 Richtung Ascot, ist ein 60 ha großes Themenland für Kinder, die auf Ritterburgen und Piratenschiffen klettern und in Lego-Autos herumbrausen wollen.
❶ Mitte März – Okt. tgl. 10.00 – 17.00 / 18.00, Mitte Juli –Aug. bis 19.00 Uhr, Eintritt Erw. £ 50.40, Kinder £ 46.20, online günstiger, www.legoland.co.uk

**Eton College
Über die Themsebrücke hinweg ist man schon in Eton mit der traditionsreichsten britischen Public School, 1440 von Heinrich VI. gegründet. Die Schülerschaft, die einheitlich Cut und gestreifte Hosen trägt, besteht aus 70 »Collegers«, die als Klassenbeste kostenlos im College leben und lernen, und rund 1000 »Oppidans«, die als Externe ihren Schulbesuch bezahlen müssen. Um zwei Höfe erstreckt sich das Hauptgebäude aus rotem Backstein, das noch aus der Gründerzeit stammt. Die Grundschule (Lower School) wurde 1639 errichtet, die Oberschule (Upper School) 1692.
Besondere Beachtung verdient die Schulkapelle, die seit 2012 saniert wird. Der Bau, 1441 im Perpendicular Style vollendet, ist eigentlich nur der Chor einer fast doppelt so groß geplanten Kirche. Sie enthält wunderbare Grisaillemalereien (1490) mit Marienszenen. Seit mehr als 100 Jahren birgt die renommierte Privatschule auch ein naturgeschichtliches Museum, das mehr als 16.000 Exponate und Tiere zeigt.
❶ College-Führungen: Wiederaufnahme nach Abschluss der Bauarbeiten, vermutlich Mitte 2017, Eton College Natural History Museum: So. 13.30 bis 17.00 Uhr, Eintritt frei, www.etoncollege.com

Der **Brooklands Drive** in Weybridge westlich von London ist die älteste, heute nur noch fragmentarisch erhaltene Rennstrecke der Welt. 2006 eröffnete auf dem legendären Rundkurs das **Autoerlebniszentrum** Mercedes Benz World. Autoklassiker und aktuelle Modelle können hier nicht nur bewundert, sondern getestet werden – Geländefans kommen auf einem 4 ha großen Parcours mit tiefem Schlammwasser und steilen rutschigen Hängen auf ihre Kosten – auch Kinder! Im **Brooklands Museum** sind Oldtimer, alte Motoräder und Flugzeuge zu bewundern, darunter eine Concorde.

*Mercedes Benz World

❶ tgl. 10.00 – 18.00, Gratisführungen Sa., So. 11.00m 14.00 Uhr, Driving Experiences, 30 Min. ab £ 50, 1 Std. im Geländewagen ab £ 165, wwww2.mercedes-benz.co.uk. Brooklands Museum: Ostern – Okt. tg. 10.00 – 17.00, sonst bis 16.00 Uhr; Erw. £ 12.10

* Penzance

✦ O 6

Grafschaft: Cornwall
Einwohner: 21 200

Ein Hauch von Mittelmeer weht durch den größten Badeort der cornischen Riviera, der Endpunkt der Eisenbahn und Sprungbrett zu den ▸Scilly-Inseln ist. Mitten in der Bucht erhebt sich Englands Pendant zum normannischen Klosterberg: St. Michael's Mount.

Bei Ebbe kann man zu Fuß zur Insel des St. Michael's Mount mit ihrer jahrhundertealten Klosterfestung spazieren.

Penzance erleben

AUSKUNFT
Tourist
Information Centre
Station Road
Penzance TR18 2NF
Tel. 01736 36 22 07
www.purelypenzance.co.uk

SHOPPING
Mode und nautisches Outfit findet
man an und um den Market Place
und im Wharfside Shopping Centre
(www.wharfsideshopping.co.uk).
Antiquitätenfreunde sollten durch
die Chapel Street bummeln. Weitere
beliebte Einkaufsstraßen sind Market
Jew Street und Causeway Head.
Zu den besten Galerien der Region
gehört Cornwall Contemporary
(www.cornwallcontemporary.com)
am Queens Square.

ESSEN
The Cornish Barn ©©/©
20 Chapel Street
Tel. 017 36 33 94 14
http://thecornishbarn.co.uk
Trendig-lässiges Räucherei-Restaurant im
rustiken Hipster-Ambiente – im Sommer
schmeckt die topfrische cornische Küche
im Biergarten!

Admiral Benbow ©©
46 Chapel Street
Tel. 01736 36 34 48
Urgemütlicher Pub mit nautischem
Ambiente – schließlich war hier im
17. Jh. das Hauptquartier der berüchtig-
ten Benbow-Piraten. Ausgezeichnete
Fischgerichte und gutes Bier.

ÜBERNACHTEN
Artist Residence
Penzance ©©/©©©
20 Chapel Street
Penzance TR18 4AW
Tel. 01736 36 56 64
http://artistresidencecornwall.co.uk
Mit viele Fantasie hat Mat McIvor seine
Villa aus dem 17. Jh. gestaltet – ihre
sechs Zimmer sind mal farbenfroh,
mal nostalgisch mit modernen Komfort.

Chy-an Mor ©©
15 Regent Terrace
Penzance TR18 4DW
Tel. 01736 36 34 41
www.chyanmor.co.uk
Wunderschönes georgianisches Anwesen mit zehn romantischen Zimmern,
einem Speisesaal im Art-déco-Stil und
herrlichem Blick auf Mount's Bay

Größte Stadt in West-Cornwall Die cornischen Wörter »pen« und »sans« bedeuten »heiliges Vorge-
birge«: Penzance verdankt seinen Namen nämlich der felsigen Land-
zunge südlich des heutigen Hafens, auf der ehemals eine Kapelle
stand. Die westlichste Stadt Südenglands liegt geschützt in der weiten
Bucht von Mount's Bay, die zusammen mit der Bucht von St. Ives im
Norden die Halbinsel Penwith bildet. Cornwalls einzige Strandpromenade, Badestrände und der lebendige Stadtkern mit Geschäften,
Gärten und Museen machen Penzance im Sommer zu einem Zentrum für Einheimische und Touristen.

SEHENSWERTES IN PENZANCE

Die viktorianische Villa im Penlee Park zeigt Werke von Künstlern der **Newlyn School**, die 1884 von Stanhope Forbes, Walter Langley und Elisabeth Armstrong gegründet wurde.

*Penlee House Museum

❶ Ostern – Sept. Mo. – Sa. 10.00 – 17.00, Okt. – Ostern Mo. – Sa. 10.30 – 16.30 Uhr, Eintritt Erw. £ 4.50, www.penleehouse.org.uk

Vorbei an den Morrab Gardens mit Palmen, Aloen und Kamelien geht es über den ovalen Regent Square durch die malerische Chapel Street zum **Egyptian House**, dessen drei Stockwerke um 1835 Pyramidenmotive erhielten – heute können Sie hier stilvoll nächtigen.

*Chapel Street

Egyptian House: www.landmarktrust.org.uk

UMGEBUNG VON PENZANCE

Vor Marazion, 5 mi / 8 km östlich von Penzance, ragt in der Mount's Bay ein 70 m hoher Granitfelsen mit der **Klosterfestung** St. Michael's Mount auf (▶Abb. S. 307). Um 1050 schenkte Eduard der Bekenner die Insel den normannischen Benediktinermönchen vom Mont St. Michel, die hier eine Dependance einrichteten. Heinrich VIII. ließ das Kloster als Seefestung ausbauen. Ab 1660 war die Familie St. Aubyn Eigentümer, die die Anlage in einen komfortablen Wohnsitz verwandelte und 1954 dem National Trust vermachte. Von Marazion aus ist St. Michael's Mount bei Ebbe zu Fuß über einen Damm, bei Flut mit Booten zu erreichen.

*St. Michael's Mount

❶ So. – Fr. 10.30 – 17.00 Uhr, Gesamtanlage Erw. £ 11.50, nur Burg £ 9, nur Gärten £ 6 www.stmichaelsmount.co.uk

> **! BAEDEKER TIPP**
>
> *Bummel nach Newlyn*
>
> Spazieren Sie auf der Strandpromenade von Penzance nach Newlyn, 1880 bis 1940 eine Künstlerkolonie und heute der größte Fischereihafen Cornwalls. Die Pilchard Works sind Cornwalls letzte Sardinenfabrik. Besichtigung: April – Okt. Mo. – Fr. 10.00 – 18.00 Uhr, www.pilchardworks.co.uk.

Trengwainton Gardens, um 1814 rund 3 mi / 5 km nordwestlich von Penzance angelegt, besitzt Pflanzenarten, die in England nur an diesem Ort gedeihen, und eine beträchtliche Sammlung an Magnolien, Kamelien und Rhododendren.

*Trengwainton Gardens

❶ So. – Do. 10.30 – 17.00 Uhr, Erw. £ 8.50, www.nationaltrust.org.uk

Im malerischen Mousehole (sprich: mausl), 3 mi / 5 km südlich von Penzance lebte der walisische Schriftsteller **Dylan Thomas** in den 1930er-Jahren und war häufig zu Gast im gemütlichen **Ship Inn**.

*Mousehole

Ship Inn: www.shipinnmousehole.co.uk

Land's End – an Cornwalls Klippen endet England.

*Merry Maidens
Die 19 Megalithen aus der Bronzezeit, die den **Steinkreis** der Merry Maidens bilden, sind – so der Volksmund – versteinerte Dorfmädchen, die an einem Sabbat tanzten und dafür bestraft wurden.

*Minack Theatre
In **Porthcurno**, 6,5 mi / 10 km südwestlich von Penzance, baute Rowena Cade in ihrem Garten das Minack Theatre nach altgriechischem Vorbild. Heute können hier 750 Zuschauer von Mai bis September Freilichtaufführungen erleben: Oper, Schauspiel und Musical vor herrlicher Meereskulisse (Besichtigung nur außerhalb der Spielzeit Okt. – März tgl. 10.00 – 15.30 Uhr. Erw. £ 4.50; Theaterkarten ab £ 9, www.minack.com).

Von den sturmumtosten Granitfelsen der 60 m hohen Steilküste von **Land's End**, 8 mi / 13 km südwestlich von Penzance, kann man bei klarem Wetter bis zu den ▶Isles of Scilly sehen. Wer die Weite des Atlantiks und die Entlegenheit des Ortes erleben möchte, wandere ein wenig den Klippenpfad entlang – die Landspitze selbst ist ein kommerzielles Spektakel mit Multimediashows, Restaurants und Souvenirshops.

* Plymouth

——————————— ✦ M 14/15

Grafschaft: Devon
Einwohner: 258 000

Seefahrer und Pilgerväter machten die Stadt weltberühmt: In Plymouth begann Englands Aufstieg zur Seemacht – und die Besiedlung Amerikas. Stolz präsentiert der größte Marinehafen Westeuropas auf The Hoe seine glanzvolle Vergangenheit.

»Seehunde« nennt England seine großen Seefahrer, die mit ihren Schiffen von Plymouth aus die Geschichte des Empire entscheidend prägten – so wie **Sir Walter Raleigh**, der 1585 die Kolonie Virginia gründete. **Sir Francis Drake** umsegelte von hier zwischen 1577 und 1580 als erster Engländer die Welt. Er war es auch, der als Admiral mit seinen Kapitänen noch auf The Hoe Bowling spielte, als sich die spanische Armada am 27. Juli 1588 Plymouth näherte – und nach Beendigung des Spiels die feindliche Flotte vernichtend schlug. **James Cook** (1728 – 1779) startete von Sutton Harbour seine Forschungsreisen, wo am 1620 die Pilgerväter auf der von ▶Southampton kommenden **Mayflower** die Segel nach Amerika gesetzt hatten. An den Stränden wird immer wieder Lego angespült – 1997 hatte eine Riesenwelle 16 Seemeilen vor der Küste 62 Container von Bord der »Tokio Express« gerissen – gefüllt mit 4.756.940 Legosteinen …

Heimat der Sea Dogs

Plymouth erleben

AUSKUNFT
Plymouth Mayflower
Visitor Information Centre
3–5 The Barbican, Plymouth PL1 2LR
Tel. 01752 26 60 30
www.visitplymouth.co.uk

VERKEHR UND SHOPPING
Der Flughafen (www.pymairport.com)
liegt 4 mi / 6,5 km nördlich der Stadt,
am Fährhafen machen die Brittany Ferries aus Roscoff und Santander fest.
Hafenbucht und Tamar-Tal kann man
auf Bootsausflügen erkunden
(www.tamarcruising.com). Für einen
Einkaufsbummel empfehlen sich Royal
Parade, New George Street und der
Pannier Market. Bei den Barbican
Glassworks im Old Fish Market kann
man Glasbläsern zusehen und Darting-
ton-Kristallglas kaufen.

JAZZ WANTED
Rod Mason aus Plymouth gehört zu
den besten Jazz-Trompetern der Welt.
Bis morgens um 2.00 Uhr wird im steinernen Kellergewölbe der ❸ **Barbican
Live Lounge** am Hafen alles vom Vocal
bis Latin Jazz geboten (11 The Parade,
Tel. 01752 25 60 49). Bevor es richtig
losgeht, kann man sich um die Ecke an
der Quay Road in der Seafood & Pasta
Bar mit fangfrischem Fisch stärken.

ESSEN
❶ *Barbican Kitchen* €€€
Prysten House, Finewell Street
Tel. 01752 25 20 01
http://barbicankitchen.com
Die Tannerbrüder Chris und James
haben im ältesten Wohnhaus von
Plymouth, das auf 1498 datiert ist,

**Seeheld Sir
Francis Drake**

mit einer stylischen Brasserie für frischen
Wind in der Restaurantszene der Stadt
gesorgt. Auf der Karte stehen modern
interpretierte Klassiker der Westküste,
ausschließlich komponiert mit Zutaten
von regionalen Erzeugern.

❷ *Seafood & Pasta Bar* €€
10 Quay Road, Barbican
Tel. 01752 26 07 17
http://seafoodpastabar.weebly.com
Populäres Fischrestaurant am Hafen

ÜBERNACHTEN
❶ *Drake* €€
1 & 2 Windsor Villas, Lockyer Street
The Hoe, Plymouth PL1 2QD
Tel. 01752 22 97 30, www.drakehotel.net
Sehr freundlicher Familienbetrieb in
zwei viktorianischen Villen, 300 m vom
Hoe Park. Das Armada Restaurant von
Alison De Mar steht für moderne
britische Küche.

❷ *Gallery Guest House* €€
66 North Road East, Tel. 01752 66 08 01
www.galleryguesthouse.com
Acht gemütliche Gästezimmer im viktorianischen Stadthaus von Karen und
Chris Edwards direkt gegenüber der
Universität.

1941 wurde die Hafenmetropole in Schutt und Asche gelegt. Deshalb kann man bei Ankunft in der schachbrettartig angelegten, eher gesichtslosen Neustadt nicht ahnen, dass Plymouth im Aussichtspark The Hoe faszinierende Einblicke in die Seefahrtsgeschichte und herrliche Aussichten auf die Hafenbucht »The Sound« bietet.

SEHENSWERTES IN PLYMOUTH

Die 1817 eingeweihte Parkanlage The Hoe auf einer Anhöhe zwischen Sutton Harbour und den Great Western Docks ist eine einzige Hommage an die britische Seefahrt: mit einem Ehrenmal der Marine, dem Armada-Denkmal, Edgar Boehms Statue von Sir Francis Drake (Abb. S. 312) und der Aussichtsplattform von **Smeaton's Tower**. Von 1759 bis 1882 stand der Leuchtturm auf dem Eddystone Riff. Im **Plymouth Dome** lädt The Dome als Waterfront Bistro & Bar

*The Hoe

Plymouth

200 m

Central Park,↑
Central Station   North Cross   ↑ **2**   ↗ *Tavistock*

Glanville St.   Camden St.

Western Approach   Cobourg Street

Hastings Ter.   **Armada**   City Museum &
        Centre   Art Gallery
Mayflower   St.   Regent   Street
        Way   Drake   College of
        Circus   Art & Design
Cornwall   **Drake**   Ebrington St.
Frankfort   P   **Circus**   North
Gate   New   **Centre**   Exeter St.
        George   St.   Charles
P   Armada   ✉   Church
                Exeter   Bus
Derry's   **City Bus**   St. Andrew's   Station
Cross   Parade   Cross   Breton Side
Union Street   Royal   St. Andrew's   How St.   Exeter,
        Civic   **Guild Hall**   Looe St.   Dartmouth
P   **Centre**   **St. Andrew's**
        Theatre   **1**   **Merchant's**   Palace   P   Sutton
        Royal   Law Courts   **House**   St.   **Custom**   Harbour
Athenaeum   Princess St.   **Museum**   Vauxhall   **House**
Theatre   P   **1**   Notte   Quay Road   **2**   **Barbican**
        Street   Southside   **Glasswork**
Alfred St.   Armada   **Barbican**   National
        Way   St.   **Marine**
        Gin Distillery   New Street   **i**   **Aquarium**
Citadel Road   Hoe Road   East Pier
        Elizabethan
Marine   **H o e   P a r k**   **House**   Castle   **Mayflower**
Laboratory   **Naval War**   **Barbican**   St.   **Steps**
        Drake's   **Memorial**   **Theatre**   Madeira Road
        Statue
        The Promenade   **Royal**   **Sailing**
        The Hoe   **Smeaton's**   **Club**
        Hoe Road   **Tower**   **Citadel**   Phoenix
                Madeira Road   Wharf
Grand Parade   P   Fisher's
                        Nose
The Sound   **Tinside**
        Swimming Pool   ©BAEDEKER

↑ Plymouth Pavillon, Torpoint Ferry
↑ **Great Western Dock**
↑ Foot Ferry
Walter Road   Cliff Road   Pier Road   Elliot Street   Citadel Road   Coburg Pl.

Milbay Road   Crescent

Essen
1 Barbican Kitchen
2 Seafood &
    Pasta Bar
3 Barbican Live Lounge

Übernachten
1 Drake
2 Gallery Guest House

▬ Fußgängerzone

Fernblick ist garantiert vom Smeaton's Tower.

zu Afternoon Tea und englischen Weinen mit Meerblick. Hervorragend: der Weiße Dart Valley Reserve von Sharpham aus Devon.
Smeaton's Tower: tgl. 10.00 – 17.00 Uhr, Eintritt Erw. £ 3

Mayflower Steps Die aussichtsreiche Madeira Road führt vorbei an der **Phoenix Wharf**, wo im Sommer Ausflugsdampfer ablegen, hinab zum Sutton Harbour. Von den Mayflower Steps segelten 1620 die 101 **Pilgerväter** nach Amerika.

*National Marine Aquarium Jenseits der Drehbrücke erhält man faszinierende Einblicke in die Unterwasserwelt, kann man Seepferdchen, Delfine und Haie beob-achten. Rund £ 180 pro Person kostet ein Tauchgang mit dem sechs-sitzigen Alicia-**U-Boot**, um in 20 m Tiefe den Meeresboden des At-lantiks zu erkunden.

❶ Tgl. 10.00 – 17.00 Uhr, Eintritt Erw. £ 17.45, www.national-aquarium.co.uk

*Barbican Bummeln und Shoppen kann man in den Gassen und an der Quay Road des charmanten Hafenviertels »The Barbican«. Das **Elizabe-than House**, Wohnhaus eines Kapitäns aus der Tudorzeit, nutzt der

National Trust als Infoshop. Die **∗Black Friars Distillery** an der South Side Street 60 stellt seit 1793 den legendären Plymouth Gin her, der noch immer mit frischem Dartmoor-Wasser destilliert wird – probieren Sie den Gin als Originalabfüllung mit 41,2 %, als Navy Strength mit 57 % oder als likörartigen »Sloe Gin« mit 26 %.
Black Friars Distillery: 40-Min.-Führung £ 7; 2,5 Std.-Führung inkl. 200 ml Gin £ 40, tgl. stdl. 10.30 – 16.30 Uhr, www.plymouthgin.com

Hauptattraktion des Stadtmuseums am Drake Circus ist die **»Cottonian Collection«** mit Zeichnungen und Stichen von Dürer, Michelangelo und Rubens.
❶ derzeit geschl., www.plymouthmuseum.gov.uk

City Museum and Art Gallery

UMGEBUNG VON PLYMOUTH

John Parker, Hausherr von Saltram House 3 mi / 5 km östlich von Plymouth, beauftragte **Robert Adam** Mitte des 18. Jh.s, den Salon und den Speisesaal einzurichten – mit ihren exquisiten Stuckarbeiten und Deckengemälden gehören beide Räume zu den besterhaltenen Adam-Interieurs des Landes. Die Gemäldesammlung birgt Werke von Joshua Reynolds (1723– 1792), der den Hausherrn mit seiner Familie porträtierte. Höhepunkte des Gartens sind eine Orangerie, eine Limonenallee und eine Kapelle. Haus und Garten waren Drehorte in der Jane-Austen-Verfilmung von »Sense and Sensibility«.
❶ Ostern – Okt. tgl. 11.00 – 16.30 Uhr, Eintritt Gesamtanlage Erw. £ 11.80, nur Gärten £ 6.10, nur Westflügel £ 7.20, www.nationaltrust.org.uk

∗Saltram House

Mount Edgcumbe blickt über das Ufer des Tamar nach Plymouth. Haus und Park sind seit 400 Jahren im Besitz der Familie Edgcumbe. Unter ihrer Ägide entstand ein **einzigartiger Garten** mit uralten Eichen, Kaskaden und Tempeln.
❶ April – Sept. So. – Do. 11.00 – 16.30, Erw. £ 7.20, nur Earls Garden £ 2.50, Gesamtanlage & Tamar-Bootsshuttle £ 11, www.mountedgcumbe.gov.uk

∗Mount Edgcumbe

Mit der Autofähre nach Torpoint ist es nicht weit bis zum Antony House, 5 mi / 8 km westlich von Plymouth. Seit über 600 Jahren gehört das Anwesen der Familie Carew. Das Wohnhaus aus silbergrauem Stein mit Stilmöbeln und **Porträts von Reynolds** und van Dyck stammt aus dem frühen 18. Jh.; im 40-ha-Park blühen 300 Kamelienarten.
❶ Mitte März – Okt. Di. – Do., So. 13.00 – 17.00 Uhr, Eintritt Gesamtanlage Erw. £ 9.10, nur Garten £ 5, www.nationaltrust.org.uk

∗Antony House

Sir Richard Grenville ließ das 1278 gegründete Zisterzienserkloster, 10 mi / 16 km nördlich von Plymouth, 1576 zu einem glanzvollen

∗Buckland Abbey

Wohnhaus umbauen – im Jahr 1581 kaufte es **Sir Francis Drake**. Porträts und persönliche Habseligkeiten des legendären Weltumseglers zeigt die Drake Gallery (▶Berühmte Persönlichkeiten).
❶ Mitte März – Okt. tgl. 10.30 – 17.30, Nov. – Mitte März 14.00 – 17.00 Uhr Eintritt Gesamtanlage Erw. £12.50, nur Garten £ 5, günstiger bei Anreise mit ÖPNV, www.nationaltrust.org.uk

** Portsmouth

✦ J / K 33

Grafschaft: Hampshire
Einwohner: 208 800

Portsmouth ist das Flaggschiff des maritimen England – im Haupthafen der Royal Navy sind die Nationalheiligtümer der Seefahrtsgeschichte vertäut. Mit Southsea besitzt die Geburtsstadt von Charles Dickens zudem ein einladendes Seebad mit hellem Kieselstrand und dem Clarence Pier.

Heimathafen der Royal Navy

In den Docks liegen drei der berühmtesten englischen Kriegsschiffe vor Anker: die »Mary Rose« von Heinrich VIII., Lord Nelsons »H. M. S. Victory« und die viktorianische »H. M. S. Warrior« (»H. M. S.« steht für »Her Majesty Ship«). Seit 500 Jahren dient der Hafen im Schutze der Isle of Wight als Hauptquartier der Königlichen Marine. 1495 war hier das **erste Trockendock der Welt** in Betrieb genommen worden. 1812 erblickte **Charles Dickens** (▶Berühmte Persönlichkeiten) in Portsmouth das Licht der Welt. 1887 schrieb Sir Arthur Conan Doyle als Arzt im Stadtteil Southsea seinen ersten Sherlock-Holmes-Roman »A Study in Scarlet«.

** HISTORIC DOCKYARD

Marinestützpunkt

Heinrich II. bestimmte Portsmouth zur königlichen Werft, und bis heute ist der Hafen größter Stützpunkt der königlichen Marine. Eine Flotte aus Zerstörern, Fregatten, Minenjägern und Hochseewachbooten liegt hier vor Anker. Einblicke in den Hafen und seine Geschichte geben 45-minütige Harbour Tours. Der **Dreimaster H. M. S. Warrior** setzte als erstes Schiff der Royal Navy mit Ganzmetall-Rumpf, gepanzerten Hauptgeschossen und leistungsstarker Dampfmaschine neue Maßstäbe im Schiffbau. In Lagerhallen aus dem 18. Jh. erzählt das **National Museum of the Royal Navy** die Geschichte der britischen Seefahrt. Die Schlacht von Trafalgar dokumentiert die Ausstellung »H. M. S. Victory«.
❶ www.royalnavalmuseum.org, Öffnungszeiten ▶S. 320

Portsmouth erleben

AUSKUNFT

Visitor Information Service

Clarence Esplanade Southsea, Portsmouth PO5 3PB, Tel. 023 92 82 67 22
www.visitportsmouth.co.uk

VERKEHR UND SHOPPING

Der 22 mi / 35 km entfernte ▶Southampton International Airport ist von Portsmouth gut per Bahn und Bus zu erreichen. Fährverbindungen bestehen nach Fishbourne und Ryde auf der ▶Isle of Wight, zu den Kanalinseln, nach Caen, Cherbourg, Le Havre und St-Malo. Um die Guildhall liegen Einkaufsstraßen, Fußgängerzonen und Shopping Malls wie Cascades. In den Outlets der Gunwharf Quays gibt es Designermode zu Schnäppchenpreisen.

ESSEN

Port Solent und Gunwharf Quays sind angesagte Adressen für ein Dinner mit Meerblick, Old Portsmouth lockt mit Pub-Küche und netten Tea Rooms.

❶ *Spice Island Inn* ☺☺

Bath Square, Old Portsmouth
Tel. 023 92 87 05 43
www.spiceisland-portsmouth.co.uk
Große, leckere Portionen Fisch mit Mut zur Würze, direkt am alten Hafen

❷ *Brasserie Blanc* ☺☺/☺☺☺

1 Gunwharf Quays, Tel. 023 92 89 13 20
www.brasserieblanc.com
Tolle Salate, saftige Steaks, frische Loch Fyne-Muscheln und bester britischer Shropshire Blue-Käse – die Brasserie am Fuße des »Lipstick« genannten Büroturmes überzeugt durch Ambiente und Qualität.

❸ *Old Customs House* ☺☺

Vernon Building
Gunwharf Quay
Tel. 023 92 83 23 33
www.theoldcustomshouse.com
Wo einst die Royal Marines trainierten, werden heute süffiges Bier und moderne Traditionsküche serviert.

❹ *Rosie's Vineyard* ☺☺

87 Elm Grove, Southsea, Tel. 023 92 75 59 44, www.rosies-vineyard.co.uk
Englische Küche mit französischem Flair, mitunter begleitet von Jazzkonzerten

❺ *The Ship Anson* ☺☺

10 The Hard, Portsea
Tel. 02392 82 41 52
Populärer Pub in einem schönen Fachwerkbau im Tudorstil um die Ecke von den Marinaanlagen.

ÜBERNACHTEN

❶ *Somerset House Hotel* ☺☺☺

10 Florence Road
Southsea PO5 2NE
Tel. 023 92 75 35 55
www.somersethousehotel.co.uk
Alle Zimmer in dem geschmackvoll eingerichteten Boutiquehotel besitzen ihre eigene Note – auf Wunsch wird das Frühstück nicht nur im Speisesaal, sondern auch am Bett serviert.

❷ *Seacrest* ☺☺

12 South Parade
Portsmouth PO5 2JB
Tel. 023 92 73 31 92
www.seacresthotel.co.uk
28 liebevoll eingerichtete Zimmer, die Hälfte davon mit Seeblick; auf Wunsch ein tolles 3-Gänge-Menü.

** H.M.S. Victory

Sie ist das berühmteste englische Kriegsschiff aller Zeiten, mit dem Admiral Lord Nelson am 21. Oktober 1805 in der Schlacht von Trafalgar über Napoleon siegte.

**Admiral
Lord Nelson**

Historic Dockyard: tgl. 10.00 – 18.00, Einlass bis 16.30, Nov. – März 10.00 bis 17.30, Einlass bis 16.00 Uhr, Gesamtanlage Erw. £26.20, Einzeltickets: The Mary Rose HMS Victory, HMS Warrior 1860, Action Stations Erw. £ 18, Nat. Mus. of the Royal Navy Erw. £ 13, Explosion Museum of Naval Firepower Erw. £ 11, Jutland 1916 £ 10
www.hms-victory.com
www.historicdockyard.co.uk

❶ Kapitänsquartier
Thomas Masterman Hardy, befehlshabender Offizier während der Schlacht von Trafalgar, standen im Achterschiff drei Kajüten zur Verfügung – wie bei Nelson mit eigener Toilette. In der Offiziersmesse wurden die Tagesbefehle ausgegeben. Weniger komfortabel hatte es die Mannschaft – vor Trafalgar waren 821 Offiziere, Matrosen und Marinesoldaten an Bord.

❷ Admiralsquartier
Vier Kabinen mit gediegener Einrichtung bewohnte Lord Nelson – ein Porträt von William Beechy aus dem Jahr 1801 zeigt Nelson als kommandierenden Vizeadmiral der Mittelmeerflotte, auf zwei weiteren Bildern sind Lady Hamilton und die gemeinsame Tochter Horatia im Alter von zwei Jahren zu sehen. Der Originaltisch, an dem Nelson mit seinen Kapitänen, Offizieren und illustren Gästen zu speisen pflegte, steht heute im Royal Naval Museum.

❸ Steuerrad
Unter dem Kreuzmast auf dem Achterdeck war das Steuerrad.

❹ Nelsons tödlicher Standort
Eine Plakette markiert die Stelle, an der Lord Nelson hinter den französischen Linien eine Kugel traf.

❺ Kombüse
Der Schiffskoch hatte eine Speisekammer, mit Kohle und Holz befeuerte gusseiserne Herde und zwei Öfen zum Brotbacken. Mit einem Kondensator konnte aus Salzwasser Frischwasser gewonnen werden. Die Verpflegung in der georgianischen Marine war übrigens besser als ihr Ruf: Die Tagesrationen (ca. 5000 Kalorien) bestanden aus frischem oder gepökeltem Fleisch, Gemüse, Schiffszwieback, Butter, Käse, Rosinen, Zwiebeln und Zucker. Die Mannschaft aß um 8.00, 12.00 und 16.00 Uhr, die Offiziere nahmen das Dinner zwischen 14.00 und 15.00 Uhr ein.

❻ Pulvermagazin
Explosive Angelegenheit: Hier lagerten 784 Pulverfässer – ein Fünftel des Pulvers wurde während der Schlacht von Trafalgar verschossen.

❼ Vorratskammer
Mittschiffs unterhalb der Wasserlinie war der Proviant verstaut, darunter bis zu 355 t Wasser.

Galionsfigur der H.M.S. Victory mit dem
britischen Königs- und Staatswappen und
dem Wahlspruch des Hosenbandordens
»Honi soit qui mal y pense« sowie dem
königlichen Motto »Dieu et mon droit«

In der Werkstatt von Schiffszimmer-
mann William Bunce wurden Masten
und Spieren repariert.

Die multimedialen **Action Stations** begeistern mit fünf interaktiven Galerien und spannenden Filmen auf einer Riesenleinwand, www.actionstations.org.
National Museum of the Royal Navy: April–Okt. tgl. 10.00–17.00, sonst bis 16.15 Uhr, Eintritt Erw. £ 18

**H. M. S.
Victory

▶Baedeker
Wissen S. 318

Das Flaggschiff von Admiral **Lord Nelson** (▶Berühmte Persönlichkeiten) ist knapp 60 m lang und mit fünf Decks und 104 Kanonen ausgestattet. Das Feuern und Nachladen dauerte nur 90 Sekunden! 1759 wurde der Dreimaster auf der Marinewerft Chatham auf Kiel gelegt, 1765 lief er vom Stapel. Ab 1922 wurde das Schiff restauriert, heute kann es vom Admiralsquartier bis zum Munitionsdepot besichtigt werden. Da die H. M. S. Victory offiziell noch im Dienst der Marine steht, ist sie das am längsten dienende Kriegsschiff der Welt.

*Mary Rose
Museum

Am 19. Juli 1545 sollte die 1509 für **Heinrich VIII.** gebaute »Mary Rose« an einer Seeschlacht gegen die französische Flotte teilnehmen, die vor der ▶Isle of Wight lag. Der König beobachtete vom Southsea Castle aus das Manöver und musste zusehen, wie hohe Wellen in die Schießscharten der schwer beladenen Mary Rose eindrangen, die im Solent versank. 1982 wurde das Tudorschiff gehoben. Der Schiffsrumpf, der zum Erhalt jahrelang mit Polyethyleneglycol besprüht worden war, wurde im 2013 neu eröffneten Mary Rose Museum bis 2016 vorsichtig getrocknet und umfassend restauriert.
 Öffnungszeiten und Eintritt wie ▶ Historic Dockyards S. 318

WEITERE SEHENSWÜRDIGKEITEN

*Gunwharf
Quays

Wo einst die Kriegsschiffe munitioniert wurden, entstand mit den Gunwharf Quays ein neues Hafenviertel mit Designer-Outlets, Bars und Restaurants, Fitnessclub, Kino, Holiday Inn Hotel und Marina. Wahrzeichen des angesagten Ausgehviertels ist der **Spinnaker Tower** – aus 170 m Höhe bietet er einen fantastischen Rundblick über den Historic Dockyard. Hinauf geht es im Lift oder über 560 Stufen. Die Aussichtsplattform in 100 m sorgt mit Glasboden für den besonderen Kick, auf Deck 2 in 105 m präsentieren »Time Telescopes« die Hafengeschichte, auf Deck 3 steht man auf 110 m draußen im Wind.
Spinnaker Tower: tgl. 10.00–18.00 Uhr, Eintritt £ 9.95
www.gunwharf-quays.com, www.spinnakertower.co.uk

*Southsea

Das **Seebad** Southsea gilt mit seinem 5 km langen Kieselstrand als bevorzugte Wohngegend von Portsmouth. Von der Strandpromenade ist bei schönem Wetter die ▶Isle of Wight zu sehen. Der Clarence Pier, das Badezentrum The Pyramids und das **Blue Reef Aquarium** an der Clarence Parade machen Southsea zum beliebten Familienausflugsziel. Das **D-Day Museum** an der Clarence Esplanade widmet

In der Kapitänskajüte empfing Thomas Masterman Hardy vor der Schlacht von Trafalgar die Offiziere zur Lagebesprechung.

der Bordapotheke waren
rbandszeug, Salben, Pillen
d Tinkturen zur Linderung
d Heilung von Verwundungen
d Krankheiten, die sich im
l der Fälle schnell an Bord
sbreiteten.

der Midshipman's Koje starb der tödlich
rwundete Nelson – auf einem Gemälde von
rthur Devis für die Nachwelt verewigt. Noch
n Sterben diktierte Nelson einen Brief an seine
eliebte, Lady Emma Hamilton, die Frau des
itischen Gesandten in Neapel.

©BAEDEKER

Portsmouth

Southampton, Chichester

Essen
1 Spice Island Inn
2 Brasserie Blanc
3 Old Customs House
4 Rosie's Vineyard
5 The Ship Anson

Übernachten
1 Somerset House Hotel
2 Seacrest

Fußgängerzone

sich der Landung der Alliierten in der Normandie am 6. Juni 1944. Ein 83 m langer **Wandteppich** erzählt die wichtigsten Ereignisse der »Operation Overlord«. Letzlich interessanter ist die mit viel Originalmaterial und Filmen dokumentierte Vorbereitung des D-Day in Südengland. Direkt dahinter liegt das **Southsea Castle**, von dem König Heinrich VIII. 1545 den Untergang der »Mary Rose« verfolgte; im Solent erhebt sich das viktorianische Fort Spitbank. In der Offiziersmesse der **Eastney Kaserne** präsentiert das **Royal Marines Museum** die Geschichte der Königlichen Marineinfanterie von 1664 bis heute mit Spezialeffekten und interaktiven Exponaten.

In der Nachbarschaft des Historic Dockyard reihen sich an
The Hard gemütliche Pubs und Fachwerkfassaden.

Blue Reef Aquarium: April – Okt. tgl. 10.00 – 18.00, sonst bis 17.00 Uhr
Eintritt Erw. £ 10.50, 3 – 12 J. £ 8.25, www.bluereefaquarium.co.uk
D-Day Museum: April – Okt. 10.00 – 17.30, Nov. – März bis 17.00 Uhr
Eintritt Erw. £ 6.80, Kinder £ 4.20, www.ddaymuseum.co.uk
Southsea Castle: März – Okt. Di. – So. 10.00 – 17.00 Uhr, Eintritt frei
www.southseacastle.co.uk
Royal Marines Museum: tgl. 10.00 – 17.00 Uhr, Nov. – März Mo. geschl.
Eintritt Erw. £ 10, 5 – 16 Jahre £ 5, www.royalmarinesmuseum.co.uk

Charles Dickens Birthplace
In einem schmalen Backsteinbau in der Commercial Road Nr. 393
wurde 1812 Charles Dickens (▶Berühmte Persönlichkeiten) geboren.
❶ Mai – Sept. 10.00 – 17.30 Uhr, Eintritt Erw. £ 4.20, Kinder £ 3.20
www.charlesdickensbirthplace.co.uk

UMGEBUNG VON PORTSMOUTH

Royal Navy Submarine Museum
Im Royal Navy Submarine Museum an der Haslar Road in **Gosport**
können Besucher vier U-Boote entdecken – darunter auch die Holland (1901), das erste U-Boot der königlichen Marine. Für Kinder
unter 5 Jahren wurde 2014 der spielerische Lernbereich Busy Boats
Bay hinzugefügt.
❶ April – Okt. tgl. 10.00 – 17.30, Nov. – März bis 16.30 Uhr
Eintritt Erw. £ 15.50, 5 – 15 Jahre £ 11, www.submarine-museum.co.uk

Portchester Castle
Portchester Castle wurde im 3. Jh. mit 6 m hohen Außenmauern auf
einer Landzunge im Norden von Portsmouth Harbour errichtet und
gehört zu den wenigen **römischen Hafenforts** in Nordeuropa.
❶ März – Sept. 10.00 – 18.00, Okt. bis 17.00, Nov. – Feb. Sa., So. 10.00 bis
16.00 Uhr, Erw. £ 5.80, 5 – 15 Jahre £ 3.40, www.english-heritage.org.uk

Rochester

✈ **F 42/43**

Grafschaft: Kent
Einwohner: 31 000, alle drei Medway Towns:
256 700

Wo der Medway in den Ärmelkanal mündet, bilden Rochester, Gillingham und Chatham ein Ballungsgebiet, das die Marine, Werften und ein Dichter prägten: Charles Dickens lebte als Kind in Chatham, im Alter in Rochester.

SEHENSWERTES IN ROCHESTER

Englands zweitälteste Kathedrale geht zurück auf das Jahr 604. Um 1080 begann Bischof Gundulf mit dem Bau der heutigen Kathedrale.   ***Cathedral**

Rochester erleben

AUSKUNFT
Medway Visitor Centre
95 High Street, Rochester ME1 1LX
Tel. 01634 84 36 66
www.medway.gov.uk
www.visitmedway.org

SHOPPING & DICKENS FESTIVAL
Rochester ist bekannt für seine Antiquitätengeschäfte an und um die High Street, Markt wird Di. und Sa. auf der Gillingham High Street, Fr. und Sa. auf der Corporation Street abgehalten. Zum alljährlichen Dickens-Festival im Frühjahr gehören Straßentheater, ein viktorianischer Handwerkermarkt und eine Parade mit farbenprächtigen Charakteren aus Dickens' Werken (www.rochesterdickensfestival.org.uk).

ESSEN
Topes Restaurant €€/€€€
60 High Street, Tel. 01634 84 52 70
www.topesrestaurant.com

Moderne britische Küche in nostalgischem Ambiente in der Altstadt

ÜBERNACHTEN
Gordon House Hotel €€
91 High Street, Rochester
Kent ME1 1LX
Tel. 01634 83 10 00
www.gordonhousehotel.net
Etwas in die Jahre gekommenes, aber charmantes Zweisternehotel mit sehr freundlichem Service in einem Stadthaus des 17. Jh.s unweit der Kathedrale.

Premier Inn €/€€
Medway Valley Leisure Park
Chariot Way, Strood, Kent ME2 2SS
Tel. 08715 27 89 38
www.premierinn.com
Modernes, farbenfrohes Kettenhotel mit Self-Check-In und Restaurant im Medway Valley Leisure Park, nur einen Steinwurf vom Diggerland weit weg – das Stadtzentrum ist 5 km entfernt.

Aus dieser Zeit haben sich der wehrhafte Gundulfturm und die Krypta erhalten. Die Weihe erfolgte 1130, die Türme und das Skulpturenportal der Westfassade waren um 1160 fertiggestellt, der Vierungsturm entstand 1343. Bis ins 15. Jh. hinein wurden Lang- und Querhaus um- und ausgebaut. Im Innern führen »Pilgerstufen« zum Grab des Bischofs Walter de Merton. Ursprünglich stand hier das Grab des schottischen Bäckers **William of Perth**, der 1201 auf seiner Pilgerreise ins Heilige Land in Rochester ermordet wurde. Dem Grab wurden bald Wunderkräfte nachgesagt, sodass es sich zu einem Wallfahrtsort entwickelte. Der Kathedrale war ein Benediktinerkloster angegliedert, das unter Heinrich VIII. aufgelöst wurde. Von den vier Zugangstoren des 15. Jh.s sind drei erhalten: Zur High Street hin öffnet sich das Chertsey's Gate, daneben bot das Deanery Gate Pilgern Zugang zum Schrein des Heiligen William of Perth. Am besten erhalten ist das **Prior's Gate** an der Südseite. Ein Kleinod ist der Garten der Kathedrale mit seiner wunderschönen Magnolie und einer frisch restaurierten Sektion der antiken Stadtmauer, die um 200 n. Chr. in die römische Stadt Durobrivae und später in die Klostergebäude integriert wurde. In den Tea Rooms der Deanery aus dem 18. Jh. gibt es hausgemachten glutenfreien Kuchen und Fair-Trade-Kaffee.

❶ So.–Fr. 7.30–18.00, Sa. bis 17.00 Uhr, Eintritt frei, Spende erbeten
Audioguides £ 4, www.rochestercathedral.org

*Castle Die Burg von 1088 gehört zu den ältesten normannischen Festungen in England. Der um 1127 entstandene Bergfried lockt in 37 m Höhe mit einer fantastischen Aussicht. Nach Süden blickt man auf Satis House, in dem Königin Elisabeth I. anno 1573 zu Gast war.

❶ April–Sept. 10.00–18.00, Okt. bis 17.00, Nov.–März bis 16.00 Uhr
Eintritt Erw. £ 6.20, Kind £ 3.90, www.english-heritage.org.uk

Diggerland

Wer Bob den Baumeister liebt, wird hier glücklich: Im Diggerland können Kinder und Erwachsene echte Baumaschinen fahren, im Bulldozer durch den Matsch rasen oder nach Herzenslust im Sand baggern und buddeln (Medway Valley Leisure Park, Chariot Way, Juli und Aug tgl. 10.00–17.00 Uhr, Mai, Juni, Sept. nur Sa./So., Kinder ab 90 cm Körpergröße und Erw. £ 17, unter 90 cm Eintritt frei).

Die High Street folgt dem Lauf der römischen Handelsstraße Watling Street, die ►London mit der Küste verband. Die Geschichte von Stadt und Region lässt das **Guildhall Museum** mit den Dickens Galleries und einem Nachbau eines Schiffsgefängnisses lebendig werden.

Museum: Di.–So. 10.00–17.00 Uhr
Eintritt frei, www.medway.gov.uk

In 17–19 Crow Lane wurde die elisabethanische Stadtvilla ***Restoration** restauriert, in der Karl II. vor seiner Thronbesteigung am 28. Mai 1660 die erste Nacht auf englischem Bo-

Riesenspaß: Beim alljährlichen Dickens-Festival im Frühjahr werden
seine berühmten Romanfiguren zum Leben erweckt.

den verbrachte. Gegenüber führt eine Allee durch The Vines, den
einstigen Weinberg der Mönche.

❶ Juni – Sept. Do., Fr. 10.00 – 17.00 Uhr, Eintritt Erw. £ 7.50,
Familienticket £ 18, www.restorationhouse.co.uk

UMGEBUNG VON ROCHESTER

Auf den im 16. Jh. angelegten Docks von Chatham, 4 mi / 6,4 km öst-   **Chatham
lich von Rochester, wurden bis 1984 mehr als 400 Schiffe gebaut, darunter auch Nelsons Flaggschiff H.M.S. Victory (▶Portsmouth). Heute liegen in dem **Historic Dockyard** Oldtimerschiffe und das
U-Boot »Ocelot«, erzählen eine Seilerei, Segel- und Fahnenloft die
Geschichte des Schiffbaus am Medway. Im Sommer kann man mit
dem *Paddle Steamer* »Kingswear Castle«, einem 1924 gebauten
Kohleraddampfer, von den Dockyards aus den Leedway hinunter bis
zum Upnor Castle schippern. *Fort Amherst* wurde 17567 zum
Schutz der königlichen Werft von Chatham als Teil der Verteidi-
gungslinie Brompton Line errichtet und angesichts der Bedrohung
durch Frankreich zwischen 1802 und 1811 erheblich ausgebaut. Um
Mannschaft und Munition zu bewegen, wurden Tunnel in die Kreidefelsen gegraben. Heute gilt Fort Amherst mit seinen 50 Kanonen
als besterhaltene und größte napoleonische Festung Englands. Richtig gruselig wird die Besichtigung im Laternenschein der Ghost

BAEDEKER TIPP

Charles Dickens' Pub

Das urgemütliche **Ye Old Leather Bottle Inn** gegenüber der Pfarrkirche von Cobham war eines der Lieblingslokale von Dickens – und birgt heute wundervolle Erinnerungsstücke. Literarisch verarbeitet wurde der Pub in den »Pickwick Papers« (Tel. 01474 81 43 27, www.theleatherbottle.pub).

Tours. Im Erlebnismuseum **»Dickens World«** können Besucher auf den Spuren des Autors durch Gassen aus seinen Romanen wandeln und dort seinen Charakteren wie »Scrooge« und »Jack Frost« begegnen. Was der Erfindergeist der königlichen Militäringenieure hervorgebracht hat, ist im **Royal Engineers Museum** von **Gillingham** zu sehen: Wellingtons Schlachtplan für Waterloo, Tauchanzüge von 1902, selbst ein Harrier Jet ist ausgestellt.

Chatham Historic Dockyard: März – Okt. 10.00 – 18.00 Uhr
Eintritt Erw. £ 16.50, 5 – 15 J. £ 11, www.thedockyard.co.uk
Fort Amherst: Tunnel-Touren Erw. £ 5, Kind £ 2.50, tgl. 11.00, 14.00 Uhr
Ghost Tours £ 10, Okt. – März 19.30, 20.30, Apr. – Sept. 20.00, 21.00 Uhr
Freigelände rund um die Uhr geöffnet, www.fortamherst.com
Dickens World: tgl. 10.00 – 17.30, letzte Führung 15.30 Uhr, Eintritt p. P. ab £ 5.50, www.dickensworld.co.uk
Royal Engineers Museum: Di. – Fr. 9.00 – 17.00, Sa., So. 11.30 – 17.00 Uhr
Eintritt Erw. £ 8.40, www.re-museum.co.uk

*Cobtree Museum of Kent Life Ein beliebtes Familienausflugsziel ist das Freiluftmuseum im Norden von Maidstone. Hopfendarren und -felder, Farmtiere und Traktorrundfahrten lassen Besucher am kentischen Landleben teilnehmen.
❶ Mo. – Fr. 10.00 – 17.00, Sa./So. 10.00 – 18.00 Uhr
Eintritt Erw. £ 9.50, 3-15 Jahre £ 7.50, online günstiger, www.kentlife.org.uk

Leeds Castle, auf zwei Inseln gelegen im Len, gehört zu den schönsten Burgen im Vereinigten Königreich.

Als »schönste Burg der Welt« bezeichnete Lord Conway einst Leeds Castle, 7 mi / 11,2 km südöstlich von Maidstone. Die Burg, deren warm leuchtender Sandstein sich im weitem Wassergraben spiegelt, bietet wirklich einen spektakulären Anblick. Bereits im 9. Jh. soll hier ein sächsisches Herrenhaus gestanden und die Burg ihren Namen von Led, dem Ersten Minister von Ethelbert IV., erhalten haben. Danach gehörte Leeds den Normannen, war eine **Residenz für sechs englische Monarchinnen**, diente als Palast Heinrichs VIII. und bis 1974 als privates Wohnhaus.

**Leeds Castle

Die Schlossanlage ist auf zwei separaten Inseln errichtet, die eine Brücke miteinander verbindet. Eine Zugbrücke bildet den Haupteingang und führt an einem Torhaus aus dem 13. Jh. und an Stallungen vorbei zum separat stehenden Maiden's Tower, dessen quadratische Anlage aus der Tudorzeit im 19. Jh. mit Zinnen bekrönt wurde. Das heutige Hauptgebäude ersetzte ab 1824 einen vorherigen Tudorbau. Die Innenausstattung stammt von der Amerikanerin Lady Baillie, die Leeds Castle 1926 kaufte und instand setzte. Über die doppelstöckige Steinbrücke geht es zur Gloriette aus der Zeit Heinrichs VIII. Der Bankettsaal des Königs mit Ebenholzboden und geschnitzter Eichendecke, der gelbe Salon mit feinem Seidendamastdesign, das Schlafgemach der Königin und die Königinnengalerie erinnern an die Aufenthalte Heinrichs VIII. und seiner ersten Gemahlin Katharina von Aragonien. Einmalig ist ein **Hundehalsband-Museum** im Pförtnerhaus mit bis zu 400 Jahre alten Exponaten. Im 200 Hektar großen Landschaftsgarten tummeln sich Schwäne auf den Seen, dazu wollen Irrgarten, Grotte, Gewächshäuser, ein Weingut und eine Voliere mit 100 Vogelarten erkundet werden – mit Segways ein herrlicher Spaß.

❶ April – Okt. 10.00 – 18.00, Einlass bis 16.30, Nov. – März 10.30 – 16.00, Einlass bis 15.00 Uhr, Erw. £ 24, 4-15 Jahre £ 16, www.leeds-castle.com Bei »Dine & Sleep«-Events, die mehrmals im Jahr stattfinden, können Sie im Schloss auch schlemmen und übernachten!

** Rye

✧ J 44

Grafschaft: East Sussex
Einwohner: 4600

Auf einem Hügel thront die Perle der »Cinque Ports« stolz über den Weiden der Romney Marsh, auf denen Schafe grasen. Hinter Ryes Stadttor säumen schmucke Fachwerkbauten aus der Tudorzeit die Gassen mit Katzenkopfpflaster.

Im Mittelalter genoss Rye die Privilegien der Hafenkonföderation »Cinque Ports« und war als Fischereihafen und Schmugglernest be-

Bilderbuchstädtchen

kannt. Durch die Verlandung des Hafens um 1590 und den nachfolgenden wirtschaftlichen Niedergang wurden viele Fachwerkbauten nicht wie anderswo mit Backstein verkleidet, sodass viele Tudorfassaden erhalten sind. Heute liegt die Stadt 3 km landeinwärts. Innerhalb der geschleiften Stadtmauer ist der Grundriss des mittelalterlichen Rye mit drei Hauptstraßen, zahlreichen Querverbindungen sowie 140 Gebäuden aus der Zeit vor 1750 hervorragend erhalten.

RUNDGANG DURCH RYE

Verwinkelte Gassen

Berühmt ist die kopfsteingepflasterte **Mermaid Street** (▶Abb. S. 132) mit ihren gestaffelten Fachwerkbauten und dem Mermaid Inn. Humorvoll nennt sich das Fachwerkhaus gegenüber »The House Opposite«, ein anderes heißt »The House with a Seat«, und der nicht so glückliche Nachbar lebt im »The House without a Seat«. Unten am **Strand Quay** säumen schwarz geteerte Speicherhäuser mit Antiquitätengeschäften und Teestuben das Flussufer des Tillingham. 1370 stürmten die Franzosen die Stadt und zerstörten sie. Aus jener Zeit sind nur der Festungsturm **Ypres Tower** mit einer Dependance des Stadtmuseums und das **Landgate** erhalten. Das letzte der vier Stadttore wurde 1327 unter Eduard III. errichtet und 1377 erneuert.

Ypres Tower: Apr. – Okt. 10.30 – 17.00, Nov. – März bis 15.30 Uhr
Eintritt Erw. £ 4, unter 16 J. frei, www.ryemuseum.co.uk

Romantischer geht's nicht als im mittelalterlichen Mermaid Inn.

Rye erleben

AUSKUNFT
Tourist Information Centre
The Heritage Centre Strand Quay, Rye
TN31 7AY, Tel. 01797 22 66 96, www.
visitrye.co.uk, www.ryeheritage.co.uk

SHOPPING UND EVENTS
Die holprigen Straßen mit denkmalgeschützten Häusern und urgemütlichen
Teestuben wollen ausgiebig durchbum-
melt werden – allerdings nur mit fla-
chem Schuhwerk! Rye besitzt zahlreiche
Antiquitätengeschäfte, Antiquariate und
Galerien, in denen lokale Künstler ihre
Arbeiten präsentieren. Donnerstags ist
am Bahnhof Wochenmarkt, Mittwoch-
morgen am Strand Quay ein Bauernmarkt. Theater und Konzerte gehören
zum Rye Festival im September.

HANDGEMACHT
Seit dem 11. Jh. wird in Rye die traditionelle »Hopware« getöpfert, Gefäße, die
mit kleinen Hopfenzweigen oder -blät-
tern verziert und mit Bleiglasur überzo-
gen werden: Rye Pottery in der Ferry
Road und Cinque Ports Pottery am Con-
duit Hill mit Paint-Your-Own-Pot-Studio.

ESSEN
The Mermaid Inn ❸❸❸
Mermaid Street, Tel. 01797 22 30 65
www.mermaidinn.com
Ein Muss für Romantiker: das noble Tra-
ditionsgasthaus aus dem 15. Jh. mit bal-
kenschweren Räumen, offenen Kaminen
und – auf Wunsch – kuscheligen Himmelbetten. Wo im 18. Jh. die berüchtig-
ten Hawkhurst-Schmuggler ihre Stammkneipe hatten, wird heute vorzüglich
gespeist. Göttlich: der Lobster Thermidor
mit Parmesan und Senfsoße.

TEA ROOMS
Simon the Pieman (❸, Tel. 01797
22 21 25) nennt sich die älteste Teestube
Ryes und wartet in der Lion Street mit
leckeren Cream Teas auf. Im Mermaid
Inn nimmt man den Tee am Kamin, wie
in Mutters guter Stube fühlt man sich im
versteckt gelegenen Cobbles Tea Room
(❸ www.thecobblestearoom.co.uk), in
dem sich seit mehr als 50 Jahren die Einheimischen zum Tee verabreden – im
Sommer auf der Terrasse.

ÜBERNACHTEN
Jeake's House ❸❸
Mermaid Street, Rye TN31 7ET, Tel.
01797 22 28 28, www.jeakeshouse.com
Jenny Hadfield und Richard Martin
haben an der kopfsteingepflasterten
Mermaid Street ein bezauberndes Häuschen, jedes Zimmer ist mit Antiquitäten
eingerichtet.

Four Seasons ❸
96 Udimore Road, Rye TN31 7DY
Tel. 01797 22 43 05
Nette Zimmer und idyllischer Garten
am Cadborough Cliff mit Seeblick.
Dinner auf Anfrage.

Town Salts Vom Landgate führt die Straße East Cliff den Berg hinauf und bietet einen Blick auf die Wiesen der »Town Salts«, wo bis ins 19. Jh. Salz gewonnen wurde. Die East Street birgt die georgianischen Stadthäuser Chequer House und Durrant House. Die Market Street führt vorbei am Flushing Inn mit Renaissance-Wandmalerei und Tunnelgewölbe aus dem 13. Jh. und zum Backstein-Rathaus von 1743.

St. Mary Dahinter erhebt sich als höchster Punkt der Stadt die Pfarrkirche St. Mary mit Kirchenfenstern von William Morris und Sir Edward Burne-Jones aus dem Jahr 1897 sowie einer Turmuhr von 1561. Die zinnenbekrönte Plattform im Turm gewährt eine schöne Aussicht und Einblicke in den Glockenstuhl.

Lamb House Der amerikanische Schriftsteller **Henry James** wohnte von 1898 bis zu seinem Tode 1916 in der West Street. In dem Stadthaus des 18. Jh.s mit zauberhaftem Garten verfasste er die Romane »Die goldene Schale« und »Die Gesandten«. Ungleich gruseliger ist Joan Aikens Roman »Der Geist von Lamb House«.
❶ April – Okt. Di., Fr., Sa. 11.00 – 17.00 Uhr, Erw. £ 6.20
www.nationaltrust.org.uk

UMGEBUNG VON RYE

*Winchelsea Wie Rye liegt auch das 3 mi / 4,8 km westliche Winchelsea auf einem Hügel und machte als »Cinque Ports« sogar dem Londoner Hafen Konkurrenz. Nachdem 1250 ein Orkan den Ort völlig zerstörte, wurde er auf schachbrettartigem Grundriss wieder aufgebaut. Durch die Verlandung des Hafens wurde die Stadt allerdings nie ganz fertiggestellt, auch die um 1300 begonnene Kirche St. Thomas blieb unvollendet. Eduard I. hatte Winchelsea und Rye als Depot für importierte Weine aus Frankreich geplant – daher besitzen beide Orte zahlreiche Gewölbekeller aus dem Mittelalter.
❶ www.winchelsea.net

Auf der A 262 geht es zum viel besuchten Garten von ****Sissinghurst Castle**. Von der einstigen Tudorburg aus der Zeit vor 1550 zeugt nur noch ein vierstöckiger Torturm. Im Jahr 1930 wurde der Besitz von der

Blütenzauber im Garten von Sissinghurst Castle

Schriftstellerin und Gartenkolumnistin **Victoria (Vita) Sackville-West** (1892 bis 1962) erworben, die hier mit ihrem Mann, dem Historiker Sir Harold Nicholson, lebte. Vita – eine enge Freundin von Virginia Woolfe – und Harold führten ein turbulentes Eheleben voller Komplikationen, fanden aber in ihrer Gärtnerleidenschaft immer wieder zusammen. Auf 2,5 ha schufen sie zehn individuell gestaltete Gartenzimmer, in denen sich Rosen, Kräuter, Obstbäume und Eibenhecken abwechseln, während im White Garden nur Pflanzen mit weißen Blüten oder silbrigen Blättern wachsen. Im Torturm hatte Vita Sackville-West ihr Arbeitszimmer, hier führte sie Tagebuch über alle Entwicklungsstufen ihres Gartens. Eine Bibliothek ist im ehemaligen Stallgebäude gegenüber vom Turm untergebracht.

❶ März – Okt. Fr. – Di. 10.30 – 17.00 Uhr, Eintritt Erw. £ 13.30, Kinder £ 6.45, Familie £ 33, www.nationaltrust.org.uk

Benenden, Biddenden, Smarden, Goudhurst, Lamberhurst – folgt man in dem Landschaftsdreieck zwischen Tenterden, Tunbridge Wells und Maidstone der Straßenausschilderung »High Weald Country Tour«, so trifft man auf **traditionsreiche Dörfer** in einer abwechslungsreichen Hügel- und Wiesenlandschaft, die Besuchern einen lebendigen Eindruck vom komfortablen Landleben geben, das die Engländer so sehr lieben. Die meisten der Ortsnamen enden auf »-den« oder »-hurst«, was so viel wie Lichtung oder Wald bedeutet und auf den einstigen Waldreichtum hinweist. Ein regionales Charakteristikum sind die runden »oast houses«, **Hopfendarren** mit weißen Dächern, die sich inzwischen oftmals in schicke Wohnhäuser verwandelt haben.

*High Weald Country Tour

** Salisbury

✧ H 29

Grafschaft: Wiltshire
Einwohner: 43000

**Immer wieder hat John Constable (1776 – 1837) das Wahrzei-
chen der Grafschaftshauptstadt gemalt: Salisbury Cathedral –
eine Perle der englischen Frühgotik, eingefasst von Englands
größter Domfreiheit, bekrönt vom höchsten Kirchturm Englands, der die alte Tuchhändlerstadt am Avon überragt.**

Musterbei-
spiel aus dem
Mittelalter
Während den Cathedral Close Häuser aus dem 16. – 18. Jh. umgeben,
ist Salisburys Altstadt kein Gewirr enger Gassen, sondern hat ein ge-
ordnetes Schachbrettmuster mit Häuserzeilen um Gartenhöfe herum: Die Altstadt gilt als Musterbeispiel mittelalterlicher Stadtpla-
nung. Möglich machte es die Gründung vom Reißbrett: Salisbury
entstand 1220, als der Klerus den Bischofssitz von Old Sarum in die
Talniederung des Avon verlegte.

SEHENSWERTES IN SALISBURY

**Cathedral
Es heißt, man habe den Platz für den Neubau der Kathedrale mittels
eines Pfeilschusses ermittelt. Die Kathedrale im frühgotischen Early

**Meisterwerk: Die Kathedrale von Salisbury gilt als das
vollkommenste Beispiel der englischen Frühgotik.**

English Style wurde in einer Rekordzeit von 45 Jahren aus silbergrauem Kalkstein errichtet – im 13. Jh. eine außerordentliche Leistung. 1265 wurde der Sakralbau geweiht, 1380 der 123 m hohe Vierungsturm vollendet. Nicht mehr erhalten ist der Glockenturm, der bis 1790 in der Domfreiheit stand. Sein Uhrwerk von 1386 – das älteste Englands – ist im nördlichen Seitenschiff zu sehen. Der Grundriss des Gotteshauses weist die für England typische additive Raumfolge von Langhaus, Querhäusern, Chor, Retrochor und Trinitätskapelle auf, die im Osten als Rechteck abschließt.

Der **Innenraum** beeindruckt durch seine helle, ungehinderte Weite, da der Lettner im 18. Jh. entfernt wurde. Fortlaufende Gesimse im Langhaus und die mit 25 m geringe Höhe des Kreuzrippengewölbes unterstreichen den horizontalen Gesamteindruck. Im frühen 19. Jh. ließ

> **! BAEDEKER TIPP**
>
> *Dach-Tour*
>
> An die Besichtigung der **Kathedrale** kann eine »roof tour« angeschlossen werden, auf der man über das Triforium und 332 Stufen zu einer Außengalerie am Fuße des Turmhelms geführt wird (Tower Tour April – Okt. Mo. – Sa. stündlich 11.15 – 15.15 Uhr, So. 13.15, 14.15 Uhr, Eintritt Erw. £ 12.50, Kinder £ 8, Familien £ 30).

James Wyatt das Innere radikal umgestalten und **Grabdenkmäler** entfernen bzw. neu ordnen. Als Erster wurde 1226 William Longespée, Sohn von Heinrich II., in der Kathedrale beigesetzt – seine Grabskulptur zeigt erstmals einen Ritter in voller Rüstung. Davor ruht Bischof Osmund von Old Sarum († 1099) – von der Berührung seines Schreins versprachen sich Pilger Heilung ihrer Krankheiten. Elisabethanisch farbenfroh ist das polychromierte Doppelgrab von Sir Richard Mompesson und Gemahlin, deren Nachfahren Mompesson House erbauten. Die Gedächtniskapelle des 1524 verstorbenen Bischof Audley ist mit feinem Fächermaßwerk und einem florentinischen Mariengemälde über dem Altar ausgestattet. Die **Trinitätskapelle** erhebt sich als ältester Bauteil über feingliedrigen Säulen aus Purbeck-Marmor. An den hochgotischen **Kreuzgang** schließt sich das ab 1275 entstandene, achteckige **Kapitelhaus** an, das eine Kostbarkeit birgt: ein Exemplar der vier noch existierenden Originale der **Magna Charta**, deren 800. Geburtstag 2015 im ganzen Land groß gefeiert wurde.

❶ Mo. – Sa. 9.00 – 17.00, So. 12.00 – 16.00, Chapter House Apr. – Okt. Mo. – Sa. 9.30 – 17.30, Nov. – März 10.00 – 16.30, So. 12.45 – 16.45 Uhr Eintritt frei, www.salisburycathedral.org.uk

Die **größte Domfreiheit Englands** ist ein grünes Rasenquadrat, das   **The Close**
um 1330 mit einer Mauer vor der »aufständischen Bevölkerung« geschützt wurde. Die Häuser innerhalb der Domfreiheit stammen aus dem 13. – 18. Jh. und dienen teilweise als Wohnungen der kirchlichen Angestellten. Vier Torwege verbinden den Dombezirk mit der

Salisbury erleben

AUSKUNFT
Tourist Information Centre
Fish Row, Salisbury SP1 1EJ
Tel. 01722 33 49 56
www.visitwiltshire.co.uk
www.salisburycathedral.org.uk

SHOPPING UND FESTIVAL
Ausgiebig bummeln kann man in den
Fußgängerzonen der Fish Row, Butcher
Row und High Street – hier bietet
außerdem das Old George Mall Shopping Centre junge Mode, Schmuck
und Krimskrams. Di. und Sa. ist Wochenmarkt auf dem Market Square.
Konzerte, Lesungen, Theater, Tanz
und Kinderprogramm gehören zum
alljährlichen Salisbury International
Arts Festival im Frühsommer
(www.salisburyfestival.co.uk).

ESSEN & ÜBERNACHTEN
Red Lion ●●●
4 Milford Street, Salisbury SP1 2AN
Tel. 01722 32 33 34

www.the-redlion.co.uk
Hinter den Efeuranken des mittelalterlichen Fachwerks verstecken sich 51
traumhafte Zimmer und das renommierte Vine Restaurant.

Howards House Hotel ●●/●●●
Teffont Evias, Salisbury SP3 5RJ
Tel. 017 22 71 63 92
www.howardshousehotel.co.uk
Nick Wentworth setzt auf den Eigen-
geschmack seiner regionalen Zutaten,
seine Partnerin Noële Thompson auf
Nachhaltigkeit und zeitlos-moderne
»Englishness«. Gemeinsam betreiben
sie so eines der wohl schönsten Land-
hotels in Südengland.

Webster's ●●
11 Hartington Road, Salisbury SP2 7LG
Tel. 01722 33 97 79
www.websters-bed-breakfast.com
Fünf helle, hübsche Zimmer und sehr
netter Service. Zum Frühstück gibt es
Pfannkuchen mit Ahornsirup!

Stadt: St. Ann's Gate im Nordosten führt zum Malmesbury House,
wo Karl II. im Jahr 1651 vor den Truppen Cromwells Zuflucht suchte. Durch das südliche Bischop's Gate gelangt man zum 1220 begonnenen **Bishop's Palace** mit der Kathedralschule. Das **Salisbury and
South Wiltshire Museum** im King's House zeigt Exponate aus
▶Stonehenge und Old Sarum, Glas- und Porzellanarbeiten. Im Süden
führt **Harnham Gate** zum Ufer des Avon – diesen Blickwinkel wählte der Maler John Constable für viele seiner Kathedralansichten.
King's House: 25 The Close, Mo. – Sa. 10.00 – 17.00, Juli, Aug. auch
So. 12.00 – 17.00 Uhr, Eintritt Erw. £ 8, Kinder £ 4
www.salisburymuseum.org.uk

***Mompesson
House**
Vorbei an der bischöflichen Kleider- und Dokumentenkammer **The
Wardrobe**, heute das Regimentsmuseum der Grafschaft Wiltshire,
geht es durch ein geschwungenes Eisengitter zum 1701 errichte-
Mompesson House. Seine kostbare Sammlung englischer Trinkge-

fäße zählt 400 Gläserformen. **Teatime-Tipp**: die hübsche Teestube.
❶ März – Okt. Sa. – Mi. 11.00 – 17.00 Uhr, Eintritt Erw. £ 7, Kinder £ 3.30
www.nationaltrust.org.uk

Durch das North Gate geht es in die Altstadt, wo Straßennamen wie   ***Altstadt**
Fish Row oder Butcher Row an die einstigen Gewerke in den Gassen
erinnern. Der kleine Poultry Cross diente einst als Geflügelmarkt.

UMGEBUNG VON SALISBURY

Die Ruinen der Vorgängerstadt Salisburys liegen 2 mi / 3,2 km nörd-   **Old Sarum**
lich nahe der A 345 auf einem Hügel, der schon in prähistorischer
Zeit befestigt war. Die Römer errichteten an dieser Stelle das Lager
Sorviodunum, unter den Sachsen entstand eine städtische Siedlung.
Wilhelm der Eroberer ließ eine Burg erbauen und den Bischofssitz
von ▶Sherborne 1075 nach Old Sarum verlegen. Unter Bischof Osmund wurde hier im 11. Jh. ein Regelwerk für Liturgie und Kirchen-
organisation festgelegt, das bis zur Reformation in England gültig
war. Wegen Wassermangel und ständigem Streit zwischen Geistlich-
keit und königlicher Garnison beschloss der Klerus 1220 die Gründung von Salisbury und erbaute die Stadt mit Steinen aus Old Sarum.
Von der Burg und einer 1092 geweihten Kathedrale sind heute nur
noch spärliche Ruinen innerhalb eines doppelten Ringwalls zu sehen. Beim alljährlichen Mittelalterfest ***Grand Medieval Joust** im
Juli sieht man Ritter in schimmernden Rüstungen, Burgfräulein, Mu-
sikanten und Falkner, die ihre Vögel vorführen.
❶ April – Sept.. tgl. 10.00 – 18.00, Okt. bis 17.00 Uhr, Eintritt Erw. £ 5
www.english-heritage.org.uk

Die Kleinstadt Wilton, 3 mi / 4,8 km westlich von Salisbury, war einst   **Wilton**
Hauptstadt des angelsächsischen Königreiches Wessex und Namens-
geber für die Grafschaft »Wilt«-shire. 1655 etablierte sich hier eine
Teppichmanufaktur, die bei der Verarbeitung der heimischen Wolle
von den Kenntnissen hugenottischer Weberfamilien aus Flandern
und Frankreich profitierte. Die ***Wilton Carpet Factory** in der
Minster Street, die sogar den königlichen Hof belieferte, ist heute
noch in Betrieb, ihr Factory Shop Herz des **Wilton Shopping Village**, wo man Mode, Schmuck, Glas und Porzellan erwerben kann.
❶ www.wiltoncarpets.com

Die Abteigebäude von Wilton wichen 1544 einem Tudor-Landsitz,   ****Wilton
House**
der 1647 in Flammen aufging. Gerettet wurden nur der heutige Ost-
turm und das Holbein-Portal im Park. Der neue Stammsitz für die
Grafen von Pembroke am River Nadder entstand unter der Federführung von **Inigo Jones** (1573 – 1652), der in England die Epoche des

palladianisch geprägten **Klassizismus** einläutete, und wurde nach dessen Tod von John Webb vollendet. Die schlichte Fassade des Herrenhauses kontrastiert mit dem üppigen Barock der Staatsgemächer im Südflügel, die Inigo Jones entwarf.

Im Ante Room sind holländische und flämische Meister sowie ein Deckengemälde von Lorenzo Sabatini zu sehen. Die »Bekehrung des Paulus« von Luca Giordano ziert die Decke des Corner Room, Werke von Andrea del Sarto, Rubens, Frans Francken und Gerard ter Broch bedecken die Wände. In Weiß- und Goldtönen ist der Colonnade Room mit kannelierten Säulen dekoriert. Der Great Ante Room zeigt ein Porträt der Mutter Rembrandts sowie Werke von van Dyck und William van der Velde. Den **Doppelwürfelsaal** (Double Cube Room), der von einem illusionistischen Deckengemälde zur Perseus-Mythologie überfangen wird, entwarf Inigo Jones eigens für die Kollektion von Familienporträts, die **van Dyck** 1634 im Auftrag des 4. Earl of Pembroke anfertigte. Im Mittelpunkt steht das Gruppenporträt des Auftraggebers mit seiner Familie, welches Porträts Karls I. und seiner Gattin einrahmen. Die schweren, vergoldeten Möbel wurden gut 100 Jahre später von Thomas Chippendale und William Kent entworfen. Während des Zweiten Weltkrieges diente der Raum als alliiertes Hauptquartier, in dem Eisenhower und Churchill die Landung in der Normandie vorbereiteten. Im halb so großen **Würfelsaal** (Single Cube Room) schmückt die Decke eine Darstellung von Daedalus und Ikarus aus dem 17. Jh. von Giuseppe Cesari. Der weite **Landschaftspark** von Wilton House besitzt uralte Bäume. Die Gärten führen auf der Südseite zum Fluss, über den William Kent 1736 eine viel kopierte Brücke im Palladio-Stil spannte. Im Osten schließt sich an den japanischen Garten ein Waldwanderweg an.

❶ Mai – Okt. So. – Do. 11.30 – 16.30 (Haus), 11.00 – 17.00 (Garten), Sept. Sa./So. 11.30 – 16.30 (Haus), 11.00 – 17.00 (Garten), Haus u. Garten Eintritt Erw. £ 15, 5 – 15 J. £ 7.75, Familien £ 37, nur Garten u. Abenteuerspielplatz Erw. £ 6.25, 5 – 15 J. £ 4.75, Familie £ 17.50, alte Reitschule Eintritt frei www.wiltonhouse.co.uk

** St. Ives

⊹ N 7

Grafschaft: Cornwall
Einwohner: 11 200

Das »griechische Licht« lockte bereits vor 200 Jahren Künstler nach St. Ives, die das besondere Flair des Fischerdorfes auf die Leinwand bannten: den malerischen Hafen, die verwinkelten Gassen, die vom Golfstrom begünstigten Sandstrände und die weite Bucht an der Mündung des Hayle.

Die feinsandigen Strände von St. Ives erstrecken sich bis zu den Dünen von Godfrey Point.

Künstler, Kunstinteressierte, Badeurlauber und Durchreisende bevölkern im Sommer die engen Gassen, in denen sich Souvenirgeschäfte mit interessanten Galerien und Künstlerateliers abwechseln.

Nizza des Nordens

Auf seiner Suche nach faszinierenden Landschaften entdeckte **William Turner** St. Ives 1811, und zusammen mit **James Whistler**, Frances Hodgkins, Matthew Smith, Cedric Morris und Walter Sickert gründete er den St. Ives Art Club. 1920 richtete der Töpfer **Bernard Leach** hier ein Atelier ein, 1939 zog das Künstlerehepaar **Ben Nicholson** und **Barbara Hepworth** nach St. Ives, Christopher Wood und Naum Gabo folgten. Zusammen mit Sir Terry Frost, Peter Lanyon, John Wells u. a. verwandelten sie das Fischerdorf in eine avantgardistische Künstlerkolonie, alte Pökelspeicher dienten als Ateliers. Auch **Patrick Heron**, der englische Meister der Abstraktion, arbeitete hier bis zu seinem Tod 1999.

Künstlerkolonie von Weltruf

! BAEDEKER TIPP

Multimedia Trail

Wer mit iPod oder iPhone unterwegs ist, kann den Künstlern von St. Ives auf dem Ben Nicholson Multimedia Trail folgen und dazu kostenlos den Podcast von der Tate-Website herunterladen: www.tate.org.uk/visit/tate-st-ives, iPod Touch-Verleih £ 3.

SEHENSWERTES IN ST. IVES

An der Strandpromenade von Porthmeor Beach feiert die **»Tate of the West«** 2018 ihr 25-jähriges Bestehen. Die dritte Dependance der

**Tate Gallery

St. Ives erleben

AUSKUNFT
Tourist Information Centre
The Guildhall, Street-an-Pol
St. Ives TR26 2DS, Tel. 01736 79 62 97
www.visitstives.org.uk

SIMPLY THE BEST
Cornish Pasties
Vor 150 Jahren war sie das tägliche Essen der cornischen Zinnminenarbeiter: die Cornish Pasty (▶S. 88). Heute gibt es sie in zig Variationen, besonders lecker beim Traditionsbetrieb Penganna mit Schaubäckerei in der High Street Nr. 9 (www.pengennapasties.co.uk).

LEINEN LOS!
90-min.-Bootsausflüge führen tgl. vom Hafen zur Seal Island, wo man Robben und Delfine beobachten kann. Hochseeangler können ihr Glück auf der »Dolly Pentreath« versuchen, dem Nachbau eines traditionellen cornischen Fischkutters (www.stivesboats.co.uk).

ESSEN
Mermaid Seafood Restaurant ☺☺/☺☺☺
21 Fish Street, Tel. 01736 79 68 16
www.mermaidstives.co.uk
In einem der ältesten Häuser der Stadt serviert Mathew die besten Meerestiere, Spezialität: fangfrischer Hummer.

The Live Boat Inn ☺
Wharf Road
Tel. 01 736 79 41 23
www.lifeboatinnstives.co.uk
Austell-Biere, Pub-Klassiker wie Steak & Pie auf der Karte und Live-Musik zum Wochenende: Das Inn am Hafen gehört zu den beliebtesten Pubs der Region.

ÜBERNACHTEN
Chy an Albany ☺☺☺
Albany Terrace
St. Ives TR26 2BS
Tel. 01736 79 67 59
www.chyanalbanyhotel.com
Edwardianisches Hotel mit Traumblick über die Bucht von St. Ives. Exquisite Fischgerichte, würzige Käsesorten aus Cornwall und gut sortierte Weinkarte.

Primrose Valley Hotel ☺☺☺
Primrose Valley
St. Ives TR26 2EA
Tel. 01736 79 49 39
www.primroseonline.co.uk
Das stilvolle Gästehaus von Sue, Andrew und Rose gehört zu den besten B & Bs der britischen Küste. Die zehn Zimmer sind ein stylischer Mix, das Spa verwöhnt mit REN Skincare und Massage, die Weinliste ist ausgesucht, die Küche aus cornischen Zutaten komponiert – und Porthminster Beach nur 50 m entfernt.

Tre-pol-pen ☺☺
4 Tre-pol-pen, Street-an-pol
St. Ives TR26 2DS
Tel. 01736 79 49 96
www.trepolpen.co.uk
Das Ehepaar Puntis vermietet als Unterkunft für Selbstversorger eine ehemalige Töpferwerkstatt, die als »Potters Studio« zur gemütlichen Nacht im Garten lädt.

Grey Mullet ☺
2 Bunkers Hill, St. Ives TR26 1LJ
Tel. 01736 796635
www.touristnetuk.com/sw/greymullet
Charmantes Haus aus dem 18. Jh. mit Eichendecken und Himmelbetten, um die Ecke vom quirligen Hafen

Tate Gallery in ▶London wurde von Eldred Evans und David Shalev entworfen und bis März 2017 renoviert. Das dreigeschossige, blendend weiße Gebäude mit offener Glasrotunde beleuchtet nachts das Meer. Galerien zeigen die Anfänge der Künstlerbewegung von St. Ives um 1900 und führen über die naive Malerei von Alfred Wallis zu den abstrakten Landschaftsbildern und Stillleben von Roger Hilton, Peter Lanyon, Patrick Heron u. a. In der Rotunde sind Keramiken von Bernard Leach und Skulpturen von Barbara Hepworth ausgestellt.

❶ tgl. 10.00 – 18.00 Uhr, Erw. £ 9, www.tate.org.uk

! **BAEDEKER TIPP**

Töpfer-Träume

Besichtigt werden kann auch die berühmte Töpferwerkstatt von **Bernard Leach** in Higher Stennack, die sukzessive ausgebaut und restauriert wird. Im Showroom können Arbeiten von Leachs Enkel John und sieben anderen Töpfern erworben werden (Mo. – Sa. 10.00 – 17.00 Uhr, Eintritt Erw. £ 5.50, unter 18 J. frei, www.leachpottery.com).

Ab 1939 lebte Barbara Hepworth (1903 – 1975) mit ihrem zweiten Mann Ben Nicholsen und ihren Drillingen in St. Ives. Nach der Trennung von Nicholsen wohnte und arbeitete sie ab 1949 im **Trewyn Studio** in der Nähe des Hafens und starb dort 1975 auf tragische Weise bei einem Hausbrand. Ihrem Wunsch entsprechend wurden Haus und Garten in ein Museum umgewandelt, das heute Einblicke in das Schaffen der begnadeten Bildhauerin gibt. Im Garten, den die Künstlerin selbst anlegte, sind 40 ihrer Skulpturen aufgestellt.

*Barbara Hepworth Museum & Sculpture Garden

❶ März – Okt. tgl. 10.00 – 17.20, sonst bis 16.20, Nov. – Feb. Mo. geschl. Eintritt Erw £ 6.60

In der Back Road West präsentiert die **Penwith Gallery** abstrakte Künstler. In Nr. 3 lebte und arbeitete **Alfred Wallis**, dessen Gemälde in der Tate Gallery hängen – sein Cottage kann heute als Ferienhaus gemietet werden (www. alfred-wallis.co.uk).

Back Road West

Penwith Gallery: tgl. 10.30 – 17.30 Uhr
Tel. 01736 79 55 79, Eintritt frei
www.penwithgallery.com

UMGEBUNG VON ST. IVES

Auf der Halbinsel von Penwith zwischen St. Ives, ▶Penzance und Land's End finden sich allenthalben Zeugnisse aus prähistorischer Zeit: Steinkreise, Pfeiler, Grabkammern und »Quoits«, aufeinandergetürmte Granitplatten über **Gräbern der Bronzezeit**. Lanyon Quoit, Zennor Quoit und Chun Castle sind beeindruckende Beispiele für diese Dolmenkonstruktionen.

Halbinsel von Penwith

Rätselhafter Lochstein: der Men-an-Tol

Chysauster Chysauster ist das besterhaltene Beispiel einer **romano-britischen Dorfanlage** aus dem 2.–4. Jahrhundert. Die Kammern der neun Steinhäuser wurden um einen Innenhof herum gebaut und mit Stroh gedeckt. Sogar terrassierte Hausgärten sind noch sichtbar.
❶ April – Sept. 10.00 – 17.00, Okt. bis 16.00 Uhr, Erw. £ 4.20

*Men-an-Tol Noch im 20. Jh. wurden dem Men-an-Tol, einem von zwei Pfeilern flankierten Stein mit kreisrunder Öffnung, magische Kräfte zugesprochen und Kinder durch die Öffnung geschoben, um sie vor Unheil zu bewahren. Von Morvah führen markierte Wege auch zu den Steindenkmälern Lanyon Quoit und Chun Castle.

✳ Sherborne

 ✛ J 24

Grafschaft: Dorset
Einwohner: 9600

Der Reichtum an mittelalterlichen Bauwerken ist für einen solch kleinen Ort ganz außergewöhnlich. Doch Sherborne wirkt nicht museal, sondern ist eine lebendige Marktstadt im Grafschaftsdreieck von Dorset, Wiltshire und Somerset.

Das Erbe von Sir Raleigh »Scire borne«, der klare Fluss, wurde die Stadt im grünen Tal des Yeo von den Sachsen genannt. Bereits damals kam es hier zu einer Kathedralgründung. Glanz und Elend von Sir Walter Raleigh spiegeln die normannische Burgruine des Old Castle aus dem 12. Jh. und das imposante Landschloss New Castle aus dem 17. Jh. wider.

SEHENSWERTES IN SHERBORNE

Den Mittelpunkt der Kleinstadt bildet die Abteikirche St. Mary the ***St. Mary** Virgin, deren massiver Vierungsturm auf sächsisch-normannischen **the Virgin** Pfeilern und Wänden ruht. Schon 705 wurde hier eine Kathedrale errichtet. Als die Normannen 1075 den Bischofssitz nach Old Sarum (▸Salisbury, Umgebung) verlegten, übernahmen Benediktinermönche die Kathedrale und fügten eine Klosteranlage hinzu. Im 13. Jh. entstanden die Kapellen der Bischöfe Wykeham und Roger im normannischen Stil sowie die Marienkapelle im Early English Style. Das feingliedrige **Fächergewölbe** von 1425 ist eines der frühesten und schönsten des Perpendicular Style in England. Die Klostergebäude an der Nordseite beherbergen seit 1550 die private **Sherborne School**. Die 1140 neben dem Südeingang errichteten Armenhäuser dienen heute als Altenheim.

❶ Die kostenlosen Führungen um 11.00 Uhr bieten nicht nur gute Einblicke in die Baugeschichte, sondern lassen auch die Geschichte von Sherborne lebendig werden, www.sherborneabbey.com.

Ein Marktkreuz markiert den Eingang zur Hauptstraße von Sherbor- **Cheap Street** ne. Das **George Hotel** in der Fußgängerzone der Cheap Street ist aus dem 16. Jh. und damit ältestes Gasthaus der Stadt.

Sherborne erleben

AUSKUNFT
Tourist Information Centre
Digby Road, Sherborne DT9 3NL
Tel. 01935 81 53 41
www.sherbornetown.com

ESSEN UND ÜBERNACHTEN
Eastbury ❸❸❸
Long Street, Sherborne DT9 3BY
Tel. 01935 81 31 31
www.theeastburyhotel.co.uk
Jedes der 15 stilvollen Zimmer des georgianischen Stadthauses ist nach einer englischen Blume benannt. Im Conservatory Restaurant diniert man vorzüglich mit Blick auf den Garten.

Cumberland House ❸❸❸
Greenhill, Sherborne DT9 4EP

Tel. 01935 81 75 54
www.bandbdorset.co.uk
Die Anfänge des charmanten Hauses gehen auf das 17. Jh. zurück; keine fünf Gehminuten von der Abteikirche St. Mary und zehn Minuten vom Bahnhof entfernt.

Stock Hill Country House ❸❸❸
Gillingham, Dorset SP8 5NR
Tel. 01747 82 36 26
www.stockhillhouse.co.uk
Peter Hauser und seine Frau Nita haben ihr viktorianisches Landhaus zu einer Oase des guten Geschmacks gemacht inmitten der Ruhe der Natur – mit acht ausgesprochen geräumigen Zimmern, »lazy lunches« und kleinen österreichischen Flaggen auf jedem Gericht.

Old Castle

Auf einer Anhöhe thront malerisch die Ruine des 1645 fast völlig zerstörten Old Castle. **Sir Walter Raleigh,** Favorit von Elisabeth I., hatte sich die bischöfliche Burganlage aus dem 12. Jh. von seiner Königin als Landsitz schenken lassen. Nach seiner Hochzeit mit Elisabeth Trogmorton jedoch gab er seine Umbaupläne auf und begann, ein kleines Jagdhaus am Fuße der Burg zum prunkvollen Herrensitz auszubauen – das Herzstück des späteren New Castle. Raleigh fiel bald durch seine geheime Heirat mit einer Hofdame bei Elisabeth I. in Ungnade, wurde des Hochverrats angeklagt und 1616 hingerichtet. Sein Besitz ging an Sir John Digby über. Das Old Castle wurde von Cromwells Truppen geschleift.

❶ April – Juni, Sept. Di. – Do., Sa./So. 10.00 – 17.00, Juli, Aug. bis 18.00, Okt. bis 16.00, Eintritt Erw. £ 4.50, Kinder £ 2.70, www.english-heritage.org.uk

New Castle

Sir John Digby fügte dem New Castle, als H-Grundriss aus honiggelbem Ham-Hill-Stein erbaut, um 1630 vier weitere Flügel an. Das Innere zeigt Mobiliar des 16. – 19. Jh.s und eine Sammlung chinesischen Porzellans. Landschaftsgarten und Wildpark wurden zusammen mit dem 20 ha großen Stausee 1753 von Capability Brown angelegt.

❶ April – Okt. Di. – Do., Sa., So. 11.00 – 16.30 Uhr, Eintritt Erw. Schloss und Gärten £ 11, nur Garten £ 6, unter 15 J. frei, www.sherbornecastle.com

Highlight von Sherborne ist die Abteikirche St. Mary the Virgin.

UMGEBUNG VON SHERBORNE

Montacute House, 10 mi / 16 km westlich von Sherborne, verdankt
seinen Namen dem sich hier erhebenden »Mons Acutus«. Das hübsche elisabethanische »Grand House« wurde um 1600 fertiggestellt.
Seine Ostfassade zum Garten prägen symmetrische Sprossenfenster,
gerundete Giebel und hohe Zierkamine. In den Fensternischen stehen die »Nine British Worthies« in römischer Kleidung: Josua, David, Judas, Hektor, Alexander der Große, Cäsar, König Artus, Karl
der Große und Gottfried von Bouillon. Ebenso prachtvoll präsentiert
sich die Westfassade des 18. Jh.s. In der Great Hall im Erdgeschoss
mit Holztäfelungen und Glasfenstern aus dem 16. Jh. erzählt ein
volkstümlicher Fries aus dem 17. Jh. die Geschichte eines betrogenen
Ehemannes. In der 52 m langen **Long Gallery** – der längsten Englands – hängen 90 Porträts aus der Tudor- und Stuartzeit als Dauer-
leihgabe der ▶Londoner National Gallery. Die formalen Gärten sind
in Übereinstimmung mit dem Haus angelegt, einrahmende Pavillons
vor der Ostfassade akzentuieren die Symmetrie der Anlage.
❶ Ostern – Okt. tgl. 10.00 – 17.00, Haus 10.30 – 16.30 Uhr, Erw. £ 12.60,
Kinder £ 6.30, im Winter nur Park Erw. £ 9.20, Kinder £ 4.60
www.nationaltrust.org.uk

****Montacute
House**

In Martock, 3 mi / 4,8 km nordwestlich von Montacute, errichteten
reiche Wollhändler im 15. und 16. Jh. die **Pfarrkirche All Saints** als
eine für Somerset typische »Wool Church«. Den Holzdachstuhl des
Westturms schmücken 67 lebensgroße Engel.

Martock

Auf einem Sandsteinhügel ist die verträumte kleine Marktstadt Shaftesbury, 10 mi / 16 km östlich von Sherborne, erbaut. König Alfred
gründete 888 ein Benediktinerinnenkloster. Die Stadt avancierte
zum Wallfahrtsort mit fast einem Dutzend Kirchen, als der in Corfe
Castle ermordete und später heilig gesprochene König Eduard der
Märtyrer 979 in der Abtei beigesetzt wurde. Im 15. Jh. war das Kloster, in dem rund 140 Nonnen lebten, so wohlhabend geworden, dass
im Volksmund behauptet wurde, eine Ehe der Äbtissin von Shaftesbury mit dem Abt von Glastonbury würde reichere Nachkommen
hervorbringen als die Königsfamilie. Heinrich VIII. löste die Abtei
1539 auf und verkaufte das Klostergebäude auf Abbruch. Heute erinnern nur noch dürftige Grundmauern an die Abtei. Von den zwölf
mittelalterlichen Kirchen ist nur noch St. Peter im Perpendicular
Style mit einer Krypta und einem schönen Portal erhalten. Die steile,
kopfsteingepflasterte Straße **Gold Hill** flankieren kleine, geduckte
Häuser des 16. – 18. Jh.s und eine ockerfarbene Mauer aus dem
13. Jahrhundert. Von der Anhöhe öffnet sich dem Besucher ein herrlicher Blick über das Blackmore Tal, das westliche Somerset und an
klaren Tagen auf den Glastonbury Tor.

*Shaftesbury

* Southampton

 ✦ J 31

Grafschaft: Hampshire
Einwohner: 249 500

**Southampton gehört zu den wichtigsten englischen Fährhä-
fen: Hier lief 1912 die »Titanic« zu ihrer ersten und letzten
Fahrt aus, wurde die »Queen Mary« gebaut, hatte die »Queen
Elizabeth II.« der Cunard-Reederei ihren Heimathafen – heute
liegt der Luxusliner als Nobelherberge in Dubai vor Anker.**

Pulsierende
Hafenstadt
In der Hafenstadt am Zusammenfluss von Itchen und Test vermi-
schen sich Kreuzfahrtschiffe mit Fähren und Frachtschiffen, die den
Solent in Richtung ▶Isle of Wight durchqueren. Hinter dem Natur-
hafen hat sich die Industrie- und Universitätsstadt Southampton auf
einer Halbinsel ausgebreitet. Vom historischen Stadtkern haben die
Bomben des Zweiten Weltkriegs nur Teile der mittelalterlichen Sta-

Southampton und New Forest erleben

AUSKUNFT
Tourist Information Centre
9 Civic Centre Road, Southampton
SO14 7FJ, Tel. 02380 83 33 33
www.discoversouthampton.co.uk

VERKEHR UND SHOPPING
Zum Flughafen, 4 mi / 6,4 km nördl. der
City, fahren Züge vom Hauptbahnhof
(www.southamptonairport.com). Fähren
der Red Funnel Ferries stellen die Verbin-
dung zur ▶Isle of Wight her. Mehr als
100 Modeboutiquen hat das West Quay
Shopping Centre, nautisches Outfit und
Designerläden findet man um High und
East Street und am Bedford Place. Di.,
Do. – Sa. ist Markt am Kingsland Square.

ESSEN UND ÜBERNACHTEN
White Star Tavern €€€
28 Oxford Street
Southampton SO14 3DJ
Tel. 02380 82 19 90, www.ideal

collection.co.uk/whitestartavern
Bei Damian Brown flirtet britische Bio-
Küche mit dem Mittelmeer. Göttlich:
sein Lachs im Fenchelbett. Zum Übernachten gibt's 13 kuschelige DZ.

The Pig Country House Hotel €€€
3 Beaulieu Road, Brockenhurst
Hampshire SO42 7QL, Tel. 01590
62 23 54, www.thepighotel.com
Wie zu Hause fühlen kann man sich
mitten im New Forest im bezaubernden
Landhaus von Robin Hutson, der die 26
kuscheligen Zimmer im Shabby Chic styl-
te und im Wintergarten-Restaurant mit
Blick auf den herrlichen Garten dem
Namen seines Hauses alle Ehre macht:
Köstlichkeiten rund ums Schwein dominieren die Karte, die Küchenchef James
Golding nicht täglich, sondern stündlich
ändert – je nachdem, was der Küchen-
garten, die eigene Räucherei und die
örtlichen Zulieferer gerade anbieten.

mauer, ein Stadttor und einige Fachwerkhäuser übrig gelassen. Rund 70 Mio. Euro investiert Southampton in den kommenden Jahren in den Ausbau des lebendigen ***Ocean Village** und seiner Marina mit neuen Luxushotels, Sternerestaurants und Cafés, Boutiquen, Kinos, Kulturzentrum und Markthallen. Im Hafenbecken liegt die **»SS Shieldhall«** vor Anker, das letzte mit Dampf betriebene Frachtschiff.

Rundfahrten von April bis Sept., 3-Std.-Törn Erw. £ 27.50, Kinder £ 10 2-Std.-Törn Erw. £19, Kinder £5, www.ss-shieldhall.co.uk.

SEHENSWERTES IN SOUTHAMPTON

Entlang der Western Esplanade ist die mittelalterliche **Stadtmauer** aus dem 14. Jh. auf 2 km begehbar. Erhalten ist auch das **Bargate**, das nördliche Stadttor. Ältestes Gebäude ist **St. Michaels Church** von 1070 mit einem Taufbecken aus Tournai-Marmor. Hinter braun-weißem Fachwerk entführt das **Tudor House** ins 15. Jh., sein idyllischer Garten sogar noch 300 Jahre weiter bis ins Mittelalter. Den Spuren von Jane Austen, die mit sieben Jahren in Southampton lebte und hier die Grundschule besuchte, folgt der **Jane Austen Trail**. Altstadt (Bargate) und Hafen verbindet die neue **QE2 Mile**. Ebenfalls am Bargate startet der mit 21 Infopanelen markierte **Old Town Walk**.

Old Town

Tudor House: St. Michael's Square Di. – Fr. 10.00 – 15.00, Sa., So. 10.00 – 17.00 Uhr, Erw. £ 5, Kinder £ 4, www.tudorhouseandgarden.com

Am 10. April 1912 verließ die **Titanic** ihren Liegeplatz in Southampton – pünktlich zum 100-jährigen Jubiläum der Schiffskatastrophe eröffnete im April 2012 an der Havelock Road das 15 Mio. € teure Seefahrtsmuseum, das die Geschichte der Hafenstadt seit 1450 so lebendig und anschaulich dokumentiert, als wäre man selbst mit dabei gewesen. Besonders der Disaster Room geht unter die Haut: Überlebende erzählen hier, wie das Schiff den Eisberg rammte – und sie von der RMS Carpathia gerettet wurden. Aus der Hafenstadt kam ein Großteil der Besatzung, fast 500 Familien waren vom Unglück der Titanic betroffen. Neben erstmals gezeigten Exponaten sind im Museumsneubau von Wilkinsons Eyre Architects die Sammlungen des Maritime Museum und Museum of Archeology integriert.

**SeaCity Museum

❶ tgl. 10.00 – 17.00 Uhr
Eintritt Erw. ab £ 10.50, Kinder £ 8,
Familienkarte £ 33
http://seacitymuseum.co.uk

*Cultural Quarter

Das Sea City Museum gehört zu den Besuchermagneten des neuen Cultural Quarter, das rund um den zur stylischen Open-Air-Bühne neu designten **Guildhouse Square** die wichtigsten Kulturträger der Hafenstadt vereint: das Mayflower Theater, die City Art Gallery, das BBC Broadcasting House, die Stadtbibliothek, die Millais Gallery der Solent University sowie ab 2015 das Southampton New Art Centre, das in zwei von Glenn Howells entworfenen Gebäuden neben der John Hansard Gallery und dem City-Eye-Bürger-Filmbereich mehrere flexible Bühnen bergen wird.

❶ www.culturesouthampton.org.uk

BAEDEKER TIPP

!

Downton Abbey

55 km nördl. von Southampton diente **Highclare Castle** als Kulisse der TV-Serie »Downton Abbey«. Wer durch den viktorianischen Palast von 1878 wandelt, wird sich wie am Set fühlen, denn gedreht wurde in der Original-Einrichtung (Highclere Park, Newbury, www.highclerecastle.co.uk, April bis Okt., 10.00 – 16.00 Uhr, Erw. £ 22).

Das **Medieval Merchant's House** in der French Street 58 präsentiert in seinen Fachwerkbau die mittelalterliche Handwerkszunft des späten 13. Jahrhundert.

❶ April – Sept. So. 12.00 – 17.00 Uhr
Eintritt Erw. £ 4.70, Kinder £ 2.80
www.english-heritage.org.uk

Solent Sky Museum

Zu den Prunkstücken des **Solent Sky Aviation Museum**, das mit 26 Flugzeugen die Geschichte der Fliegerei erzählt, gehört eine **Spitfire** der in Southampton angesiedelten Supermarine Aviation Works.

❶ 7 Albert Road South, Di. – Sa. 10.00 – 17.00, So. 12.00 – 17.00 Uhr
Eintritt Erw. £ 7.50, 5 – 16 J. £ 5, www.solentskymuseum.org

UMGEBUNG VON SOUTHAMPTON

*New Forest

Wilhelm der Eroberer (reg. 1066 – 1087) erklärte den 350 km² großen New Forest zwischen Southampton und ▶Bournemouth zum königlichen Jagdgebiet. Im 16. und 17. Jh. wurden die dichten Eichenwaldbestände für den Schiffbau abgeholzt. Im 19. Jh. stellte man den New Forest unter Naturschutz und begann mit der Wiederaufforstung – dennoch prägen bis heute weite Lichtungen und Heideflächen, auf denen **wilde Ponys** grasen, das Gebiet. New Forest Ponys gelten als die Charmeure unter den Ponys, sind intelligent und gut belastbar, was sie zu einem optimalen Kinderpony machen. Zu den größten Eulensammlungen Europas gehört das **New Forest Owl Sanctuary**, das die nächtlichen Jäger bei täglichen Flugschauen vorführt. Zentrum des New Forest mit Infozentrum ist das Landstädtchen **Lyndhurst**; ruhiger ist Fordingbridge im Nordwesten.

❶ **Reiter** nimmt Burleys Vill a School of Riding bei New Milton mit auf Ausritte durch den New Forest, www.burleyvilla.co.uk. **Räder** verleiht Balmer Lawn Bike Hire bei Brockenhurst (www.balmerlawnhotel.com/newforest/activities).

Sogar ein Bugatti von 1919 steht im National Motor Museum.

Knapp 8 mi / 13 km südöstlich von Lyndhurst vereint der »schöne Ort« Beaulieu (sprich »Bjulee«) drei Attraktionen. Das Zisterzienserkloster **Beaulieu Abbey** wurde 1204 von König Johann gegründet und unter Heinrich VIII. aufgelöst. Nur noch die Kreuzgangsruinen und das heute als Pfarrkirche genutzte Refektorium des Klosters sind erhalten geblieben, eine Ausstellung dokumentiert das Leben der Mönche im Mittelalter. Das Torhaus aus dem 14. Jh. wurde 1538 umgestaltet zum **Palace House**, dem Wohnsitz der Familie Montagu, die mehrere Räume der Öffentlichkeit zugänglich gemacht hat. Auf dem Klostergelände zeigt das 1952 von Lord Montagu gegründete ***National Motor Museum** mehr als 250 **Oldtimer, Motorräder und Rennwagen** – die Rolls Royces und Cadillacs, Bluebirds und Golden Arrows ziehen das ganze Jahr über viele Oldtimerfans an. Im Dörfchen **Buckler's Hard**, keine 3 mi / 4,8 km flussabwärts, wurden im 18. Jh. auf der neuen königlichen Werft aus den Eichen des New Forest Schiffe wie Lord Nelsons »H.M.S. Agamemnon« gebaut – für den Bau einer Fregatte mussten rund 2000 Eichen gefällt werden. Das **Maritime Museum** und vier rekonstruierte Cottages erinnern an diese Vergangenheit. 1966 startete Sir Francis Chichester hier zur ersten Einhandumseglung der Welt.

*Beaulieu

Abbey, Palace House & Garden, National Motor Museum, World of Top Gear, Secret Army, Monorail: Mai – Sept. tgl. 10.00 – 18.00, Sept. bis April tgl. 10.00 – 17.00 Uhr, Erw. £ 24, Kinder £ 12, www.beaulieu.co.uk
Buckler's Hard, Maritime Museum: März – Juni, Sept., Okt. tgl. 10.00 – 17.00, Juli./Aug. tgl. bis 17.30, Nov. – Feb. bis 16.30 Uhr Eintritt Erw. £ 6.50, www.bucklershard.co.uk

*Romsey Stolz der Marktstadt am Test, 8,5 mi / 13,6 km nordwestlich von Southampton, ist die Abteikirche **Romsey Abbey**. Ihre Anfänge gehen auf eine Klosterkirche der Benediktiner von 907 zurück, von der noch ein sächsisches Relief am Südportal und ein steinernes Kruzifix erhalten sind. 1120 wurde die **normannische Kirche** errichtet. Während Chor, Querhaus und die vier östlichen Langhausjoche den kräftigen normannischen Baustil mit typischen Zickzackornamenten verkörpern, entstanden der westliche Teil und das Ostfenster im Early English Style des 13. Jh.s. Heinrich VIII. löste die Abtei auf.

*Broadlands Auf dem palladianischen Landsitz Broadlands verbrachten sowohl Queen Elizabeth und Prince Philip als auch Prince Charles und Lady Di ihre Flitterwochen. Bis 1979 gehörte Broadlands dem letzten britischen Vizekönig von Indien, Lord Mountbatten (1900 – 1979), der bei einem Bombenanschlag der IRA ums Leben kam – eine Ausstellung rekapituliert sein Leben. Lord Mountbatten und Mitglieder seiner Familie wurden in der Romsey Abbey beigesetzt. Ein farbenprächtiges elisabethanisches Grabmal erinnert an die ersten Besitzer von Broadlands, die Familie St. Barbe.
❶ 26. Juni – 4.Sept. Mo. – Fr. 13.00 – 17.30, Kassenschluss 16.00 Uhr
Eintritt Erw. £ 10, www.broadlandsestates.co.uk

*Mottisfont Abbey Ein Kleinod des National Trust ist die 1201 gegründete Augustinerabtei Mottisfont, 5 mi / 8 km nordwestlich von Romsey, die nach der Säkularisierung in ein stilvolles Tudorhaus umgewandelt wurde. Die letzte Besitzerin des Hauses beauftragte 1938 Rex Whistler mit der Ausgestaltung des Salons. Das Resultat sind traumhafte Grisaillemalereien im Trompe-l'œil-Stil, besonders schön gelungen im **Whistler Room**. Die meisten Besucher jedoch lockt der **herrliche Landschaftspark** mit uralten Bäumen und der Sammlung von 350 alten Rosensorten aus aller Welt, die im Sommer ihren betörenden Duft verströmen.
❶ Haus: Ostern – Okt. Sa. – Mi. 11.00 – 17.00 Uhr, Garten: Feb., März Sa., So. 11.00 – 16.00, Ostern – Okt. tgl. 11.00 – 18.00, Juni bis 20.30 Uhr
Eintritt Erw. £ 15, Kinder £ 7.50, www.nationaltrust.org.uk

** Stonehenge

✦ G 28

Grafschaft: Wiltshire

Wiltshires Reichtum an prähistorischen Zeugnissen gipfelt in Englands berühmtester Kultstätte der Vorzeit – dem Steinkreis von Stonehenge, der sich weithin sichtbar auf der kahlen Hochebene der Salisbury Plain erhebt.

Über eine Mio. Besucher besuchen jedes Jahr die Zeremonienstätte, die ihren Namen vom altenglischen »Stanhen gist« (hängende Steine) erhielt. Verwaltet und touristisch erschlossen wird der Steinkreis vom English Heritage, seine Umgebung vom National Trust. Beide Bereiche sind seit 1986 als **UNESCO-Weltkulturerbe** geschützt.

Hängende Steine

** MEGALITHKULTSTÄTTE

Stonehenge wurde in drei Phasen errichtet, die sich über 2000 Jahre erstrecken. **Um 3000 v. Chr.** bestand die Anlage aus einem heute noch existierenden Ringwall mit Graben und Haupteingang im Nordosten. Die 56 Löcher an der Innenseite des Erdwalls wurden nach John Aubrey, ihrem Entdecker im 17. Jh., »Aubrey Holes« genannt. Zwischen **2900 und 2600 v. Chr.** erhielt Stonehenge Holzstrukturen innerhalb des Erdwalls. In der Mitte des Heiligtums errichteten die Siedler der »Becherkultur« ab **2550 v. Chr.** aus bläulich wirkenden Monolithen, den bis zu 4 t schweren »Blausteinen«, einen doppelten Halbkreis. Um **2300 bis 1500 v. Chr.** wurden die 30 **Sarsensteine** aufgestellt, die bis heute das Bild von Stonehenge bestimmen. Die grauen Sandsteinblöcke wurden aus den 21 mi / 33,6 km nördlich gelegenen Marlborough Downs hierher transportiert.

Entstehungsgeschichte

Stonehenge

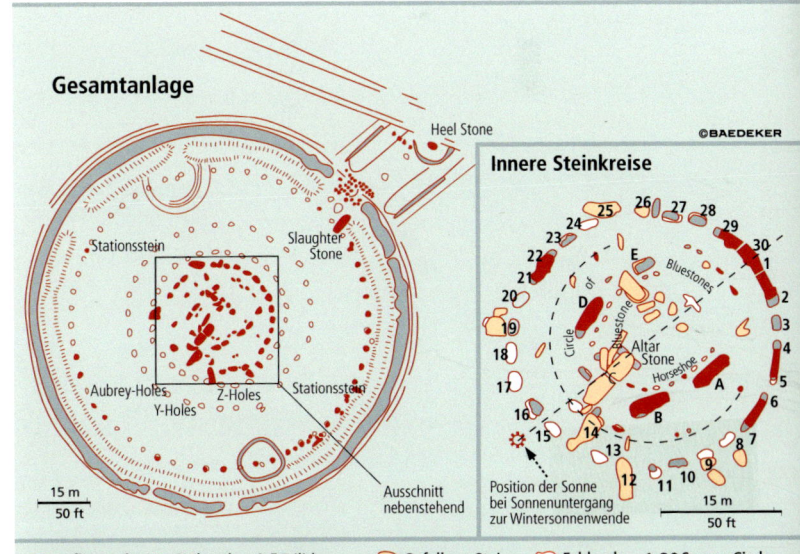

Megalithkulturen

Ab Mitte des 4. Jahrtausends v. Chr. entstanden auf den Britischen Inseln Steinsetzungen, -kreise und -reihungen. Auch andernorts – in und außerhalb Europas – bildeten sich während der Jungsteinzeit und der Bronzezeit Megalithkulturen aus. Man geht heute allerdings davon aus, dass sie sich unabhängig voneinander entwickelten.

Brownshill-Dolmen, Irland
größter Deckstein (100 t)
Breite: 4,7 m, Höhe: 6,1 m

Dolmen (Steintisch) große Steinblöcke,
die oftmals als Grabstelle dienen.

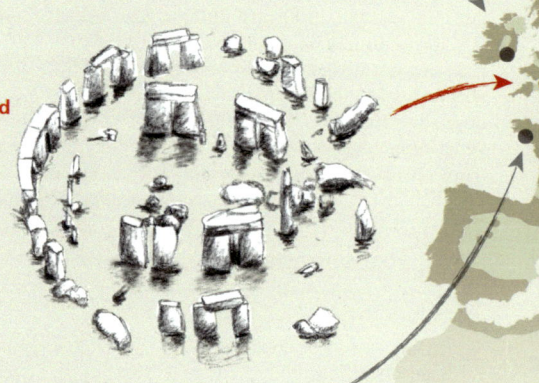

Stonehenge, England
115 m Ø

Steinkreise
Runde oder ovale
Anordnung von
Menhiren und
Findlingen. Oft in
Verbindung mit
Grabstätten.

Alignements von Carnac
In der Bretagne gibt es
56 Steinreihen (»alignements«),
Die beeindruckendste
steht bei Carnac:
2800 Menhire auf
einer Länge von 4 km.

4500	4000	3500	3000

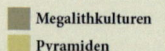 Megalithkulturen

Pyramiden

Weitere Steinbauten

Sieben Steinhäuser
Brownshill-Dolmen
Alignements von Carnac
Mastabas, Vorläufer der Pyramiden

Haġar Qim

JUNGSTEINZEIT

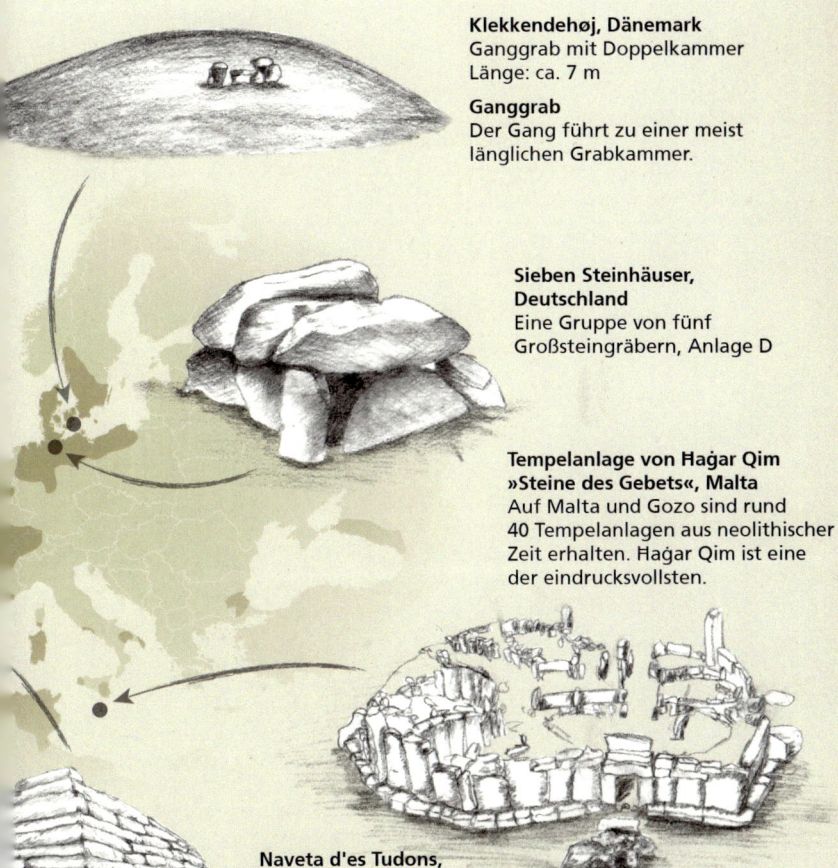

Klekkendehøj, Dänemark
Ganggrab mit Doppelkammer
Länge: ca. 7 m

Ganggrab
Der Gang führt zu einer meist
länglichen Grabkammer.

**Sieben Steinhäuser,
Deutschland**
Eine Gruppe von fünf
Großsteingräbern, Anlage D

**Tempelanlage von Haġar Qim
»Steine des Gebets«, Malta**
Auf Malta und Gozo sind rund
40 Tempelanlagen aus neolithischer
Zeit erhalten. Haġar Qim ist eine
der eindrucksvollsten.

**Naveta d'es Tudons,
Menorca**
Grabanlage
Länge: 13 m
Breite: 6 m
Höhe: 3 m

©BAEDEKER

2500	2000	1500	1000

Stonehenge

Naveta d'es Tudons

Klekkendehøj

Naos, Vorläufer der griechischen Tempel

Zikkurat, stufenförmige Pyramiden, Mesopotamien

Pyramiden

ÄGYPTISCHES REICH

MEGALITHKULTUR

EISENZEIT

BRONZEZEIT

** *Stonehenge* (Rekonstruktion)

Der auf 3000 v. Chr. datierte monumentale Steinkreis von Stonehenge ist die meistbesuchte prähistorische Stätte Großbritanniens. Ob es sich bei den gewaltigen Megalithen und Menhiren um eine Kultstätte oder eine Sternwarte handelt, bleibt ein ungelöstes Rätsel der Steinzeit.

❶ Juni – Aug. tgl. 9.00 – 20.00, April, Mai, Sept. tgl. 9.30 – 19.00, Nov. – März tgl. 9.30 – 17.00, Eintritt Erw. £ 18.20, Kinder £ 10.90, Familie £ 47.30. Nur Eintrittskarten mit festgelegtem Zeitfenster, online günstiger, Parken £ 5, Kassenschluss 2 Std. (!) vor Besuchsende. www.english-heritage.org.uk. Für Passinhaber von English Heritage und National Trust ist der Eintritt frei, www.stonehenge.co.uk.

❶ Sommersonnenwende
Die durch eine gelbe Linie angegebene Achse des Denkmals ist auf den Sonnenaufgang zur Sommersonnenwende ausgerichtet.

❷ Sarsensteine
Alle größeren Blöcke und Decksteine bestehen aus Sarsen, einem grauen Sandstein der Marlborough Downs. Den Kreis der Sarsensteine bildeten einst 30 bis zu 25 t schwere Tragsteine, abgedeckt von einem durchgehenden Ring aus 30 Decksteinen, die jeder bis zu 7 t wogen.

❸ Blausteine
Ursprünglich waren es 60 dicht gesetzte, bläulich gefärbte, kleinere Steine, die den Kreis der Bluestones formten. Hierbei handelt es sich um verschiedene Gesteinsarten der Preseli Hills im Südwesten von Wales.

❹ Sarsentrilithen
Fünf Sarsentrilithe bildeten im Kreisinnern ein Hufeisen. Jeder bestand aus zwei bis zu 45 t schweren Steinpfeilern und einem wuchtigen Deckstein.

❺ Altarstein
Der 5 m lange, blaugraue Sandsteinblock stammt von der Küste bei Milford Haven in Pembrokeshire.

Mehr als 1700 Jahre wurde Stonehenge als Zeremonienstätte genutzt, doch wem gehuldigt wurde, ist bis heute ungeklärt.

r Sommersonnenwende
man die Sonne direkt im
um des Steinkreises über
em Altarstein aufgehen.

Die britischen Druidengesellschaften halten während der Tag- und Nachtgleichen am Steinkreis ihre Rituale ab – und feiern mit mehr als 20 000 Zuschauern alljährlich die Winter- und Sommersonnenwende.

©BAEDEKER

A British Druid

Stonehenge erleben

AUSKUNFT
English Heritage
PO Box 569, Swindon SN2 2YP
Tel. 01980 62 47 15
www.english-heritage.org.uk
www.stonehenge.co.uk
2014 wurde das neue Besucherzentrum
nach Plänen von Denton Corker Mar-
shall mit Ausstellung, Café und Mu-
seumshop eingeweiht, von dem aus
ein »land train«, ein Landrover mit drei
Anhängern, die Touristen zum 2,5 km
entfernten Steinkreis bringt.

FÜHRUNGEN
Audioguides erläutern auch auf Deutsch
beim vorgegebenen Rundweg um den
Steinkreis dessen Entstehung und Deutung. Außerhalb der Öffnungszeiten
kann bei Führungen auch das Innere
des Steinkreises betreten werden
(www.stonehenge-avebury.net).

ÜBERNACHTEN
Mandalay
Guest House ⊙⊙
15 Stonehenge Road
Amesbury SP4 7BA
Tel. 01980 62 37 33
www.mandalayguesthouse.com
Nur 1,5 mi / 2,4 km von Stonehenge
entfernt bieten Nick und Angie Ramplin
fünf liebevoll eingerichtete Zimmer und
ein tolles Frühstück.

Das Zentrum der Kultstätte bildeten 19 hufeisenförmig angeordnete Blausteine, umfasst von einem Hufeisen aus fünf **Trilithen**, bis zu 7 m hohen Steintoren aus je zwei Tragsteinen und einem Deckstein. Im Zentrum der Anlage erhebt sich der **Altarstein** aus blaugrauem Sandstein. Die Hufeisen wurden von einem Kreis aus 60 Blausteinen umschlossen, welcher wiederum von einem etwa 4,5 m hohen Kreis aus 30 Sarsensteinen umringt war, die ein umlaufendes Gebälk aus meterdicken Steinplatten miteinander verband. Vom **Slaughter Stone**, dem Opferstein am Haupteingang, führte ein Prozessionsweg zum **Heel Stone** (griech. helios = Sonne), der nach dem Sonnenauf-gang zur Sommersonnenwende ausgerichtet war. Die **»Stationsstei-ne«** wurden innerhalb des Walls mit Bezug auf die Mondzyklen und den Sonnenuntergang zur Wintersonnenwende aufgestellt.

Bautechnik Die Errichtung von Stonehenge fasziniert bis heute. Wie wurden die Steine transportiert? Die Blausteine, eine Basaltart, mussten von den Preseli Hills in Wales über fast 240 mi / 384 km bis nach Stonehenge zurücklegen. Vermutlich schleppte man sie auf **Rollschlitten** zur nächsten Flussmündung, verlud sie auf Flöße und transportierte sie entlang der Küste und weiter auf den Flüssen Avon, Frome und Wyle, wobei immer wieder Überlandstrecken zurückgelegt werden mussten. Die gewaltigen Sarsensteine wurden über hügeliges Land und eine Distanz von 35 km auf riesigen Schlitten und Rollen fortbewegt

Vom Hauch der Ewigkeit
umweht: Wie vor Jahrtau-
senden ist der Steinkreis den
Naturgewalten ausgesetzt.

Z
sieht
Zentr

4

5

1

und von ca. 500 Männern mit Hilfe von **Seilen aus Rinderhaar** oder geflochtenen Lederriemen gezogen. Sämtliche Steine wurden vor Ort sorgfältig bearbeitet. Mit schweren Steinhämmern wurden die Findlinge behauen und die Oberflächen geglättet. Die Decksteine erhielten eine leichte Krümmung für die kreisförmige Aufstellung. Horizontal wurden sie durch Spundung miteinander verkeilt, vertikal durch Zapfen-Zapfenloch-Verbindungen mit den Tragsteinen verbunden. Die mächtigen Tragsteine wurden an vorbereitete Gruben herangerollt und so lange hochgestemmt, bis sich die Enden in die Gruben hineinsenkten. Mit 200 Männern, Zugseilen, Hebeln und Stützwerk richtete man die Monolithen sukzessive auf. Die Oberkanten erhielten anschließend eine passgenaue Abschleifung mit exponierten **Steinzapfen**, auf denen die Decksteine verankert werden konnten.

Die Zeremonienstätte wird mit der **Sonnenverehrung** und dem Totenkult in Verbindung gebracht. Steht man während der Sommersonnenwende am Altarstein im Zentrum des Steinkreises, so sieht man die Sonne direkt über dem Heel Stone aufgehen, das Gleiche gilt in entgegengesetzter Richtung für den Sonnenuntergang bei der Wintersonnenwende. Die Achse des Steinkreises weist direkt auf jenen Punkt, von dem der Sonnenaufgang am längsten Tag des Jahres in seiner nördlichsten Stellung am Horizont gesehen werden kann.

Bedeutung

✳ Tintagel

✦ **L 11**

Grafschaft: Cornwall
Einwohner: 1700

In Tintagel lebte einst der legendäre König Artus, heute lebt der winzige Ort von ihm: Besonders im Sommer strömen die Besucher zur Burgruine von Tintagel Castle, die imposant auf zwei Steilklippen über dem tosenden Meer thront.

Will man dem Benediktinermönch Geoffrey de Monmouth und seiner »Historia regum Britanniae« aus dem 12. Jh. Glauben schenken, erblickte Artus zwischen dem 5. und 6. Jh. als Sohn des Bretonenkönigs Uther Pendragon und Ygerne, der Frau des Herzogs von Cornwall, auf der Burg zu Tintagel das Licht der Welt. Der romantische Standort der Burgruine begünstigte die Mythenbildung. Mit der 1893 eröffneten Bahnlinie nach Camelford kamen die ersten Besucherströme an die cornische Nordküste. Kurz darauf wurde das monumentale King Arthur's Castle Hotel errichtet, 1897 erwarb der National Trust den Küstenstreifen.

*König Artus'
Geburtsort*

Auf den Spuren von König Artus

Der sagenhafte König, dessen Existenz bis heute nicht bewiesen ist, soll seine Ritter der Tafelrunde im Süden Englands um sich geschart haben. Der Literatur ist zu verdanken, dass Artus nicht nur unsterblich, sondern zugleich zum Inbegriff ritterlicher Tugenden wurde. Im Lauf der Bearbeitungen drängten die Abenteuer der den Gral suchenden Ritter die ursprüngliche Fabel jedoch mehr und mehr in den Hintergrund.

▶ **Im Artusland**
Wer in Südengland auf die Suche nach Artus geht, findet geheimnisvolle und sagenumwobene Orte:

Artus' Geburtsort?

Schloss Camelot?

Artus Jugendzeit?

Sieg gegen die Angelsachsen?

Wurde hier Excalibur versenkt?

Versteck des Heiligen Grals?

Artus' letzte Schlacht?

Grab von Artus und Guinevere?

▶ **Artus in Literatur, Musik und Film**

Geoffrey of Monmouth: Historia regnum Britanniae, um 1100

Normanne Wace: Roman de Brut, 1155

Chrétien de Troyes: Conte de Graal, um 1180

Wolfram von Eschenbach: Parsifal, 1200

Hartmann von Aue: Iwein, um 1200

Thomas Malory: Le Morte Darthur, um 1470

Stoffe, Motive, Figuren

In seiner Tafelrunde versammelte Artus die edelsten Ritter seiner Zeit, wobei ihre Zahl je nach literarischer Verarbeitung schwankt. Die höfischen Epen des Mittelalters schöpfen aus diesem Kreis ihre Stoffe und Figuren, um das Ideal der ritterlichen Tugenden zu transportieren.

Die Ritter der Tafelrunde

Artus
Der König schickte seine Ritter gegen Unrecht und Willkür aus.

Lanzelot und Guinevere
Artus' bester Freund und Ritter betrog ihn mit seiner Frau.

Parzival
Er versäumt es, bei der Gralssuche die entscheidende Frage zu stellen und erfährt erst nach langem Umherirren das Gralsgeheimnis.

Excalibur
Artus zog das von Merlin geschmiedete, machtvolle Schwert aus einem Felsklotz und wurde zum Herrscher Britanniens.

ARTUS
Gawain, Lanzelot, Parzival, Tristan, Galahad, Keie, Iwein, Erec, Mordred, Bors, Gareth, Gereint, Peredur, Gwrhyr

Merlin
Der Zauberer lenkt als Mentor von Artus die Geschicke Britanniens.

Der heilige Gral
Die Suche nach dem wundertätigen Abendmahlskelch, in dem das Blut Christi aufgefangen worden war, ist zentrales Motiv der höfisch-ritterlichen Literatur.

©BAEDEKER

Richard Wagner: Tristan und Isolde, 1865; Parsifal, 1882

Mark Twain: A Connecticut Yankee in King Arthur's Court, 1889

Loewe/Lerner: Camelot (Musical), 1960

Monthy Python: Die Ritter der Kokosnuss, 1975

Marion Zimmer Bradley: Die Nebel von Avalon, 1983

Jerry Zucker (Regie): Der erste Ritter, 1995 (Sean Connery als Arthur)

SEHENSWERTES IN TINTAGEL

*Castle Vom Infozentrum führt ein ausgebauter Klippenpfad mit steilen Stufen und fantastischen Ausblicken auf die cornische Küste hinauf zu
den spärlichen Ruinen der **Artus-Burg**. Sie wurde 1145 für den Grafen Reginald von Cornwall erbaut und bestand vermutlich nur aus
einer rechteckigen Halle. Hundert Jahre später ließ Graf Richard von
Cornwall den Bau erweitern. Da er jedoch keine strategische Bedeutung besaß, ließen die späteren Earls of Cornwall den Bau verfallen.
❶ April – Sept. 10.00 – 18.00, Okt. bis 17.00, Nov. – März bis 16.00 Uhr
Eintritt Erw. £ 8.70, Kinder £ 5.20, www.tintagelcastle.co.uk

Old Post In der Fore Street duckt sich das Old Post Office aus dem 14. Jh. un-
Office ter seinem Schieferdach. Das Haus gehörte erst einem Freibauern, bis
im 19. Jh. das Postamt einzog.
❶ Ostern – Sept. tgl. 10.30 – 17.30, Okt. 11.00 – 16.00 Uhr
Eintritt Erw. £ 4, Kinder £ 2, www.nationaltrust.org.uk

Tintangel und Padstow erleben

AUSKUNFT
Tintagel Visitor Centre
Bossiney Road
Tintagel PL34 OAJ
Tel. 01840 77 90 84
www.visitboscastleandtintagel.com

ESSEN UND ÜBERNACHTEN
Rick Stein in Padstow
www.rickstein.com, ►Abb. S. 360
Englands bester Fischkoch ist ein Seiten-
einsteiger: Rick Stein. Nach einem Ang-
listikstudium in Oxford betrieb er erst
eine Diskothek, ehe er einen Nachtclub
in Padstow kaufte. Als dieser floppte,
versuchte es Stein Mitte der 1970er mit
frischem Fisch. Heute gilt sein »Seafood
Restaurant« am Hafen als bestes Fisch-
lokal Englands. Zum Gourmetimperium
gehören in Padstow auch das St. Petroc's
Bistro, Rick Stein's Café und Stein's
Fish & Chips sowie in St. Merryn der Pub
The Cornish Arms und die Rick Stein's
Fish & Seafood Bar in Falmouth, das

Hafenrestaurant Rick Stein in Portleven,
Ruby's Bar und die Fisheries & Seafood
Bar in Padstow, Rick Stein Sandbanks in
Poole sowie das Rick Stain Restaurant in
der High Street von Marlborough.

The Avalon ❷❷
Atlantic Road
Tintagel PL34 0DD
Tel. 01840 77 01 16
www.tintagelbedbreakfast.co.uk
Stilvolles B & B von Julie und Peter
Capstick mit tollem Frühstück. Die
Zimmer haben teilweise einen gran-
diosen Blick auf Tintagel Castle.

The Cottage Teashop ❷
Bossiney Road
Tintagel PL34 0AH
Tel. 01840 77 06 39
E-Mail: cotteashop@talk21.com
Romantisches, über 500 Jahre altes
Cottage mit vier Zimmern mitten in
Tintagel. Leckeres Dinner auf Anfrage.

Tintagel Castle: Bei Nacht wirkt die legendäre Burg von König Artus und seinen Rittern der Tafelrunde besonders mystisch.

UMGEBUNG VON TINTAGEL

2 mi/3,6 km südlich von Tintagel, das keine eigene Badebucht aufweisen kann, liegt einer der schönsten Sandstrände Cornwalls, **Trebarwith-Strand**. In Port Isaac, 10 mi/16 km südwestlich von Tintagel, sind die Gassen zwischen den weiß getünchten Häusern am **Old Lobster Port** so eng, dass eine davon Squeezebelly Alley heißt, »Zieh den Bauch ein«. Im 19. Jh. lebten die Fischer von den Heringsschwärmen, die jedes Jahr vor der Küste auftauchten – die alten Pökelkeller können heute besichtigt werden. Seit den 1980er-Jahren ist Port Isaac ein gefragter Drehort. Neben Rosamunde Pilchers »Die Muschelsucher« mit Vanessa Redgrave und den TV-Comedy Dramas »Doc Martin« wurde hier 2000 auch »Saving Grace« (»Grasgeflüster«) gedreht mit Brenda Blethyn als Marihuana anbauender Witwe, die so nach dem Tod ihres Mannes die Geldsorgen zu lösen versucht – der Film ist Kult!

Port Isaac

❶ www.portisaac-online.co.uk

Am Mündungsdelta des Camel liegt das ****Schlemmerparadies** Padstow, seit über 40 Jahren die Heimat von **Chefkoch Rick Stein**. North und South Quay werden von hübschen Steinhäusern aus dem 16. Jh. gesäumt. Nur im Rahmen einer Führung kann man den elisabethanischen Herrensitz **Prideaux Place** besichtigen, Drehort vieler Rosamunde-Pilcher-Filme. Dass Hummer drei Mägen haben und 100 Jahre alt werden können, erfährt man in der **National Lobster Hatchery**. Hat man gut gespeist, geht es auf dem **Camel Trail** per

*Padstow

**Hummer, Krebse und Muscheln schlemmen bei Rick Stein
im Hafenstädtchen Padstow**

Rad oder zu Fuß entlang der stillgelegten Eisenbahnlinie vorbei zur
mittelalterlichen Brücke von Wadebridge.
Prideaux Place: Ostern – Okt. So.–Do. 13.30 – 16.00 Uhr , Erw. Haus £ 8.50,
Kinder £ 2, nur Park Erw. £ 4, Kinder £ 1, http://prideauxplace.co.uk
National Lobster Hatchery: South Quay, tgl. 10.00 – 17.00, Nov. – Mitte
Feb. bis 16.00 Uhr, Eintritt Erw. £ 4, www.nationallobsterhatchery.co.uk

**Bedruthan
Steps**
Auf den mächtigen Granitblöcken der Bedruthan Steps rund 6 mi/
9,6 km südlich von Padstow soll der märchenhafte Riese Bedruthan
an Land geschritten sein. In der kleinen Bucht gestaltet Tony Plant
seit fünf Jahren vergängliche Kunst mit der Harke: fantasievolle
Strandbilder, Spiralen und schwingende Linien bis zur nächsten Flut.

*Newquay
Größtes Seebad Cornwalls ist Newquay, an dessen goldenen Sand-
stränden sich Familien und ambitionierte Surfer tummeln. Bestau-
nen Sie im Unterwassertunnel des **Blue Reef Aquarium** tropische
Haie und Seepferdchen. Im **Newquay Zoo** mit afrikanischer Savan-
ne leben Pandas, Meerkatzen, Löwen und Pinguine.
Blue Reef Aquarium: März – Okt. 10.00 – 17.00, Nov. – Feb. bis 16.00 Uhr
Eintritt Erw. £ 10.50, 3 – 12 J. £ 8.25, www.bluereefaquarium.co.uk
Newquay Zoo: Apr. – Sept. 9.30 – 17.00, Nov. – März ab 10.00 Uhr
Eintritt Erw. £ 13.60, Kinder £ 10.20, www.newquayzoo.org.uk

Boscastle
Schroffe Steilklippen, verträumte Buchten und Meerblick immer inklusive führt ein 4 mi / 6,4 km langer ***Klippenweg** entlang der stürmischen Nordküste Cornwalls zum fjordähnlichen Naturhafen von
Boscastle. Das Dorf mit schiefergedeckten Häusern besitzt gemütliche Pubs, ein Heritage Coast Center und ein **Hexenmuseum**.

Museum of Witchcraft: April – Okt. Mo. – Sa. 10.30 – 18.00, So. ab 11.30 Uhr, Eintritt Erw. £ 5, Kinder £ 4, http:// museumofwitchcraftandmagic.co.uk

Beim Seebad **Bude**, 14 mi / 22,4 km nördlich von Boscastle, weichen die schroffen Klippen einem **langen Sandstrand**. In **Morwenstow**, dem nördlichsten Ort Cornwalls, thront die Kirche St. John the Baptist einsam auf den Klippen. Das Dach des Pfarrhauses schmückte Robert Stephen Hawker im 19. Jh. mit Schornsteinen in Form bekannter Kirchtürme. Der exzentrische Prediger schrieb auch die **»Ballade von Trelawny«**, die inoffizielle Nationalhymne Cornwalls.

❶ www.cornwall-opc.org

?

BAEDEKER WISSEN

Am Ende der Welt

Nur zehn Gehminuten trennen die Küste bei Morwenstow von den einladenden **Rectory Farm Tearooms**, die 2010 mit dem Tea Guild Award ausgezeichnet worden sind. Schwere Eichenbalken, die aus geborgenen Schiffswracks stammen, ein prasselndes Feuer im offenen Kamin, frisch gebackene Scones, aber auch cornische Pastetchen, deftige Suppen und Biolamm von der eigenen Farm machen den Aufenthalt zu einem Erlebnis. Bestellen Sie zum Cream Tea den erfrischenden Haustee »Smuggler's Choice« (www. rectory-tearooms.co.uk).

* Torquay

✦ J 14

Grafschaft: Devon
Einwohner: 65 300

Das stilvolle Seebad bildet mit Brixton und Paignton das Urlaubsgebiet Torbay. Seine 35-km-Küste gilt dank des milden Klimas als »Englische Riviera« – seit 2007 UNESCO-Geopark.

Torquay wurde wie Rom auf sieben Hügeln erbaut. Während der Napoleonischen Kriege verbrachten betuchte Engländer hier den Sommer, ab dem 19. Jh. entwickelte sich die Stadt zum vielbesuchten Kurort. 1890 wurde hier **Agatha Christie** (▶Berühmte Persönlichkeiten) geboren. Herrliche Ausblicke auf die Küste bietet von Frühjahr bis Herbst eine Fahrt mit der **Dartmouth Steam Railway** von Paignton ins 7 mi / 11 km entfernte Kingswear

❶ www.dartmouthrailriver.co.uk

Königin der englischen Riviera

SEHENSWERTES IN TORQUAY

Keimzelle des Seebads war die 1196 gegründete Prämonstratenser-Abtei, die bis 2013 restauriert worden ist. In der **Spanish Barn**, der

Torre Abbey

ehemaligen Zehntscheuer der Abtei, wurden einst 397 Seeleute der
spanischen Armada gefangen gehalten.
❶ www.torre-abbey.org.uk

**Torquay
Museum**
Highlights des Torquay Museum in der Babbacombe Road 529 sind
die beträchtliche archäologische Sammlung, die Natural History Gallery zur Naturgeschichte und die Ausstellung zum Leben und Werk
von **Agatha Christie**.
❶ Mai – Aug. Mo. – Sa. 10.00 – 17.00, So. 13.30 – 17.00, Sept. – April Mo.
bis Sa. 10.00 – 16.00 Uhr, Erw. £ 6.45, Kind £ 4, www.torquaymuseum.org

UMGEBUNG VON TORQUAY

Brixham
Brixham hat durch den emsigen Fischereihafen, der bereits im Doo-
mesday Book von 1086 erwähnt wurde, seinen Charme bewahrt.
1850 hatte die Stadt die größte englische Fischereiflotte mit 270
Schiffen und 1600 Seeleuten.
❶ März – Okt. 10.00 – 16.00 Uhr, Eintritt Erw. £ 6, Kinder £ 4.50
www.goldenhinde.com

Der stimmungsvolle Hafen von Torquay hat Liegeplätze für 440 Boote.

Torquay erleben

AUSKUNFT
English Riviera Tourist Board
5 Vaughan Parade, Torquay TQ2 5JG
Tel. 08444 74 22 33
www.englishriviera.co.uk

ESSEN
The Elefant ❸❸❸
3-4 Beach Terrace, Tel. 01803 20 00 44
www.elephantrestaurant.co.uk
So., Di. Ruhetag
Einen Steinwurf vom Hafen entfernt
kocht Sternekoch Simon Hulstone – im
EG für die einfache Brasserie, im OG für
das Gourmetlokal The Room. Unbedingt
probieren: geröstete Ente an Sellerie-
Püree und Pok Choi.

The Seahorse Restaurant ❸❸/❸❸❸
4 South Embankment, Dartmouth
Tel. 01803 83 51 47
www.seahorserestaurant.co.uk
Einfach, aber ungewöhnlich: Für seine
ausgefallenen Fischgerichte krönte der
Tatler Mitch Tonks bereits zweimal zum
»Restaurateur of the Year«.

Harbour Fish Café ❸
27 Victoria Parade, Tel. 01803 21 21 45
Preisgekrönt für seine Fish & Chips, an
der Hafenpromenade von Torquay

ÜBERNACHTEN
Grand Hotel ❸❸❸/❸❸❸❸
Torbay Road, Torquay TQ2 6NT
Tel. 01803 29 66 77
www.grandtorquay.co.uk
Traditionsreiches 4-Sterne-Hotel mit
132 Zimmern, Innen- und Außenpool,
Schönheitsfarm, gemütliche Compass
Bar und ausgezeichnetes Gainsborough-
Restaurant

Newton House ❸❸/❸❸❸
31 Newton Road, Torquay TQ2 5DB
Tel. 018 03 29 75 20
www.newtonhouse-tq.co.uk
Schön gelegen, liebevoll eingerichtete
Zimmer, leckeres Frühstück, sehr nette
Gastgeber – ein perfektes B & B mit
gutem Preis-Leistungs-Verhältnis!

Sea Breeze ❸❸
Babbacombe Seafront, Babbacombe
Torquay TQ1 3LN, Tel. 01803 32 24 29
www.seabreezebabbacombe.co.uk
Maritim-modernes Gästehaus mit Blick
auf die Küste von Dorset

Cary Court Hotel ❸❸❸
Hunsdon Road, Torquay TQ1 1QB
Tel. 018 03 20 92 05
http://carycourthotel.co.uk
Very british ist das strahlend weiße B & B
von Linda und Paul, die ihre Gäste
mit Herzlichkeit, gemütlichen Zimmern,
Himmelbetten und Pool im Tropengarten
verwöhnen.

Greenway   Für Agatha Christie, die hier viele Sommer verbrachte, war das über 500 Jahre alte Anwesen am Ufer des Dart der »schönste Platz der Welt«. Nach Restaurierung durch den National Trust können jetzt nicht nur der weitläufige Park, sondern auch das Haus mit Bibliothek und Arbeitszimmer, Schlafgemach und Speisesaal besichtigt werden. Direkt am Anwesen befindet sich der Anleger der Greenway Ferry (www.greenwayferry.co.uk), Abfahrt ab Torquay und Brixham.
❶ Greenway Road, Galmpton, März – Okt. Di. – So 10.30 – 17.00 Uhr
Eintritt Erw. £ 11.40, Kinder £ 5.65
www.nationaltrust.org.uk

*Dartmouth   An der Mündung des Dart, der im ▶Dartmoor entspringt und ab Totnes schiffbar ist, legten bereits die Römer einen Hafen an, der in Devon nur von ▶Plymouth, ▶Exeter und ▶Barnstaple an Reichtum und Geschäftigkeit übertroffen wurde. Im Mittelalter sammelten sich die Kreuzfahrer an der Flussmündung – 1190 schiffte sich hier sogar **Richard Löwenherz** zur Fahrt ins Heilige Land ein. 1588 lief eine britische Flotte zum Kampf gegen die spanische Armada aus; im Zweiten Weltkrieg stachen 480 amerikanische Schiffe zur Landung in der Normandie von hier in See. Über dem Ort thront das **Britannia Royal Naval College**, Kaderschmiede der Kriegsmarine und Pflicht für alle männlichen Mitglieder der königlichen Familie. Das Stadtzentrum von Dartmouth schmiegt sich mit verwinkelten Gässchen um den Innenhafen. Eine Promenade mit Restaurants und Geschäften lädt zum Flanieren. Am **Butterwalk** schmücken Kolonnaden die Fachwerkhäuser aus dem 17. Jahrhundert. Die **St.-Saviour's-Kirche** aus dem 13. – 15. Jh. birgt einen aufwendig geschnitzten Lettner aus spätgotischer Zeit.

*Dartmouth Castle auf einem Felsvorsprung an der Trichtermündung des Dart war Ende des 15. Jh.s die erste Wehranlage des Landes, die Schießscharten für Artillerieeinsätze besaß. Mit einer Kette, die zum Kingswear Castle am Ostufer gespannt wurde, konnte der Hafen geschlossen werden.
Dartmouth Castle: April – Okt. tgl. 10.00 – 17.00 Uhr
Eintritt Erw. £ 6.80, www.english-heritage.org.uk

Salcombe   Der Badeort zwischen Bolt Head und Prawle Point begeistert **Wassersportler**, die hier surfen, segeln und nach dem Wrack der 1936 versunkenen »Herzogin Cäcilie« tauchen. Ein Spaziergang führt zum

Overbeck's Museum & Garden mit Yuccapalmen, Magnolien, Agaven und weiten Ausblicken auf die Bucht.
Overbeck's Museum & Garden: April – Okt. 11.00 – 17.00
(Haus und Garten), Eintritt Erw. £ 8, Kinder £ 4
www.nationaltrust.org.uk

In der Bigbury Bay ragt Burgh Island aus dem Wasser. Bei Ebbe führt der einzig sichere Wattweg von Bigbury-on-Sea auf die kleine Insel, bei Flut kann man sich mit einem »Sea Tractor« übersetzen lassen. Bekannt ist die Insel wegen des ***Burgh Island Hotel** im Art-déco-Stil, das in den 1930ern von dem Millionär Archibald Nettleford errichtet und ab 1985 originalgetreu restauriert und wieder eröffnet wurde. Neben zahlreichen »Royals« zählte **Agatha Christie** zu den Stammgästen der Nobelherberge und ließ sich hier für »Das Böse unter der Sonne« inspirieren. In stilvoller Umgebung kann man einen Cocktail zu sich nehmen oder den Afternoon Tea genießen – aber bitte in passender Kleidung. Rauer geht es im **Pilchard Inn** aus dem 14. Jh. zu, das einst ein berüchtigter Schmugglertreff war.
 Burgh Island Hotel: Tel. 01548 81 05 14, www.burghisland.com

*Burgh Island

Setzt man mit der Fähre von Dartmouth nach Kingswear über, so liegt ein Besuch im Coleton Fishacre nahe. Die exklusive Küstenlage mit exotischen Bäumen, seltenen Büschen und tropischen Pflanzen bildet mit dem Art-déco-Landhaus ein ganz besonderes Ambiente.
 Sa. – Do. 10.30 – 17.00 Uhr, Eintritt Erw. £ 11.40, www.nationaltrust.org.uk

*Coleton Fishacre

Truro

✢ O 5

Grafschaft: Cornwall
Einwohner: 18 700

Stolz blicken die drei Türme der Kathedrale auf die beschauliche Grafschaftshauptstadt am Zusammenfluss von Kenwyn und Allen – im 19. Jh. als »London von Cornwall« bekannt.

Das Verwaltungs- und Einkaufszentrum der Royal Duchy of Cornwall gehörte im Mittelalter zu den »Stannary Towns«, in denen geschmolzenes Zinn gewogen, gestempelt und besteuert wurde. Bis ins 19. Jh. sorgten die **Zinn- und Kupferminen** für Wohlstand, der sich in Truros eleganter georgianischer Architektur widerspiegelt. Im eng bebauten Stadtkern wurde Anfang des 20. Jh.s Truros Kathedrale vollendet. 100 Jahre später löste der Aufstieg zur cornischen Hauptstadt eine rege Bautätigkeit aus, die in der Errichtung der Courts of Justice durch die Architekten der Tate Gallery von ▶St. Ives gipfelte.

Georgianische Eleganz

Truro erleben

AUSKUNFT
Tourist Information Centre
Municipal Buildings, Boscawen Street
Truro TR1 2NE
Tel. 01872 27 45 55
www.visittruro.org.uk

ARTS IN THE CITY FESTIVAL
Im April gibt es eine Woche lang Kunst
für alle, drinnen wie draußen. Nicht
verpassen: den Open-Air-Kunstmarkt
am Lemon Quay.

ESSEN UND ÜBERNACHTEN
Mannings Hotel ©©/©©©
Lemon Street, Truro TR1 2QB
Tel. 01872 27 03 45
www.manningshotels.co.uk
34 schicke Zimmer und 9 großzügige
Apartments mitten im Zentrum. Saftige
Steaks von cornischen Rindern werden
auf dem Holzkohlengrill zubereitet, dazu
Ziegenkäsesalat mit Kichererbsen, Rote
Beete und Chilidressing und das Glück
ist perfekt. Auch fantastische Cocktails!

The Donnington Guest House ©©
41/43 Treyew Road, Truro TR1 2BY
Tel. 01872 22 25 52
www.donnington-guesthouse.co.uk
14 liebevoll eingerichtete Zimmer in zwei
viktorianischen Stadthäusern mit Garten,
zwei Gehminuten vom Bahnhof.

The Bay Tree ©©
28 Ferris Town, Truro TR1 3JH
Tel. 01872 24 02 74
www.baytree-guesthouse.co.uk
Nettes Nichtraucher-B & B mit 5 Zimmern und tollem Frühstück, 5 Minuten
vom Stadtzentrum und zum Bahnhof.

SEHENSWERTES IN TRURO

Cathedral Bis 1880 gab sich Truro mit der gotischen Pfarrkirche St. Mary zufrieden. Nachdem aber 1876 der erste Bischof der Stadt eingesetzt
worden war, wurde 1880 – 1910 ein Neubau vollendet. Da das Stadtzentrum keinen Platz für eine Domfreiheit bot, wurde in die Höhe
gebaut – mit einem 76 m hohen Vierungsturm.

Royal Corn- Das Museum in der River Street besitzt eine große Mineraliensamm-
wall Museum lung und Werke cornischer Maler wie Henry Scott Tuke, Harold
Harvey und Sherwood Hunter. Sir Godfrey Kneller porträtierte 1680
den cornischen Riesen Anthony Payne: Der über 2,20 m große Soldat
Karls II. wird heute noch in Volksliedern besungen.
❶ Di. – Sa. 10.00 – 16.45, Erw. 4.50, unter 18 Jahre frei
www.royalcornwallmuseum.org.uk

UMGEBUNG VON TRURO

Auf einer Anhöhe mit Blick auf die See blühen im Trelissick Garden auf der Halbinsel Roseland zwischen weitläufigen Rasenflächen fürs Picknick **farbenprächtige Rhododendren**, Hortensien, Kamelien, Magnolien und Zierkirschen. Gepflanzt wurden sie von den Copelands, den Besitzern einer Porzellanfabrik, die für ihr exquisites Blumendekor berühmt war. Viele Motive der Teller und Tassen wuchsen in Trelissick. 1955 vermachte die Familie den 150 ha großen Park dem National Trust. Im Crofters Café kann man cornische Cream Teas genießen, im Plant Shop Samen für daheim mitnehmen.

*Trelissick Garden

❶ Feock bei Truro, Nov. – Mitte Feb. tgl. 11.00 – 16.00, Mitte Feb. – Okt. tgl. 10.30 – 17.30 Uhr, Erw. £ 8.60, www.nationaltrust.org.uk

Die einzige Teeplantage der britischen Inseln befindet sich 5 km südöstlich von Truro. Seit 1335 ist Tregothnan in Besitz der Familie Boscawen, die in ihrem wunderschönen Landschaftsgarten bereits vor 200 Jahren Magnolien, Kamelien, Zedern und sogar Bananenstauden anpflanzte. Durch den Golfstrom ist das Klima hier sehr mild. Temperatur, Niederschlag und PH-Wert des Bodens sind vergleichbar mit denen von Darjeeling am Fuße des Himalaya. Aber erst in den 1990er-Jahren begann Chefgärtner Jonathan Jones auf dem größten Landgut Cornwalls eine **Teeplantage anzulegen. Mit rund 16 000 Teesträuchern werden heute gut 10 t Tee pro Jahr produziert. Durch den Garten und die Teepflanzungen führt nach Voranmeldung der Chefgärtner Neil Bennett. Auf Tregothnan werden auch ein guter Honig und Pflaumenmus hergestellt. Beides lässt sich im benachbarten Smuggler's Cottage zum Cream Tea mit hausgemachten Scones und einer echten Cornish Clotted Cream mit 55 % Milchfett bestellen. Dazu eine Tasse echt englischen Darjeeling von der Teeplantage auf der anderen Seite der Bucht – nicht zu toppen!

*Tregothnan Estate

❶ The Woodyard, Tregothnan, Gartenführungen £ 35. Alle 14 Teesorten von Tregothnan gibt es lose oder im Beutel für daheim im Shop. Tiefere Einblicke in den Teegenuss gibt es bei den Tea Lectures, £ 200 Buchung über http://tregothnan.co.uk.

5 mi / 8 km südlich von Falmouth legte Albert Fox den Glendurgan Garden an, der auch einen Irrgarten aus Lorbeerhecken besitzt.

Glendurgan Garden

❶ Feb. – Okt. Di. – Sa. 10.30 – 17.30 Uhr, Aug. auch Mo., Eintritt Erw. £ 7.20 www.nationaltrust.org.uk

Falmouth, 11 mi / 17,6 km südlich von Truro, besitzt einen der größten **Naturhäfen** der Welt. Sieben Flüsse treffen hier aufeinander, die Gezeitenmündung ist ein Mekka für Wassersportfreunde. Ein 1688 eingerichteter Frachthafen der Post führte zur Expansion von Hafen und Stadt. Am Discovery Quai präsentiert das **National Maritime**

*Falmouth

Museum die Seefahrtsgeschichte Cornwalls. Die Einfahrt zur Falmouth Bay bewachen zwei Festungen, die Heinrich VIII. errichten ließ und die heute per Fähre verbunden sind: **Pendennis Castle** und sein etwas kleineres Pendant **St. Mawes**. Schlemmertipp: Rick **Steins Fischrestaurant** am Discovery Quay!

National Maritime Museum: tgl. 10.00 – 17.00 Uhr, Eintritt Erw. £ 12, 5 – 16 Jahre £ 8.50, www.nmmc.co.uk

Helston

Jedes Jahr am 8. Mai tanzen die Einwohner Helstons durch die verwinkelten Straßen der Stadt. Schon morgens um 7.00 Uhr beginnt das Riesenspektakel des ***Furry Dance** oder Flora Day, zu dem Kinder wie Erwachsene in historischen Kostümen antreten.

*The Lizard

Auf der Lizard-Halbinsel mit Steilküsten, Fischerdörfern und sandigen Buchten beeindruckt besonders das Farbenspiel der Steine: Mattgrüner Serpentin mischt sich mit Gneis und Granit, dazwischen gedeihen Heide und Stechginster. Die Bewohner lebten lange von der Riffpiraterie, da unzählige Schiffe an der Küste zerschellten. Ein schöner Klippenpfad führt von den 1752 errichteten Doppeltürmen des **Lizard Lighthouse** am **Lizard Point** nach Mulligan Cove. Ein Heritage Centre informiert über die Geschichte der englischen Leuchttürme, 2011 wurde die Ausstellung im Leuchtturm neu gestaltet.

Heritage Centre: April, Mai, Okt. So. – Do., Juni, Sept. So. – Fr., Juli, Aug. tgl. 11.00 – 17.00 Uhr, Eintritt mit Leuchtturm-Besteigung Erw. £ 7, Kinder £ 4.50, nur Gelände und Ausstellung Erw. £ 3, Kinder £ 2

Schroffe Klippen und feiner Sandstrand – die Badebuchten auf der Halbinsel Lizard liegen gern ein wenig versteckt.

⁎ Tunbridge Wells

✦ **J 37**

Grafschaft: Kent
Einwohner: 56 500

Die Kleinstadt im »Stockbroker Belt«, dem Speckgürtel Londons, war dank der bereits 1606 entdeckten Heilquelle ab 1735 ein mondänes Modebad, in dem sich auch Beau Nash, Zeremonienmeister von ▶Bath, gerne aufhielt.

Über die Nordhänge des Weald erstreckt sich Tunbridge Wells mit steilen Straßen und Gassen – nur auf Landkarten erinnert noch der Präfix »Royal« daran, dass im 17. und 18. Jh. auch königliche Gäste das schöne **Kurbad** aufsuchten. Ausgedehnte Grünanlagen wie Dunorlan Park, in dem die Chalybeat-Quelle entspringt, elegante Straßenzüge und eine Vielfalt an Shops und Restaurants runden das Stadtbild ab. Die 5 m hohe Millennium Clock gestaltete der örtliche Bildhauer Jon Mills zur Jahrtausendwende aus Stahl.

Royal Tunbridge Wells

SEHENSWERTES IN TUNBRIDGE WELLS

Die 200 m langen Pantiles entstanden vor mehr als 300 Jahren als Promenade zur Heilquelle. Ihr Name stammt von den roten Pfannenziegeln, »pantiles«, mit denen die Straße einst gepflastert war. Wo früher Kurgäste lustwandelten, kann man heute durch eine der ältesten Fußgängerzonen Englands flanieren. **Schmucke Geschäfte und Cafés** reihen sich als Ladenzeile hinter den weiß gestrichenen Kolonnaden des Upper Walk, der baumbestandene Lower Walk führt an Galerien und Antiquitätengeschäften vorbei.

⁎Pantiles

Die Kirche King Charles the Martyr ist das einzige englische Gotteshaus, das dem von Cromwell geköpften Karl I. geweiht ist. Der äußerlich schlichte Sakralbau von 1678 besitzt im Innern eine reich verzierte **Stuckdecke** von Henry Doogood. Am Ende der High Street zweigt die steile Straße Mount Sion ab, deren elegante Stadtvillen im 18. Jh. für Kurgäste errichtet wurden. Das Haus Nr. 23 – 25 wurde nach dem Zeremonienmeister Nash benannt und diente zu dessen Lebzeiten als Spielsalon.

King Charles the Martyr

Das **städtische Museum** im Civic Centre präsentiert neben der Vor- und Stadtgeschichte die weltweit größte Sammlung an Tunbridge-Ware, feinsten Holzarbeiten aus dem 17. – 19. Jahrhundert.
❶ Di. – Sa. 9.30 – 17.00 Uhr, Eintritt frei, Spende erbeten
www.tunbridgewellsmuseum.org

Tunbridge Wells Museum

Tunbridge Wells erleben

AUSKUNFT
Tourist Information Centre
The Old Fish Market, The Pantiles
Tunbridge Wells TN2 5TN
Tel. 01892 51 56 75
www.visittunbridgewells.com

SHOPPING
UND SPA FESTIVAL
Antiquitätenfreunde sollten durch die
Läden der Pantiles, der High Street und
des Chapel Place bummeln. Mi. und
Sa. ist am Market Square Wochenmarkt.
Beim »Scandals at the Spa«-Festival im
Juli wird das georgianische Zeitalter
wieder lebendig.

ZUM WOHL!
Im Sommer servieren kostümierte
Wasserträger an der **Chalybeat-Quelle**
ein Glas des eisenhaltigen Mineral-
wassers. Man sagt, dass es sämtliche
Krankheiten heilen soll – vom Kater
bis zur Kinderlosigkeit!

ESSEN
Thackeray's ❸❸❸❸
85 London Road
Tel. 01892 51 19 21
www.thackerays-restaurant.co.uk
Begonnen wurde das elegante Stadthaus um 1660, im 19. Jh. verfasste
William Makepeace Thackeray hier
seinen »Jahrmarkt der Eitelkeiten« und
das »Buch der Snobs«. Head Chef Shane
Hughes startete seine Karriere mit 19
Jahren im Hartwell House (Buckinghamshire, ▶S. 109), erkochte sich im
Waliser Relais & Château-Haus Ynyshir
Hall seinen ersten Michelinstern – und
steht heute im Thackerays am Herd,
wo er im Wechsel der Jahreszeiten

Gerichte entwirft, bei denen Frankreichs
Haute Cusine mit den lokalen britischen
Wurzeln aufs Köstlichste flirtet.

Sankey's ❸❸❸/❸❸
39 Mount Ephraim
Tel. 01892 51 14 22
www.sankeys.co.uk
Fangfrischer Fisch, gutes Bier und ausgesuchte Weine. Im Sommer kann man
auch im Garten essen.

Woods ❸
62 The Pantiles, Tel. 01892 61 44 11
www.woodsrestaurant.co.uk
Angesagtes Bistro-Restaurant am Ende
der Fußgängerzone mit leckeren Gerich-
ten aus frischen Zutaten der Saison und
guten Weinen

ÜBERNACHTEN
Hotel du Vin and Bistro ❸❸❸
Crescent Road
Tunbridge Wells TN1 2LY
Tel. 01892 52 64 55
www.hotelduvin.com
38 elegante Zimmer in einem edwardianischen Sandsteingebäude aus dem
18. Jh. mit Gartenterrasse und Blick auf
den Calverley Park. Im schicken Bistro
berät Sommelier Dimitri Mesnard gern
bei der Weinauswahl.

Manor Court Farm ❸❸
Ashurst, Tunbridge Wells TN3 9TB
Tel. 01892 74 02 79
www.manorcourtfarm.co.uk
Knapp 5 mi / 8 km westl. von Royal Tunbridge Wells kann man wunderbar auf
dieser georgianischen Schaffarm übernachten. Großzügige Zimmer und ein
opulentes Frühstück.

Schule mit Formschnitt für »Greenfingers«: der italienische Landschaftspark von Hever Castle weist Gärtnern den Weg zur Perfektion.

UMGEBUNG VON TUNBRIDGE WELLS

In Tudeley fertigte **Marc Chagall** (1897 – 1985) zwischen 1967 und **Tudeley**
1977 sämtliche Fenster der Pfarrkirche **All Saints Church**, die den
schlichten Innenraum in ein mit Gelb und Rot durchsetztes Blau tauchen. Auftraggeber war Sir Henry D'Avigdor-Goldsmid, dessen
Tochter beim Segeln ums Leben kam. Die Fenster betten das tragische Unglück in biblische Szenen ein.

Eines der ältesten Herrenhäuser Südenglands findet sich in Penshurst ***Penshurst**
Place, 8 mi / 12,8 km nordwestlich von Tunbridge Wells. Ältester Teil **Place &**
ist die **Baron's Hall**, die Sir John de Poulteney, Lord Mayor von Lon- **Gardens**
don, 1341 errichtete. 1552 ging Penshurst Place in den Besitz der
Familie Sidney über, die den Landsitz um ein Staatsgemäch erweiterte
und bis heute hier lebt. Die Gärten im Stil des 16. Jh.s bereichern ein
Spielzeugmuseum, ein Naturlehrpfad und ein Abenteuerspielplatz.
❶ April – Okt. Garten & Spielplatz 10.30 – 18.00, Haus 12.00 – 16.00 Uhr
Eintritt Gesamtanlage Erw. £ 10.80, Kinder £ 6.50, nur Gelände und Garten
Erw. £ 8.80, Kinder £ 6, www.penshurstplace.com

Ein doppelter Burggraben umgibt das malerische **Wasserschloss** aus ***Hever Castle**
dem 13. Jh., 5,6 mi / 9 km nordwestlich von Penshurst, in dem **Anne**
Boleyn ihre Kindheit verbrachte. Porträts, Dokumente und persönliche Gegenstände erinnern an die zweite Frau Heinrichs VIII. und
dessen fünf weitere Gemahlinnen. 1903 kaufte William Waldorf Astor das gesamte Anwesen, restaurierte das Schloss als romantische

Tudorburg mit Zugbrücke und Zinnen, korrigierte den Flusslauf des Eden und errichtete für seine zahlenden Gäste ein ganzes Tudordorf mit stilvollen Fachwerkhäusern und höchstem Komfort. Der Park erhielt sein Aussehen nach italienischem Vorbild und ist mit kunstvollen Renaissance-Skulpturen bestückt.

❶ April – Okt. Garten 10.30 – 18.00, Schloss ab 12.00 Uhr, Gesamtanlage Erw. £ 16.50, Kinder £ 9.30, nur Gärten £ 13.90/8.80, http://hevercastle.co.uk

*Chartwell   Mehr als 40 Jahre lebte **Sir Winston Churchill** (▶Berühmte Persönlichkeiten) in Chartwell, 8 mi / 12,8 km nördlich von Hever Castle. Hier malte der Politiker Garten und Hügel der Umgebung, genoss zusammen mit seiner Familie die weite Aussicht nach Kent hinein, schrieb Romane und das bis heute gültige Standardwerk »The History of the English Speaking Peoples«. Das Landhaus ist ein nationaler Wallfahrtsort: Churchills Arbeitszimmer, Zigarre und Schreibtisch, Uniformen, Auszeichnungen und literarische Werke bringen Besuchern das Privatleben des charismatischen Premierministers näher.

❶ März – Okt. tgl. 11.00 – 17.00, Gesamtanlage Erw. £ 14.80, Kinder £ 7.40, nur Garten und Studio £ 7.40/3.70, www.nationaltrust.org.uk

Knole   Seit Jahrhunderten ist Knole am Rande des gutbürgerlichen **Sevenoaks der Stammsitz der Familie Sackville. **Vita Sackville-West** (1892 – 1962), die Gründerin von Sissinghurst Garden (▶S. 330), wuchs hier auf und schwärmte vom Schloss in ihren Romanen – und war zeitlebens verbittert, dass sie es aufgrund fehlender männlicher

Im Sommer tanzen Morris Dancers wie im 17. Jh. vor Scotney Castle.

Nachfolger nicht erben konnte. Mit seinen 365 Räumen, 52 Treppen und sieben Innenhöfen gehört Knole zu den größten Herrenhäusern Englands und gleicht mehr einem mittelalterlichen Universitätsgebäude als einem Familienwohnsitz. Die Anfahrt durch den Wildpark, in dem **zahmes Damwild** grast (▶Abb. S. 199), stimmt hervorragend auf den strengen Palast ein, dessen dunkle Säle mit Mobiliar des 17. Jh.s ausgestattet sind. Zu den Prunkgemächern mit flämischen Tapisserien, persischen Teppichen und kostbarem Porzellan gehören das königliche Schlafgemach, der Ballsaal und das Zimmer des venezianischen Botschafters. Im Reynolds Room hängen Werke von Sir Joshua Reynolds, darunter ein Porträt des dritten Lord Sackville und ein Historiengemälde, das den gefangenen Grafen Ugolino zeigt.

❶ Haus Mi. – Mo. 12.00 – 16.00, Orangerie 10.30 – 17.00 Uhr, Park Sonnenauf- bis -untergang, Eintritt Erw. £ 11.80, www.nationaltrust.org.uk

Die pittoreske **Wasserburg** aus dem 14. Jh. umgibt ein romantischer Landschaftspark, der von 1837 bis 1855 im Stil des »natural landscaping« mit Rhododendren, Azaleen, Kletterrosen und Spazierwegen samt schöner Ausblicke angelegt wurde. ***Scotney Castle**

❶ Ostern – Okt. tgl. 10.00 – 17.00 Uhr, Eintritt Erw. £ 14.30, Kinder £ 7.20 www.nationaltrust.org.uk

* ASHDOWN FOREST

Zwischen Royal Tunbridge Wells, East Grinstead, Haywards Heath und Uckfield erstrecken sich die Wälder und Heideflächen des Ashdown Forst. Das einstige königliche Jagdrevier, in dem vom 15. bis 18. Jh. Holz für den Schiffbau und die Eisenindustrie geschlagen wurde, ist heute ein Wandergebiet mit Picknickplätzen und Aussichtspunkten. **Wandern mit Picknick**

Hartfield ist die Heimat des weltbekannten Bären **»Winnie the Pooh«**. A. A. Milne lebte von 1925 bis 1956 hier auf der Cotchford Farm und schrieb für seine Kinder die Klassiker »Pu der Bär« und »Pu baut ein Haus«. Heute wandert der Nachwuchs begeistert auf den Spuren seines honiggelben Helden von der »Pooh Corner« in Hartfields High Street zur »Poohsticks Bridge«, von der aus man Stöckchen in den Bach wirft. **Hartfield**

Auf der gewundenen B 2110 wird nach 8 mi / 12,8 km das viktorianische Landhaus Standen erreicht, das Philipp Webb 1894 für die neunköpfige Familie des Londoner Rechtsanwaltes James Beale erbaute. Die Wohnräume des schlichten Ziegelbaus stattete der Begründer der englischen Arts-&-Craft-Bewegung, **William Morris** (1834 – 1896), mit farbenreichen Teppichen, Gardinen, Tapeten und ***Standen House & Garden**

Wandbehängen mit meist floralen Motiven aus. William Morris' Ziel war es, das industrialisierte Kunstgewerbe wieder zu einer qualitätvollen und individuellen Handwerkskunst zurückzuführen und dennoch komplette Wohnungseinrichtungen liefern zu können.

❶ Ostern – Okt. Haus 11.00 – 16.30, Garten 10.00 – 17.00, sonst Haus bis 15.00 Uhr, Erw. £ 12, Kinder £ 6

*Sheffield Park Garden

Auf waldreicher Strecke geht es zum Sheffield Park Garden, 11 mi/ 19 km südöstlich von Standen. **Capability Brown** legte den Garten im 18. Jahrhundert mit vier künstlichen Seen im Zentrum an, die durch Wasserkaskaden und Brücken verbunden sind. Eine Vielzahl exotischer Bäume und Rhododendren folgte zu Beginn des 20. Jahrhunderts. Die Symmetrie des Gartens ist auf das (nicht zu besichtigende) Sheffield Park House ausgerichtet, das Thomas Wyatt um 1789 zu einem neogotischen Landschloss umgestaltete.

❶ tgl. 10.00 – 17.00 Uhr, Erw. £ 11.55, Kinder £ 5.80

*Wakehurst Place Garden

Am Rande des Ashdown Forest, 14 km nordwestlich von Sheffield Park Garden, bildet Wakehurst Place Garden eine Zweigstelle der Königlichen Botanischen Gärten von Kew in ►London. Lord Wakehurst sammelte **seltene Bäume** und Pflanzen aus beiden Teilen Amerikas, aus Ostasien, Australien, Japan und Neuseeland, die den 60 ha großen Park das ganze Jahr über mit einer fantastischen Farben- und Duftpracht versorgen. Das dazugehörige elisabethanische Landhaus informiert über das Naturreservat Loder Valley.

❶ Mai – Okt. tgl. 10.00 – 18.00 Uhr, Haus bis 17.00, Nov. – Feb. tgl. 10.00 – 16.30, Haus bis 15.30 Uhr, Eintritt Erw. £ 12.50, unter 17 Jahren frei

⁕⁕ Wells

✚ H 19/20

Grafschaft: Somerset
Einwohner: 9800

Der Kathedrale sei Dank: Sie macht Wells zur kleinsten »city« Britanniens – andere Orte vergleichbarer Größe ohne einen solch gewaltigen Sakralbau dürfen sich nur »town« nennen. Die Kleinstadt ist guter Ausgangspunkt für Wanderungen in den Mendips Hills oder Ausflüge zu den Cider-Mostereien.

Höhepunkt der Sakralbaukunst

Wells, das seinen Namen den hier entspringenden Quellen verdankt, gehört zu den Höhepunkten einer Südenglandtour. Die noch mittelalterlich geprägte Kleinstadt, deren Einwohnerzahl sich in den letzten 500 Jahren nur knapp verdoppelt hat, besitzt einen der schönsten Sakralbauten der englischen Gotik.

SEHENSWERTES IN WELLS

Wells besitzt eine der frühesten gotischen Kathedralen in England. Ihr Bau begann 1180, das 126 m lange und 20,5 m hohe Hauptschiff ist reinster Early English Style; die Querschiffe enthalten noch spätnormannische Elemente. Um 1240 setzte man die Westfassade vor. In der zweiten Bauphase folgten 1290 bis 1340 der Ostteil mit Vierungsturm, Retrochor, Marienkapelle und Kapitelhaus im hochgotischen Decorated Style. Die ****Cathedral**

▶Abb. S. 48

beiden gedrungenen Türme der Westfassade wurden 1386 und 1421 errichtet. Von den 400 einst farbigen Figuren der Skulpturengalerie der **Westfassade** aus dem 13. Jh. sind heute noch 293 original erhalten; andere – wie die »Auferstehung Christi« – wurden neu geschaffen. Berühmt wurde Wells für seine gekreuzten Spitzbögen in der Vierung. Diese **Scherenbögen** wurden 1338 nachträglich eingezogen, um die Last des Vierungsturms aufzufangen. Die Figurenkapitelle veranschaulichen mittelalterlichen Alltag: einen Mann mit Zahnweh, einen Dornauszieher, Obstdiebe, die stehlen und bestraft werden. Im nördlichen Querschiff schickt die **astronomische Uhr** seit 1392 Ritter in die Schlacht – alle 15 Minuten muss einer sein Leben lassen, zur vollen Stunde fallen vier Ritter. Eine ausgetretene Treppe

Gotische Scherenbögen in der Vierung von Wells' Kathedrale

führt als Kaskade aus Stein zum **Kapitelhaus**, dessen Rippengewölbe ein einziger Bündelpfeiler trägt. Hinter einem Torhaus öffnet sich der **Vicar's Close**. Die älteste Reihenhausanlage Europas wurde 1348 mit 40 Häusern erbaut, in denen bis heute die Chor- und Domherren leben. Im Süden der Kathedrale schützen Wall und Graben den **Bishop's Palace** aus dem 13. bis 15. Jh., in dem bis heute der Bischof von ▶Bath und Wells residiert. Den Quellen im Garten des Bischofspalastes, den »Wells«, verdankt die Stadt ihren Namen.

Im ehemaligen Chancellors House erfährt man alles über die Geschichte von Wells und den Mendip Hills (8 Cathedral Green). ❶ Mo. – Sa. 10.00 – 17.00, So. 13.30 – 16.00 Uhr, Eintritt Erw. £ 3, Kinder £ 1 www.wellsmuseum.org.uk

Wells & Mendip Museum

Wells erleben

AUSKUNFT
Tourist Information Centre
Town Hall, Market Place
Wells BA5 2RB
Tel. 01749 67 17 70
www.wellssomerset.com

SHOPPING UND EVENTS
Antiquitätenfreunde finden in der Post Road eine gute Auswahl, jeden Do. findet ein Antiquitätenmarkt, Mi. und Sa. ein Straßenmarkt auf dem Market Place statt. Wunderschöne Relief-Wandfliesen aus Terrakotta und Ton fertigen Philippa Threlfall und ihr Sohn Daniel Collings als »Black Dog of Wells« nach den Entwürfen von 120 Designern, die sich von der Antike und der Moderne inspirieren lassen (www.blackdogof wells.com).
Kulturelle Highlights sind das Festival of Literature im Okt., das Festival of Music and Drama im Sept. (www.stcuth bertswells.co.uk) sowie zahlreiche Orgel- und Chor-Konzerte in der Kathedrale. Für manchen Lacher sorgt das Moat Boat Race Ende August.

ESSEN
Goodfellows ⓔⓔⓔ
5 Sadler Street
Tel. 0871 4 26 61 89
www.goodfellowswells.co.uk
Die moderne europäische Küche von Adam Fellows spart an Kalorien – aber nicht am Geschmack. Besonders lecker: die Fischgerichte.

Cathedral Café ⓔ
Cathedral, West Cloister
Tel. 01749 67 65 43
Im Nebentrakt der Kathedrale werden unter Rippengewölbe und Maßwerkfenstern bis 17.00 Uhr kleine Mahlzeiten, Sandwiches und Kuchen gereicht.

ÜBERNACHTEN
Ston Easton Park
▸ Baedeker Wissen S. 111

Ancient Gate House ⓔⓔⓔ
20 Sadler Street
Wells Somerset BA5 2SE
Tel. 01749 67 20 29
www.ancientgatehouse.co.uk
Voller Atmosphäre steckt das kleine Hotel von 1473, dessen 9 Zimmer Himmelbetten, Antiquitäten und einen Paradeblick auf die Westfassade der Kathedrale bieten. Im Rugantino Restaurant wird vorzüglich italienisch gekocht.

Beryl ⓔⓔ/ ⓔⓔⓔ
Hawkers Lane
Wells Somerset BA5 3JP
Tel. 01749 67 87 38
www.beryl-wells.co.uk
Luxus-B & B mit 15 charmanten Zimmern, Pool und ummauertem Garten in einer Anwaltsvilla von 1834!

Altstadt Die geschäftige **High Street** säumen Häuser aus dem 15. bis 17. Jahrhundert mit Fachwerk und blumengeschmückten Ladenfronten. **St. Cuthbert** aus dem 15. Jh. ist mit ihrem 35 m hohen eckigen Westturm die größte Pfarrkirche Somersets, deren ausgezeichnete Akustik das Festival of Music and Drama im September nutzt (▸Events).

Glastonbury Tor – das sagenumwobene Avalon?

UMGEBUNG VON WELLS

In den wildromantischen Mendips hat der Fluss Axe ein Höhlensystem mit **Tropfsteingrotten** und tiefgrünen Seen gebildet: Wookey Hole. Wo bis zur Römerzeit noch Menschen lebten, lockt heute neben Höhlenführungen Fun pur: im Tal der Dinosaurier, im Spiegelkabinett oder bei Geisternächten in den Grotten.

*Wookey Hole

❶ April – Okt. tgl. 10.00 – 17.00, Nov. – März tgl. 10.00 – 16.00 Uhr
Eintritt Erw. £ 18.50, Kinder £ 14, www.wookey.co.uk

Spektakulär ist die 3 km lange und bis zu 120 m tiefe Cheddar-Schlucht. Am unteren Ende der Klamm kann man die im 19. Jh. entdeckten Stalaktitenhöhlen Gough's Cave und Cox's Cave besichtigen, im Museum wird das 9000 Jahre alte Skelett des **»Cheddar Man«** aus der Eiszeit aufbewahrt. Wer die 274 Stufen der Jacob's Ladder (Jakobsleiter) erklimmt, wird mit einer herrlichen Aussicht belohnt.
Im Dorf Cheddar wird seit dem 12. Jh. der gleichnamige würzige Hartkäse hergestellt. Wer die Produktion sehen und den Käse verkosten will, hat in der Viewing Gallery der ***Cheddar Gorge Cheese Company** dazu Gelegenheit (▶Abb. S. 138).

**Cheddar Gorge

Cheddar Gorge Cheese Company: Ostern – Okt. tgl. ab 10.00 Uhr
Erlebnisticket Erw. £ 19.95, www.cheddargorgecheeseco.co.uk

Kein Ort in England ist mehr von Mythologie umwoben. So soll der missionierende Joseph von Arimathäa mit dem **Heiligen Gral** hierhergekommen sein, aus dem Christus und seine Jünger beim Letz-

Glastonbury

ten Abendmahl tranken und mit dem Joseph das Blut des Gekreuzigten auffing. Am Fuße des 160 m hohen Kegelberges **Glastonbury Tor** mit dem Turm der St.-Michael-Kirche aus dem 14. Jh. (►Abb. S. 377) soll Joseph den Kelch vergraben haben – woraufhin die »Blood Spring« oder »Chalice Well« mit heißem, rötlich schimmerndem Wasser zu sprudeln begannen. Der Artuslegende nach ist Glastonbury auch die Insel **Avalon**, wohin der tödlich verwundete König nach der Schlacht von Camlann segelte. Zusammen mit seiner Gattin Guinevere soll er in Glastonbury ruhen – sein Schrein in der Abtei war im Mittelalter ein wichtiges Wallfahrtsziel. Bis heute ist Glastonbury eine Kultstätte für spirituelle Gruppen, die sich hier zur Mittsommernacht treffen. Das alljährliche ***Glastonbury Music Festival** im Juni ist eines der größten Open-Air-Festivals in Europa.

Glastonbury Festival Office: 28 Northload Street, Glastonbury
www.glastonburyfestivals.co.uk

Glastonbury Abbey

Die Ruinen der Klosterkirche St. Peter and Paul vermitteln bis heute einen guten Eindruck ihrer früheren majestätischen Größe – ihre Länge betrug im 16. Jh. stolze 177 m. Heinrich VIII. ließ 1539 die Kirche zerstören. Ansatzweise erhalten sind die 1189 geweihte Marienkapelle im spätnormannischen Stil mit figurengeschmückten Portalen, einer Josephskrypta und der Galiläakapelle aus dem 15. Jh., die zum Langhaus überleitete. Eine Einfassung im Chor markiert, wo von 1218 bis 1539 König Artus' Schrein stand. Im Torhaus zeigt ein Museum das Modell der Klostergebäude, von denen nur Abbot's Kitchen aus dem 14. Jh. übrig blieb. Rund um die ehemalige Zehntscheuer gibt das **Somerset Rural Life Museum** Einblicke in das Bauernleben im 17. Jh.

Somerset Rural Life Museum: Bis 2018 wird das Museum modernisiert und ausgebaut, www.visitsomerset.co.uk

* Weymouth · Isle of Portland

✦ L 25

Grafschaft: Dorset
Einwohner: 55 500

Die weite Badebucht von Weymouth und die Halbinsel Portland bilden das Herz der spektakulären Klippen der Jurassic Coast, die als erstes Gebiet in England von der UNESCO als Weltnaturerbe geschützt wird. Von Juli bis September 2012 war Weymouth Austragungsort der Segelwettbewerbe der Olympischen Sommerspiele und der Paralympischen Spiele (www.wpnsa.org.uk).

Weymouth erleben

AUSKUNFT
Tourist Information Centre
Kings Statue, The Esplanade
Weymouth DT4 7AN
Tel. 01305 78 57 47
www.weymouth.co.uk

SCHIFFSAUSFLÜGE UND EVENTS
Fähren der Condor Ferries setzen tgl.
zu den Kanalinseln Jersey und Guernsey
über (www.condorferries.co.uk). Hafen-
rundfahrten, Angeltouren und Bootsausflüge zum Portland Castle und Nothe
Fort organisieren die Heritage Coast
Boat Trips (Tel. 01305 20 64 23,
www.theheritagecoast.co.uk).
Beim alljährlichen Olde Harbour Seafood
and Oyster Festival im Mai werden neben
Austern satt Musik und Show geboten.
Das International Beach Kite Festival im
Mai ist das größte seiner Art im Vereinigten Königreich.

ESSEN
Crab House Café ❸❸/ ❸❸❸
Ferrybridge, Tel. 01305 78 88 67
www.crabhousecafe.co.uk
Fischrestaurant mit einer eigenen Aus-
ternzucht – bestellen Sie ein Dutzend
frisch, gegrillt oder in Weißweinsoße
oder die Meeresfrüchteplatte.

The Crow's Nest ❸❸
3 Hope Square, Tel. 01305 78 69 30

www.crowsnestweymouth.com
Unter Schatten spendenden Bäumen
trifft man sich zu Tapas, Wein und Bier,
mitten im Trubel des alten Hafens.

ÜBERNACHTEN
The Chatsworth ❸❸/❸❸❸
14 The Esplanade
Weymouth DT4 8EB
Tel. 01305 78 50 12
www.thechatsworth.co.uk
Ausgezeichnetes Hotel direkt am Jacht-
hafen. Den Fisch für die Brasserie fängt
Phil, der Bruder des Besitzers. Probieren
Sie die Portland-Krabbensuppe und Rie-
sengarnelen mit Chili und Limonen.

Oaklands ❸❸
1 Glendinning Avenue, Weymouth
DT4 7QF Tel. 01305 76 70 81
www.oaklands-guesthouse.co.uk
Bezauberndes edwardianisches Gästehaus mit vier geschmackvoll eingerichteten Zimmern; fünf Minuten vom Strand
entfernt

Seaham ❸❸
3 Waterloo Place
Weymouth DT4 7NU
Tel. 01305 78 20 10
www.theseahamweymouth.co.uk
Sympathisches B & B mit fünf eleganten
Zimmern und Blick auf den herrlichen
Sandstrand.

Der feine, goldgelbe Sandstrand lockt allsommerlich badelustige Bri-   **Seebad**
ten an die 3 km lange Bucht von Weymouth, in die der Wey mündet.   **mit Charme**
Elegante georgianische Häuser zieren die Strandpromenade, um den
alten Hafen herum gruppieren sich, lebendig und bunt, umgebaute
Speicher mit Geschäften und Restaurants. Die drittgrößte Stadt Dorsets ist ein idealer Ausgangspunkt für Wanderungen und Tagesaus-
flüge ins Hinterland und entlang der Küste, die gen Osten zackige

Klippen mit kleinen Buchten prägen, gen Westen ein schnurgerader Küstenstreifen bis nach Bridport. Auf der südlichen Landzunge von Portland wird der gleichnamige grauweiße Stein abgebaut. Weymouth wurde ursprünglich von **König Georg III.** als Erholungsort gegründet. Der Monarch ist bis heute allgegenwärtig: Aus der Stadt reitend, wurde sein Bild in den Hang eines Kreidehügels gemeißelt.

WEYMOUTH UND DIE HALBINSEL PORTLAND

Esplanade Eine Promenade führt um die Badebucht herum. Sie wird von Häuserzeilen aus dem 18. Jh. gesäumt, deren strenge Fassaden durch Eisenbalkone aufgelockert sind. **Georg III.** (1760 – 1820) blickt mit Zepter, Krone und Wappentieren vom hohen Sockel. Als erster Monarch machte er 1789 hier Urlaub am Meer, logierte im Gloucester Hotel an der Esplanade – und begründete Weymouths Aufstieg zum Modebad. Die Turmuhr wurde 1887 zum goldenen Regierungsjubiläum von Königin Viktoria aufgestellt. Vom Tourismusbüro aus fährt

Von Weymouth stachen Sir Francis Drake, James Cook und Walter Raleigh in See, starteten 2012 die olympischen Segelwettbewerbe.

zwischen Ostern und Anfang September eine Bahn die Esplanade entlang zum Naturreservat von Lodmoor und zum Sea Life Park.

Das Herz des historischen Hafens mit vielen Bauten des 17. Jh.s ist heute Erlebnis- und Ausgehviertel. Für Unterhaltung sorgen nicht nur zahlreiche Restaurants und Cafés, sondern auch der 2012 nach Umbau wiedereröffnete Brewers Quay in der ehemaligen Devenish-Brauerei. In einem umgebauten Hafenspeicher unterhält Sharky's als Indoor-Playground den Nachwuchs. Das **Weymouth Museum** erzählt u. a. vom Pestjahr 1348 und dem Badezeremoniell Georgs III. Im **Tudor House** wird das Leben einer Kaufmannsfamilie aus dem 17. Jh. wieder lebendig. Von der **Pier** vor dem Old Rooms Inn legen im Sommer weiße Ausflugsboote zur Jurassic Coast (1,5 St.) und zum Portland Castle (35 Min.) ab. ***Waterfront**

Bootsausflüge: ab Brewers Quay, www.coastlinecruises.com
Weymouth Museum: Mi., Fr., Sa. 10.30 – 16.00 Uhr, Eintritt Erw. £ 1
www.weymouthmuseum.org.uk
Tudor House: Trinity Street 3, Mai – Okt. Di. – Fr. Führungen
Di. – Fr. 13.00 – 16.00, So. 14.00 – 16.00 Uhr, Erw. £ 4, Kinder £ 1

Das Museum im halbkreisförmigen **Nothe Fort** aus dem 19. Jh. dokumentiert die Hafengeschichte seit römischer Zeit und bietet weite Ausblicke über die Bucht von Weymouth. **Museum of Coastal Defence**

❶ April – Sept. tgl. 10.30 – 17.30, Okt. – März tgl. 11.00 – 16.30 Uhr
Eintritt Erw. £ 8, http://nothefort.org.uk

Die 7 km lange und 3 km breite Halbinsel Portland ist mit Weymouth durch eine schmale Landzunge verbunden. Seit dem Mittelalter wird hier der grauweiße **Portland-Stein** abgebaut, mit dem auch St. Paul's Cathedral in ►London und die Fassade des UNO-Gebäudes in New York errichtet wurden. 1944 waren auf Portland 500 000 US-Soldaten stationiert, um die Landung in der Normandie vorzubereiten. Über den Portland-Hafen wacht das mächtige **Portland Castle**, das 1540 unter Heinrich VIII. erbaut wurde – und heute zu Family Sleepovers lädt, besonders schön zu Halloween. Über Wakeham mit dem **Portland Museum** geht es zur Südspitze **Portland Bill** mit einem 35 m hohen **Leuchtturm**, Vogelobservatorium und Obelisk. **Isle of Portland**

❶ Einblicke in Abbau und Verarbeitung des Portland-Steins gewährt der Steinbruch **Tout Quarry**, der auch Bildhauerkurse bietet, http://testbed.fim.co.uk.
Portland Castle: April – Sept. tgl. 10.00 – 18.00, Okt. bis 17.00 Uhr Eintritt
Erw. £ 5.90, Kinder £ 3.50, www.english-heritage.org.uk
Portland Museum: April – Okt. So. – Do. 10.30 – 13.00 Uhr
Eintritt Erw. £ 3.50, Kinder £ 1, www.portlandmuseum.co.uk
Portland Bill Lighthouse: So. – Fr. 11.00 – 17.00 Uhr
Eintritt Erw. £ 7 Kinder £ 5, www.trinityhouse.co.uk
Vogelobservatorium: www.portlandbirdobs.org.uk

Stolze Schwäne der Kolonie von Abbotsbury

Weymouth Sea Life Adventure Park
Pinguine, Haie, Otter und Seepferdchen sind die Stars, die die Tierpfleger des Sea Life Aquarium täglich vorstellen.
❶ 10.00 – 17.00, Jul./Aug. bis 18.00 Uhr, Eintritt pro Person £ 23.50, online £ 16.50, unter 3 Jahre frei, www.sealifeweymouth.com

UMGEBUNG VON WEYMOUTH

**Chesil Beach
Eine geologische Besonderheit ist Chesil Beach. Die fast 20 km lange Kieselbank zwischen der Isle of Portland und Abbotsbury ist ein Eldorado für Angler und Wanderer, die dem 100 km langen **South West Coast Path** zwischen Swanage und Exmouth folgen (▶S. 122). Das Baden ist wegen der starken Strömung verboten. Hinter der Kieselbarriere erstreckt sich die Lagune **»The Fleet«**, ein Vogel- und Fischreservat, in dem auch Austern gezüchtet werden.

Abbotsbury
Benannt wurde Abbotsbury nach einer im 11. Jh. gegründeten Benediktinerabtei, von der mit der **Tithe Barn** eine der größten Zehntscheuern Englands aus dem 15. Jh. erhalten blieb. In ländlicher Abgeschiedenheit scheint sich die Dorfstraße mit reet- und schindelgedeckten Steinhäuschen über die Jahrhunderte hinweg kaum verändert zu haben. Hoch über Abbotsbury bietet die Seefahrerkapelle St. Catherine's aus dem 14. Jh. eine wunderbare Aussicht. In der im Mittelalter von Mönchen gegründeten, heute berühmten ***Schwanenkolonie** überwintern bis zu 600 Schwäne. Im März nisten sie hier, im September lernen die Jungen fliegen, und am dritten Sonntag im Oktober werden sie vom Schwanenhirten in die Freiheit entlassen.
Abbotsbury Swannery: April – Okt. tgl. 10.00 – 17.00 Uhr, Fütterung 12.00, 16.00 Uhr, Erw. £ 12, Kinder £ 9, www.abbotsbury-tourism.co.uk

In einer geschützten Talsenke zwischen Abbotsbury und Chesil Beach liegen die subtropischen Gärten, die 1765 vom Earl of Ilchester angelegt wurden – 2015 feierten sie 250jähriges Bestehen. Zwischen Bambus, Yuccas, Agaven, Zypressen, Lorbeer- und Gingkobäumen wähnt man sich in Australien, Lateinamerika oder am Mittelmeer.

*Subtropical Gardens

Subtropical Gardens: Apr. – Okt. 10.00 – 17.00, Juli/Aug. bis 18.00, sonst 16.00 Uhr, Eintritt Erw. £ 12, Kinder £ 9, www.abbotsbury-tourism.co.uk

Das alte Fischerdorf Lyme Regis, 31 mi / 49,6 km von Weymouth, entwickelte sich im 18. Jh. zum mondänen **Seebad**. Jane Austen schrieb hier 1818 ihren Roman »Persuasion« und lobte die herrliche Lage des Ortes mit der Klipppenbucht, der steilen Hauptstraße Broad Street und der weit ins Meer ragenden Mole »The Cobb« aus dem Mittelalter. 1811 fand die zwölfjährige Mary Anning am Strand das Skelett eines Ichthyosaurus – seitdem ist die Küste ein Mekka für Fossiliensammler. Im 2017 erweiterten **Lyme Regis Museum** und im **Dinosaurland** an der Coombe Street sind die Funde ausgestellt.

Lyme Regis

Lyme Regis Museum: Ostern – Okt. Mo. – Sa. 10.00 – 17.00, So. 11.00 bis 17.00, Nov. – Ostern Mi. – So. 11.00 bis 16.00 Uhr, Eintritt Erw. £ 3.95, Kinder frei, www.lymeregismuseum.co.uk
Dinosaurland: tgl. 10.00 – 17.00 Uhr, Erw. £ 5, 5 – 16 Jahre £ 4, http://home.btconnect.com/dinosaurland

> **!** **BAEDEKER TIPP**
>
> ### Steine klopfen
>
> Fossiliensammler finden an der Küste Versteinerungen aus Jura, Trias und Kreidezeit – Ammoniten und Belemniten sind die häufigsten Funde im Klippengestein. Doch Vorsicht: Wer auf den Kieselstränden und in den Buchten auf Fossiliensuche geht, sollte sich vorher unbedingt über die Gezeiten informieren. Zudem sind die Klippen stark erodiert, bröckeln leicht ab und sind bei Regen extrem rutschig!

** Winchester

✦ **H 32**

Grafschaft: Hampshire
Einwohner: 46 000

Eine »angenehme Stadt, bereichert durch eine wunderschöne Kathedrale, umgeben von saftigen Wiesen«, schwärmte der Romantiker Keats 1819 von der ersten Hauptstadt Englands, die sich am Fluss Itchen in die Hügel der South Downs bettet.

Bereits zu Zeiten der Römer war Winchester eine bedeutende Stadt namens **Venta Belgarum.** Im 10. und 11. Jh. war der wohlhabende Marktort im Herzen der Grafschaft Hampshire die erste Hauptstadt Englands. Selbst als ►London Hauptstadt des Landes wurde, blieb

Königliche Stadt

Winchester eine königliche Residenz: Hier wurde Kronprinz Arthur, der ältere Bruder von Heinrich VIII., geboren sowie Mary Tudor mit Philip von Spanien vermählt.

SEHENSWERTES IN WINCHESTER

**Cathedral Die Kathedrale ist mit 164 m der längste Sakralbau, der im mittelalterlichen Großbritannien errichtet wurde. Vier wichtige Bauphasen sind erkennbar: das normannische Querhaus samt gedrungenem Vierungsturm, ein frühgotischer Ostteil, an den das spätgotische Langhaus anschließt, und der im 16. Jh. umgestaltete Chor. Die Fundamente für den heutigen Bau wurden 1079 gelegt. Dass die Kathedrale Anfang des 20. Jh.s nicht einstürzte, war »Will the Diver« zu verdanken. Der Taucher William Walker ersetzte innerhalb von sie-

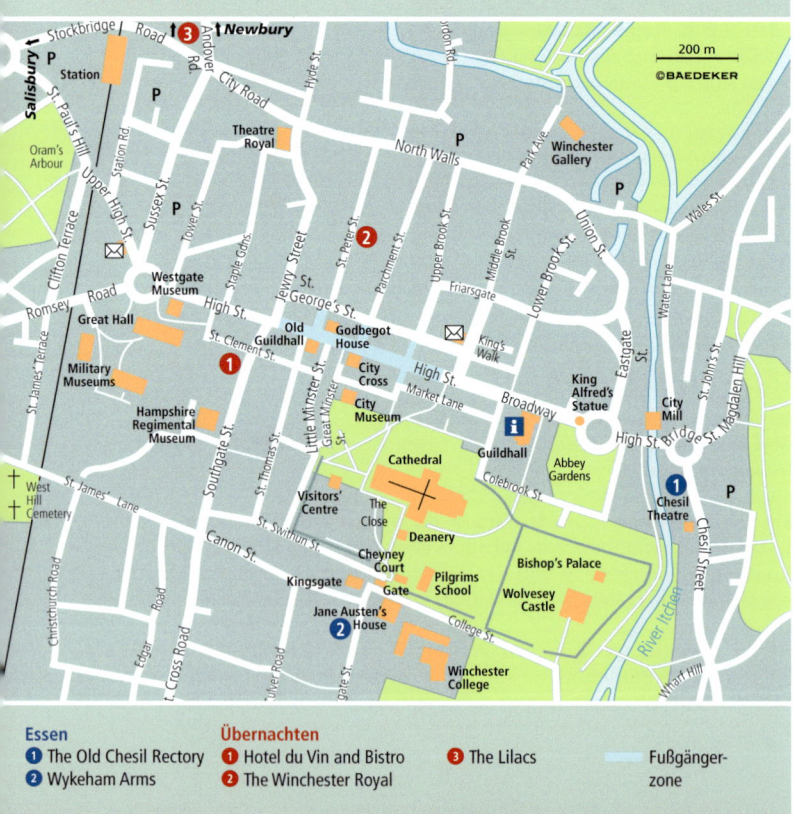

Winchester erleben

AUSKUNFT
Tourist Information Centre
Guildhall, High Street, Winchester
SO23 9GH, Tel. 01962 84 05 00
www.visitwinchester.co.uk

SHOPPING UND FESTIVALS
Schickes, Modisches oder Ausgefallenes? Die Fußgängerzone der High Street verspricht reiche Auswahl, ebenso Cadogan & James am The Square. Regionale Spezialitäten gibt es am letzten So. im Monat beim Hampshire Farmers Market. Ceilidhs, Gigs und Pub Sessions gehören zum beliebten Folk Festival im Mai, Straßentheater und verrückte Hüte zum populären Hat Fair Anfang Juli. Im gleichen Monat finden auch das Winchester Festival mit Theater, Musik und Lesungen und das Southern Cathedrals Festival mit Chorkonzerten in der Kathedrale statt.

ESSEN
❶ *The Old Chesil Rectory* ❸❸❸
1 Chesil Street, Tel. 01962 85 15 55
www.chesilrectory.co.uk
Französisch inspiriertes First-Class-Lokal am Itchen-Ufer in einem Tudor-Haus aus der Mitte des 15. Jh.s.

❷ *Wykeham Arms* ❷❷/❷❷❷
75 Kingsgate Street, Winchester
SO23 9PE, Tel. 01962 85 38 34
www.wykehamarmswinchester.co.uk
Über 250 Jahre alter georgianischer Pub mit offenen Kaminen. Bei Graeme Jameson wird die Lammschulter zartrosa serviert, die Kalbsleber mit Knoblauchmus und Rotwein auf einem Zwiebelbett. Gutes Bier und ambitionierte Weinkarte. Das schönste der 14 Zimmer: der Nelson Room mit romantischem Himmelbett.

Tudornachbildung der Artustafel in der Great Hall von Winchester

ÜBERNACHTEN
❶ *Hotel du Vin and Bistro* ❸❸❸/❹❹❹❹
Southgate Street, Winchester SO23 9EF
Tel. 01962 84 14 14
www.hotelduvin.com
Junges Hotel mit 25 superschicken Zimmern in einem georgianischen Stadthaus nahe der High Street. Unser Tipp auf Matt Sussex' exquisiter Speisekarte: Maishuhn mit Gänseleber und Trüffeln.

❷ *The Winchester Royal* ❸❸❸
St. Peter Street, Winchester, Hampshire
SO23 8BS, Tel. 01962 84 08 40
www.sjhotels.co.uk/winchester
Zentrale Nobelherberge in der ehemaligen Bischofsresidenz aus dem 15. Jh.; die meisten der 75 stilvollen Zimmer haben Blick auf den preisgekrönten Garten. Im Conservatory Restaurant wird vorzüglich gekocht.

❸ *The Lilacs* ❷❷
1 Harestock Close Off Andover Road
North Winchester SO22 6NP
Tel. 01962 88 41 22, www.smoothound.co.uk/hotels/lilacs.html
Zwei Doppelzimmer bietet das gepflegte georgianische Haus seinen Gästen 2 mi / 3,5 km nördlich der City. Herzliche Atmosphäre und tolles Frühstück.

ben Jahren die maroden Holzbohlen des Fundaments, die in den morastigen Boden eingesunken waren, durch Beton und Zement. Das 12-jochige **Langhaus** aus dem 14. Jh. ist mit einem für die englische Spätgotik typischen Netzgewölbe im Perpendicular Style und verzierten Schlusssteinen gedeckt. Im nördlichen Seitenschiff befindet sich die Grabplatte der Schriftstellerin Jane Austen (▶Berühmte Persönlichkeiten). Sehenswert ist auch das normannische Taufbecken aus schwarzem Tournai-Marmor.

Im **nördlichen Querschiff** hat man einen herrlichen Blick auf reinste frühnormannische Architektur mit Rundbögen, Würfelkapitellen, tiefen Emporen und dickem Mauerwerk. Hier befindet sich die Kapelle der hl. Drei Könige mit einem Fenster von William Morris. Fresken des 13. Jh.s schmücken die Kapelle des Heiligen Grabes.

Auf dem **Lettner** sind angelsächsische und dänische Könige dargestellt, so Alfred der Große, Knut, Aethelwulf und Edred. 1107 stürzte der **Vierungsturm** ein. Damals war man höchst alarmiert: In der Vierung war sieben Jahre zuvor der unbeliebte König Wilhelm Rufus II., Sohn von Wilhelm dem Eroberer, begraben worden, der zur Finanzierung seines ausschweifenden Lebens auch die Kirche hart besteuert hatte. Sollte die Beisetzung ein Fehler gewesen sein und der Einsturz ein Zeichen Gottes? Reagiert hat man nicht auf diesen Vorfall – der Sarkophag steht noch immer unter dem eichenen Fächergewölbe des Vierungsturms. Den Schrein des Heiligen Swithun im enormen **Retrochor** aus dem frühen 13. Jh. flankieren die reich ausgeschmückten Kapellen für Bischof Waynflete und Kardinal Beaufort († 1447), dem Widersacher von Jeanne d'Arc, deren Statue am Eingang zur Marienkapelle steht. In der Kathedralbibliothek wird die berühmte *Winchester-Bibel aus dem 12. Jh. aufbewahrt, deren kunstvoll ausgemalte Initialen zu den großen Leistungen der Buchmalerei zählen (▶Abb. S. 51).

❶ Mo. – Sa. 9.30 – 17.00, So. 12.30 bis 15.00 Uhr, Eintritt Erw. £ 7.95, unter 16 J. frei, www.winchester-cathedral.org.uk

---

BAEDEKER TIPP

! *Klänge in der Kathedrale*

Lauschen Sie doch einmal dem **Evensong**: Die Abendandacht in der Winchester Cathedral wird täglich außer Mittwoch um 17.30 Uhr vom Chor gestaltet, dessen englische Hymnen ungewohnte Hörerlebnisse bieten (http://winchester-cathedral.org.uk).

---

*Winchester College

Die **älteste Privatschule Englands**, 1382 von William of Wykeham gegründet, ist noch heute eine der angesehensten des Landes. Ihre 570 Schüler, davon 70 im Internat, drücken in 600 Jahre alten Klassenzimmern die Schulbank. Im Kreuzgang haben sich zahlreiche Schüler in den Säulen verewigt.

❶ Besuch nur mit Führungen: Mo., Mi. Fr., Sa. 10.15, 11.30, 14.15, 15.30, Di., Do. 10.15, 11.30, So. 14.15, 15.30, Sep. – März Mo., Mi. Fr., Sa. nicht 15.30 Uhr, Eintritt Erw. £ 7, www.winchestercollege.org

Mit 164 Metern ist die gotische Kathedrale von Winchester der längste mittelalterliche Sakralbau Englands.

Altstadt

Die Ruine von **Wolvesey Castle** war einst die Residenz der Bischöfe von Winchester. Hinter den **Abbey Gardens** markiert die kolossale Statue Alfreds des Großen den Beginn der **High Street** mit einem Marktkreuz des 15. Jh.s. Die reizvolle Fußgängerzone endet am **Westgate** mit einer einmaligen Sammlung von Maßen und Gewichten. Die Stadtgeschichte illustriert das **City Museum** am Square.
Westgate Museum: Feb./März tgl. 10.00 – 16.00, April – Okt. tgl. außer Mo. 10.00 – 17.00 Uhr, Eintritt frei, www.visitwinchester.co.uk
City Museum: April – Okt. Mo. – Sa. 10.00 – 17.00, So. 12.00 – 17.00 Feb., März Di. – Sa. 10.00 – 16.00, So. 12.00 – 16.00 Uhr, Eintritt frei

City Space

Das City Space in der Jewry Street birgt neben der gut sortierten Stadtbibliothek eine Galerie, deren Sonderausstellungen außerordentlich sehenswert sind, und die Ausstellungsfläche City Space als Forum für Fotografie aus aller Welt und allen Stilrichtungen.
❶ Mo. – Fr. 10.00 – 18.00, Sa. bis 17.00, So. 11.00 – 15.00 Uhr
Eintritt frei, www3.hants.gov.uk/wdc

Great Hall

Die Great Hall ist der letzte Teil einer normannischen Burg, die unter Wilhelm dem Eroberer errichtet wurde, um das Domesday Book zu verwahren. Heute kann man in der hellen, dreischiffigen Halle die

Herz der High Street ist das Marktkreuz aus dem 15. Jahrhundert.

große runde Tischplatte bewundern, an der **König Artus mit seinen Rittern die Tafelrunde** abgehalten haben soll – allerdings wurde sie erst um 1250 gefertigt, Jahrhunderte nach Artus' Tod, und 1522 in den Tudorfarben Grün und Weiß bemalt (▶Abb. S. 385).

❶ tgl. 10.00 – 17.00 Uhr, Eintritt frei, £ 3-Spende erbeten
www3.hants.gov.uk/greathall.htm

Military Museums

In den historischen Peninsula Barracks sind fünf Ausstellungen zur Militärgeschichte zu sehen. Das **Light Infantery Museum** dokumentiert den Fall der Berliner Mauer und den Golfkrieg, das **Gurkha Museum** die Dienste der nepalesischen Soldaten für das Empire, das **Royal Hussars Museum** den Krimkrieg. Das **Royal Hampshire Regiment Museum** präsentiert die Geschichte der Truppe, das **Royal Green Jackets Museum** fünf britische Kriegseinsätze, darunter die Schlacht bei Waterloo.

❶ Mo. – Sa. 10.00 – 16.00, So. 12.00 – 16.00 Uhr, Light Infantry Museum und Royal Hampshire Regiment Museum: Eintritt frei; The Gurkha Museum: Eintritt Erw. £ 4, Kinder frei; The Royal Green Jackets Museum: Erw. £ 4, Kinder £ 1.50, www.winchestermilitarymuseums.co.uk

*Hospital of St. Cross

Ein knapp 2 km langer Spaziergang am Itchen führt zur ältesten wohltätigen Einrichtung Englands. Seit 800 Jahren dient St. Cross als

Pflege- und Altenheim. Gegründet wurde das Hospital mit Kapelle 1132, 1445 wurde ein Armenhaus für Adlige in Finanznöten ins Leben gerufen. Ihre Kleidung unterscheidet beide Orden: Die Angehörigen des Hospitals tragen schwarze Roben mit silbernem Krückenkreuz, die des Armenhauses Rot mit Kardinalshut. 25 Klosterbrüder versorgen noch heute Reisende mit dem traditionellen Wayfarer's Dole, Bier und Brot.

❶ April – Okt. Mo. – Sa. 9.30 – 17.00, So. 13.00 – 17.00, Nov. – März Mo. – Sa. 10.30 – 15.30 Uhr, Eintritt Erw. £ 4.50, http://stcrosshospital.co.uk

Im Jahr 1809 kam Jane Austen mit Mutter und Schwester Cassandra nach **Chawton**, 18 mi / 29 km nordöstlich von Winchester, wo sie »Mansfield Park«, »Emma« und »Persuasion« schrieb. 1817 zog sie nach Winchester in die **College Street Nr. 8**, um in der Nähe ihres Arztes zu sein – am 18. Juli 1817 verstarb sie dort im Alter von nur 42 Jahren. Literaturfreunde finden ihr Grab in der **Winchester Cathedral**. Leben und Werk der berühmten englischen Dichterin werden im **Jane Austen's House** von Chawton wieder lebendig.

Jane Austen's House: Sept. – Dez., Feb. – Mai tgl. 10.30 – 16.30, Juni – Aug. tgl. 10.00 – 17.00 Uhr, Jan., Feb. nur Sa., So., Eintritt Erw. £ 8 www.jane-austens-house-museum.org.uk

Jane Austen

UMGEBUNG VON WINCHESTER

Nördlich von **Basingstoke** verbirgt sich hinter dem Namen The Vyne ein um 1520 für Lord Sandys erbauter Tudorlandsitz. Sandys konnte sich rühmen, 30 Jahre im Dienste Heinrichs VIII. gestanden zu haben und nicht hingerichtet worden zu sein. Er ließ das Innere mit einer eichengetäfelten Long Gallery sowie einer Hauskapelle ausstatten, die mit ihren flämischen Renaissancefenstern zu den besterhaltenen Privatkapellen Englands zählt. Für den neuen Besitzer wurde die Nordseite im 17. Jh. mit einem Säulenportikus versehen, den John Webb erstmals an einem englischen Landhaus anbrachte. Ein Jahrhundert später entstanden Vestibül und Treppenhaus, prachtvoll gestaltet mit Kassettendecken, Säulengalerien und Büsten.

*The Vyne

❶ April – Okt. Sa. – Mi 13.00 – 17.00, Garten ab 11.00, Nov. – März Sa., So. 11.00 – 17.00 Uhr, Eintritt Gesamtanlage Erw. £ 13, nur Garten/Park: £ 8 www.nationaltrust.org.uk

BAEDEKER TIPP ❗

Freude am Forschen?

Hands on statt hands off: In der interaktiven Technologie-Ausstellung Science Centre & Planetarium von Morn Hill laden 100 Exponate ein, Wissenschaft und Technik der Welt von heute spielerisch zu entdecken (Mo. – Fr. 10.00 bis 16.00, Sa./So. bis 17.00 Uhr, Eintritt Erw. £ 12, 3-16 Jahre £ 8.40, Planetarium zusätzl. £ 2.80, www.winchestersciencecentre.org).

PRAKTISCHE INFORMATIONEN

Wie funktioniert der Verkehr in England und was sind die spannendsten Urlaubsschmöker? Ist London eine teure Stadt? Warum wird Understatement großgeschrieben? Wann ist die beste Reisezeit? Lesen Sie es nach – am besten schon vor der Reise!

Anreise · Reiseplanung

ANREISEMÖGLICHKEITEN

Mit dem Flugzeug
Die schnellste und günstigste Anreise nach Südengland bieten Flüge über **Londons Flughäfen** Heathrow, Gatwick, Stansted, City, Luton oder Southend. Tickets gibt es je nach Abflugort schon unter 50 €. Nonstop-Verbindungen bestehen von allen größeren deutschen Flughäfen, von Österreich aus Salzburg und Wien, aus der Schweiz von Basel, Genf und Zürich. Der Low-Coast-Carrier Flybe fliegt von Düsseldorf und Hannover nach Newquay, Exeter und Southhampton sowie von Münster-Osnabrück nach Southend-on-Sea (London-Southend). Germanwings fliegt London-Heathrow und Stansted an sowie von Berlin, Düsseldorf und Zürich aus nach Newquay. EasyJet hebt von Berlin, Hamburg, München, Basel und Genf nach London Gatwick und Luton ab, von Wien aus nur nach Gatwick.

> **Hinweis**
> Gebührenpflichtige Servicenummern sind mit einem Stern gekennzeichnet: *0180 ...

Mit Bus und Bahn
Bahnreisende steigen an der Kanalküste auf Fähren um, die in Hoek van Holland nach Harwich und im französischen Calais nach Dover ablegen. Die Anschlusszüge von Dover nach London laufen in der Victoria Station, von Harwich in der Liverpool Street Station ein. Die spektakulärste Bahnreise bietet der **Eurostar**, der in 35 Minuten den Kanal im **Eurotunnel** zwischen Calais und Folkestone unterquert. Abfahrt ist in Brüssel über Lille bzw. in Paris über Frethun, Ankunft in St. Pancras International. Ab Köln saust der Hochgeschwindigkeitszug **Thalys** zum Eurostar in Brüssel und erreicht London in der schnellsten Verbindung nach 5 Std. 25 Minuten. **Eurolines** und die Fernbusse von **MeinFernbus/Flixbus/Megabus**, IC Bus und Berlin-LinienBus fahren von allen großen Städten Deutschlands zur Victoria Coach Station am gleichnamigen Bahnhof.

Fähre oder Eurotunnel
Autofahrer stehen vor der Wahl: Fähre oder **Eurotunnel**? Die Autozüge durch den Kanaltunnel fahren rund um die Uhr. Man bleibt im Auto sitzen bzw. kann sich nur im Transportwaggon bewegen. Die Verladeterminals bieten direkten Autobahnanschluss: in Frankreich über Abfahrt 13 von der A 16, in Großbritannien über Abfahrt 11a von der M 20. Im Juli und August muss man für die **Fähren** zwischen dem Kontinent und Südengland frühzeitig reservieren!

London
In London sollte man **aufs Auto verzichten**. Der Verkehr staut sich und Parkplätze sind rar und teuer. Zudem wird für Fahrten in der Innenstadt werktags 7.00 – 18.00 Uhr eine »**Congestion Charge**«

FLUGHÄFEN
London Heathrow
Lage: 24 km westlich der City
Terminal 1: Inlandsflüge, Flüge
nach Europa, Afrika und USA
Terminal 2: wegen Umbau bis
2019 geschlossen
Terminal 3: Flüge nach Nord- und
Südamerika, Afrika, Asien, Australien
Terminal 4: Flüge der SkyAlliance
Terminal 5: British-Airways-Flüge
Terminalübersicht:
www.heathrowairport.com
Bahn: Heathrow Airport Express direkt
(15 Min., Erw. einfache Fahrt £ 27, Hin-
und Rückfahrt £ 41, www.heathrow
express.com), Heathrow Connect via
Hayes, Southall, Hanwell, West Ealing
und Ealing Broadway zum Bahnhof
Paddington (25 Min., Erw. einfache
Fahrt £ 10.12, Hin- und Rückfahrt
£ 20.40, www.heathrowconnect.com).
Busse von der Central Bus Station:
National Express Heathrow Bus zur
Victoria Station (Erw. einf. Fahrt £ 6, Hin-
und Rückfahrt £ 11.50). Heathrow Hop-
pa, National-Express-Shuttle zwischen
den Terminals und den Londoner Hotels,
www.nationalexpress.com (Erw. einfache Fahrt £ 5, Hin- und Rückfahrt £ 9)
U-Bahn: Piccadilly Line, 50 Minuten,
5.00–23.40 Uhr, Erw. einf. Fahrt £ 5.70
Taxi: 45–60 Min., ca. £ 110

London Gatwick
Lage: 40 km südlich
www.gatwickairport.com
Bahn: Gatwick Express, www.gatwick
express.com, nonstop bis Victoria
Station (30 Min., Erw. £ 19.90, Kinder
£ 9.95, online günstiger).
ThamesLink: Direktzüge bis Blackfriars,
City Thameslink, Farringdon und
St Pancras International, Erw. ab £ 10.30
Busse: EasyBus, www.easybus.co.uk,
bis Earl's Court/West Brompton (65
Min., Erw. ab £ 7.95). National Express
Bus, www.nationalexpress.com (ab
£ 10), Linie 25 bis Victoria Coach Station
Taxi: Airport Cars Gatwick
Tel. 012 93 56 77 00 (65 Min., ca. £ 90)

London Luton
Lage: 51 km westlich,
www.london-luton.co.uk
Bahn: East Midland Trains, www.east
midlandstrains.co.uk, bis St. Pancras
International (20 Min., Erw. ab £ 15.50,
Kinder ab £ 7.75)
Bus: Virgin Trains Express Coach,
www.virgintrains.co.uk, bis Milton
Keynes Station (55 Min., Erw. einfach
ab £ 17.80); Gemeinsamer Shuttle von
easyBus/Greenline Bus 757 nach Brent
Cross, Finchley Road, London Baker
Street, Marble Arch und Victoria Station
(www.easybus.co.uk, Erw. ab £ 8.95 bei
Online-Buchung). TerraVision fährt in 65
Min. zur Victoria Station, Erw. ab £ 10
(www.terravision.eu)
Taxi: ca. £ 125

London Stansted
Lage: 55 km nordöstlich
www.stanstedairport.com
www.stansted-airport-guide.co.uk
Bahn: Stansted Express, www.stansted
express.com, bis Liverpool Street Station
(47 Min., einfache Fahrt ab £ 19.10, Hin-
und Rückfahrt £ 32/online)
Bus: National Express nach Victoria
Station, alle 15 Min., 85–100 Min.,
Erw. £ 12, zur Liverpool Street Station
alle 20 Min., 45–60 Min., Erw. £ 11;
Terravision zur Victoria Station, alle 20
Min., 75 Min., Erw. £ 9; TerraVision, zur
Victoria St Station, Erw. einfache Fahrt
ab £ 10; easy Bus zur Baker Street,
alle 20 Min., 75 Min., Erw. ab £ 9.95
Taxi: ab £ 100

London City Airport
Lage: 10 km östlich der City,
www.londoncityairport.com
Bahn: Docklands Light Railway (DLR)
bis Canning Towen (7 Min.) oder Bank
(22 Min., £ 4.90/Zone 3, mit Oyster
Card £ 3.30)
Bus: Linie 473 nach Stratford, Silver-
town, North Woolwich and Prince
Regent DLR Station, Linie 474 nach
Canning Town, North Woolwich und
East Beckton via Silvertown
(£ 4.90, mit Oyster Card £ 1.70)
Taxi: ab £ 50

London Southend
Seit 2013 der sechste offizielle
IATA-Flughafen von London
Lage: 60 km östlich bei
Southend-on-Sea
www.southendairport.com
Bahn: Abellio Greater Anglia (www.
abelliogreateranglia.co.uk) zur Liverpool
Street Station, acht Züge pro Stunde,
55 Min., Erw. ab £ 15.10
Bus: First Group, Busse X10 (via Run-
well– Chelmsford) und X30 (via East-
wood –Barnston) von Southend nach
Stanstead, einfache Fahrt £ 10, Hin- und
Rückfahrt £ 15
Taxi: ab £ 150

FLUGGESELLSCHAFTEN
Air Berlin
www.airberlin.de
Tel. 08715 00 07 37

Austrian Airlines
www.austrian.com
Tel. 037 01 24 26 25

British Airways
www.britishairways.com
Tel. 03 44 493 07 87

Easyjet
www.easyjet.com
Tel. 03 30 365 50 00

Flybe
http://de.flybe.com
Tel. 03 71 700 20 00

Germanwings
www.germanwings.com
Tel. 03 30 365 19 18

Lufthansa
www.lufthansa.com
Tel. *0871 945 97 47

Ryanair
www.ryanair.com
Tel. *0843 658 08 99

LONDONER FERNBAHNHÖFE
Charing Cross
Strand: Züge nach Süd-London und Kent

Euston
Euston Road: Züge nach West Midlands,
Nordwestengland und Schottland

Kings Cross
Euston Road/York Way: Züge nach
Nordengland und Schottland

Liverpool Street
Liverpool Street: Züge nach Ostengland
und Endstation des Stansted Express, An-
schluss zu den Kanalfähren ab Harwich

Paddington
Praed Street: Züge nach Westengland,
Endstation des Heathrow Express

St. Pancras International
http://stpancras.com
Endstation der Eurostar-Züge

Victoria
Victoria Street: Züge nach Kent, Surrey, Sussex, Endstation des Gatwick Express

Waterloo
York Road, Züge nach Südengland

BAHNAUSKUNFT
in Großbritannien
www.nationalrail.co.uk
GB: Tel. *0845 748 49 50

Eurostar
und Thalys
www.eurostar.com, Tel. 034 32 18 61 86
www.thalys.com, Tel. *01807 07 07 07
www.bahn.de, Tel. *01806 99 66 33

Eurotunnel
www.eurotunnel.com
GB: Tel. *08443 35 35 35
D: Tel. *01805 00 02 48

BUSSE
eurolines Deutsche Touring
www.eurolines.de

MeinFernbus/Flixbus/Megabus
www.fernbusse.de
www.flixbus.de

FÄHRGESELLSCHAFTEN
Brittany Ferries
www.britannyferries.de
Zentrale in Frankreich:
Tel. +33 0825 82 88 28

Condor Ferries
www.condorferries.co.uk
Tel. 01202 20 72 16

DFDS Seaways
Tel. 040 389 03 71
www.dfdsseaways.de

Isle of Scilly
Steamship
Isle of Scilly Travel
Tel. 0173 63 34 22
www.islesofscilly-travel.co.uk

P & O Ferries
Tel. 0621 37 90 90 35
www.POferries.com

Red Funnel
Tel. 0844 844 26 99
www.redfunnel.co.uk

Stenaline
Tel. *018 06 02 01 00
www.stenaline.de

Wightlink
Tel. 033 39 99 73 33
www.wightlink.co.uk

FÄHREN
NACH SÜDENGLAND
Caen – Portsmouth
Brittany Ferries, tgl.
Kreuzfahrtfähre:
5 ¾ Std. (tagsüber)
7 Std. (nachts)
Schnellfähre 3 ¾ Std.

Calais – Dover
P & O Ferries, tgl., 90 Min.
DFDS Seaways, tgl., 90 Min.

Cherbourg – Poole
Brittany Ferries, tgl.,
Schnellfähre 2 ¼ Std.

Cherbourg – Portsmouth
Brittany Ferries, tgl., 3 Std.

Dieppe – Newhaven
DFDS Seaways, tgl., 4 Std.

Dünkirchen – Dover
DFDS Seaways, tgl., 2 Std.

Hoek van Holland – Harwich
Stenaline, tgl., 6,5 Std.

Le Havre – Portsmouth
Brittany Ferries, tgl. März – Okt.
Schnellfähre 3 ¾ Std.
»MS Etretat« 10 Std.

Roscoff – Plymouth
Brittany Ferries, tgl.
tagsüber 6 Std.
nachts 8 Std.

St-Malo – Poole
Condor Ferries, tgl.
Mai – Sept., 8 Std.
mit Umsteigen auf Jersey
oder Guernsey, sonst 5,5 Std.

St. Malo – Portsmouth
Brittany Ferries

tgl., 10 ¾ Std. nachts
9 Std. tagsüber
Condor Ferries, tgl., teilweise mit
Umsteigen auf Jersey oder Guernsey

St. Malo – Weymouth
Condor Ferries
tgl., 6¾ Std.

**FÄHREN
IN SÜDENGLAND**
Isle of Wight
Lymington – Yarmouth tgl. Wightlink
(30 Min.), Portsmouth – Fishbourne tgl.
Wightlink (40 Min.), Portsmouth – Ryde
tgl.Wightlink (22 Min.), Southamp-
ton – Cowes, tgl. Red Funnel (20 – 55
Min.), Southsea – Ryde, tgl. Hovertravel
(10 Min.)

Isles of Scilly
Penzance – St. Mary's April – Okt.
4 – 6 x wöchentlich, Isles of Scilly
Steamship (2,5 Std.)

von £ 11.50 pro Tag erhoben, online, per SMS oder an Tankstellen
zahlbar. Ausländische Fahrzeuge müssen sich außerdem vorab für
die **London Low Emission Zone** registrieren lassen oder sie werden
in der City automatisch mit Bußgeld belegt (www.tfl.gov.uk).

EIN- UND AUSREISEBESTIMMUNGEN

**Reise-
dokumente** Für EU-Bürger und Schweizer Staatsangehörige genügt zur Einreise
ein gültiger Personalausweis oder Reisepass – auch Kinder brauchen
seit 2012 einen eigenen Ausweis oder Pass! Autofahrer müssen Führerschein, Kraftfahrzeugschein und die internationale grüne Versi-
cherungskarte dabei haben. Kraftfahrzeuge ohne Euro-Nummern-
schild müssen das ovale Nationalitätskennzeichen tragen.

Tiere Tiere dürfen unter folgenden Bedingungen mitgeführt werden: ein-
gepflanzter Mikrochip zur Identifikation, Tollwuttest und -impfung
in einem autorisierten Labor mindestens sechs Monate vor der Ein-

reise, Zecken- und Bandwurmimpfung 1-2 Tage vor der Einreise.
❶ www.gov.uk/government/organisations/
department-for-environment-food-rural-affairs

Im **EU-Binnenmarkt** ist der private Warenverkehr weitgehend zoll-   **Zollbe-**
frei. Lediglich gewisse obere Richtmengen – 800 Zigaretten, 10 l Spi-   **stimmungen**
rituosen, 90 l Wein für Reisende über 17 Jahre – gelten noch. Die
Folgen des **Brexit** werden erst mit dem tatsächlichen Datum des
wirklichen Austritts eintreten. Welche Grenzwerte dann künftig für
den privaten Reiseverkehr von EU-Bürgern gelten, war bei Drucklegung noch nicht bekannt. Für Reisende aus **Nicht-EU-Ländern** wie
der Schweiz bestehen weiter folgende Freimengengrenzen: 250 g Kaffee, 100 g Tee, 200 Zigaretten oder 50 Zigarren oder 250 g Tabak, 2 l
Wein oder andere Getränke bis 22 % Alkoholgehalt sowie 1 l Spiritu-
osen mit mehr als 22 % Alkoholgehalt. Geschenkartikel dürfen bis zu
einem Wert von 300 €, bei Flugreisen bis 430 €, unter 17 Jahren bis
175 € zollfrei eingeführt werden.

Auskunft

VisitBritain
www.visitbritain.de
Infos vom britischen Fremdenverkehrs-
amt zu Reisezielen, Aktivitäten, Essen
und Trinken, Events, Unterkünften und
Transport gibt es nur noch im Internet.

VisitEngland
www.visitengland.com/de
Reiseplanung, Unterkünfte, aktuelle
Infos und barrierefreies England

Tourism South East
40 Chamberlayne Road

Eastleigh SO50 5JH
Tel. 023 80 62 54 00
www.visitsoutheastengland.com
Infos über East Sussex, West Sussex,
Kent, Surrey, Isle of Wight, Dorset,
Hampshire, Berkshire

South West Tourism
www.visitsouthwest.co.uk
Infos zu Cornwall, Devon, Dorset,
Somerset, Wiltshire, Isles of Scilly,
Gloucestershire & Cotswolds

*City of London
Information Centre*
www.visitlondon.com
St. Pauls Churchyard, London EC4M 8BX
Tel. 020 7332 14 56
Zwischen St Paul's Cathedral und
Millennium Bridge, tgl. geöffnet,
Informationen auch auf Deutsch

BRITISCHE BOTSCHAFTEN
Deutschland
Wilhelmstr. 70, D-10117 Berlin
Tel. 030 20 45 70
www.gov.uk/government/world/
organisations/british-embassy-berlin.de

Schweiz
Thunstrasse 50, CH-3005 Bern
Tel. 031 3 59 77 00
www.gov.uk/government/world/
organisations/british-embassy-berne

Österreich
Jaurèsgasse 12, A-1030 Wien
Tel. 01 71 61 30
www.gov.uk/government/world/
organisations/british-embassy-vienna.de

BOTSCHAFTEN IN GROSSBRITANNIEN
Deutschland
23 Belgrave Square, London SW 1X 8PZ
Tel. 020 78 24 13 00, www.uk.diplo.de
Eingang: Chesham Place

Schweiz
16 – 18 Montagu Pl., London W1H 2BA
Tel. 020 76 16 60 00, www.eda.
admin.ch/london_emb/e/home.html

Österreich
18 Belgrave Mews West
London SW 1X HU, Tel. 020 73 44 32 50
www.bmeia.gv.at/botschaft/london.html

NATIONAL TRUST
PO Box 574, Manvers Rotherham
S63 3FH, Tel. 0844 8 00 18 95
www.nationaltrust.co.uk

ENGLISH HERITAGE
The Engine House, Fire Fly Avenue
Swindon SN2 2EH

Tel. 037 03 33 11 81
www.english-heritage.org.uk

WEITERE INTERNETADRESSEN
www.artsline.org.uk
Behindertengerechte Plätze und Events
für Menschen mit Handicap

www.britishcouncil.de
Der British Council präsentiert die
Kultur des Vereinigten Königreiches im
Ausland mit Sprachkursen, Vorträgen,
Ausstellungen und Filmvorführungen.

www.rac.co.uk
Unter »Travel Services« bietet der Royal
Automobile Club (RAC) einen guten
Routenplaner sowie Verkehrs-Infos.

www.theaa.com
Kompetenter Online-Führer der AA
Automobile Association zu Hotels,
B & B, Pubs und Restaurants

www.streetmap.co.uk
Straßenkarten und Stadtpläne aus
ganz Großbritannien

www.culture24.org.uk
Gute Übersicht über rund 3000 Museen
und Galerien in England

www.londontown.com
Nach eigener Aussage die »Nr. 1 internet site for London« – da ist was dran.

www.officiallondontheatre.co.uk
Das gesamte Londoner Theaterpro-
gramm inkl. Shows und Comedy;
Suchmaschine und Ticketinformationen

www.tfl.gov.uk
Alles über den öffentlichen Nahverkehr
der Themsestadt, inkl. Fahrpläne

Elektrizität

Die Netzspannung beträgt 240 Volt Wechselstrom bei 50 Hz. In vielen Hotels gibt es Euro-Stecker. Dennoch ist die Mitnahme eines Adapters anzuraten. Fast alle britischen Dreipol-Steckdosen haben einen Extra-Schalter zum Einschalten!

Etikette

»Nebel im Kanal – Kontinent abgeschnitten«! Die legendäre Schlagzeile kombiniert treffend die geografische Lage Großbritanniens mit dem Selbstverständnis der Briten hinsichtlich ihrer Nachbarn – und das nicht erst seit dem Brexit 2016. Selbst Winston Churchill konstatierte: »Der Kanal ist keine Wasserstraße, sondern eine Weltanschauung«. Seien Sie auf den Britischen Inseln daher auf die Frage gefasst, ob Sie denn vom Kontinent bzw. aus Europa angereist seien! **Jenseits von Europa**

Freundlich sind sie, die Briten, und auch recht unkonventionell. Bringen Sie etwas Zeit, Geduld und Humor beim Schlangestehen am Bus oder vor der Kasse mit. Beim freundlichen Smalltalk übers Wetter, Warten und andere Widrigkeiten sind Religion und Politik stets tabu! Nach einem »How do you do« oder »How are you« spricht man sich beim ersten Kennenlernen meist gleich mit Vornamen an. Eifriges Händeschütteln geht den eher auf physische Distanz bedachten Briten zu weit. Auch Titel spielen eine untergeordnete Rolle, wird doch Understatement großgeschrieben: Selbst herausragende Talente werden nur in aller Bescheidenheit zur Schau gestellt. Eine fundamentale Höflichkeit bestimmt den alltäglichen Umgangston. Schon die Kleinsten sagen selbstverständlich »Please« und »Thank you«. Es ist ratsam, immer ein »Sorry« oder »Excuse me« auf den Lippen zu haben. Was mancher Gast als übertriebene Höflichkeit definiert, ist für den Einheimischen gerade gut genug, und wer erst einmal in die »not very friendly«-Kiste gesteckt wurde, ist im sozialen Abseits. Wundern Sie sich also nicht, wenn die Person, der Sie auf den Fuß treten, sich zuerst bei Ihnen entschuldigt und dann bedankt, nachdem Sie Ihren Fauxpas korrigiert haben! **Britische Höflichkeit**

Im Pub werden Getränke an der Theke bestellt und sofort bezahlt, ebenso oft auch das Essen. Große Tafeln an der Bar ersetzen Speisekarten. Kinder sind nur willkommen, wenn es einen Restaurantbereich, einen Garten oder »family room« gibt! Trinken Briten gemeinsam, ordert niemand für sich allein, sondern stets »rounds«, eine Runde für alle. Seit 2007 herrscht in allen Pubs **Rauchverbot!** **Pub-Etikette**

Britischer
Humor
Besonders stolz sind die Briten auf ihren Humor. Gute und schlechte Situationen werden ironisch oder mit schlichtem Witz gewürzt, der kollektiv belacht und verstanden wird.

Geld

Währung
Großbritannien gehört nicht der EU-Währungsunion an. So bleibt den Briten und ihren Gästen das britische Pfund (Pound Sterling; £) zu je 100 Pence (p, Einzahl Penny) als Währung. Es gibt Banknoten zu 5, 10, 20 und 50 £ sowie Münzen zu 1 Penny, 2, 5, 10, 20, 50 Pence und zu 1 und 2 £. Die Ein- und Ausfuhr von in- und ausländischen Zahlungsmitteln unterliegt keinerlei Beschränkungen.

Wechselkurse
1 £ = 1,18 €	1 £ = 1,27 CHF
1 € = 0,85 £	1 CHF = 0,79 £

Banken und
Geldwechsel
Banken sind in der Regel von Mo. bis Fr. 9.30–15.30, in Hauptgeschäftsstraßen auch bis 17.30 Uhr geöffnet. Auf den Flughäfen Heathrow und Stansted sind die Bankfilialen rund um die Uhr offen. **Geldwechselstellen** gibt es außer in Banken auch in großen Hotels und Kaufhäusern wie Harrods oder marcs & Spencer, an vielen U-Bahn-Stationen und Bahnhöfen. Der Nachteil: schlechte Kurse und hohe Gebühren.

Bank- und
Kreditkarten
Die gängigen Bank- und Kreditkarten werden von den meisten Hotels, Restaurants und Geschäften akzeptiert. An **Geldautomaten** (cash machine, ATM) kann man mit Bank- oder Kreditkarten rund um die Uhr Bargeld abheben. Bei Verlust von Bank- oder Kreditkarte verständige man umgehend die zentrale Notfall-Rufnummer **00 49 116 116** für alle sperrbaren elektronischen Berechtigungen – auch Handys!

Gesundheit

Ärztliche
Hilfe
Trotz Brexit ändert sich zunächst nichts für deutsche Urlauber, die auf ihrer Reise in Großbritannien erkranken. Denn bis zum EU-Austritt der Briten gilt eine Übergangsfrist, für die vertraglich bis zu zwei Jahre (mind. 2018) vorgesehen sind. In dieser Zeit übernehmen die Krankenkassen weiterhin die Kosten für notwendige Heilbehandlungen bei Ärzten, die für den Nationalen Gesundheitsdienst (National Health Service - NHS) arbeiten. Nicht-EU-Bürger sollten eine **Auslandskrankenversicherung** abschließen. **Apotheken** (chemist, pharmacy) sind oft nur Abteilungen einer Drogerie.

Literatur & Film

Jane Austen: Emma. Reclam 2016. Eine junge, schöne und selbstbe- Belletristik wusste Frau spielt mit dem Schicksal anderer Menschen, bis sie merkt, dass sie Unglück stiftet, wo sie mit gutgemeinten Liebesintrigen die Glücksfee spielen wollte – 1999 verfilmt mit Gwyneth Paltrow, Jeremy Northam und Toni Collette.

Bill Bryson: It's teatime, my dear! Wieder reif für die Insel. Goldmann 2016. Wenn ein Yankee versucht, die Tommies zu verstehen, ist Lesespaß garantiert: Die Liebeserklärung an die Insel zwischen Ärmelkanal und Atlantik ist nicht nur hintersinnig, sondern auch hinreißend komisch.

Geoffrey Chaucer: Die Canterbury-Erzählungen. Jazzybee 2015. 24 Geschichten in Vers und Prosa erzählen von einer Pilgerschar auf dem Weg von London zum Grab von Thomas Becket in Canterbury: ein lebendiges Sittenbild Südenglands im 14. Jahrhundert.

Charles Dickens: Große Erwartungen. Nikol 2015. Als der Waisenjunge Pip einen entflohenen Sträfling rettet, stellt ihm ein unbekannter Gönner Erziehung und Wohlstand in Aussicht. Für Pip beginnt ein abenteuerliches Leben.

Ken Follett: Die Säulen der Erde. Die Tore der Welt. Bastei Lübbe 2010 – beide Romane wurden bis 2012 fürs Fernsehen verfilmt. Im mittelalterlichen Südengland träumt der Steinmetz Tom Builder davon, eine Kathedrale zu bauen und verwirklicht den Traum allen Widerständen zum Trotz. Auch in der Fortsetzung, die 200 Jahre später während des Hundertjährigen Krieges spielt, geht es um weltliche und klerikale Machthaber, um Intrigen und die Liebe, diesmal zwischen dem jungen Architekten Merthin und der angehenden Ärztin Caris.

Julian Fellowes: Snobs. Goldmann 2013. Julian Fellowes, der als Peer im Oberhaus sitzt und als Drehbuchautor von »Downton Abbey« einen Oscar einheimste, hat mit seinem Debütroman eine wundervoll unterhaltsame wie entlarvende Sittenkomödie der englischen Oberschicht verfasst.

Hans-Dieter Gelfert: Typisch englisch: Wie die Briten wurden, was sie sind. C. H. Beck 2011. Humor, Höflichkeit und das Ideal des Gentleman, Fair Play, Common sense, Kompromißbreitschaft und Naturnähe werden verblüffend plausibel aus der englischen Geschichte erklärt.

Rachel Joyce: Die unwahrscheinliche Pilgerreise des Harold Fry. Fischer 2013. »Ich werde laufen, und Du wirst leben.« Eigentlich will er nur einen Brief an sie einwerfen, doch dann läuft Harold von Südengland bis an die schottische Grenze zu Queenies Hospiz. Ein berührender Selbstfindungsroman über Mitgefühl und Menschlichkeit, Tapferkeit und Betrug, Liebe und Loyalität und ein ganz unscheinbares Paar Segelschuhe.

Rosamunde Pilcher: Sommer am Meer, rororo 2014. Nach dem Tod ihres Mannes kehrt Virginia zum ersten Mal seit Jahren an ihren Heimatort in Cornwall zurück, um dort mit ihren beiden Kindern den Sommer zu verbringen und Ruhe zu finden. Dort begegnet sie ihrer alten Jugendliebe Eustace Philips, von dem sie sich einst im Streit getrennt hatte – nichtsahnend, das Eustaces Mutter mit ihren Intrigen die Schuld daran trug.

Virginia Woolf: Mrs. Dalloway, Anaconda 2014. Clarissa Dalloway, Ehefrau eines Abgeordneten, bereitet 1923 eine Dinnerparty in London vor. Der unerwartete Besuch von Peter Walsh, den sie seit der Ablehnung seines Heiratsantrags vor über 30 Jahren nicht mehr sah, bringt sie ins Grübeln. Hat sie damals die richtige Wahl getroffen?

Crime Time
Agatha Christie: 16.50 Uhr ab Paddington. Atlantik 2014. Einer der berühmtesten Kriminalfälle mit Miss Marple und ihrem Freund Mr. Stringer. Durch Zufall wird die rüstige Rentnerin auf einer Bahnfahrt Zeugin eines Mordes im Nachbarzug. Doch wo ist die Leiche?

Sir Arthur Conan Doyle: Der Hund der Baskervilles. Ungekürzt und illustriert. Null Papier 2014. Sherlock Holmes muss sich mit den mysteriösen Vorkommnissen im düsteren Dartmoor auseinandersetzen.

Marion Griffith-Karger: Inspector Bradford trinkt Friesentee, Emons 2016. Was verbindet den Mord an einer reichen deutschen Witwe mit dem Tod eines charmanten englischen Tunichtguts? Hauptkommissarin Fenja Ehlers deckt an Englands Klippen ein düsteres Geheimnis auf.

Bildbände
DuMont Bildatlas Südengland. DuMont 2016. Prachtvolle Gärten, idyllische Fischerorte und zerklüftete Klippen – Impressionen aus England zwischen Cornwall und Kent.

Barbara Baker, Jerry und Marcus Harpur: Englische Traumgärten. Klasing 2011. Die 100 schönsten Gärten, ihre Gestalter und Besitzer.

Südengland im Film
Gelungene Jane-Austen-Verfilmungen sind **»Sinn und Sinnlichkeit«**. mit Emma Thompson und **»Stolz und Vorurteil«** mit Keira

Knightley und Matthew MacFadyen – ein Frauenepos für Kopf und Herz. **»Was vom Tage übrig blieb«** ist die tragische Geschichte eines englischen Butlers, sensibel von Anthony Hopkins gespielt – nach dem Roman von Kazuo Ishiguro. Ein Blick, ein Kuss, und plötzlich ist nichts mehr wie es vorher war: Julia Roberts und Hugh Grant erleben in **»Notting Hill«** eine turbulente Romanze – den Londoner Reisebuchladen gibt es wirklich: No. 13-15 Blenheim Crescent.

Für den 007-Thriller **»Stirb an einem anderen Tag«** war Cornwalls Küste Kulisse: Holywell Bay wurde »nordkoreanisches« Grenzgebiet, der Surf-Club zum Bunker eines Bond-Schurken. 2012 feierte der Bond-Film **»Skyfall«** in London Premiere. Auch Szenen der **Harry-Potter-Filme** entstanden in Südengland. Drehort für den Wohnort von Harry Potters Onkel und Tante war der Picket Post Close in Bracknell, Berkshire. Harry Potters Schule Hogwarts ist eine Abtei im mittelalterlichen Dorf Lacock in Wiltshire. Für die Landschaft um Hogwarts diente der Exmoor Nationalpark. Wie gedreht wurde, zeigen die Warner Brother Studios (▶Baedeker Tipp S. 98).

Drehort der britischen Erfolgsserie »**Downton Abbey**« (www.itv.com/downtonabbey) ist Highclere Castle südlich von Newbury. Der fünfte Earl of Carnarvon, dessen Nachfahren noch heute hier wohnen, entdeckte 1922 mit Howard Carter das Grab von Tutanchamun im Tal der Könige (www.highclarecastsle.co.uk). Romantisch verklärt zeigt sich Südengland in den **verfilmten Romanen von Rosamunde Pilcher** – rund um Bath liegen viele Drehorte der Romanzen, ebenso in den Cotswolds und auf der cornischen Lizard-Halbinsel – Veranstalter wie BTCO (www.btco.de) bieten dort Rundreisen für Selbstfahrer auf den Spuren der Autorin an, die 2012 im hohen Alter von 87 Jahren verkündete, kein weiteres Werk zu verfassen.

Maße · Gewichte

Seit 1995 gilt in Großbritannien das metrische System für Maße und Gewichte. Beibehalten wurden das Pint für Bier und Milch, die Meile als Maß für Entfernungen und die eigenen Konfektionsgrößen.

Metrisches System mit Ausnahmen

ENGLISCHE MASSE

1 inch = 2,54 cm
1 foot = 30,48 cm
1 yard = 91,44 cm
1 mile (mi) = 1,61 km
1 pint (pt) = 0,568 l
1 pound = 453,59 g

KONFEKTIONSGRÖSSEN

D:	36	38	40	42	44
GB:	8	10	12	14	16

SCHUHGRÖSSEN

D:	38	39	40	42	43	44
GB:	5	6	7	8	9	10

Medien

Zeitungen
Drei Viertel der Briten lesen regelmäßig eine Zeitung. Schon 1501 erschien in der Londoner Fleet Street das erste Nachrichtenblatt. Konservativ sind »Times«, »Daily Mail«, »Telegraph« und »Daily Express«, liberale Blättern sind »The Guardian« und »The Independent«, der seit 2016 nur noch digital erscheint. Den Boulevard bedienen »The Sun«, »Daily Mirror« und »Daily Star«. Die »Financial Times« der Börsianer besitzt auch einen herragenden Kulturteil. Der »Evening Standard« ist eine echte Londoner Lokalzeitung. In der Underground der Hauptstadt liegen Exemplare der kostenlosen »Metro« aus – eine veritable Zeitung, die man für andere Mitreisende liegen lassen sollte. Unschlagbar in Sachen Veranstaltungsplan, Nightlife, Szene und Restaurants ist das dienstagabends erscheinende **Londoner Stadtmagazin »Time Out«**, das man online auch schon zu Hause studieren kann unter **www.timeout.com**.

TV und Rundfunk
Traditionsreich ist auch die British Broadcasting Corporation, kurz **BBC**, die älteste und größte öffentlich-rechtliche Rundfunkanstalt der Welt. Mit hervorragenden Natur- und Geschichtsreportagen sorgt sie immer wieder für Schlagzeilen, aber auch mit Stellenabbau und Sozialkürzungen. Die Nachrichten des BBC World Service werden in 33 Ländern ausgestrahlt. Das Privatfernsehen dominieren **ITV** mit Dauerserien wie »Coronation Street«, Channel 4, Five und BSkyB. Die BBC ist nicht nur die beliebteste TV-Station, sondern auch im Hörfunk ganz vorne. BBC Radio 2 spielt für ältere Hörer Unterhaltungsmusik, BBC 1 versorgt jüngere Hörer mit trendigem Pop und Rock – was aktuell und »in« ist, kann noch sieben Tage lang nach der Sendung auf dem BBC iPlayer verfolgt werden.

Notdienste

NOTRUFE
Allgemeiner Notruf
999 für Polizei (police), Feuerwehr (fire brigade), Krankenwagen (ambulance) landesweiter kostenloser Service

Pannenhilfe des AA
Tel. 0800 88 77 66

Pannenhilfe des RAC
Tel. 0800 82 82 82

ADAC Auslandsnotruf Deutschland
Tel. +49 89 22 22 22

ACE-Notrufzentrale Stuttgart
Tel. +49 *1802 34 35 36

Post · Telekommunikation

Postkarten und Briefe bis 20 g nach Kontinentaleuropa müssen mit £ 1-Briefmarken frankiert werden – Portorechner auf www.royal mail.com. Briefmarken (stamps) erhält man in Postämtern, vielen Kiosken und Souvenirläden. **Post**

Die berühmten roten Telefonzellen sind selten geworden. Von allen Apparaten kann man mit Münzen, Phone Cards und/oder Kreditkarten telefonieren. Telefonkarten gibt es für 4, 10 oder 20 Pfund in Postämtern und Geschäften mit dem grünen BT-Emblem. **Mobiltelefone** (mobile phone oder kurz mobile) wählen sich automatisch in das britische Partnernetz des heimatlichen Netzbetreibers ein. Zu den führenden Mobilfunkanbietern in Südengland gehören Vodafone, BT Mobile, T-Mobile, Virgin Media, O2 und giffgaff. Unter den Discountern dominiert Tesco Mobile den Markt, günstige Tarife bietet auch LIFE Mobile.Das Mobilfunknetz ist sehr gut ausgebaut. **Telefon**

VORWAHLEN
Von Deutschland, Österreich und der Schweiz
nach Großbritannien Tel. +44

Aus Großbritannien
nach Deutschland Tel. +49
nach Österreich Tel. +43
in die Schweiz Tel. +41

Auskunft (directory inquiries)
Tel. *118 500, www.bt118500.com

Preise · Vergünstigungen

London gehört zu den teuersten Städten der Welt, und auch in Südengland sind Hotels, Restaurants und Attraktionen nicht gerade preiswert. Zudem hat durch die Eurokrise das britische Pfund nach Jahren der Abwertung wieder zugelegt. Wer sparen will, sollte bei der Reiseplanung das **Internet konsultieren** und dort vorab Eintrittskarten für Attraktionen erwerben – sie sind dort bis zu 40 Prozent günstiger. Auch Hotels bieten häufig im Internet nur online buchbare, günstigere Pauschalen an. Weit verbreitet ist auch das Sammeln von Coupons, die Preisreduktionen versprechen. Die viel angepriesenen **CityCards** lohnen sich nur bei wirklich ausgiebigen Besichtigungstouren. **Teures Reiseland**

Saubere Betten zum Einheitspreis bieten Hotelketten wie Travel Inn, Holiday Inn Express oder Travelodge. Eine gute Alternative sind **Unterkunft**

Bed-&-Breakfast-Unterkünfte. Sehr preiswert sind Jugendherbergen und, außerhalb der Semester, Studentenwohnheime. In vielen Hotels, Lodges und Jugendherbergen gibt es preiswerte »Family Rooms« mit drei bis fünf Betten. Mit einer Familie oder einer Gruppe kann es günstiger sein, eine Ferienwohnung oder ein Ferienhaus zu mieten.

Essen gehen Mittags und abends locken zahlreiche Restaurants mit Menüs oder Buffet zum Festpreis. In Kettenrestaurants wie J D Wetherspoons oder Wagamama gehört ein kostenloses Getränk zur Mahlzeit. Auch Pub Food ist recht preiswert. Die unabhängigen »Les-Routiers«-Lokale verbinden gute Küche und angenehme Atmosphäre mit fairen Preisen. Günstig sind auch indische, chinesische, thailändische, vietnamesische, koreanische, indonesische Restaurants und das japanische Wagamama. In Einkaufszentren findet man oft preiswerte Lokale, auch die Museumsrestaurants sind mitunter nicht zu teuer. Gute Adressen für Pizzaesser sind Pizza Express und Ask. Eine Alternative sind »Fish and Chips« zum Mitnehmen. Leckere Sandwiches gibt es nicht nur an der Sandwichbar, sondern auch abgepackt von Marks & Spencer, Boots oder Sainsburys.

? | BAEDEKER WISSEN

Was kostet wie viel?

Einfache Mahlzeit
ab £ 7 (Fish & Chips, asiatisches Take-away...)

Mahlzeit im Pub
ab £ 9

1 Tasse Kaffee
ab £ 3

1 Pint Bitter
ab £ 4

einfaches Doppelzimmer
ab £ 75
London ab £ 85

Londoner U-Bahn/Tube
Einzelfahrt £ 4.90 (Zone 1 + 2)

Benzin
(1 l Super): £ 1.41

Reisen im Land **BritRail- und Flexipässe** der Bahn erlauben unbegrenzte Fahrten im Land während einer festen Zeitdauer. Die Busgesellschaft National Express verkauft den **Tourist Trail Pass** für England und Wales.

Schlösser, Burgen und historische Stätten Der Eintritt für Schlösser, Burgen, Gartenanlagen und historische Stätten in Südengland ist recht hoch. Mehr als 100 Sehenswürdigkeiten kann man mit dem **English Heritage Overseas Visitor Pass** (9 Tage Erw. £ 30, 16 Tage £ 36) besuchen. Der **National Art Pass** gewährt freien Eintritt zu mehr als 240 Museen, Galerien und historischen Häusern sowie 50 % Ermäßigung bei großen Ausstellungen (1 Jahr Erw. £ 62, www.artfund.org/national-art-pass).
Für die U-Bahn in **London** lohnt sich eine Travelcard oder eine Oyster Card, mit dem London Pass von hat man freien Eintritt zu 60 Sehenswürdigkeiten der Hauptstadt (▶S. 262). Viele **Kirchen und Kathedralen** Englands bieten um 11.00 Uhr kostenlose Führungen.

Reisezeit

Der Sommer ist mit seinen angenehmen Tages- und Nachttemperaturen für viele die beste Reisezeit. Wer zeitlich flexibel ist und nicht unbedingt baden will, sollte – z. B. für den Besuch von London – die schöne und ruhige Vorsaison im Mai und Juni wählen. Entfesselte Naturgewalten kann man von November bis Februar an Cornwalls Küsten erleben, wenn hohe Brecher an die Steilküsten der Halbinsel peitschen. Wer Sehnsucht nach Frühling hat, fahre Anfang März die Südküste von Cornwall und Devon entlang. Durch die klimatische Gunst des Golfstromes entfaltet sich hier die Blütenpracht in Parks und Gärten früher als in vielen Teilen Deutschlands. Milde, regenreiche und bisweilen stürmische Winter und mäßig warme Sommer prägen das Klima in Südengland. Durch den Golfstrom, dessen Temperatur selbst im Winter nie unter 10 °C fällt, ist das Klima an den Südküsten von Devon und Cornwall sehr mild. Im Landesinnern ist das Winterwetter mit Nachtfrost und gelegentlichem Schnee deutlich strenger. Im Sommer ist der Süden Englands durchschnittlich zwei Grad kühler als Deutschland. Bläst der Wind jedoch aus Osten, kann es heiß und schwül werden – so beträgt in Southampton der Hitzerekord 33,9 °C.

Blumenpracht im Frühling

Klimatabelle ▸S. 25

Die Niederschläge fallen nahezu gleichmäßig über das Jahr verteilt. Kurze Schauer oder plötzliche Wetterumschwünge sind jederzeit möglich. Viele Briten haben daher einen faltbaren Poncho aus klarem Plastik stets dabei.

Immer parat: die Regenjacke

Mit jährlich 1700 Stunden scheint die Sonne an der Südküste Englands genauso lange wie in Süddeutschland – und 400 Stunden länger als im restlichen Königreich. Generell gilt: je weiter nach Westen, desto weniger Sonne.

Englische Riviera

Sprache

Angesichts der Verbreitung ihrer Muttersprache lernen Briten nur selten Fremdsprachen, sondern erwarten, dass sich Fremde auf Englisch verständlich machen können – und sehen über Unvollkommenheiten gern hinweg. Jedes Jahr kommen mehr als 600 000 Studenten nach Großbritannien, um Englisch zu lernen. Bei Hunderten von **Sprachschulen** hat man die Möglichkeit, auf jedem gewünschten Niveau zu lernen. Zahlreiche Veranstalter bieten Feriensprachkurse an – eine gute Übersicht findet man auf den Websites von VisitBritain und dem British Council (▸Auskunft).

Weltsprache Englisch

Sprachführer Englisch

Auf einen Blick

Vielleicht.	Perhaps./Maybe.
Bitte.	Please.
Danke./Vielen Dank!	Thank you.
	Thank you very much.
Gern geschehen.	You're welcome.
Entschuldigung!	I'm sorry!
Wie bitte?	Pardon?
Ich verstehe Sie/dich nicht.	I don't understand you
Ich spreche nur wenig English ...	I only speak a little bit of Englisch ...
Können Sie mir bitte helfen?	Can you help me, please?
Ich möchte ...	I'd like ...
Das gefällt mir (nicht).	I (don't) like this.
Haben Sie ...?	Do you have ...?
Wie viel kostet es?	How much is it?
Wie viel Uhr ist es?	What time is it?

Kennenlernen

Guten Morgen!	Good morning!
Guten Tag!	Good afternoon!
Guten Abend!	Good evening!
Hallo! Grüß dich!	Hello!/Hi!
Mein Name ist ...	My name is ...
Wie ist Ihr/Dein Name?	What's your name?
Wie geht es Ihnen/dir?	How are you?
Danke. Und Ihnen/dir?	Fine, thanks. And you?
Auf Wiedersehen!	Goodbye!/Bye-bye!
Tschüs!	See you!/Bye!

Auskunft unterwegs

links/rechts	left/right
geradeaus	straight on
nah/weit	near/far
Bitte, wo ist ...?	Excuse me, where's ..., please?
... die Bushaltestelle	... the bus stop
... der Hafen	... the harbour
... der Flughafen	... the airport
Wie weit ist das?	How far is it?
Ich möchte ... mieten.	I'd like to rent ...
... ein Auto	... a car
... ein Fahrrad	... a bike/bicycle

Einkaufen

Wo finde ich ... eine/ein ..?	Where can I find a ...?
Apotheke	chemist/pharmacy
Bäckerei	bakery
Kaufhaus	department store
Lebensmittelgeschäft	grocery shop
Markt	market
Was kostet ...?	How much is ...?

Übernachtung

Können Sie mir ... empfehlen?	Could you recommend ... ?
... ein Hotel/Motel	... a hotel/motel
... eine Pension.	... a guest-house
Ich habe ein Zimmer ... reserviert.	I have reserved a room.
Haben Sie noch ...?	Do you have ...?
... ein Einzelzimmer	... a single room
... ein Doppelzimmer	... a double room
... mit Dusche/Bad	... with a shower/bath (= ensuite)
... für eine Nacht	... for one night
... für eine Woche	... for a week
Was kostet das Zimmer	How much is the room
... mit Frühstück?	... with breakfast?
... mit Halbpension?	... with half board?

Arzt

Ich brauche einen Arzt/Zahnarzt.	I need a doctor/dentist.
Ich habe hier Schmerzen.	I've got pain here.

Bank/Post/Kommunikation

Wo ist hier bitte eine Bank?	Where's the nearest bank, please?
Ich möchte ... Euro (Franken) wechseln.	I'd like to change ... Euro (Swiss Francs).
Was kostet ...	How much is ...
... ein Brief ...	... a letter ...
... eine Postkarte ...	... a postcard ...
nach Deutschland?	to Germany?
nach Österreich?	to Austria?
in die Schweiz?	to Switzerland?
Mobiltelefon	cell phone, mobile phone, cellular
Ladegerät	charger
Mein Zugang ist gesperrt	My access is blocked
Gibt es hier WLAN?	Do you have wifi?

Speisekarte

Breakfast	**Frühstück**
coffee (with cream/milk)	Kaffee (mit Sahne/Milch)
hot chocolate	heiße Schokolade
tea (with milk/lemon)	Tee (mit Milch/Zitrone)
scrambled eggs	Rühreier
poached eggs	pochierte Eier
bacon and eggs	Eier mit Speck
fried eggs	Spiegeleier
hard-boiled/soft-boiled eggs	harte/weiche Eier
(cheese/mushroom) omelette	(Käse-/Champignon-) Omelett
bread/rolls/toast	Brot/Brötchen/Toast
butter	Butter
honey	Honig
jam/marmalade	Marmelade/Orangenmarmelade
yoghurt	Joghurt
fruit	Obst
Starters and Soups	**Vorspeisen und Suppen**
clear soup/consommé	(Fleisch-) Brühe
cream of chicken soup	Hühnercremesuppe
cream of tomato soup	Tomatensuppe
mixed/green salad	gemischter/grüner Salat
onion rings	frittierte Zwiebelringe
seafood salad	Meeresfrüchtesalat
shrimp/prawn cocktail	Garnelen-/Krabbencocktail
smoked salmon	Räucherlachs
vegetable soup	Gemüsesuppe
Fish and Seafood	**Fisch und Meeresfrüchte**
cod	Kabeljau
crab	Krebs
eel	Aal
haddock	Schellfisch
herring	Hering
lobster	Hummer
mussels	Muscheln
oysters	Austern
plaice	Scholle
salmon	Lachs
scallops	Jakobsmuscheln
sole	Seezunge
squid	Tintenfisch
trout	Forelle
tuna	Tunfisch

Meat and Poultry	**Fleisch und Geflügel**
barbecued spare ribs	gegrillte Schweinerippchen
beef	Rindfleisch
chicken	Hähnchen
chop/cutlet	Kotelett
fillet	Filetsteak
duck(ling)	(junge) Ente
gammon	Schinkensteak
gravy	Fleischsoße (Mehlschwitze)
ham	gekochter Schinken
bacon	Frühstücksspeck
kidneys	Nieren
lamb (with mint sauce)	Lamm (mit einersauren Minzsoße)
liver (and onions)	Leber (mit Zwiebeln)
minced meat	Hackfleisch
mutton	Hammelfleisch
pork	Schweinefleisch
rabbit	Kaninchen
sausages	Würstchen
sirloin steak	Lendenstück vom Rind
porterhouse steak	Steak mit Filet und Knochen
turkey	Truthahn
veal	Kalbfleisch
venison	Reh oder Hirsch
Dessert and Cheese	**Nachspeisen und Käse**
apple pie	gedeckter Apfelkuchen
cheddar	kräftiger Käse
cottage cheese	Hüttenkäse
cream	Sahne
custard	Vanillesoße
fruit salad	Obstsalat
goat cheese	Ziegenkäse
ice-cream	Eis
pastries	Gebäck
Vegetables and Salad	**Gemüse und Salat**
baked beans	gebackene Bohnen in Tomatensoße
baked potatoes	gebackene Kartoffeln mit Schale
cabbage	Kohl
carrots	Karotten
cauliflower	Blumenkohl
chips	Pommes frites
cucumber	Gurke
pan-fried potatoes	Bratkartoffeln

garlic	Knoblauch
leek	Lauch
lettuce	Kopfsalat
mashed potatoes	Kartoffelpüree
mushrooms	Pilze
onions	Zwiebeln
peas	Erbsen
peppers	Paprika
spinach	Spinat
sweetcorn	Mais
tomatoes	Tomaten
Fruit	**Obst**
apples	Äpfel
apricots	Aprikosen
blackberries	Brombeeren
cherries	Kirschen
grapes	Weintrauben
lemon	Zitrone
oranges	Orangen
peaches	Pfirsiche
pears	Birnen
pineapple	Ananas
plums	Pflaumen
raspberries	Himbeeren
strawberries	Erdbeeren
Beverages	**Getränke**
beer on tap	Bier vom Fass
cider	Apfelwein
red/white wine	Rot-/Weißwein
dry/sweet	trocken/lieblich
sparkling wine	Sekt
soft drinks	alkoholfreie Getränke
fruit juice	Fruchtsaft
lemonade	gesüßter Zitronensaft
milk	Milch
mineral water	Mineralwasser

Toiletten

In den Städten Südenglands gibt es genügend öffentliche Toiletten (toilet, loo) an öffentlichen Plätzen, in größeren U-Bahn-Stationen und auf Bahnhöfen. Die Benutzung kostet i.d.R. 50 – £ 1. Auch auf größere Museen kann man ausweichen.

Verkehr

Auf den Britischen Inseln herrscht Linksverkehr, überholt wird **Linksverkehr!**
rechts. Doch nicht automatisch hat der von links kommende Verkehr
Vorfahrt. »Vorfahrt gewähren« wird durch die Schilder »Stop« oder
»Give Way« angezeigt. An Straßenmündungen mit doppelter Linie
muss man anhalten, an doppelt unterbrochene Linien langsam her-
anfahren. Im Kreisverkehr (roundabouts) haben Fahrzeuge im Kreis
Vorfahrt. **Höchstgeschwindigkeit** ist auf Autobahnen und Straßen
mit zwei Spuren 70 mph (112 km/h), mit Anhänger 60 mph
(96 km/h); auf anderen Straßen 60 mph (96 km/h), mit Anhänger
50 mph (80 km/h); innerhalb geschlossener Ortschaften 30 mph
(48 km/h). Fahrzeuge mit Anhänger dürfen auf dreispurigen Autobahnen nicht die äußere Überholspur benutzen, also nicht ganz innen fahren. Es besteht **Anschnallpflicht**, auch auf den Rücksitzen.
Für Motorrad- und Mopedfahrer besteht **Helmpflicht**. Die Höchst-
grenze für den Blutalkoholgehalt beträgt **0,8 Promille**. Wer mit dem
eigenen Auto anreist, sollte die Schweinwerfer mit Folienstriefen ab-
kleben, um den Gegenverkehr nicht zu blenden; erhältlich sind diese
Eurolites unter www.travelspot.co.uk. In den Stadtzentren ist **Parken** oft nur an Parkuhren möglich. Gelbe Doppellinien bedcuten
Parkvcrbot. An einer einfachen gelben Linie darf zu den Zeiten, die
auf einem Schild angegeben sind, nicht geparkt werden.

Es gibt bleifreies (unleaded) Super plus mit 98 Oktan und bleifreies **Benzin**
Eurosuper mit 95 Oktan. Ob der in England umstrittene Biosprit E10
weiter eingeführt wird, bleibt nach dem Brexit fraglich. In Südengland gibt es derzeit ein Super-Benzin mit vier Prozent Ethanol-Bei-
mischung. Dieselkraftstoff (Derv) und Flüssiggas (LPG = Liquid
Petroleum Gas) sind fast überall erhältlich.

Von sechs der zehn Londoner Hauptbahnhöfe fahren Züge nach **Mit der Bahn**
Südengland ab: Charing Cross (Süd-London, Kent), Liverpool Street **von London**
(Stansted Express, Kanalfähren ab Harwich), London Bridge (Süd- **nach**
und Südost-London, Kent, Sussex), Paddington Station (Südwest- **Südengland**
england sowie Wales, Heathrow Express), St. Pancras International
(Thameslink-Verbindungen, Eurostar-Züge durch den Kanaltunnel),
Victoria (Kent, Surrey, Sussex, Gatwick Express), Waterloo (Süd- und
Südwestengland).

IC-Züge verbinden London mit Brighton und Poole sowie via Exeter **InterCity-**
mit Torquay, Plymouth und Penzance. Vom IC-Zug über Reading **Züge**
und Swindon nach Bristol bestehen Anschlüsse via Exeter und Plymouth nach Penzance. Ein landesweites **Hochgeschwindigkeits-
bahnnetz** mit Topgeschwindigkeiten von 225 km/h ist derzeit im

Aufbau und soll 2024 landesweit in Betrieb gehen. Bislang gibt es neben dem Shuttle durch den Ärmelkanaltunnel nur von Southeastern High-Speed die Hochgeschwindigkeitslinie »High Speed 1«, auf der Züge zwischen London – St Pancras International und dem Eurotunnel-Bahnhof Ashord International vorbei an Ramsgate und Canterbury mit Tempo 200 verkehren. Bei der Einfahrt in die Kapitale saust der Zug durch den London East Tunnel, mit 10 km der längste Eisenbahntunnel des Königreiches.

Bahnermäßigungen

Stark ermäßigt sind **Point-to-Point-Tickets** für die zweite Klasse – Gruppen von sechs Erwachsenen erhalten einen zusätzlichen Rabatt von 30 % Ermäßigung. Freie Fahrt gewähren **BritRail-Pässe** für 4 bis 22 Tage, die auch auf den Flughafen-Zubringern Heathrow Express, Gatwick Express und Stansted Express gelten. Die Bahntickets und -pässe erhält man online im Visitbritainshop, in Reisebüros oder bei der Deutschen Bahn. Preisgünstig wird der Londoner Nahverkehr durch die **Visitor Travelcard** oder **Oyster Card** (▶S. 262).

Fernbuslinien

Südengland durchzieht ein dichtes Netz von Fernbuslinien, das von **National Express** betrieben wird. Kommunale und private Gesellschaften ergänzen das regionale Busnetz. Wichtig: Fernbusse heißen »Coaches«, »Buses« verkehren nur örtlich. Eine Besonderheit stellen die **Postbusse der Royal Mail** dar, die in ländlichen Regionen bei ihrer Postzustellung auch Personen mitnehmen. **Backpacker-Busse** fahren von einer Herberge zu nächsten.

Busermäßigungen

Besonders günstig wird die Busfahrt für Senioren über 60. Für sie gibt es die **Senior Coach Card** – nach der einmaligen Zahlung von £ 10 und £2 Bearbeitungsgebühr kosten dann ein Jahr alle Busfahrten ein Drittel weniger. Mit den Buspässen Hobo (7 Tage, £79), Foot Loose (14, Tage, £139) und Rolling Stone (28 Tage, £ 219) von **National Express Brit Xplorer** können 1000 Routen im Streckennetz unbegrenzt genutzt werden. Spartipp für Senioren: Am verkehrsarmen Dienstag bietet National Express die Hin- und Rückfahrt zu allen Zielen in Großbritannien (Flughäfen ausgenommen) für £ 15 an.

Fähren, Flüge

▶Anreise/Reiseplanung, S. 392

Mietwagen

Wer ein Auto mieten möchte, muss mindestens 21 (z. T. 25) Jahre alt sein, seit einem Jahr einen Führerschein besitzen und vor Ort eine Kaution hinterlegen – in bar oder per Kreditkarte. Spartipp: das Auto bereits in Deutschland buchen, die Autoversicherung aber am besten vor Ort beim Vermieter abschließen, da man sonst oft doppelt zahlt.

Taxi

Fast so berühmt wie die roten Doppeldeckerbusse und das rote Telefonhäuschen sind die nostalgischen **Black Cab** Taxis (▶Abb. S. 390).

AUTOMOBILKLUBS
Automobile Association (AA)
Lambert House, Stockport Road
Cheadle SK8 2DY, Tel. 0161 4 95 89 45
oder *0800 88 77 66, www.theaa.com

Royal Automobile Club (RAC)
RAC House Brockhurst Crescent Walsall
WS5 4AW Zentrale: Tel. 019 22 43 70 00
www.rac.co.uk

PANNENHILFE
▶Notdienste S. 404

ÖFFENTLICHE VERKEHRSMITTEL
http://travelinedata.org.uk
www.traveline.info

BUSFAHRTEN
Royal Mail Postbusse
www.royalmail.com

Backpacker-Busse
Radical Travel Network
www.radicaltravel.com

National Express
www.nationalexpress.com

BAHNFAHRTEN
Britrail
www.visitbritainshop.com
BritRailpässe für England und London

National Rail
www.nationalrail.co.uk
Fahrpläne und Tickets

MIETWAGEN
Alamo
Tel. *0800 72 39 253, www.alamo.de

Europcar
Tel. 040 52018 80 00, www.europcar.de

National
Tel. *08007 23 88 28
www.nationalcar.de

Sixt
Tel. *0180 666 66 66, www.sixt.de

früher ausschließlich schwarz, heute auch farbig unterwegs. Man kann ein Taxi einfach auf der Straße heranwinken. Ob es frei ist, erkennt man am erleuchteten Schild »Taxi« oder »For Hire«. **Wichtig: Lizensierte Taxen haben eine Wagennummer!** Die Fahrpreise und Zuschläge sind im Taxi angeführt; sie sind nach Entfernung und Strecke gestaffelt. Mindestpreis ist 2,60 £. **Minicabs** können nur direkt bestellt werden. Sie sind günstiger als die Black Cabs.

Zeit

Großbritannien folgt der **Greenwich Mean Time** (GMT) = MEZ – 1 Std., d. h. die Uhren müssen eine Stunde zurückgestellt werden. Von Ende März bis Mitte Oktober gilt die **Sommerzeit** (Daylight Saving Time: GMT + 1 Std.). Die Stunden vor Mittag werden mit a.m. (ante meridiem), die nach Mittag mit p.m. (post meridiem) bezeichnet (z. B. 6 a.m. = 6.00 Uhr morgens; 6 p.m. = 18.00 Uhr).

Uhren-
vergleich

Register

Bildnachweis

Verzeichnis der Karten und Grafiken

Impressum

Ausstattung:
147 Abbildungen, 41 Karten und
grafische Darstellungen, eine große
Reisekarte
Text:
Dr. Madeleine Reincke und
Hilke Maunder; mit Beiträgen von
Stephanie Bisping und Martina Johnson
Bearbeitung:
Baedeker-Redaktion
(Dr. Madeleine Reincke)
Kartografie:
Christoph Gallus, Hohberg; Franz Huber,
München; MAIRDUMONT Ostfildern
(Reisekarte)
3D-Illustrationen:
jangled nerves, Stuttgart
Infografiken:
Golden Section Graphics GmbH, Berlin
Gestalterisches Konzept:
independent Medien-Design, München
Chefredaktion:
Rainer Eisenschmid
Baedeker Ostfildern

11. Auflage 2017

© KARL BAEDEKER GmbH, Ostfildern
für MAIRDUMONT GmbH & Co KG;
Ostfildern

Anzeigenvermarktung:
MAIRDUMONT MEDIA
Tel. 0049 711 4502 333
Fax 0049 711 4502 1012
media@mairdumont.com
http://media.mairdumont.com

Printed in China

Trotz aller Sorgfalt von Redaktion und Autoren zeigt die Erfahrung, dass Fehler und
Änderungen nach Drucklegung nicht ausgeschlossen werden können. Dafür kann
der Verlag leider keine Haftung übernehmen.
Kritik, Berichtigungen und Verbesserungsvorschläge sind jederzeit willkommen.
Schreiben Sie uns, mailen Sie oder rufen Sie an:

Verlag Karl Baedeker / Redaktion
Postfach 3162
D-73751 Ostfildern
Tel. 0711 4502-262
info@baedeker.com
www.baedeker.com

FSC
www.fsc.org
MIX
Paper from
responsible sources
FSC® C011918

Die Erfindung des Reiseführers

Als **Karl Baedeker** (1801 – 1859) am 1. Juli 1827 in Koblenz seine Verlagsbuchhandlung gründete, hatte er sich kaum träumen lassen, dass sein Name und seine roten Bücher einmal weltweit zum Synonym für Reiseführer werden sollten.

Das erste von ihm verlegte Reisebuch, die 1832 erschienene **Rheinreise,** hatte er noch nicht einmal selbst geschrieben. Aber er entwickelte es von Auflage zu Auflage weiter. Mit der Einteilung in die Kapitel »Allgemein Wissenswertes«, »Praktisches« und »Beschreibung der Merk-(Sehens-)würdigkeiten« fand er die klassische Gliederung des modernen Reiseführers, die bis heute ihre Gültigkeit hat. Der Erfolg war überwältigend: Bis zu seinem Tod erreichten die zwölf von ihm verfassten Titel 74 Auflagen! Seine Söhne und Enkel setzten bis zum Zweiten Weltkrieg sein Werk mit insgesamt 70 Titeln in 500 Auflagen fort.

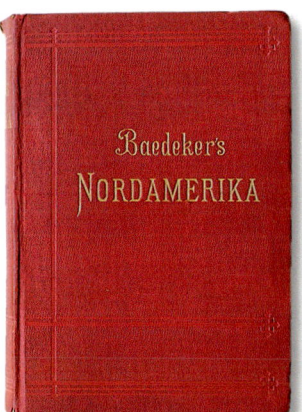

Bis heute versteht der Karl Baedeker Verlag seine große Tradition vor allem als eine Kette von Innovationen: Waren es in der frühen Zeit u. a. die Einführung von Stadtplänen in Lexikonqualität und die Verpflichtung namhafter Wissenschaftler als Autoren, folgte in den 1970ern der erste vierfarbige Reiseführer mit professioneller Extrakarte. Seit 2005 stattet Baedeker seine Bücher mit ausklappbaren 3D-Darstellungen aus. Die neue Generation enthält als erster Reiseführer Infografiken, die (Reise-)Wissen intelligent aufbereiten und Lust auf Entdeckungen machen.

In seiner Zeit, in der es an verlässlichem Wissen für unterwegs fehlte, war Karl Baedeker der Erste, der solche Informationen überhaupt lieferte. In der heutigen Zeit filtern unsere Reiseführer aus dem Überfluss an Informationen heraus, was man für eine Reise wissen muss, auf der man etwas erleben und an die man gerne zurückdenken will. Und damals wie heute gilt für Baedeker: Wissen öffnet Welten.

Baedeker Verlagsprogramm

- Algarve
- Allgäu
- Amsterdam
- Andalusien
- Argentinien
- Australien
- Australien • Osten
- Bali
- Barcelona
- Bayerischer Wald
- Belgien
- Berlin • Potsdam
- Bodensee
- Brasilien
- Bretagne

- Brüssel
- Budapest
- Burgund
- China
- Dänemark
- Deutsche Nordseeküste
- Deutschland
- Deutschland • Osten
- Dresden
- Dubai • VAE
- Elba
- Elsass • Vogesen
- Finnland

- Florenz
- Florida
- Franken
- Frankfurt am Main
- Frankreich
- Frankreich • Norden
- Fuerteventura
- Gardasee
- Golf von Neapel
- Gran Canaria
- Griechenland
- Großbritannien
- Hamburg
- Harz
- Hongkong • Macao
- Indien
- Irland
- Island
- Israel
- Istanbul
- Istrien • Kvarner Bucht
- Italien
- Italien • Norden
- Italienische Adria
- Italienische Riviera
- Japan
- Jordanien
- Kalifornien
- Kanada • Osten
- Kanada • Westen
- Kanalinseln
- Kapstadt • Garden Route
- Kenia
- Köln
- Kopenhagen
- Korfu • Ionische Inseln
- Korsika
- Kos
- Kreta

- Kroatische Adriaküste • Dalmatien
- Kuba
- La Gomera
- La Palma
- Lanzarote
- Leipzig • Halle
- Lissabon
- London
- Madeira
- Madrid
- Malediven
- Mallorca
- Malta • Gozo • Comino

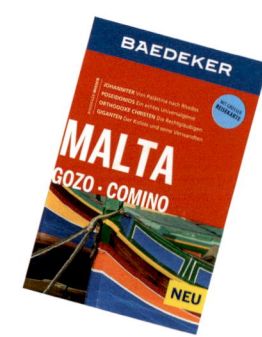

- Marokko
- Mecklenburg-Vorpommern
- Menorca
- Mexiko
- Moskau
- München
- Namibia
- Neuseeland
- New York
- Niederlande
- Norwegen
- Oberbayern

- Oberital. Seen •
  Lombardei •
  Mailand
- Österreich
- Paris
- Peking
- Polen
- Polnische
  Ostseeküste •
  Danzig • Masuren
- Portugal
- Prag
- Provence •
  Côte d'Azur
- Rhodos
- Rom

- Sri Lanka
- Stuttgart
- Südafrika
- Südengland
- Südschweden •
  Stockholm
- Südtirol

- USA • Südwesten
- Usedom
- Venedig
- Vietnam
- Weimar
- Wien
- Zürich
- Zypern

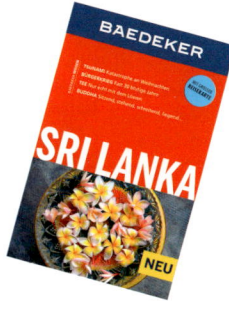

**Viele Baedeker-Titel
sind als E-Book
erhältlich:
shop.baedeker.com**

- Sylt
- Teneriffa
- Tessin
- Thailand
- Thüringen
- Toskana
- Tschechien
- Türkische
  Mittelmeerküste
- USA
- USA • Nordosten
- USA • Nordwesten

- Rügen • Hiddensee
- Rumänien
- Sachsen
- Salzburger Land
- St. Petersburg
- Sardinien
- Schottland
- Schwarzwald
- Schweden
- Schweiz
- Sizilien
- Skandinavien
- Slowenien
- Spanien
- Spanien • Norden •
  Jakobsweg

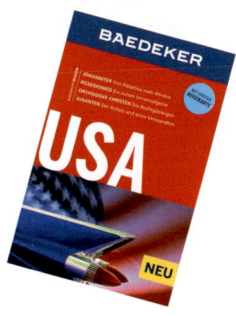

Kurioses Südengland

Zweimal königlich Geburtstag feiern, die einzige Straße Großbritanniens mit Rechtsverkehr, verhexte Momente und tierische Hausgeister – im exzentrischen England ist vieles möglich!

►Doppelter Geburtstag

Königin Elisabeth II. feiert jedes Jahr zweimal Geburtstag: am 21. April, dem eigentlichen Tag ihrer Geburt, und an der offiziellen Feier, die aus Wettergründen erst am ersten oder zweiten, manchmal auch am dritten Samstag im Juni staffindet.

►Muscheln für Benzin

Der britische Erdölkonzern Shell wurde 1833 von dem Londoner Antiquitätenhändler Marcus Samuel gegründet, der Muscheln aus Fernost als Deko importierte. Seine beiden Söhne wählten sie als Logo des Unternehmens – 1892 fuhr als erster Öltanker in der Geschichte die »Murex« der Gebrüder Samuel durch den Suezkanal.

►Heißer Süden

Die höchste Temperatur, die jemals im Vereinigten Königreich gemessen wurde, meldete 2003 Kent. Am 10. August war die Temperatur in Brogdale auf 38,5°C (101.3°F) gestiegen, und damit erstmals seit Beginn der Wetteraufzeichnung auf mehr als 100°F!

►Die Raben des Towers

Im Tower von London werden seit König Karl II. stets sechs Raben gehalten. Ein Hellseher hatte dem Monarchen prophezeit, das Empire werde untergehen, sollten die Vögel jemals den Tower verlassen.

►Bitte rechts fahren!

Savoy Street, die sehr kurze Stichstraße vor dem gleichnamigen Londoner Luxushotel an The Strand, ist die einzige im ganzen Königreich, auf der Rechtsverkehr herrscht.

►Tierisch

Auf Athelhampton House bei Dorchester spukt es. Doch anders als auf anderen Schlössern haben die drei Geister nicht nur menschliche, sondern sogar tierische Wurzeln – einer der Hausgeister ist ein Affe.

►Verhext

Ein knisterndes Reisigfeuer, murmelnde Stimmen und heulender Wind, Krähen, Schlangen und Kröten, Kelche, Kerzen und geheimnisvolle Elixiere – das Hexenmuseum von Boscastle wirkt magisch.